French Four Years

ADVANCED FRENCH
WITH AP COMPONENT

FRANÇOISE SHEIN

Foreign Language Department
Ethical Culture Fieldston School
Riverdale, New York

D1573257

AMSCO

AMSCO SCHOOL PUBLICATIONS, INC.
315 Hudson Street, New York, N.Y. 10013

Cover and Text Design by Merrill Haber

Cover Photograph of Claude Monet's Painting: *Wild Poppies,* 1873, Getty Images

Part Opener Photograph: *Aerial of Burgundy,* Corbis

Photograph of *Eiffel Tower* by Peter Adams / Getty Images, page 304

Text Illustrations by Ed Malsberg

Maps by Susan Detrich / Hadel Studio

Electronic Composition by Compset, Inc.

Please visit our Web site at: www.amscopub.com

When ordering this book, please specify:
either **R 121 W**
or FRENCH FOUR YEARS ADVANCED FRENCH WITH AP COMPONENT

ISBN 1-56765-332-4
NYC Item 56765-332-3

Copyright © 2006 by Amsco School Publications, Inc.
No part of this book may be reproduced in any form
without written permission from the publisher.

Printed in the United States of America

1 2 3 4 5 6 7 8 9 10   12 11 10 09 08 07 06 05

Préface

There are many review textbooks for Advanced students of French. Some for grammar review, some to improve reading performance, others to encourage conversation and oral fluency. We have used a number of them, enjoyed them but often felt that if it ever were put together in one book, it would be of help, especially at a time when many students choose to study for the Advanced Placement French Language Examination which has such a varied curriculum.

So, after teaching for decades, we agreed to try the impossible: come up with a single textbook for students in their last two years of high school (whether they plan to take the Advanced Placement Examination or not). This was our mission.

We knew a grammar section was mandatory. French grammar is not simple; the more examples you study, the better you understand the rules. The more exercises you work on, the simpler they become. The grammar itself is written in English but all the exercises require that answers be given in French. If added clarity is needed, the teacher should ask the student to provide his/her own examples. They can reflect the given examples at first, but should become original quickly. For those students who are not "fluent" with the grammatical approach, we have provided many exercises where he/she will find other avenues to learn and improve.

We want this book to trigger excitement and enjoyment for the students as they go through its pages both in class and at home. Among the literary examples, they will recognize the names of the classics. Students are expected to read the short biographical notes given at the end of each chapter. They should be encouraged to find out more about these authors, maybe take turns and make short presentations about a given work. They will be less familiar with the contemporary writers from France and other francophone countries. There again, let them find out more about their lives, their culture, their role in society.

The topics of the Readings are varied so that students will, along the way, find some – hopefully many – which are meaningful. We have tried to engage them in discussions relevant to their age and their time. They will read about sports, about the arts (cinema, architecture, painting), about politics, about French men and women who have left their mark in the world, about food, computers, and the French equivalent of garage sales! It is all there to be read, studied, researched and enjoyed!

The section which contains the Advanced Placement preparation is meant for the benefit of all. The selections and the exercises reflect the same desire to encourage students to further their study, their knowledge and appreciation of a language, its culture and its impact on the world around them.

We have worked joyfully and diligently on this endeavor. We hope that our mission is fulfilled.

FRANÇOISE SHEIN

Table des matières

Troisième partie
articles, noms, adjectifs, pronoms, adverbes, conjonctions, prépositions, constructions interrogatives et négatives

Quatrième partie
Lectures et Questions

Cinquième partie
Advanced Placement Preparation

Première partie

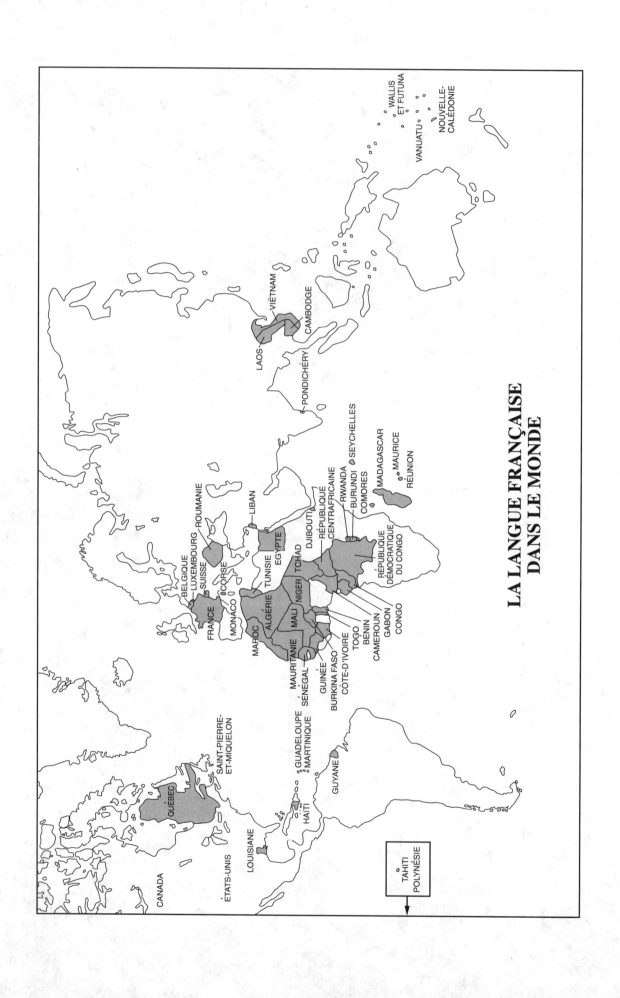

LA LANGUE FRANÇAISE
DANS LE MONDE

Chapitre I

AVANT DE COMMENCER

An attentive and complete reading of this chapter is mandatory before using this book in the most rewarding way.

Why learn a language? You may never have asked yourself the question. You are doing it because it is a requirement, because it is a part of your curriculum, and maybe also because you are somewhat curious. Although you may have been told that the English language—whether it is your native language or your second language—will serve you well in any situation, you may feel the attraction of expressing yourself in another tongue and of understanding well those who speak a language—French in our case—which is different from your own. So, why not learn to speak in French, to read in French, to think in French, to sing and cook in French?

A good command of a language other than one's own is an extraordinary tool which you are in the process of acquiring.

When and how will it happen?

The process is different for each one of you. This book is meant to facilitate this pursuit for all students. You have reached a certain level of proficiency by now, and you know which approach is more conducive to your progress. You have developed your own techniques and strategies from the many available to you; you have found the right combination and experienced the joy of learning. This book is meant to prolong and reinforce this achievement. To this end, the book has been divided into five parts.

PART ONE contains a review of strategies for learning a foreign language and describes the composition of this book.

PARTS TWO and *THREE* offer a grammatical review which contains 20 chapters divided into two parts: *PART TWO* is devoted to verbs, *PART THREE* to articles, adjectives, adverbs, conjunctions, prepositions, interrogative and negative constructions. Each chapter contains multiple examples of the topic at hand—some taken from everyday language, others from well-known literary works—and several types of exercises. Some require the writing of short essays, others oral discussions to take place in groups. At the end of Parts Two and Three, you will find review exercises of the type used on the Advanced Placement French language examination.

PART FOUR contains 22 readings. Most are on a contemporary topic; each one is followed by multiple-choice questions on its content; all questions will test your knowledge of grammar, structure, and vocabulary. These texts were chosen to trigger special interests and, thus, encourage students to do some thinking and research and become better informed on the selected topic.

The purpose of *PART FIVE* is to complete your preparation for the Advanced Placement Examination in the French language. Unlike other Advanced Placement examinations, the foreign language examinations do not revolve around any specific material. They are designed to evaluate your command of the language as a whole: listening, speaking, reading, and writing.

This is an outline of the book you will be using. We will explain how to use this book for best results and later in this chapter we will have suggestions to help you acquire confidence and proficiency as the French language becomes less and less foreign to you. Your teacher will guide you through this textbook, but you may also use it and enjoy it on your own. You do not have to complete one section to go on to another. You can listen to a story on tape, answer some questions, then read a passage, look at an essay question and draft an answer. You should use it every day, even if it is for a short period of time. As time goes, you will feel more and more comfortable with this text and you will be prepared for the examination you have chosen to take: the Advanced Placement Examination in French Language.

PARTS TWO AND THREE

This is a review of French grammar. It is divided into two parts: the first part covers verbs, the second the other aspects of French syntax. Each chapter has a theme stressed in the exercises and the readings.

PART TWO : VERBS

We have maintained the same format throughout the chapters. At the very beginning, you are given a list of sentences which are introduced by the title: STUDY THESE EXAMPLES; in each one the verb is used in the form reflected in the chapter heading. For example, in chapter 4, *LE FUTUR,* you will find ten verbs used in the future tense. Read these sentences several times and you will soon notice what all the verbs have in common. You will notice the endings and the relationship between the future and the infinitive unless the verb is irregular. Underline the irregular verbs, remember their infinitives; notice the different constructions (the future is used in French after *quand*). Read them out loud if possible; take the time to look up words which you do not know. When you come to section I, you will be prepared.

Section I: *the rules of usage.* Read the rules carefully; examples accompany each set of rules and refer to the examples given at the beginning of the chapter. Read the examples carefully and think of some examples of your own which would illustrate the rule, OR take the same examples and change the subjects, OR use synonyms. Go through this process with every rule. The more examples you study and create, the clearer the rules become.

Section II: *the rules of conjugation.* This is the practical section: how to form a given tense. You have no choice but to memorize the rules along with examples AND the exceptions. Go over the list given to you in these pages and consult the one given at the end of your book. Make your own charts, if they help, underline endings, note and study the exceptions, create more examples.

There may also be comments on a tense related to the one you are studying. In the case of the future, you are expected to know the future perfect; you will learn (or review) the pluperfect with the imperfect.

In Section III (or IV in some chapters), you will find a list of *literary examples*. This is not a literature textbook, yet we have tried, in this section, to give you very short passages where well-known authors use the tense or the construction you are studying in this particular chapter. Do not be intimidated by the few poetry texts and take the time to read the chosen lines. First, look for the words which reflect the topic of the chapter and underline them. Then, find the many words you already know. Read out loud. You will then have an idea of the theme of the passage. Finally, look up the words which are new to you. See how and why the author used the construction discussed in this very chapter. Reread the whole passage, and enjoy it. This approach is just as valuable for the texts in prose as it is for the poems. We have added a short note about the author at the end of the chapter. Do read it. If you are curious and interested, use it to find out more about this French writer.

The following part of the chapter (section IV or V) is composed of different types of *exercises*. We have made them as varied as possible. When you have completed them, you should have a good command of the topic and be ready to move to the next chapter.

They may include fill-ins in unconnected simple sentences where you have to insert the right form of the verb in the tense studied. It gives you the chance to check endings and irregular verbs. Another exercise may be a short passage or a dialogue where only the infinitive form of the verb is given. You will have to select the right tense from the tenses you already know. Read the sentence to the end; look for information related to time (past, present, future). Check the pronouns; make sure you know which is the subject (*Tu nous as écrit; nous* is the closest pronoun to the verb, but it is the indirect object). Questions may follow the passage. The answers will reflect your comprehension of the passage. Next, there may be a translation with emphasis on verb forms.

Some exercises are oral (TRAVAIL DE GROUPE) to be completed with your classmates under the supervision of your teacher. Your teacher may divide you into groups, then ask questions requiring lists or short answers to encourage everyone to participate. Listen to your classmates, you do not want to give the same answer as the person who just spoke.

Some exercises (À VOUS DE RÉFLÉCHIR) require you to be creative, conduct your own research for an oral presentation or write a short essay for an alternative assessment.

At the end of the chapter, another text has been chosen with a topic of interest to you, intimately related to the chapter. Questions follow where you are expected to use the new material correctly. This LECTURE is the mastery assessment of the whole chapter.

Each review chapter aims at giving you as many examples as possible of the subject at hand so that you can move on, sure of yourself and ready to tackle the next topic. You know, of course, that these chapters are intertwined; they form an ensemble meant to bring you closer to a clear understanding of the French language and of those who have always spoken it. You also know that you can always go back and check on something you may have forgotten. Grammar is like a puzzle; all the pieces fit together to make a whole, and you may wish to reexamine some of the pieces separately as you progress with your study.

At the end of the first part, in Chapter 11, you have another series of exercises: conjugation exercises for each studied tense, and passages where you are given the infinitive form of the verbs and have to select the right mood, tense and form for the given sentence.

PART THREE

Each chapter in Part Three covers a non-verb topic: articles, adjectives, pronouns, adverbs, conjunctions, prepositions, interrogative and negative constructions.

First, we give you a list of the words which constitute the topic at hand and discuss the elements in question in a general manner. Then, as we did for the verbs, we give you several unconnected examples which illustrate the topic (STUDY THESE EXAMPLES). For example, in Chapter 13 *Les adjectifs qualificatifs*, we present ten sentences with a variety of adjectives used in different forms (masculine, feminine, singular, plural), including irregular adjectives. Read the sentences out loud, as we suggested earlier for verb-related examples; note the number, the gender, the position of the adjective in relationship to the noun which it modifies, in other words analyze the adjective.

Here too, you are expected to look up the words you do not know or which you might have forgotten. The sentences are short.

Because of the varied nature of the topics, we do not always provide you with the same divisions in each chapter. Nonetheless, you will always find the following sections. *The rules of usage*: these are the rules that govern the use of the adjectives, the pronouns, the adverbs, etc., each one with several examples. Study them, analyze them, try to remember some of them, AND make up your own. You should not feel limited by the list given to you.

Depending upon the topic, you will be given precise explanations about finer points, be it the position of a given word in a sentence, the construction which it triggers and under what circumstances. Here again, the examples are your key. Make sure you understand how they illustrate the point being made. Do not hesitate to ask for help if you need it.

Just as we did in PART TWO devoted to verbs, we have selected *literary examples* from the works of well-known authors to illustrate the topic discussed in a given chapter. Follow the suggestions we gave you for PART ONE. Use your dictionary, read out loud whenever possible. If it appears too difficult and no one is there to help you, skip those few lines and move on. Later, make a point of going back over these sentences. Do not neglect to read the notes about the authors at the end of the chapter.

Occasionally, you will find here a list of common French proverbs. Often, there is an equivalent in English. Try to discover it.

The following section of the chapter is composed of *exercises*. We have made them as varied as possible. As you move from one to the next, you will notice an increase in the degree of difficulty. Do not rush; go back to the beginning of the chapter and check the rules and the examples. If there is a group exercise, follow the directions carefully, listen to your classmates, ask questions. Do not be intimidated; in one respect or another, your French is as good as theirs, if not better. You must join in the discussion, this is a modern language class, and that is part of the pleasure and excitement of learning a new language well. When doing the creative exercises, answer to the point; write short sentences and make use of what you have just learned.

At the end of the grammar section, in addition to the verb review exercises in chapter 11, you will find fill-in exercises for function words in chapter 21. They will help you review. Those exercises are of the type used in the Advanced Placement French language examination.

PART FOUR: Texts with multiple-choice questions similar to AP readings.

There are 22 texts; some are literary texts such as a *Fable* by La Fontaine, a passage from Chateaubriand, and an extract from Albert Camus; others are articles or original texts on contemporary topics such as *la pollution, Cannes, le viaduc de Millau;* others treat subjects such as Lascaux, Montréal, etc.

Some are purely descriptive, others report an incident; there are a few dialogues. Whatever the format, read the text carefully once. During the second reading, underline the words which seem the most important. Then, look at the multiple-choice exercise. Usually, questions follow the text, that is, the first question will find its answer in the first paragraph or the first few sentences. You will answer questions about the meaning of the story, the meaning of words, and some grammatical points.

Do not use a dictionary (unless authorized by your teacher). No dictionary is allowed during the Advanced Placement Examination.

After you have answered all the questions, you may wish to make a list of the words you did not remember or did not know, then look them up.

PART FIVE: Advanced Placement Preparation

Each section of Part Five is preceded by a series of advice and suggestions. There are four sections with types of exercises which correspond to the four parts of the Advanced Placement French language examination. It encompasses all aspects of the language: listening, reading, writing, and speaking.

1- LISTENING:

Listening is a skill which requires concentration and attention to details. This section contains recordings of passages by French native speakers. The first are brief exchanges. Then, you listen to recorded dialogues and short monologues. Written multiple choice questions follow each passage.

2- READING:

This part addresses your reading and comprehension skills. You have several passages followed by multiple-choice questions. The questions test your understanding of the text, of its vocabulary, with some testing your grammatical knowledge.

3- WRITING:

I. and II. : You will find here other examples of exercises consisting of *verb* and *function word fill-ins*. You know by now that every word is important, so look at the sentence carefully.

III. : A list of *essays* is given to you here. The topics are varied. On the examination, no choice is given. The question is to be answered in "a well-organized and coherent composition of substantial length." Do not neglect transitions.

4- SPEAKING:

As you know, the Advanced Placement Examination contains a speaking sequence. You may dread it but you should not. You will have many chances during the year to enter into discussions and conversations with your classmates and your teacher, so be confident.

ADVICE TO STUDENTS

The question often arises from students, parents, school administrators and language experts as to how "we" can help develop and improve the mastering of a foreign language. If there were a simple answer, we would all be polyglot (multilingual).

We have heard it all : early start, language immersion, no textbook, exclusive use of the "target" language in the classroom, fun and games with the language, allowing students to select the language they wish to learn, using flash cards, memorizing lists of vocabulary and verb conjugations, etc.

I will say that each suggestion is valid and will be of help at some point during the student's French career.

What we wish to stress above all is that the learning process is different for everyone of us and that it will take some time to understand what is best for you. This is why there are so many different approaches to learning a modern language. The perfect one does not exist and it never will, because so many different functions are involved in learning how to listen to, how to speak, how to read and how to write a foreign language.

We will try to give you some advice as to how you can better learn and enjoy learning a language which will bring you multifacetted rewards.

A. LISTENING:

You will learn how to listen better to your teacher of course, to your classmates and to yourself, and then to tapes, television programs, and films.

If attentive, you will know the topic being discussed in class by and with your teacher. The questions asked will help with a better understanding of the details. If you missed a few words, do not stop listening, ask a question or ask that the sentence be repeated or that the tape be played again. If you are part of a group, ask that the question be repeated.

If you can, write a few words down.

If the topic is unknown to you, you have to figure it out: who speaks, to whom, from where, and about what? If you have the chance, listen a second time, a third time. The intonations of the speakers will become familiar, you will hear the words, the sentences, the moods more and more clearly. Make sure you have plenty of time for this exercise. Do not shortchange yourself by listening to only parts of it.

Watching a video or a film may be less demanding. The image is in front of you and it helps! However, the exchanges between characters are often short, quick and hard to follow at first. Replay the conversation, watch the facial expressions of the actors. Are they angry? Are they discussing a vacation, a family problem, or the latest weather report? Soon, you will know.

Depending upon where you live, you may be able to watch French news programs. *Antenne 2* has an arrangement with some of your Public Broadcasting Stations. You may be able to get programs from Canada or from Louisiana. This information is available from your newspapers or from appropriate websites. When I was last in Paris, I was unexpectedly able to watch the news channel which I watched when I taught in Beijing. So, you never know, keep trying, it is well worth your effort.

B. READING:

Reading "fluently" is also part of your French language experience. When you use your textbook, read carefully : the grammatical examples are the easiest. The literary quotations are short and accessible. They have been selected for several reasons: to reinforce the grammar topic in a given chapter and then to show you different styles of writing. Take your time going over these two different parts of each chapter.

You have within your reach several sources of reading materials: go to the school library or to your local library. Look for magazines—old or new—written in French; whether they originate in Canada, Belgium, Senegal, or France is irrelevant. Thumb through, and look for articles which appeal to you. Find the environment which suits you best, with or without music, and read. Make a list of the words you do not know or do not remember. You may want to look them up now or do so later. In any event, have a dictionary within reach. Do not be lazy, if you are stuck, use it.

If your assignment is to answer multiple choice questions listed after a given passage, read the whole passage first, as if you had to give it a title. Then, go back for more specific information. If you are allowed to do so—especially at the beginning of the school year—use a dictionary. The more exercises of this type you do, the easier it becomes.

When you read a short story, a novel or a play with your class, it is essential that you keep up with your assignments. You may wish to go back to Chapter I or Act I before moving on; that is fine. Write a few words about the plot or the characters and try to imagine what is going to happen next. Imagine the setting, do your best to plunge yourself into the story. You will be prepared for class discussions.

As the days go by, make an effort to keep informed. Glance through the daily paper, see what there might be about a subway strike in Lyon, a visiting dignitary, a special holiday, the new Spring collections, the performance of a group from Mali, or the latest soccer controversy, whatever might be of interest to you. You will thus gather information which will help you understand and appreciate the country and the people whose language you are learning, and it will make it easier for you to speak.

C. WRITING:

You have been writing in French for several years; first, answering short questions, writing short paragraphs, short and then longer essays, all along gathering and learning vocabulary and acquiring a sense of style. You are now expected to write longer essays, you may want or have to write a letter or a report on a number of contemporary topics.

Approach a French essay as you do an English essay, but NEVER write it in English first. Think in French. Spend time beforehand thinking about the topic, do some research, if necessary.

Write a complete draft, review and correct it carefully. Use your grammar book and a dictionary if your teacher approves.

The topic will make it easy for you to phrase your thesis and present clearly the steps you will be following in the discussion. Then, open and follow your arguments. Write short sentences. Use relevant examples. If your reader is bored, he/she will not be inclined to be indulgent and every mistake will count. Make sure you prove your point and do not go off on a tangent. The conclusion is important; these are the last sentences your reader will read: make it concise and leave room for reflection.

This approach has to be modified if you work under a time limit. If you take the Advanced Placement Examination, you will have 40 minutes to write "a well-organized and balanced composition." You will not be able to write a complete draft. Try to write a draft of the introduction, the outline, and the conclusion. Save time for checking and correcting (agreements, verb endings especially), and do not forget to introduce examples to illustrate your discussion.

All along, make sure you are familiar with the conjunctions which facilitate transitions and conclusions. I will just list a few: *Tout d'abord, cependant, ensuite, donc, d'un autre côté, par exemple, surtout, malgré tout, enfin.*

The more essays you write during the year, the better prepared you will be for your examination and the more progress you will notice in your handling of the written language. Before writing a paper, review the previous ones and the corrections.

D. SPEAKING:

This is indeed what your goal is: to speak French, speak it well, and enjoy speaking it. At this stage, whether you admit it or not, you are capable of dealing with every day situations: you will not get lost, you will not starve, you will ask for what you need, you will be understood and you will understand basic information and more! You can "rehearse" by yourself : ask questions, give answers, record them on a cassette or a CD and listen and, if it is at all possible, have a more advanced speaker correct you. Listen to songs in French, get the lyrics and sing.

You will make presentations in class. You will be successful if you are prepared. Do not imagine that you will stand there and improvise because you are convinced that the topic is so familiar to you. No, you will have to research and practice. Do not read the whole talk, look at your audience. Bring photographs, make charts, keep your notes within reach, write dates, statistics and numbers clearly on the board. Prepare some questions, and be prepared to answer others. You will then have accomplished something important and you will look forward to your next presentation.

Deuxième partie

les verbes

Chapitre 2

LE PRÉSENT DE L'INDICATIF

QUI SUIS-JE? QUE SAIS-JE?

INTRODUCTION

In French, verbs are grouped according to moods: indicative, imperative, conditional, and subjunctive. Within these moods, they are divided into tenses.

The indicative mood which includes the most common tenses—*présent, passé composé, imparfait, plus-que-parfait, futur, futur antérieur, passé simple, passé antérieur*—presents an action, a fact, a reality.

La terre TOURNE.
Jean N'EST PAS VENU aujourd'hui.
VIENDRA-t-il demain?

It differs from the subjunctive which expresses a wish, a will, an emotion, a possibility, from the conditional which expresses an eventuality, a condition and from the imperative which expresses a command.

The present tense is used to express three different English constructions:

Je chante.   *I sing, I am singing, I do sing.*

STUDY THESE EXAMPLES:

    a. Il est midi, je déjeune.
        Que fais-tu? Je prépare le thé.
    b. L'été, il fait chaud.
    c. Il s'appelle Jacques, il dessine bien, il est architecte.
        Elle chante bien ? —Ah oui! Elle chante vraiment bien.
    d. C'est promis, n'est-ce-pas, dès que vous arrivez, vous nous téléphonez.
    e. Je regrette, il n'est pas là, mais il sort d'ici.
    f. C'est en 1429 que Jeanne d'Arc bat les Anglais à Orléans.
    g. On a souvent besoin d'un plus petit que soi.

I. WHEN TO USE THE PRESENT TENSE

a. When you wish to express an action which takes place as you speak:

Il pleut à torrents, je ne peux pas sortir
On sonne, c'est peut-être le facteur.

b. When you wish to describe a fact which is habitual or permanent:

Le soleil brille en été.
Les magasins ferment à 18 heures 30.

c. When you wish to describe physical or mental dispositions, habits, attitudes, feelings:

Ils adorent le ski, ils en font trois fois par an.
Elle veut toujours faire plaisir! Elle a le cœur sur la main.
Vous voulez faire un tour?—Non, je n'en ai pas envie, j'ai mal à la tête.

d. When you wish to express a future fact related to a present fact:

Dès que vous avez les résultats, vous nous prévenez.
Quand vous sortez de la maison, il faut tourner à gauche.

e. When you wish to express a recent fact, or an action begun in the past and continuing in the present:

Vous ne me dérangez pas du tout, je viens d'arriver.
Depuis quelques jours, je vais beaucoup au cinéma.
Il y a trois jours que j'ai mal à la tête.

f. When you wish to describe a series of facts or present a narrative. With the present tense, the facts become very "present" to the reader or the listener's mind. Historical facts are often narrated in the present tense.

C'est le 6 Juin 1944 que les Américains débarquent en Normandie.
Le 20 mai 1981, dans un discours mémorable, le président annonce l'abolition de la peine de mort .

g. General advice, proverbs are usually expressed in the present.

On ne parle pas la bouche pleine.
L'appétit vient en mangeant.
Ça ne se fait pas.

NOTE

There are several expressions used to convey nuances within the present: the "*passé récent*", the "*futur proche*", and the idiom "*être en train de*".

The "*passé récent*" is a simple construction which includes the present tense of the verb *venir*, the preposition *de* and the infinitive of the given verb:

Madame Deneuve n'est pas là, elle vient de sortir.
Avez-vous faim? Non, je viens de déjeuner.

The "*futur proche*" is expressed with the present tense of the verb *aller* followed by the infinitive of the verb:

Il fait beau cet après-midi; nous allons sortir avec les enfants.
J'ai une faim de loup, je vais manger tout de suite.
C'est un vrai drame. Que vais-je faire?

L'expression "*être en train de*" is the equivalent of the progressive form. It is used when you describe an action which is in the process of happening:

Ne me dérange pas, je suis en train de faire un soufflé au fromage.
Rappelez plus tard, nous sommes en train de dîner.

II. HOW TO FORM AND CONJUGATE THE PRESENT TENSE

a. For regular verbs of the first conjugation with an infinitive ending in *er*, remove the ending from the infinitive and add the following endings: *e, es, e, ons, ez, ent*.

PARLER	je parl*e*	nous parl*ons*
	tu parl*es*	vous parl*ez*
	il/elle/on parl*e*	ils/elles parl*ent*

b. For regular verbs of the second conjugation with an infinitive ending in *ir*, remove the ending from the infinitive and add the following endings: *is, is, it, issons, issez, issent*.

FINIR	je fin*is*	nous fin*issons*
	tu fin*is*	vous fin*issez*
	il/elle/on fin*it*	ils/elles fin*issent*

c. For regular verbs of the third conjugation with an infinitive ending in *re*, remove the infinitive ending and add: *s, s, -, ons, ez, ent*.

VENDRE	je vend*s*	nous vend*ons*
	tu vend*s*	vous vend*ez*
	il/elle/on vend	ils/elles vend*ent*

d. Spelling changes occur in some verbs ending in *-er*. Most of the time they occur for phonetic reasons.

-Verbs ending in *-cer* change the *c* to a *ç* before *o* to keep the *c* soft.

annoncer	nous annon*çons*
avancer	nous avan*çons*
commencer	nous commen*çons*...

-Verbs ending in *-ger* add a mute *e* between the *g* and the *o* to keep the *g* soft.

arranger	nous arran*geons*
changer	nous chan*geons*
manger	nous man*geons*
nager	nous na*geons*...

-Verbs ending in *-yer* change *y* to *i* before a mute *e*.

employer	j'empl*oie*, tu empl*oies*, il/elle empl*oie*, ils/elles empl*oient*
envoyer	j'env*oie*, tu env*oies*, il/elle env*oie*, ils/elles env*oient*
nettoyer	je nett*oie*, tu nett*oies*, il/elle nett*oie*, ils/elles nett*oient*...

However, verbs in *-ayer* may or may not change the *y to i* :

payer	je pa*ye* or je pa*ie*, ils pa*yent* or ils pa*ient*

-Verbs with a mute *e* in the syllable before the infinitive ending change the mute *e* to *è* when the following syllable contains a mute *e*.

acheter, élever	j'ach*è*te, tu él*è*ves, elle él*è*ve,
geler, lever, mener	il g*è*le, ils l*è*vent, elles m*è*nent
se promener	je me prom*è*ne, elles se prom*è*nent...

-*Appeler* and *jeter* do not follow this rule, they double the consonant instead of adding an accent grave on the *e*.

j'appelle, tu appelles, il/elle/on appelle, ils/elles appellent...
je jette, tu jettes, il/elle/on jette, ils/elles jettent...

-Verbs with *é* in the syllable before the infinitive change *é* to *è* only before the mute endings: *-e, -es, -ent.*

espérer, préférer	j'esp*è*re, tu préf*è*res,
répéter	il/elle rép*è*te, ils/elles rép*è*tent...

e. For irregular verbs, it is best to review the following examples and look at the list in the Appendix, or consult a dictionary:

Être	*to be*	je suis, tu es, il/elle/on est,
		nous sommes, vous êtes, ils/elles sont

Avoir	*to have*	j'ai, tu as, il/elle/on a, nous avons, vous avez, ils/elles ont
Aller	*to go*	je vais, tu vas, il/elle/on va, nous allons, vous allez, ils/elles vont
Devoir	*to owe* *to have to*	je dois, tu dois, il/elle/on doit, nous devons, vous devez, ils/elles doivent
Faire	*to do*	je fais, tu fais, il/elle/on fait, nous faisons, vous faites, ils/elles font
Partir	*to leave*	je pars, tu pars, il/elle/on part, nous partons, vous partez, ils/elles partent
Prendre	*to take*	je prends, tu prends, il/elle/on prend, nous prenons, vous prenez, ils/elles prennent
Venir	*to come*	je viens, tu viens, il/elle/on vient, nous venons, vous venez, ils/elles viennent
Voir	*to see*	je vois, tu vois, il/elle/on voit, nous voyons, vous voyez, ils/elles voient
Vouloir	*to want*	je veux, tu veux, il/elle/on veut, nous voulons, vous voulez, ils/elles veulent

Note that the second person singular always ends with an *s* (except for verbs like *vouloir: tu veux*) just as the third person singular ends with an *s* in English.

III. EXEMPLES LITTÉRAIRES

René Descartes (1596–1650)

Je pense, donc je suis.
   (*Discours de la méthode*)

Jean de La Fontaine (1621–1695)

... "Hé ! Bonjour, Monsieur du Corbeau,
Que vous êtes joli, que vous me semblez beau!
Sans mentir, si votre ramage
Se rapporte à votre plumage,
Vous êtes le phénix des hôtes de ces bois... "
   (*Le corbeau et le renard. Fables*, livre premier, fables III, vers 5 à 9)

Pierre Corneille (1606–1684)

... "Cette obscure clarté qui tombe des étoiles
Enfin avec le flux nous fait voir trente voiles.
L'onde s'enfle dessous, et d'un commun effort
Les Mores et la mer montent jusques au port.
On les laisse passer, tout leur paraît tranquille... "
   (*Le Cid*, Acte IV, scène III, vers 1273 à 1277)

Jean-Jacques Rousseau (1712–1778)

... "Vous voulez apprendre la géographie à cet enfant, et vous lui allez chercher des globes, des sphères, des cartes; que de machines ! Pourquoi toutes ces représentations ? Pourquoi ne commencez-vous pas par lui montrer l'objet même, afin qu'il sache au moins de quoi vous lui parlez !... "

(*Émile ou de l'Éducation*, livre III, *Première leçon d'astronomie*)

Charles Baudelaire (1821–1867)

"Mon enfant, ma sœur,
Songe à la douceur
D'aller là-bas vivre ensemble!
Aimer à loisir,
Aimer à mourir
Au pays qui te ressemble!...

... Là, tout n'est qu'ordre et beauté,
Luxe, calme et volupté... "

(*L'invitation au voyage, Les Fleurs du Mal*, vers 1 à 6, 13 et 14, 27, 28, 41, 42).

Henri Lopès (1937–   )

"Carmen, j'en ai assez. À chaque fois que j'ai besoin de vous, vous n'êtes pas là. On dirait que vous le faites exprès. Vous choisissez pour vous absenter les jours où j'ai pris des engagements. Ma chère, je vous préviens. Si vous êtes encore absente une fois dans le mois, vous irez chercher du travail ailleurs... "

(*L'avance, Tribaliques*. Page 132, *Anthologie africaine*, Jacques Chevrier, © Hatier International, 2002, © Hatier 1981)

Françoise Sagan (1935–2004)

... "Seulement quand je suis dans mon lit, à l'aube, avec le seul bruit des voitures dans Paris, ma mémoire parfois me trahit: l'été revient et tous ses souvenirs. Anne, Anne! Je répète ce nom très bas et très longtemps dans le noir. Quelque chose monte alors en moi que j'accueille par son nom, les yeux fermés: Bonjour Tristesse... "

(*Bonjour tristesse*, ch. XII et dernier, Julliard)

Questions

1. Quand il décrit sa rencontre (passée) avec l'ennemi (les Mores), le héros du Cid s'exprime au présent. Justifiez ce choix.

2. Selon Jean-Jacques Rousseau, comment doit-on apprendre la géographie aux enfants ? Qu'est-ce-qu'il ne faut pas faire ?

3. Dans le court passage tiré de "*L'invitation au voyage*", Baudelaire imagine un paysage. Décrivez, en employant le présent, un paysage qui vous est familier.

4. Dans le passage d'Henri Lopès imaginez qui parle à qui.

5. Relisez les quelques lignes de Françoise Sagan qui revit un moment tragique. Décrivez un moment où vous vous êtes senti(e) particulièrement triste.

IV. EXERCICES

A. *Mettez les verbes entre parenthèses au présent.*

Aujourd'hui, nous _____ le 15 Septembre. Il _____ un temps
1. (être)   2. (faire)

radieux. Il _____. Nous _____ profiter du soleil. Nous
3. (ne pas pleuvoir)   4. (ne pas pouvoir)

_____ rester assis en classe et écouter ce que _____ nos pro-
5. (devoir)   6. (dire)

fesseurs. Quelquefois, je _____ par la fenêtre parce que je _____ un peu.
7. (regarder)   8. (s'ennuyer)

Je _____ voir les grands arbres qui _____ notre lycée et je
9. (pouvoir)   10. (entourer)

_____ les oiseaux qui _____. Je _____ que je
11. (entendre)   12. (chanter)   13. (savoir)

_____ beaucoup de chance, je _____ au lycée et j' _____ à
14. (avoir)   15. (aller)   16. (apprendre)

aimer la nature.

Questions

1. De quelle période de l'année s'agit-il ?
2. Qu'est-ce-que le narrateur regrette un peu ?
3. Où est situé votre lycée ?
4. Êtes-vous toujours attentif/attentive? Pourquoi?

B. *Oui ou non? Répondez aux questions suivantes en employant des phrases complètes commençant avec Oui, je... ou Non, je ne...*

1. Est-ce que tu crois aux histoires de sorcières ?

   _____

2. Mettez-vous du sucre dans votre café ?

   _____

3. Est-ce que vous connaissez Pékin ?

_____

4. Écrivez-vous souvent à vos parents quand vous êtes en vacances ?

_____

5. Apprenez-vous le français ou l'espagnol ?

_____

6. Faites-vous souvent les courses ?

_____

7. Est-ce que vous prenez des cours de yoga ?

_____

8. Est-ce que je bois trop de coca-cola ?

_____

C. _Traitez les questions suivantes, employez le présent._

    1. Décrivez un(e) ami(e).

    2. Quel est votre paysage favori? Décrivez-le.

    3. Votre petit cousin a besoin de voir un médecin. C'est vous qui devez l'y mener. Imaginez la visite.

TRAVAIL DE GROUPE

Qui suis-je ? Que sais-je ?

Vous vous diviserez en groupes de quatre ou cinq. Dans chaque groupe vous choisirez un rapporteur (celui ou celle chargé(e) de prendre des notes et de les présenter aux autres groupes), un autre mènera la discussion, un troisième fera une présentation à la classe entière; tous vous poserez vos propres questions basées sur vos expériences personnelles.

    1. Vous cherchez du travail. On vous a convoqué(e) pour une entrevue. Chaque élève posera au/à la candidat(e) des questions qui permettront de bien savoir qui il/elle est. Quel travail va-t-on lui proposer ? Quel salaire lui offre-t-on ?...

    2. On vous sait excellent(e) cuisinier/ère et on vous demande de communiquer au public une ou deux de vos recettes préférées.
Vous le faites volontiers. Vous fournissez en premier lieu la liste des ingrédients nécessaires. (Vous allez au marché où vous achetez....Vous choisissez une grande casserole...Vous allumez le four si besoin est...

LECTURE

Un poème de **Jacques Prévert** (1900–1977)

Je suis comme je suis
Je suis faite comme ça
Quand j'ai envie de rire
Oui je ris aux éclats
J'aime celui qui m'aime
Est-ce ma faute à moi
Si ce n'est pas le même
Que j'aime chaque fois
Je suis comme je suis
Je suis faite comme ça
Que voulez-vous de plus
Que voulez-vous de moi

Je suis faite pour plaire
Et n'y puis rien changer
Mes talons sont trop hauts
Ma taille trop cambrée
Mes seins beaucoup trop durs
Et mes yeux trop cernés
Et puis après
Qu'est-ce que ça peut vous faire
Je suis comme je suis
Je plais à qui je plais
Qu'est-ce que ça peut vous faire
Ce qui m'est arrivé
Oui j'ai aimé quelqu'un
Oui quelqu'un m'a aimée
Comme les enfants qui s'aiment
Simplement savent aimer
Aimer aimer...
Pourquoi me questionner
Je suis là pour vous plaire
Et n'y puis rien changer.

Jacques Prévert . *Paroles* © Éditions GALLIMARD

Questions

1. De quoi s'agit-il dans ce poème ?
2. Qui parle ?
3. Dans ce poème, Prévert emploie des phrases courtes, simples. Dans quel but ?
4. Comment la jeune femme répond-elle à la question: "Qui suis-je ?" Fait-elle d'elle-même un portrait flatteur ?

5. Comment traite-t-on le lecteur ?

6. Est-ce que la narratrice exprime des regrets ?

7. Ce poème vous plait-il ? Pourquoi ? Pourquoi pas ?

8. Est-ce que l'absence de ponctuation vous dérange ?

À VOUS DE RÉFLÉCHIR

1. Le poème de Prévert que vous venez de lire a été mis en musique et interprété par plusieurs chanteuses françaises. Les Français considèrent la chanson comme un art qui remonte au temps des troubadours. Elle joue un rôle social et culturel.
   Parmi les grands chanteurs tels que Maurice Chevalier, Josephine Baker, Charles Trenet, Edith Piaf, Yves Montand, Georges Brassens, Jacques Brel, Georges Moustaki, Serge Reggiani, Johnny Halliday, Patricia Kaas, Serge Gainsbourg, Aïcha Khaleb, Renaud, choisissez-en un ou une que vous présenterez à vos camarades.

2. Si vous le préférez, vous pouvez écrire une chanson, la mettre en musique et la chanter devant vos camarades, ou écrire un poème vous décrivant... en français bien sûr.

NOTES BIOGRAPHIQUES

Baudelaire, Charles (1821–1867)

Poète, critique littéraire, traducteur et essayiste. Jeunesse dissipée. On le force à voyager. Séjour aux îles Maurice et de la Réunion en 1841. En 1844, il a déjà écrit la presque totalité des poèmes des *Fleurs du mal*. Il participe à la révolution de 1848. Après son échec, il abandonne la politique pour se consacrer à la traduction des œuvres d'Edgar Allan Poe et de De Quincey. Il écrit sur la peinture moderne, *Le Peintre de la vie moderne*, 1863, et une série d'articles sur les poètes contemporains qui paraîtront après sa mort dans *L'Art romantique* de même que *Les Petits poèmes en prose*. *Les Fleurs du mal*, œuvre publiée en 1859 et 1861, eut une grande influence sur les poètes français Verlaine, Rimbaud, Mallarmé, Paul Valéry et bien d'autres.

Corneille, Pierre (1606–1684)

Un des grands dramatuges du XVIIème siècle et de tous les temps. *Le Cid* (1636), *Horace* (1640), *Cinna* (1641), *Polyeucte* (1642) sont quatre des 32 pièces écrites par Corneille qui sont aujourd'hui au répertoire de la Comédie Française. Dans ces tragédies pleine de force, de guerre, d'amour, de passions et de dilemmes évoquant des temps lointains, on retrouve des personnages exceptionnels qui éblouissent leur audience par leur courage, leur sagesse, leur énergie et leur éloquence. Voici donc le "héros cornélien": glorieux, généreux, fidèle à son Roi, à son Dieu et aux siens.
L'éloquence de Corneille est infinie; les grands acteurs brillent en déclamant ses vers.

Descartes, René (1596–1650)

Un des créateurs de la philosophie et de la science modernes. Son ouvrage le plus connu *Le Discours de la méthode*, qui contient la phrase célèbre *"Je pense, donc je suis"*, fut publié en 1637 avec une série d'essais sur l'optique, la météorologie et la géométrie.

La Fontaine, Jean de (1621–1695)

Il est un des grands poètes français. Il vécut à la cour de Louis XIV et fut élu à l'Académie française en 1683. Il reste connu aujourd'hui surtout pour ses fables. Il y peint un tableau de la société française de son époque et de la vie humaine à l'aide de personnages de toutes conditions, qu'ils soient hommes ou animaux. La nature y joue aussi un grand rôle. On lit et on apprend par cœur les fables de La Fontaine depuis trois siècles, et on s'en souvient !

Lopès, Henri (1937–   )

Né en 1937 au Congo-Kinshasa, il a occupé d'importantes fonctions politiques dans son pays. Il fut Premier Ministre de 1973 à 1975, représentant à l'UNESCO, et ambassadeur de son pays en France. Il est aussi écrivain : recueil de nouvelles *Tribaliques*. On lui décerne le Grand prix littéraire de l'Afrique Noire. Il a écrit sept romans dont le dernier *Dossier classé* a été publié récemment.
On peut dire d'Henri Lopès qu'il est attaché à l'Afrique et ouvert au monde.

Prévert, Jacques (1900–1977)

Les poèmes de Prévert enchantent tout le monde: on les apprend par cœur à l'école, plus tard on les chante et ils nous réjouissent car ils sont pleins d'astuce (*wit*) et de charme. Ils ont leur place à eux dans la culture française du XXème siècle. Ils sont rassemblés dans *Paroles* publié en 1946. Prévert a aussi écrit des scénarios de films considérés aujourd'hui comme de grands classiques: *Drôle de drame* (1937), *Quai des brumes* (1938), *Les enfants du Paradis* (1945), tous dirigés par Marcel Carné.

Rousseau, Jean-Jacques (1712–1778)

Né à Genève, son père est horloger, sa mère meurt alors qu'il est encore très jeune. Il ne fait pas d'études, mais se consacre à la lecture. Il s'installe à Paris à l'âge de 30 ans. Il rencontre Diderot et écrit plusieurs articles sur la musique et l'économie politique pour la fameuse *Encyclopédie*. Il commence vraiment à écrire en 1749. Dans *Discours sur les sciences et les arts*, Rousseau affirme que l'homme est naturellement bon et qu'il est corrompu par la société, que les progrès techniques et intellectuels sont la cause de la décadence de la société moderne. En 1761, il publie *Julie ou la Nouvelle Héloïse*, un roman par lettres. En 1762 *Du Contrat social* cherche à établir les principes d'un monde social idéal. Dans l'*Émile* publié la même année, Rousseau propose une méthode d'éducation naturelle. *Les Confessions* (1765–1770) est un ouvrage qui inaugure l'autobiographie en tant que genre littéraire : "qu'ils écoutent mes confessions, qu'ils rougissent de mes indignités, qu'ils gémissent de mes misères… "; tel est le but de leur auteur. À la fin de sa vie, Rousseau se consacre aux *Rêveries du Promeneur solitaire* : dix promenades autour de Paris encouragent une série de méditations et de réflexions sur des questions philosophiques, religieuses, psychologiques auxquelles ses souvenirs sont étroitement mêlés. Rousseau recherche en fait un monde autre que celui dans lequel il vit. Les cendres de Rousseau reposent au Panthéon.

Sagan, Françoise (1935–2004)

Née à Paris. Elle écrit son premier roman *Bonjour tristesse* alors qu'elle est encore lycéenne. Le succès est immédiat. Elle continue à écrire : *Un certain sourire* en 1957, *Aimez-vous Brahms?* en 1959, *La Chamade* en 1965 sont des romans, *Un château en Suède* une pièce de théâtre. Elle décrit les angoisses et les drames vécus par les membres de la haute bourgeoisie parisienne se penchant surtout sur ceux des femmes. Elle publie en 1984 *Avec mon meilleur souvenir* où elle s'explique sur son rôle d'écrivain : elle se venge de la société et de ses insupportables contraintes. C'est aussi une militante qui se bat avec passion pour certaines causes : contre la guerre, contre les armes nucléaires, pour l'avortement, pour la liberté.

Chapitre 3

L'IMPÉRATIF

RÉSOLUTIONS

STUDY THESE EXAMPLES:

a. Entrez, asseyez-vous, attendez quelques instants.
Sois sage !
Ne mets pas les coudes sur la table !
Éteignez la lumière !
Allo, ne quittez pas, il arrive tout de suite.

b. Prenez la première rue à gauche; au feu rouge tournez à droite.
Allez tout droit.

c. Donnez huit cartes à chaque joueur.
Jetez les dés.
Faites vos jeux ! Rien ne va plus !

d. Soyons amis !
Chantons ensemble !
Retrouvons-nous à la gare dix minutes avant le départ du train.

e. Sachez que le musée ferme à 15 heures le mardi.
N'allez pas trop vite, les accidents sont vite arrivés.
Veillez à ce qu'il prenne ses médicaments avant chaque repas.

I. WHEN TO USE THE IMPERATIVE

a. When you wish to express basic commands:

Fais attention !
Taisez-vous !
Allez-vous en !

b. When you wish to give directions:

Allez jusqu'au bout du couloir, descendez l'escalier, ouvrez la porte jaune.

c. When you wish to give instructions:

Pour ouvrir cette bouteille, servez-vous d'un tire-bouchon.
Cassez les œufs, ajoutez-les à la farine et mélangez !

d. When you wish to give suggestions:

Je vous en prie, laissez-les tranquilles !
Partons dès qu'ils arriveront!

e. When you wish to give a warning:

Je vous préviens, ne prenez pas l'autoroute ce soir, il y a des embouteillages terribles.
Ne mettez pas trop de moutarde dans l'assaisonnement, je n'aime pas ça !

II. HOW TO FORM AND CONJUGATE THE IMPERATIVE

There are three forms: second person singular, first person plural, second person plural
(or formal). They are generally the forms of the present tense:

PARLER	parle	parlons	parlez
FINIR	finis	finissons	finissez
VENDRE	vends	vendons	vendez

NOTES

1. a. First conjugation verbs (-*er* verbs) and verbs conjugated like -*er* verbs drop the
final *s* in the second person singular, unless the verb is followed by *en* or *y*. The
liaison is mandatory.

Achètes-*en*. Manges-*en*.
Offre des chocolats. Offres-*en* !

b. The verb *aller* will also drop the second person singular *s*, unless *va* is followed
by *y*. The liaison is mandatory.

Va acheter une baguette. Va fermer la porte; *vas-y*.

c. A few verbs have irregular imperatives: *être, avoir* borrow their imperative forms
from the subjunctive.

AVOIR	aie	ayons	ayez
ÊTRE	sois	soyons	soyez
SAVOIR	sache	sachons	sachez

d. Note the irregular form of *vouloir*: *veuillez*

Veuillez-vous asseoir (more polite than *asseyez-vous*).

2. **It should be noted that a command can also be expressed by:**

a. an infinitive:

Ouvrir le paquet; *mettre* le contenu dans le four micro-ondes...

b. the subjunctive (see chapter 8, I–10)

Qu'il sorte immédiatement ou je le mettrai dehors moi-même.

3. **The position of the object pronoun changes whether the imperative form is affirmative or negative. In the affirmative the object pronouns follow the verb whether the verb is reflexive or not.**

Fais-*le;* écris-*lui*; réponds-*y*; laisse-*moi* tranquille
Dis-le-*moi*; apporte-les-*nous*; donne-m'en
Réveille-*toi*; dépêchons-*nous*; souvenez-*vous*

In the negative form of the imperative, the pronouns precede the verb, reflexive or not.

Ne *le* fais pas; ne *le lui* écris pas; ne *me le* dites pas; ne *m'en* donne pas
Ne *vous* dépêchez pas; ne *nous* affolons pas

III. EXEMPLES LITTÉRAIRES

Pierre de Ronsard (1524–1585)

« Vivez, si m'en croyez, n'attendez à demain:
Cueillez dès aujourd'hui les roses de la vie. »
   (*Sonnets pour Hélène*, II, XLIII, vers 13 et 14)

Pierre Corneille (1606–1684)

« ... va, cours, vole, et nous venge... »
   (*Le Cid*, Acte Premier, Scène V, vers 290)

Jean de La Fontaine (1621–1695)

« Va-t'en, chétif insecte, excrément de la terre! »
C'est en ces mots que le Lion
Parlait un jour au Moucheron...
   (*Le Lion et le Moucheron, Fables*, Livre II, IX, vers 1,2,3)

Molière (1622–1673)

Cléonte: Sachons donc le sujet d'un si bel accueil.
Lucile: Il ne me plaît plus de le dire.
Covielle: Apprends-nous un peu cette histoire.
Nicole: Je ne veux plus, moi, te l'apprendre.
Cléonte: Dites-moi...
Lucile: Laissez-moi...
Nicole: Ôte-toi de là.
    (*Le bourgeois gentilhomme*, Acte III, Scène 10, lignes 72–92)

Rouget de Lisle (1760–1836)

Allons, enfants de la patrie, le jour de gloire est arrivé... "
    (*La Marseillaise*, hymne national, début)

Jean Cocteau (1889–1963)

«Va où je vais, Le Magnifique... va ! ... va !.. va ! ... »
    (*La Belle et la Bête*)

PROVERBES, EXPRESSIONS

Faites vos jeux ! Rien ne va plus !
À vos marques, prêts, partez !
Rendez-vous à...
R.S.V.P.

Questions

1. Que veut dire le poète quand il dit: «Cueillez dès aujourd'hui les roses de la vie ?»
2. *Va-t'en* est la deuxième personne du singulier, donnez les autres formes de l'impératif.

IV. EXERCICES

A. *Mettez les verbes entre parenthèses à l'impératif.*

Vos parents vous font confiance et vous laissent la garde de votre petit frère et de la maison pendant le weekend. Voici leurs recommandations : Après notre départ,

_____ ton frère, _____- lui de faire sa toilette. _____ son
  1. (réveiller)   2. (dire)   3. (mettre)

uniforme au pied de son lit, _____ un bon petit déjeuner, et _____-le en-
                              4. (préparer)   5. (prendre)

semble. _____-lui des questions sur le match qu'il va jouer. _____-lui que
         6. (poser)   7. (répéter)

l'important c'est de bien jouer même si on ne gagne pas. _____ la voiture pour le
8. (prendre)

conduire au terrain de jeux, mais _____ très attention, ne _____ pas
9. (faire)   10. (aller)

trop vite! L'après-midi, _____-le au cinéma avec deux de ses amis, je lui ai promis.
11. (emmener)

Quand vous rentrerez à la maison, _____ réchauffer ce que je vous ai preparé et
12. (faire)

_____ tranquillement tous les deux. Si vous regardez la télévision, _____ -la
13. (dîner)   14. (éteindre)

au bout d'une heure. Il ne faut pas que vous vous couchiez trop tard. Dimanche,

_____ catégorique. Pas de sortie! Il aura des devoirs à faire, ne le _____
15. (être)   16. (plaindre)

pas, mais _____ de l'aider un peu. _____ en sorte que tout se passe bien.
17. (essayer)   18. (faire)

La semaine prochaine, _____- moi que tu inviteras tes amis. C'est moi qui ferai le
19. (promettre)

diner pour tout le monde. _____ au dessert que tu voudras.
20. (Réfléchir)

B. *Mettez les verbes entre parenthèses aux temps qui conviennent.*

_____ les bienvenus! Nous vous _____ depuis ce matin. Vous
1. (être)   2. (attendre)

_____ l'air fatigué. _____. D'où _____ vous? Depuis combien
3. (avoir)   4. (S'asseoir)   5. (venir)

de temps _____-vous? _____-vous manger quelque chose?
6. (voyager)   7. (Vouloir)

_____ une tasse de thé, cela vous réchauffera. Il _____ très froid aujour-
8. (boire)   9. (faire)

d'hui. Je _____ qu'il _____ aller dormir maintenant. _____.
10. (croire)   11. (falloir)   12. (Se reposer)

Demain, vous nous raconterez vos aventures.

C.   *Imaginez les aventures des jeunes amis avant leur arrivée.*

D.   *Une de vos amies françaises vous téléphone pour vous demander la recette du gâteau au chocolat qu'elle a mangé chez vous cet été. Cette recette, vous la connaissez bien en anglais. Il faut la traduire.*

Break 160 grams of dark chocolate into small pieces in a saucepan; add 150 grams of butter; let it melt on a low flame. Pour the mixture into a large bowl, add 4 egg yolks one at a time, 100 grams of flour, 150 grams of sugar and then the egg whites after having beaten them firmly; mix ingredients with a wooden spoon. Pour the mixture into a well-buttered mold, and let it cook in a moderately hot oven for about 20 minutes.

Bonne chance!

E.   **RÉDACTION :** *Employez l'impératif le plus souvent possible.*

C'est la fin de l'année scolaire. Vous allez partir faire vos études universitaires dans quelques semaines. Quels conseils vous donne-t-on pour rendre votre nouvelle vie plus facile ?

EXEMPLE: **Ne te couche pas** après minuit...

TRAVAIL DE GROUPE

Formez des groupes de quatre ou cinq, répondez aux questions que vous poserez sur les sujets suivants.

1.   Un nouvel élève veut savoir comment on va :
     a) du bureau du directeur au terrain de sports;
     b) de l'entrée principale à l'infirmerie;
     c) de l'auditorium à la bibliothèque.

2.   Vous expliquez à un ami ce qu'il doit faire pour venir de l'aéroport à votre domicile.

3.   C'est le 31 décembre. Vous êtes entre amis et vous décidez de formuler des résolutions les uns pour les autres. Imaginez la scène et prenez dix résolutions, deux pour chacun des membres du groupe. Employez l'impératif le plus souvent possible.

EXEMPLE: Toi, Mireille, **n'arrive plus en retard** le lundi matin...

LECTURE

Sois sage, ô ma Douleur, et tiens-toi plus tranquille.
Tu réclamais le Soir ; il descend ; le voici :
Une atmosphère obscure enveloppe la ville,
Aux uns portant la paix, aux autres le souci.
· ·

Ma Douleur, donne-moi la main ; viens par ici
· ·

Entends, ma chère, entends la douce nuit qui marche.

Extrait du sonnet «*Recueillement*» (1861), **Charles Baudelaire**

Questions

1. À qui s'adresse le poète ?
2. Qu'est-ce qu'il lui demande ? Pourquoi ?
3. Expliquez les vers 3 et 4.
4. Quel est le rapport entre le deuxième vers et le dernier ?
5. Quelles impressions vous laissent ces quelques vers ?

À VOUS DE RÉFLÉCHIR

N'employez que l'impératif et le présent.

1. Expliquez à un(e) ami(e) comment on joue au monopoly (aux charades, au Mikado)
2. Vous confiez votre petit frère, petite sœur, (cousin, cousine) à une personne qui ne le/la connaît pas bien. Quelles recommandations faites-vous ?

NOTES BIOGRAPHIQUES

Baudelaire, Charles   see Chapter 1

Cocteau, Jean (1889–1963)
Membre de l'avant-garde et du tout-Paris dans les années 20 et 30. Voulait être poète, fut aussi romancier : *Le Grand Écart* ; *Les enfants terribles* (1929) histoire d'une jeunesse rebelle nous fascine toujours. Cocteau se passionne aussi pour le ballet, l'opéra, le théatre. Mais, c'est le cinéma qui lui convient le mieux : *Le sang d'un poète* (1930), *L'Éternel Retour* (1943), *La Belle et la Bête* (1945)—ancêtre du dessin animé de Walt Disney—et *Orphée* sont toujours appréciés des cinéphiles.

Corneille, Pierre   see Chapter 1

La Fontaine, Jean de   see Chapter 1

Molière (1622–1673)

Né à Paris. Études chez les Jésuites, abandonne le droit pour devenir dramaturge et comédien. Fonde *L'Illustre théâtre* qui ne dure qu'un an. Il part ensuite "en tournée" en province où pendant 13 ans, il jouera ses comédies, entre autres *L'Étourdi* (1655), *Le Dépit amoureux* (1656). Il remonte à Paris, prêt à affronter les Parisiens et la cour de Louis XIV. Le succès, le triomphe même est immédiat. Il ne sera pas permanent, car Molière devra faire face à de nombreuses controverses. Ses comédies demeurent aujourd'hui des classiques du théâtre car leur auteur a su mettre en scène des personnages qui ne vieillissent pas. Citons-en quelques unes : *L'École des femmes* (1662), Molière s'y montre féministe, *Le Tartuffe* (1664) attaque l'hypocrisie et la bigoterie, *Le Misanthrope* (1666) explore la conduite inacceptable de certains aristocrates, leur vanité et leur sottise, *L'Avare* (1668) montre les conséquences dramatiques sur son entourage de la conduite de celui qui ne pense qu'à l'argent, *Le Bourgeois Gentilhomme* (1671) s'en prend aux nouveaux riches, à leurs prétentions et à leur étroitesse d'esprit, *Les fourberies de Scapin* (1671), *Les femmes savantes* (1672) et *Le Malade Imaginaire* (1672) où Argan, le héros, permet à Molière d'exprimer son manque de confiance pour le corps médical. C'est au cours d'une représentation de cette pièce que Molière devait s'effondrer avant de mourir quelques heures plus tard. Chez Molière, il y a tout : le charme, le rire, la farce, le sourire, l'émotion, la grâce, le courage, l'audace, le drame, la technique, le savoir-faire et le don de plaire à tous naturellement.

Ronsard, Pierre de (1524–1585)

Un des poètes de la Renaissance, membre du groupe "La Pléïade". En 1552, publie les *Odes* et *Les Amours* qui consistent en 183 sonnets. En 1556, il publie "Nouvelle continuation des amours" qui comprend *Les Amours de Marie* (Marie n'est toujours pas identifiée); en 1558 : *Sonnets pour Hélène* qui était une des dames d'honneur de Catherine de Médicis. Les sujets sont variés comme le sont les images. Le charme et la sensibilité déployés par Ronsard, dont certains poèmes ont été mis en musique, justifient bien qu'on l'ait nommé "le Prince des Poètes".

Rouget de Lisle, Claude-Joseph (1760–1836)

Officier de l'armée française, il écrit les paroles et la musique du Chant de guerre pour l'armée du Rhin qui devait devenir *La Marseillaise*, l'hymne national de la France.

Chapitre 4

LE FUTUR

DE QUOI L'AVENIR SERA-T-IL FAIT ?

STUDY THESE EXAMPLES

a. Demain, je serai là à 15 heures.
Après le dîner, nous jouerons aux cartes.
Je sais qu'il ne viendra pas.

b. Lorsque nous irons à Tours, nous visiterons les châteaux de la Loire.
Prévenez-moi quand vous serez prêt(e)à partir.

c. Savez-vous quel temps il fera demain ? S'il pleut, je resterai chez moi.

d. Tu prendras le métro, non pas l'autobus, et tu descendras à la dernière station.

I. WHEN TO USE THE FUTURE TENSE

a. **When you wish to describe an action or event which will take place in the future:**

J'aurai 16 ans le 28 mai.
Ils se marieront dans six mois.
Nous espérons que votre équipe gagnera le match.

b. **After expressions of time when the action is to happen in the future:**

Quand j'aurai 18 ans, je voterai.
Lorsque je la verrai, je serai si content(e) que je lui sauterai au cou.
Je me lèverai dès que le réveil sonnera.
Aussitôt que nous recevrons votre lettre, nous vous le dirons.

(Note that in English, the present would be used in the subordinate clause: *When I am 18, I shall vote*).

c. **In a main clause with a *si* clause expressing a condition in the present tense:**

Si j'ai le temps, je passerai vous voir.
Nous boirons le champagne si les nouvelles sont bonnes.

(Note that if *si* means *whether*, the verb in the *si* clause is in the future.

Nous ne savons pas encore s'il viendra.
Je me demande si elle acceptera de déjeuner avec nous).

d. Often the future is used instead of the imperative:

Tu mangeras ce qu'il y a dans ton assiette, ou tu n'auras pas de dessert.
Le spectacle commence à 20 heures; vous prendrez le train de 19 heures 10, et vous arriverez juste à l'heure.

II. HOW TO FORM AND CONJUGATE THE FUTURE

1. For regular verbs of the first (-er) and the second (-ir) conjugations, the future tense is formed by adding the following endings to the infinitive: *ai, as, a, ons, ez, ont.*

PARLER:	je parler*ai*	tu parler*as*	il/elle/on parler*a*
	nous parler*ons*	vous parler*ez*	ils/elles parler*ont*
CHOISIR:	je choisir*ai*	tu choisir*as*	il/elle/on choisir*a*
	nous choisir*ons*	vous choisir*ez*	ils/elles choisir*ont*

2. The same rule applies to verbs of the third conjugation ending in *-ir*:

PARTIR: je partir*ai*   tu partir*as*   il/elle/on partir*a*

For verbs ending in *-re*, the *e* is dropped before the future endings are added:

VENDRE: je vendr*ai*   tu vendr*as*   il/elle/on vendr*a*

For verbs ending in *-oir* the pattern is:

RECEVOIR: je recevr*ai*   tu recevr*as*   il/elle/on recevr*a*
APERCEVOIR: j'apercevr*ai*   tu apercevr*as*   il/elle/on apercevr*a*

3. There are some irregular verbs. However, the "irregularity" is constant, the stem remains the same throughout the conjugation.

AVOIR: j'aurai, tu auras, il/elle/on aura, nous aurons, vous aurez, ils/elles auront
ÊTRE: je serai, tu seras, il/elle/on sera, nous serons, vous serez, ils/elles seront
ALLER: j'irai, tu iras...
COURIR: je courrai, tu courras...
CUEILLIR: je cueillerai, tu cueilleras...
DEVOIR: je devrai, tu devras,...
ENVOYER: j'enverrai, tu enverras...
FAIRE: je ferai, tu feras...
FALLOIR: il faudra (this is an impersonal verb)

MOURIR:	je mourrai, tu mourras...
PLEUVOIR:	il pleuvra (this is an impersonal verb)
POUVOIR:	je pourrai, tu pourras...
SAVOIR:	je saurai, tu sauras...
TENIR:	je tiendrai, tu tiendras...
VALOIR:	je vaudrai, tu vaudras...
VENIR:	je viendrai, tu viendras...
VOIR:	je verrai, tu verras...
VOULOIR:	je voudrai, tu voudras...

4. The spelling changes noted for the present tense (Chapter 2, **II, d**) occur for the same phonetic reasons in the conjugation of the future tense.

| SE LEVER: | je me *lève*, je me *lèverai*, |
| APPELER: | j'app*elle*, j'app*ellerai*. |

But note:

ESPÉRER:	j'esp*ère*, j'esp*érerai*;
MENER:	je m*ène*, je m*ènerai*;
ESSAYER:	j'ess*aie*, j'ess*aierai* (j'ess*ayerai*);

5. The future perfect (*le future antérieur*)

The future perfect is made up of two parts (as it is in English): the auxiliary verb, *être* or *avoir*, in the future, followed by the past participle of the conjugated verb.

J'aurai parlé; elle sera partie...
Je comprendrai mieux quand tu me l'auras expliqué.
Nous aurons diné quand vous arriverez.

The two actions take place in the future, but not at the same time. The first to take place (you will have explained, we will have had dinner) is in the future perfect, the second one to take place is in the future (I will understand, when you come).

III. EXEMPLES LITTÉRAIRES

Pierre de Ronsard (1524–1585)

Quand vous serez bien vieille, au soir, à la chandelle,
Assise auprès du feu, dévidant et filant,
Direz, chantant mes vers, en vous émerveillant:
"Ronsard me célébrait du temps que j'étais belle!"

Lors, vous n'aurez servante oyant telle nouvelle,
Déjà sous le labeur à demi sommeillant,
Qui au bruit de Ronsard ne s'aille réveillant,
Bénissant votre nom de louange immortelle.

Je serai sous la terre, et fantôme sans os,
Par les ombres myrteux, je prendrai mon repos;
Vous serez au foyer une vieille accroupie,

Regrettant mon amour et votre fier dédain.
Vivez, si m'en croyez, n'attendez à demain:
Cueillez dès aujourd'hui les roses de la vie.
  (*Sonnets pour Hélène*, II, XLIII)

Jean Racine (1639–1699)

(Bérénice renoncera-t-elle à Titus ?)
...Dans un mois, dans un an, comment souffrirons-nous...
...Ces jours si longs pour moi lui sembleront trop courts...
  (*Bérénice*, Acte IV, Scène 5 vers 11 et 19)

Fernando d'Almeida (1955–)

"...Tu marcheras le cœur au poing
tu mâcheras un soir l'amer cola du veuvage

. . . .

tu seras ici au carrefour des vents dénudés

. . . .

tu viendras au bout du petit matin
écouter le chant du griot★

. . . .

ton royaume sera de nostalgie..."
  (*Au seuil de l'exil, L'exil du dehors*, vers 3,4,8,11,12 et 14)

Quoted in *Anthologie africaine/poésie*; Jacques Chevrier © Hatier, 1988 © Editions Hatier International, 2002

(★un griot: en Afrique, un homme qui est à la fois poète, musicien et sorcier.)

PROVERBES:

Rira bien qui rira le dernier.
Qui vivra verra.
Un tiens vaut mieux que deux tu l'auras.

Question

Donnez l'infinitif de tous les verbes employés dans les trois proverbes.

IV. EXERCICES

A. *Mettez les verbes entre parenthèses au futur.*

1. Vous (*mettre*) _____ les verbes au futur.
2. Nous (*envoyer*) _____ une lettre au sénateur.

3. Elle (*devoir*) _____ se faire arracher une dent.

4. Quand (*venir*) _____-ils? Demain ou après-demain?

5. Quand nous (*être*) _____ en vacances, nous (se lever) _____ à midi.

6. Je vous (*appeler*) _____ dans l'après-midi.

7. (*savoir*) _____ -vous retrouver votre chemin?

B. *Voici une conversation entre amis ; ils parlent de leurs projets de vacances. Ils viennent de subir les épreuves du baccalauréat. Mettez les verbes entre parenthèses aux temps qui conviennent (présent, impératif, futur, futur proche).*

PHILIPPE   Et vous, qu'est-ce que vous _____ faire cet été ?
                                    1. (compter)

MAX   Oh! Pour moi, ce _____ très simple, je _____ chez mon
                        2. (être)   3. (travailler)

oncle à partir de lundi prochain. Je _____ ce que les autres ne
                                     4. (faire)

_____ pas faire. Le matin, je _____ le premier au bureau, je
5. (vouloir)   6. (arriver)

_____ en marche les ordinateurs et les photocopieuses. Je
7. (mettre)

_____ que la machine à café est branchée. Ensuite, je _____
8. (s'assurer)   9. (répondre)

au téléphone et je _____ des messages. À l'heure du déjeuner, je
                    10. (prendre)

_____ au petit café qui _____ au coin de la rue et j'
11. (aller)   12. (se trouver)

_____ des sandwichs pour tout le monde. Après...
13. (acheter)

DANIELLE _____! Est-ce que tu ne _____ pas t'ennuyer? Tu
          14. (Arrêter)   15. (aller)

_____ tous les jours la même chose à la même heure. Moi, si
16. (faire)

j'_____ un travail comme ça, je _____ folle. Et toi, Pierre,
 17. (avoir)   18. (devenir)

qu'est-ce que tu _____ l'intention de faire ?
                  19. (avoir)

PIERRE   Moi, je ne _____ aucun projet. Je _____ les résultats du bac. Je
                    20. (avoir)   21. (attendre)

ne _____ sûr de rien! Si je _____ je _____ tout de
        22. (être)   23. (réussir)   24. (partir)

suite faire de l'alpinisme avec mes cousins.

PHILIPPE   Ne _____ pas comme ça! Tu _____ un des meilleurs élèves
                25. (s'inquiéter)   26. (être)

de la classe. Si tu ne _____ pas, personne ne _____ .
                        27. (réussir)   28. (réussir)

DANIELLE   Quelle heure _____ -il? Avec tous nos bavardages, nous _____
                          29. (être)   30. (manquer)

notre séance de cinéma. _____, _____ !
                          31. (Aller)   32. (se dépêcher)

Questions

1. Comment Max va-t-il passer ses vacances ?
2. Que savez-vous de Pierre ?
3. À votre avis, comment Danielle passera-t-elle ses vacances ?
4. Pourquoi Philippe dit-il à Pierre de ne pas s'inquiéter ?

C.   TRADUCTION

I know where I am today but I do not know where I shall be ten or fifteen years from now. I do not know what the world will be like. Where will I live? What will be fashionable? What kind of music will I listen to? Will the cars be the same? Will everyone be healthy? Who will lead our country?

Questions

1. Comment seront habillés les jeunes lycéens dans 15 ans ?
2. Imaginez une grande découverte dans le monde des sciences.

TRAVAIL DE GROUPE

Vous vous diviserez en groupes de quatre ou cinq. Dans chaque groupe vous choisirez un rapporteur qui prendra des notes et les présentera aux autres groupes, un autre mènera la discussion, un troisième fera une présentation à la classe entière; tous vous répondrez aux questions posées et poserez vos propres questions basées sur vos expériences personnelles. Faites une liste de vos réponses.

1. Quelle profession exercerez-vous quand vous aurez terminé vos études ?
2. Où habiterez-vous ? Vous décrirez votre logement.

LECTURE

DE QUOI DEMAIN SERA-T-IL FAIT ?

Nul ne sait de quoi l'avenir sera fait. Il est donc permis à chacun de rêver et d'imaginer un monde parfait ! À quoi ressemblera ce monde "idéal" ?

Pour les petits, est-ce que ce sera un monde de dessins animés, de "playstations"★ et d'aventures extra-terrestres, de bonbons distribués sans restriction, de planches à roulettes et à voiles, de vacances toujours plus longues et de journées sans corvée ?

Pour les plus grands, y aura-t-il seulement les "fastfoods," les CD, les DVD, les engins rapides et les films d'horreur ? Auront-ils un monde sans stylos, sans livres et sans ce fameux sac à dos devenu si lourd en l'an 2005 ? La musique sera-t-elle devenue encore plus bruyante ?

Et les adultes ? Peut-être vivront-ils dans un monde calme et paisible où détente ne sera pas un vain mot. On ne fera plus de cuisine, on prendra des petites pilules parfumées au poulet rôti, à la vinaigrette, à la mousse au chocolat, au champagne et au vin de Bourgogne. Plus de lessive non plus puisqu'on se vêtira de matières jetables. Et les voyages ? Les moyens de transports du XXIème siècle feront rêver Jules Verne !

★ *Playstation*: très peu de Français emploient l'expression "console de jeux."

Questions

1. Que pensez-vous de cette analyse ?
2. Les enfants seront-ils heureux de vivre confinés devant leurs écrans ?
3. Imaginez le monde dans lequel vous vivrez dans 20 ans.

À VOUS DE RÉFLÉCHIR

1. Vous travaillez dans une agence de tourisme. Après leur avoir remis leurs documents, vous donnez à vos clients la liste des consignes de sécurité en vigueur.
    Complétez la liste avec les recommandations qui s'imposent. Employez le futur.

    EXEMPLE: Vous arriverez à l'aéroport deux heures au moins avant le départ de votre avion...

2. Que savez-vous de Jules Verne ?

NOTES BIOGRAPHIQUES

Almeida, Fernando d' (1955–   ).

Mère camerounaise, père béninois. Il vit au Cameroun. Il fait des études de journalisme, mais se consacre à la poésie. *Au seuil de l'exil* et *En attendant le verdict* sont deux de ses recueils. Il parle, dans ces extraits de ceux que l'exode force à quitter leur pays natal. Il ne leur reste alors que souvenirs, solitude, amertume et nostalgie.

Racine, Jean (1639–1699)

Il vécut au temps de Louis XIV et eut comme amis La Fontaine, Boileau, Molière. Il reçut une très bonne éducation et connaissait très bien la langue grecque et sa littérature dramatique. Il écrit pour le théâtre et rencontre un succès éclatant avec *Andromaque* en 1667. Il écrit une comédie *Les Plaideurs* satirisant les hommes de loi de l'époque en 1668. Après, c'est une série de chefs-d'œuvre: *Britannicus, Bérénice, Bajazet, Iphigénie* et sa dernière grande pièce *Phèdre* en 1677. Pour faire plaisir à l'amie du roi, Madame de Maintenon, il écrit deux pièces bibliques pour les demoiselles de l'école de Saint-Cyr : *Esther* en 1689 et *Athalie* en 1691. Dans toutes ses tragédies, Racine suit les trois règles de la tragédie classique : unité de temps (tout doit se résoudre en 24 heures), unité de lieu (on ne change pas de décor, tout doit se passer au même endroit), unité d'action (une intrigue principale).

Ronsard, Pierre de see Chapter 1

Chapitre 5

LE PASSÉ COMPOSÉ
LE PASSÉ SIMPLE

COMMENT EN SOMMES-NOUS ARRIVÉS LÀ ?
QUE S'EST-IL PASSÉ ?

1. LE PASSÉ COMPOSÉ

You already know how to express the recent past, *le passé récent* (Chapter 2, note at the end of Section I): It expresses an action completed immediately before the present.

Je viens d'étudier le présent; *nous venons de finir* le chapitre. *I have just studied the present; we have just finished the chapter.*

The *passé composé* is the tense used to describe an action, a fact completed in the past.

STUDY THESE EXAMPLES

Ce matin, j'ai pris le train de 8 heures 46.
Je suis arrivé(e) au bureau à 9 heures et quart.
La semaine dernière, il a plu tous les jours.
Jeanne d'Arc est morte en 1431.
Molière a écrit au XVIIème siècle des comédies que nous lisons toujours avec plaisir.
Il y a deux ans, c'est un Américain qui a gagné le tour de France.
As-tu lu *Vingt mille lieues sous les mers* ?
Il y a deux jours que je n'ai pas mangé.
J'ai perdu mes clefs depuis trois jours, les as-tu vues?

I.   WHEN TO USE THE *PASSÉ COMPOSÉ*

What do these examples have in common? They all express a fact which happened in the past, ended at a specific moment, and occurred within a limited period of time.

40

II. HOW TO FORM AND CONJUGATE THE *PASSÉ COMPOSÉ*

1. The *passé composé* is composed of two parts: an auxiliary verb, *être* or *avoir*, in the present tense followed by the past participle of the conjugated verb.

    The form of the past participle varies with the type of verb.

    Verbs of the first conjugation (*-er* verbs) form their past participle by dropping the infinitive ending (*er*) and replacing it with *é*: PARLER   *parlé*.

    Verbs of the second conjugation (*-ir* verbs) drop the infinitive ending (*ir*) and replace it with *i*: FINIR *fini*.

    Verbs of the third conjugation (*-re, -oir, -ir* endings) are often irregular:

    METTRE: *mis;* RECEVOIR: *reçu;* OUVRIR: *ouvert* (check charts at the end of your book).

2. Most verbs are conjugated with *avoir*. Some intransitive and all reflexive verbs are conjugated with *être*.

    J'ai récité, tu as fini, il/elle/on a couru, nous avons appris, vous avez dit, ils/elles ont vu.

    Je suis arrivé(e), tu es né(e), il/elle/on est descendu(e), nous sommes parti(e)s, vous vous êtes blessé(e)(s), ils/elles se sont aperçu(e)s.

    As you have noticed from the examples of verbs conjugated with *être*, the past participle used with *être* agrees in gender and number with the subject of the verb, just as an adjective would.

    Marie et Pierre sont nés le même jour.
    François et Xavier sont devenus amis.
    Quand est-elle partie ?

    This is a list of the most common verbs conjugated with *être*: *arriver/partir; entrer/sortir; aller/venir; monter/descendre; naître/mourir; passer; tomber; rester; devenir, revenir, retourner, rentrer*

3. If you look at the last example on page 40, you will notice the spelling of *vues*. Why is the past participle feminine and plural? It does not agree with the subject. Therefore, we can conclude that it agrees with the direct object which precedes *vues*; it agrees with *les* which replaces *clefs*, feminine, plural.

    RULE: the past participle of a verb conjugated with *avoir* agrees in number and gender with the *preceding* direct object.

    J'ai cherché *les clefs*, mais je ne *les* ai pas trouv*ées*.

    HOWEVER, the past participle of a verb conjugated with *avoir* remains unchanged before an infinitive with its own direct object.

On jouait une pièce en plein air; *je l'ai regardé jouer* (*l'* is the object of *jouer*)

With verbs of perception, if the object of the main verb is also the subject of the infinitive, the past participle agrees with the object.

Hier, je suis allée au jardin avec les enfants. *Je les ai regardés* jouer. (*les* is the object of *regarder*, les enfants jouaient, j'ai *regardé les enfants jouer*)

NOTE

A few verbs have a dual construction in their compound tenses: they can be conjugated with *avoir* or *être*. Such are *descendre, monter, passer, rentrer, retourner, sortir.*

a. With *avoir* when the conjugated verb is transitive.

> J'ai monté votre valise au deuxième étage.
> Nous avons passé d'excellentes vacances.
> Il va geler cette nuit, as-tu rentré les plantes ?
> J'ai sorti les verres du placard; tu peux mettre le couvert.
> Cette veste est réversible. Hier, je l'ai mise du côté rouge ; aujourd'hui, je l'ai retournée et elle est bleue.

b. With *être* when the conjugated verb is intransitive.

> En août dernier, je suis monté(e) au troisième étage de la Tour Eiffel.
> Nous sommes passés devant chez vous à 15 heures.
> Pourquoi es-tu rentré(e) si tard? — Je suis sorti(e) du lycée après le match de basket.
> Ce film m'a tellement plu que je suis retourné(e) le voir trois fois.

III. EXEMPLES LITTÉRAIRES

Jules César (100 B.C.–44 B.C.)

> "Je suis venu, j'ai vu, j'ai vaincu." (Veni, vidi, vici)
> (discours de Jules César après sa victoire sur Pharnace en 47 avant Jésus Christ)

Charles d'Orléans (1394–1465)

> Le temps a laissé son manteau
> De vent, de froidure et de pluie,
> Et s'est vêtu de broderie,
> De soleil luisant, clair et beau.
> (*Le printemps,* rondeau, vers 1–4)

Honoré de Balzac (1799–1850)

> ..."Avoir soif toujours, et ne jamais boire, voilà comment j'ai vécu depuis dix ans... Mes deux gendres ont tué mes filles. Oui, je n'ai plus eu de filles après qu'elles ont été mariées..."
> (*Le Père Goriot,* 1834–1835, l'agonie du Père Goriot)

Charles Ngandé (1934-   )

...Nous avons pleuré toute la nuit
L'étape a été longue
Et la perdrix a chanté timidement
Dans un matin de brouillard...
...Et la perdrix s'est tue
Car son chant s'est éteint dans la gorge
D'un Python.

> (*Indépendance*, quoted in *Anthologie africaine: poésie*, Jacques Chevrier, page 95) – *Neuf poètes camerounais*, L. Kesteloot, Clé © Éditions Hatier International, 2002

Raymond Queneau (1903–1976)

Je suis monté dans l'autobus de la Porte Champerret. Il y avait beaucoup de monde, des jeunes, des vieux, des femmes, des militaires. J'ai payé ma place et puis j'ai regardé autour de moi. Ce n'était pas très intéressant. J'ai quand même fini par remarquer un jeune homme dont j'ai trouvé le cou trop long. J'ai examiné son chapeau et je me suis aperçu qu'au lieu d'un ruban il y avait un galon tressé...

> (*Passé indéfini, Exercices de style*, page 46, Collection folio, © Éditions GALLIMARD)

Questions

1. Qu'est-ce que Charles d'Orléans décrit dans ces quelques vers ? Répondez par une ou deux phrases courtes au passé composé.
2. D'où vient le désespoir du Père Goriot ?
3. À votre avis, que représentent la perdrix et le python dans le poème de Charles Ngandé ?
4. Que faites-vous quand vous prenez les moyens de transport en commun ? Regardez-vous autour de vous comme le fait l'auteur ? Lisez-vous sans vous occuper de ceux qui vous entourent ?

IV. EXERCICES

A. *Dans le passage suivant, mettez les verbes entre parenthèses au passé composé.*

Ce matin, je _____ mon réveil à six heures et demie. Je _____ les
       1. (entendre)   2. (ouvrir)

yeux et je _____ du mal à me lever. Je _____ la radio. Tout d'un coup,
        3. (avoir)   4. (allumer)

maman _____ et me _____ : "Dépêche-toi, tu vas être en retard". Je
     5. (entrer)   6. (dire)

_____ du lit et je _____ . Je _____ en retard au
  7. (sauter)   8. (se dépêcher)   9. (ne pas arriver)

lycée. Merci, maman!

Questions

1. À quelle heure vous êtes-vous couché(e) hier soir ?

   _____

2. Qui vous réveille le matin ?

   _____

3. Êtes-vous déjà arrivé(e) en retard à un rendez-vous ? Dans quelles circonstances ?

   _____

B. *Mettez les verbes aux temps qui conviennent (présent, impératif, futur, passé composé, infinitif)*

Chère amie,

C'est avant-hier que nous _____ votre lettre. Vous _____ vraiment
                              1. (recevoir)   2. (être)

gentille de nous _____ à _____ quelques jours chez vous à la campagne.
                    3. (inviter)   4. (passer)

Il y a longtemps que nous _____ Paris; nous _____ tellement de tra-
                             5. (ne pas quitter)   6. (avoir)

vail. Nous _____ ravis de _____ loin du monde et du bruit. Que
              7. (être)   8. (se retrouver)

_____ -nous pendant que vous _____ de votre jardin et de votre basse-
   9. (faire)   10. (s'occuper)

cour ?

Je _____ que vous nous _____ franchement en quoi nous _____
     11. (espérer)   12. (dire)   13. (pouvoir)

vous _____ utiles. Ce _____ une grande joie pour nous de voir la Nor-
        14. (être)   15. (être)

mandie en automne. Nous _____ samedi en fin de matinée. Nous _____
                            16. (arriver)   17. (se réjouir)

de ces vacances inattendues. À très bientôt,

Edith

Questions

   1. De quoi s'agit-il dans cette lettre ?

      _____

   2. Pourquoi Edith est-elle contente ?

      _____

   3. Où habite l'amie d'Edith? Comment imaginez-vous sa maison ?

      _____

   4. Avez-vous déjà reçu une invitation qui vous a fait vraiment plaisir ?

      _____

C. *TRADUCTION*

I am sorry. I could not come yesterday. I had car problems on the highway. I left home early; I did not want to be late for our meeting. However, after a few minutes, I heard a strange noise. "What is happening?" I asked myself. I could not call you because I lent my cellular phone to my sister the day before yesterday.

LECTURE

Qu'est-ce qui est arrivé à l'art d'écrire et de parler ?

Nous possédons tous, ou presque tous, un "portable", c'est-à-dire un téléphone portable. Le portable est un appareil à utiliser, dit-on, en cas d'urgence. Chacun a son portable, ce n'est plus un luxe, c'est une nécessité. Chez les adolescents européens, le portable est aussi une petite boîte qui envoie et reçoit les mini-messages qu'on appelle SMS (*short message service*). Et voilà le passe-temps favori des jeunes de 15 à 25 ans. Selon France Télécom, on échange dix milliards de messages par mois en Europe. Comment est-ce que cela marche ? À chacune des touches du téléphone correspondent trois lettres: 2—a,b,c; 8—t,u,v. C'est donc très simple.

    Qu'est-ce qu'on s'écrit ? Voici quelques exemples:
- A12C4 = à un de ces quatre, qui est l'abréviation de: *à un de ces quatre matins* et l'équivalent de *"see you soon"* ou *"see you"* (CU!)
- IAKELK1 = *y a quelqu'un* – A2M1 = *à demain*
- KIC = *qui c'est*   – RI129 = *rien de neuf*
- CMOA = *c'est moi*

    Que pense-t-on de tout cela ?

Les parents s'inquiètent un peu mais se laissent aussi gagner par cette nouvelle manie de leurs enfants. On dit qu'il y a même une certaine compétition. Les professeurs se posent des questions. Les portables sont interdits en classe. Mais comme ces messages sont envoyés et reçus sans bruit, il est pratiquement impossible de découvrir les coupables. On se demande aussi ce que vont devenir l'écriture et l'orthographe. Certains se réjouissent de «cette sorte de retour à la correspondance» puisque cette passion a au moins la vertu de «les faire écrire».

Autrefois les criminels, pour ne pas se faire comprendre, communiquaient grâce à l'argot. Aujourd'hui l'argot est entré dans le langage de tous les jours. On peut donc présumer que l'usage des mini-messages n'est pas sur le point de disparaître.

Questions

1. Déchiffrez ces messages:
   KicéKféça ?
   PaCeMat1 !
   OuSqueT

2. Formez un petit groupe, envoyez-vous des messages et répondez-y.

3. Que dirait Madame de Sévigné si elle revenait parmi nous? (Voir Note biographique)

2. LE PASSÉ SIMPLE

The *passé simple* has the same temporal value as the *passé composé* in spoken French. It expresses a completed action which happened at a specific moment in the past. The *passé simple* has almost totally disappeared from spoken language; it is a literary tense which is still used in written French, including in newspapers, especially in the third person. Unlike the imperfect which is particularly suited to a description, the *passé simple* suits a narration very well.

STUDY THESE EXAMPLES:

Jeanne d'Arc naquit à Domrémy en 1412.
La pluie commença à tomber vers 15heures.
On l'accueillit triomphalement.
Son discours ne plut pas à tout le monde.

I. HOW TO FORM THE *PASSÉ SIMPLE*

1. Verbs ending in *-er*:

PARLER:	je parl*ai*	tu parl*as*	il/elle/on parl*a*
	nous parl*âmes*	vous parl*âtes*	ils/elles parl*èrent*

2. Verbs ending in *-ir*, most verbs in *-re, voir* and *asseoir* :

FINIR:	je fin*is*	tu fin*is*	il/elle/on fin*it*
	nous fin*îmes*	vous fin*îtes*	ils/elles fin*irent*
DESCENDRE:	je descend*is*	tu descend*is*	il/elle/on descend*it*
	nous descend*îmes*	vous descend*îtes*	ils/elles descend*irent*

    VOIR: je vis, tu vis, il/elle/on vit, nous vîmes, vîtes, virent

3. Some verbs ending in *-re, -oir, mourir, courir* :

    LIRE: je *lus*, tu *lus*, il/elle/on *lut*, nous *lûmes*, vous *lûtes*, ils/elles *lurent*

    CONNAÎTRE   je conn*us*, tu conn*us*, il/elle/on conn*ut*

        nous conn*ûmes*, vous conn*ûtes*, ils/elles conn*urent*

    VOULOIR: voul*us*, voul*us*, voul*ut*, voul*ûmes*, voul*ûtes*, voul*urent*

4. Many verbs are irregular in the *passé simple*. Forms should be checked carefully.

    ÊTRE: je fus, tu fus, il/elle/on fut, nous fûmes, vous fûtes, ils/elles furent.

    AVOIR: j'eus, tu eus, il/elle/on eut, nous eûmes, vous eûtes, ils/elles eurent

    TENIR: je tins, MOURIR: je mourus, CROIRE: je crus

II. EXEMPLES LITTÉRAIRES

Pierre Corneille (1606–1684)

Nous partîmes cinq cents; mais par un prompt renfort
Nous nous vîmes trois mille en arrivant au port...
(*Le Cid*, Acte IV, Scène III, vers 1259, 1260)

Guy de Maupassant (1850–1893)

Le lendemain, elle se rendit chez son amie et lui conta sa détresse. Madame Forestier alla vers son armoire à glace, prit un large coffret, l'apporta, l'ouvrit, et dit à Madame Loisel: "Choisis, ma chère."
(*La parure*)

Albert Camus (1913–1960)

Je retrouvai exactement ce que j'étais venu chercher...
(*L'été, Retour à Tipasa* © Éditions GALLIMARD)

Mariama Bâ (1929–1981)

Daouda reposa ma lettre. Calmement, il bourra une enveloppe de liasses de bleus. Il griffonna sur un billet la terrible formule qui nous sépara jadis et qu'il avait acquise au cours de ses études de médecine : " Tout ou rien. Adieu." Aïssatou, Daouda Dieng ne revint plus jamais.
(*Une si longue lettre*. Les Nouvelles Éditions Africaines)

III. EXERCICES

A. *Mettez les verbes entre parenthèses au passé simple.*

1. Le règne de Louis XIV (*durer*) _____ de 1661 à 1715.
2. Qand le proviseur (*entrer*) _____ , les élèves (*se lever*) _____ .
3. C'est à ce moment-là que la lune (*disparaître*) _____ derrière les nuages.
4. Après avoir lu la lettre, elle (*se mettre*) _____ à pleurer.
5. Dès qu'elle nous (*apercevoir*) _____ , elle (*courir*) _____ vers nous.

B. *Mettez les verbes au passé composé.*

1. Le conférencier partit avant qu'on puisse lui poser des questions.

   _____

2. Victor Hugo naquit en 1802.

   _____

3. Les élections eurent lieu au printemps dernier.

   _____

4. Nous fûmes ravis de vous rencontrer.

   _____

5. Ils vinrent sans prévenir.

   _____

LECTURE

Que s'est-il passé en 1789 ?

Les États-Unis ont un Président élu par ses concitoyens. Quand on parle de lui, on dit le Président des États-Unis. Les Français ont eux aussi un Président. Il est élu au suffrage universel, il est le Président de la République française. Quelle est l'orgine de cette république ? De quand date-t-elle ?

La révolution éclata en 1789. Elle est causée en grande partie par la crise financière et la misère du peuple. Les idées et les critiques de plus en plus violentes des philosophes se répandent. Le Roi, Louis XVI, n'a pas su exercer son métier. Les nobles sont convaincus du bien-fondé de leurs privilèges mais ils ont aussi commencé à lire les écrivains du siècle des lumières comme Voltaire, Diderot, Rousseau qui encouragent le triomphe des «lumières»: l'esprit scientifique, la raison, la liberté, la tolérance et la justice sociale. Ils ont appris à désobéir. Ils sont devenus incapables de maintenir la discipline parmi leurs troupes. La bourgeoisie a fourni à la monarchie beaucoup de ses grands commis; elle ne s'opposera pas à la révolte. Les paysans n'ayant rien à perdre ont adhéré avec enthousiasme au mouvement des mécontents. L'année 1789 a eu donc une importance considérable dans l'histoire de France.

La prise de la Bastille le 14 Juillet symbolisa le renversement de la monarchie absolue. C'est le côté politique de la révolution qui est suivi quelques semaines plus tard par une révolution sociale: dans la nuit du 4 août, on a assité à l'abolition des privilèges de la noblesse. La bourgeoisie succède à la vieille France aristocratique. Le 26 août, la Déclaration des Droits de l'Homme et du Citoyen promulgue les grands principes de la démocratie:

Article premier: Le but de la société est le bonheur commun. Le gouvernement est institué pour garantir à l'homme la jouissance de ses droits naturels et imprescriptibles.

Article II: Ces droits sont l'égalité, la liberté, la sûreté, la propriété.

Article III: Tous les hommes sont égaux par la nature et devant la loi.

Cette déclaration constitue la révolution juridique.

Voici ce qui est arrivé en 1789. La royauté est abolie en 1792. 1792 est donc l'an 1 de la République.

Questions

Faites des recherches sur la révolution française et répondez aux questions suivantes:

1. Quel a été le rôle de la bourgeoisie avant la révolution ?
2. Qu'est-ce que les philosophes recommandaient ?
3. Pourquoi les paysans ont-ils été si malheureux ?
4. Quel a été le sort du roi Louis XVI ?

À VOUS DE RÉFLÉCHIR

1. Dites pourquoi la révolution de 1789 a eu une si grande importance.
2. Pensez à d'autres révolutions qui ont, elles aussi, eu beaucoup d'importance. (ne parlez pas de la révolution américaine).
3. Lorsqu'il fut élu président de la République en mai 1981, la première mesure que prit François Mitterrand fut l'abolition de la peine de mort. Jusqu'à cette date, quand la peine de mort était prononcée, le condamné était envoyé à la guillotine. C'est le docteur Joseph Ignace Guillotin (1738–1814) qui préconisa en 1789 l'emploi de cette horrible machine pour l'exécution de certains criminels.

    Êtes-vous pour ou contre la peine de mort ?

Bâ, Mariama (1929–1981)

Romancière sénégalaise. Dans deux de ses romans *Une si longue lettre* et *Un chant écarlate*, elle se penche sur la condition féminine et les difficultés rencontrées par les Sénégalaises qui doivent faire face aux exigences souvent déraisonnables de la famille, de la culture et des traditions en leur chemin vers l'indépendance. Ses héroïnes sont fières et fortes, mais rarement optimistes. Dans *Un chant écarlate* l'héroïne est une jeune Française mariée avec un Sénégalais.

Balzac, Honoré de (1799–1850)

Romancier, un des piliers de la littérature française, auteur de *La Comédie humaine.* Vie difficile et désordonnée. Balzac fut longtemps criblé de dettes. Il est fasciné par les rapports entre ce qui se voit et ce qui ne se voit pas, c'est-à-dire l'aspect physique de ses personnages et leur caractère. Le monde qu'il crée ressemble étrangement à son propre monde. Ses personages sont proverbiaux : Grandet, l'avare, Rastignac, l'arriviste, Gaudissart, le voyageur de commerce, Valérie Marneffe, la femme fatale... Citons parmi ses œuvres : *Le Père Goriot, Eugénie Grandet, La Cousine Bette, La femme de trente ans, Les contes drôlatiques.*

Camus, Albert (1913–1960)

Romancier, dramaturge, essayiste. Né en Algérie où il grandit dans un milieu très modeste. Ce pays d'un été invincible restera très présent dans l'œuvre de Camus. Il étudie la philosophie et devient journaliste à Alger d'abord, puis à Paris où il se trouve bloqué dans la France occupée où il était venu se faire soigner. Camus souffait de tuberculose depuis son adolescence. Il est éditeur en chef du journal *Combat.* Il écrit le *Mythe de Sisyphe, L'Étranger* qui font de lui un représentant de la philosophie de l'absurde. Dans *La Peste* (1947), c'est la vie sous l'oppression que dépeint Camus. *La chute* (1956) et, les nouvelles contenues dans *L'Exil et le royaume* (1957) contribueront à lui faire décerner le prix Nobel de Littérature. En 1994, sera publié *Le Premier Homme* dont le manuscrit fut retrouvé dans la sacoche de l'auteur après l'accident de voiture qui devait causer sa mort le 4 Janvier 1960. Notons aussi les pièces de théatre écrites par Camus: *Le Malentendu, Caligula, L'État de siège, Les Justes.*

César, Jules (100 B.C.–44 B.C.)

Son vrai nom est Gaius Julius Caesar. Homme d'état, général, historien, écrivain, il naquit en 100 av.J.C., eut le droit de prendre le titre d'*Imperator* en 45. Il fut assassiné le 15 mars 44. Parmi ses attaquants figurait son protégé Brutus. Mots historiques prononcés par César : *Alea jacta est.* (Les jeux sont faits – *the chips are down*) lors du passage du Rubicon ; *Veni, vidi, vici.* (Je suis venu, j'ai vu, j'ai vaincu) au retour d'une guerre-éclair contre Pharnace, fils de Mithridate. *Tu quoque fili* (Toi aussi, mon fils) lorsque César aperçut Brutus parmi ses assassins.

Corneille, Pierre   See chapter 2

Maupassant, Guy de (1850–1893)

Nouvelliste, romancier et journaliste né en Normandie. Flaubert fut en quelque sorte son mentor et inculqua à Maupassant sa passion pour le détail. Maupassant commença des études de droit interrompues par la guerre franco-prussienne. Il sera fonctionnaire jusqu'à ce qu'il puisse vivre de sa plume. Ses nouvelles apporteront à Maupassant un énorme succès : *Boule de suif* (1880), *Contes de la bécasse* (1883), *Contes normands et parisiens* (1884), *Contes du jour et de la nuit* (1886), *Le Horla* (1887). Il y examine la petitesse, la médiocrité et l'hypocrisie de la bourgeoisie, ou la mesquinerie des paysans. Les thèmes varient ; on passe du tragique au comique au fantastique. Le but est de révéler le côté sordide et mesquin de l'humanité. Maupassant écrit aussi des romans: *Une vie* (1883), *Bel ami* (1885), *Pierre et Jean* (1888), considéré comme le meilleur, *Fort comme la mort* (1889). Maupassant est le maître incontesté de la nouvelle; il se distingue par son sens de la mesure et la clarté de son style.

Ngandé Charles (1934-   )

Né à Douala, Cameroun. Prêtre et poète. Chante l'indépendance de son pays dans une poésie claire et pleine d'émotion.

Charles d'Orléans (1394–1465)

Neveu du roi Charles VI. Fait prisonnier par les Anglais à Azincourt en 1415, il passe 25 ans en prison en Angleterre. C'est là qu'il commence à écrire ses balades et ses rondeaux qu'il continuera à composer après son retour au château de Blois où il côtoie poètes et artistes.

Queneau, Raymond (1903–1976)

Linguiste et styliste. Il s'est consacré à l'étude de sa langue, à expérimenter, à manipuler, à transformer les mots. Il veut rester à la portée de tous, amuser, distraire. Dans *Exercices de style* il raconte la même histoire de 99 façons différentes (Présent, Imparfait, Télégramme, Javanais...) Parmi ses ouvrages, citons *Pierrot, mon ami* (1942), *Zazie dans le métro* (1959) porté à l'écran, *Les Fleurs bleues* (1965).

Sévigné (marquise de), 1626–1696

Veuve à 25 ans avec deux enfants. Elle fréquente à Paris les salons du temps. Elle y rencontre les hommes et femmes de lettres avec lesquels elle allait correspondre. C'est par ses lettres que Madame de Sévigné a trouvé sa place dans l'histoire de la littérature française. Elle y parle des grands événements de son temps, controversés ou non, dans un style qui sait être austère ou plein d'esprit. Le ton change dans ses lettres à la Comtesse de Grignan, sa fille, dont elle se trouva longtemps séparée. Elle y parle de tout ce qui se passe à la cour de Louis XIV : les nouvelles coiffures, les mariages et les enterrements, les accidents de la circulation, le suicide de Vatel, le cuisinier du Roi, les révoltes et les cabales de la Cour, les nouveaux spectacles, les bonnes manières, la religion. Elle est historienne, journaliste, mère tendre et dévouée dans cette correspondance essentielle à notre connaissance de son époque.

Chapitre 6

L'IMPARFAIT

LA VIE D'AUTREFOIS

You have studied the *passé composé*, a tense used to express an action, an event completed at a specific time in the past.

STUDY THESE EXAMPLES

Je l'ai rencontré l'été dernier à Carcassonne.
Le Président a commencé à parler à 18 heures, il a terminé à 18 heures 50.
Nous sommes sortis en fin d'après-midi et nous avons dîné chez nos amis.
Pour mes sept ans, on m'a offert une bicyclette.
Je faisais du latin depuis deux ans quand j'ai décidé d'apprendre le français.
Il y avait trois ans que j'avais mon permis de conduire quand j'ai acheté une voiture.

I. WHEN TO USE THE *IMPARFAIT*

You will use the *imparfait* which is a past progressive tense when you wish to describe:

a. Actions or events which continued over an indefinite period of time in the past, and which can be interrupted:

   Je l'ai rencontré pendant que je *visitais* Carcassonne.

b. Habitual actions which were repeated in the past:

   Quand *j'étais* petite, je n'*aimais* pas aller dormir parce que j'*avais* peur du noir.

c. A scene, a landscape:

   Hier, nous *étions* à la campagne. Il *faisait* très beau. Le soir, nous avons admiré la lune qui *brillait* dans un ciel sans nuages.

d. A person, his/her appearance and/or state of mind:

   À cette époque-là, elle *avait* une vingtaine d'années, elle *portait* souvent une robe rouge qui lui *allait* très bien. Elle *était* toujours gaie, pleine de vie et d'entrain.

52

e. An action which goes on for a definite period of time in the past before it is interrupted:

Nous *habitions* à la campagne depuis plus de dix ans quand nous avons décidé d'aller vivre en ville.

II. HOW TO FORM THE *IMPARFAIT*

Take the first person plural of the present, remove *-ons*, and add these endings: *-ais, -ais, -ait, -ions, -iez, -aient.*

REGARDER	FINIR	PRENDRE
(nous regard*ons*)	(nous finiss*ons*)	(nous pren*ons*)
je regard*ais*	je finiss*ais*	je pren*ais*
tu regard*ais*	tu finiss*ais*	tu pren*ais*
il/elle/on regard*ait*	il/elle/on finiss*ait*	il/elle/on pren*ait*
nous regard*ions*	nous finiss*ions*	nous pren*ions*
vous regard*iez*	vous finiss*iez*	vous pren*iez*
ils/elles regard*aient*	ils/elles finiss*aient*	ils/elles pren*aient*

NOTES

1. For verbs with infinitive ending in *-ier*, and the verb *rire*, note the first and second persons plural:

Nous étud*iions*, vous *riiez*

For verbs with infinitive ending in *-ger*, an *e* precedes *ais, ait, aient*:

Je mang*eais*, elle nag*eait*, ils chang*eaient*

For verbs with infinitive ending*-cer*, a *ç* precedes *ais, ait, aient*:

Tu commen*çais*, elles se balan*çaient*

être is irregular:

J'étais, tu étais, il/elle/on était, nous étions vous étiez, ils/elles étaient

2. The pluperfect (*le plus-que-parfait*) is, so to speak, the past imperfect. It is formed by using the imperfect of the auxiliary verb with the past participle of the conjugated verb.

J'avais regardé, elle avait dormi, nous étions sortis, elles étaient revenues.

It is used to describe an action that had been completed in the past before another past action took place.

J'avais fermé la porte quand j'ai entendu le téléphone sonner.

Pierre et Jean étaient déjà partis quand nous sommes arrivés.

III. EXEMPLES LITTÉRAIRES

La Fontaine (1621–1695)

Un jour, sur ses longs pieds, allait, je ne sais où,
Un héron au long bec emmanché d'un long cou.
L'onde était transparente ainsi qu'aux plus beaux jours,
Ma commère la carpe y faisait mille tours...
      (*Le héron*, La Fontaine, *Fables*)

Victor Hugo (1802–1885)

Elle avait pris ce pli, dans son âge enfantin,
De venir dans ma chambre un peu chaque matin.
Je l'attendais comme un rayon qu'on espère.
Elle entrait, s'asseyait sur mon lit et disait: « bonjour, mon petit père »
      (*L'Art d'être grand-père*)

Chateaubriand (1768–1848)

...À huit heures, la cloche annonçait le souper. Après le souper, dans les beaux jours, on s'asseyait sur le perron. Mon père, armé de son fusil, tirait les chouettes qui sortaient des créneaux à l'entrée de la nuit. Ma mère, Lucile et moi, nous regardions le ciel, les bois, les derniers rayons du soleil. A dix heures, l'on rentrait et l'on se couchait. Les soirées d'automne et d'hiver étaient d'une autre nature...
      (*Mémoires d'outre-tombe*, lère partie, livre III, chapitre 3)

Guy de Maupassant (1850–1893)

...C'était une de ces jolies et charmantes filles, nées, comme par une erreur du destin, dans une famille d'employés. Elle n'avait pas de dot... Elle souffrait sans cesse... Elle souffrait de la pauvreté de son logement... Elle songeait aux grands salons vêtus de soie ancienne...
      (*Contes normands et parisiens, La parure*, page 157, Classiques Hachette**)**

Keita Fodéba (1921–   )

...Le petit hameau... s'éveillait peu à peu. Au son des flûtes de roseau, les bergers conduisaient les troupeaux dans la vallée, tandis que les jeunes filles encore somnolentes se suivaient sur le sentier tortueux de la fontaine. Dans la cour du marabout, un groupe d'enfants, autour du feu de bois, chantonnait des versets du Coran...
      (*Aube Africaine,* Seghers, 1965)

Antoine de Saint-Exupéry (1900–1944)

...La cinquième planète était très curieuse. C'était la plus petite de toutes. Il y avait juste assez de place pour loger un réverbère et un allumeur de réverbères. Le petit prince ne parvenait pas à s'expliquer à quoi pouvait servir, quelque part dans le ciel sur une planète sans maison, ni population, un réverbère et un allumeur de réverbères.

(*Le petit prince,* Éditions GALLIMARD)

Albert Camus (1913–1960)

...Devant la mer noyée, je marchais, j'attendais dans cette Alger de décembre qui restait pour moi la ville des étés. J'avais fui la nuit d'Europe, l'hiver des visages... Le soir, dans les cafés violemment éclairés où je me réfugiais, je lisais mon âge sur des visages que je reconnaissais sans pouvoir les nommer. Je savais seulement que ceux-là avaient été jeunes avec moi et qu'ils ne l'étaient plus.

(*Noces,* Éditions GALLIMARD)

Mariama Bâ (1929–1981)

...Tandis que la mère de Mawdo pensait à sa vengeance, nous, nous vivions... Nous retrouvions les battements de cœur anciens qui fortifiaient nos sentiments...

(*Une si longue lettre,* 1980, Les nouvelles Éditions Africaines, page 35)

Questions

1. Dans les textes ci-dessus, trouvez des exemples de l'imparfait employé pour exprimer une action habituelle et de l'imparfait employé pour faire une description.
2. Selon vous, Victor Hugo se réjouissait-il de voir sa fille chaque matin ? Expliquez votre réponse.
3. Dans le texte de Maupassant, il fait le portrait d'une jeune fille. À votre tour, faites en quelques phrases et en employant l'imparfait le portrait d'une personne que vous avez bien connue.
4. Justifiez l'emploi de l'imparfait dans le texte de Camus.

IV. EXERCICES

A. *Mettez les verbes entre parenthèses au passé composé ou à l'imparfait.*

Hier, il _____ très beau, quand tout à coup vers 17 heures, le vent
    1. (faire)

_____ à souffler, le ciel _____ nous _____
  2. (commencer)   3. (se couvrir)   4. (entendre)

le tonnerre. Il y _____ aussi des éclairs. Nous _____ ce
                    5. (avoir)   6. (se demander)

qui _____ se passer quand une pluie diluvienne _____ à
      7. (aller)   8. (se mettre)

tomber. Qu'est-ce-que nous _____ 9. (aller) faire? Nous _____ 10. (devoir) ,

comme chaque semaine, faire une promenade au bord de la Loire avec de vieux amis

d'enfance. Nous _____ 11. (avoir) l'intention de dîner à la terrasse d'un petit restaurant.

Nous _____ 12. (se lamenter) sur une soirée perdue quand comme par miracle, la pluie

_____ 13. (s'arrêter) de tomber. Le ciel _____ 14. (s'éclaircir) et nous

_____ 15. (pouvoir) admirer le plus beau des arcs-en-ciel. Nous _____ 16. (être) ravis,

notre soirée _____ 17. (commencer) sous un ciel de rêve. Comme nous _____ 18. (avoir)

de la chance! Tout est bien qui finit bien.

Questions:

1. Ces amis se connaissent-ils depuis longtemps ?

   _____

2. Qu'est-ce-qui pouvait empêcher les amis de passer une soirée ensemble ?

   _____

3. Comment s'est terminée la soirée ?

   _____

4. Avez-vous déjà eu une expérience comparable ?

   _____

B. *Mettez les verbes entre parenthèses aux temps qui conviennent (présent, imparfait, passé composé)*

En France, les trains _____ 1. (siffler) toujours à l'heure. En octobre 1981, il y

_____ 2. (avoir) déjà plus de vingt ans, les huit voitures orange, climatisées et silencieuses

du train à grande vitesse (T.G.V.) _____ leurs 375 passagers de Paris à
3. (conduire)

Lyon en 2 heures 40. Ce _____ la première étape d'une révolution dans les
4. (être)

transports par rail du Sud-Est de la France. L'aventure _____ en 1974 : la
5. (commencer)

ligne Paris-Lyon _____ saturée. Le gouvernement _____ de
6. (être)   7. (décider)

construire une autoroute ferroviaire de 415 kms. On _____ alors que les trains
8. (espérer)

_____ remplacer les voitures. Les accidents de la route _____ si
9. (aller)   10. (être)

nombreux qu'il _____ convaincre les conducteurs de prendre le train. Depuis
11. (falloir)

cette date, la SNCF_____ ses efforts, et les T.G.V. _____
12. (continuer)   13. (rouler)

nuit et jour à travers plusieurs pays européens

Questions

1. Aux États-Unis, quel est le moyen de transport le plus commun ? Justifiez votre réponse.

   _____

2. En Europe et au Japon, les trains ultra rapides permettent aux habitants de se déplacer rapidement, confortablement et économiquement. À votre avis, pourquoi les États-Unis n'adoptent-ils pas une politique semblable ?

   _____

   _____

3. La construction de ces voies ferrées n'est pas sans créer d'énormes problèmes. Selon vous, quels sont-ils ? Comment sont-ils résolus ?

   _____

   _____

C. *Mettez les infinitifs à l'imparfait.*

Dans le passage qui suit, tiré de «*Les petits bonheurs*» de Bernard Clavel, l'auteur évoque les joies pures et simples de son enfance. Il est né en 1923 dans le Jura. Il quitte l'école à 14 ans pour devenir apprenti chez un pâtissier. Il écrira éventuellement de nombreux ouvrages. Il tire son inspiration de la terre de son enfance.

Nous _____ la ville. Une toute petite maison au fond d'un vaste jardin qui
      1. (habiter)

nous _____ d'une rue où _____ encore plus d'attelages que de voitures
  2. (séparer)   3. (passer)

à moteur. À la belle saison, nous _____ sans lumière. On _____ dehors,
           4. (vivre)   5. (veiller)

sur des bancs où des voisins _____ parfois bavarder jusqu'au moment où mon père
        6. (venir)

se _____ en annonçant:—Bon! Moi, je vais monter.
    7. (lever)

C'_____ une manière polie de signifier aux bavards que l'heure était venue de ren-
  8. (être)

dre le jardin au silence de la nuit. Et ces gens, qui _____ que mon père serait de-
        9. (savoir)

bout bien avant eux, le _____ de bonne grâce.
     10. (faire)

Nous _____ nous coucher à tâtons. Mon père _____ le dernier pour
    11. (aller)   12. (rester)

fermer la porte, ma mère _____ la première et je _____ à ses jupes dans
      13. (monter)   14. (s'accrocher)

l'escalier obscur. Les marches _____ . Derrière moi, la main de mon père
      15. (craquer)

_____ lentement sur la rampe de bois... Les volets de la chambre
16. (avancer)

_____ grands ouverts, et, même par les nuits les plus noires, on y
17. (demeurer)

_____ assez pour se dévêtir et se couler entre les draps. Notre œil _____
18. (voir)   19. (être)

familier de la nuit...

Used by permission. *Les petits bonheurs* © Éditions Albin Michel, Bernard Clavel, 1999

Questions

1. Comment se passaient les soirées du jeune garçon ?
2. Cet enfant est-il heureux ? Justifiez votre réponse.
3. Quels grands changements se sont déroulés depuis l'enfance de l'auteur ?
4. Ce passage est écrit à l'imparfait; pour quelles raisons ?

D. Traduisez le passage suivant.

Where were you when the match between France and Sénégal took place? I was watching the two teams in the stadium, and I was hoping that my team would be (*serait*) the winner. Unfortunately, it did not happen, and the losers (my team) went home ashamed and they were asking themselves many questions. "Whose fault was it?" "Why didn't we win?" It is simple: "The best team wins".

Questions

1. Avez-vous regardé les matchs de la Coupe Mondiale de football ?
2. Votre équipe a-t-elle gagné ?
3. Quand vous étiez plus jeune, y avait-il un sport qui vous passionnait ?

TRAVAIL DE GROUPE

Autrefois et aujourd'hui. Lisez ensemble le passage suivant et répondez aux questions sous forme de discussion. Vous vous diviserez en groupes de quatre ou cinq. Dans chaque groupe vous choisirez un rapporteur qui organisera le travail, prendra des notes et les présentera aux autres groupes, un autre mènera la discussion, un troisième fera une présentation à la classe entière.

Comme autrefois, le baccalauréat est aujourd'hui l'examen national qui permet aux jeunes lycéens et lycéennes d'entreprendre des études supérieures. Voilà les sujets de français sur lesquels les jeunes Français/es ont dû travailler pendant trois heures au cours d'une session récente du baccalauréat.

1. « Connaissons-nous mieux le présent que le passé ?»
2. « Sans l'art, parlerait-on de beauté ? »
3. « La diversité des langues est-elle un obstacle à l'entente des peuples ? »
4. « La politique est-elle une science ou un art ? »
5. « Ne désirons-nous que les choses que nous estimons bonnes ? »

Questions

a. En quoi consiste le baccalauréat ?

b. Vous choisirez un des sujets ci-dessus, et le traiterez « à la française ». Vous donnerez d'abord les arguments « en faveur » de la question, puis les arguments « contre », dans une troisième partie, vous ferez une synthèse de votre discussion. Bonne chance !

c. À votre avis, les examens que vous subissez dans votre pays sont-ils plus ou moins difficiles que ceux des jeunes Français ?

LECTURE

Lisez le passage suivant et répondez aux questions.

Je me souviens encore du jour où on m'a offert ma première machine à écrire. C'était une machine italienne, elle était rouge vif, elle avait un nom : Valentine. Que pouvait-on souhaiter de plus à 16 ans ? Je l'ai toujours, et je la regarde souvent avec nostalgie. Je me demande quelle serait la réaction d'une adolescente d'aujourd'hui si on lui faisait un tel cadeau. Un objet qui m'a aussi comblé de joie dans ma jeunesse, c'est un phonographe qu'il fallait remonter avec une manivelle. Comme il était beau ! une grande boîte noire et brillante dont seuls les grands avaient le droit de se servir.

Questions

a. Pourquoi à votre avis, l'auteur regarde-t-il cette machine à écrire avec nostalgie ?

b. Qu'est-ce qui a remplacé ces deux objets si chers à l'auteur ?

c. Décrivez un objet « d'autrefois » qui vous intéresse et vous fascine.

À VOUS DE RÉFLÉCHIR

1. « Il était une fois . . . » C'est ainsi que commencent les contes de fées comme *Blanche-Neige, Cendrillon, la Belle au bois dormant, la Belle et la Bête, le petit Chaperon rouge,* etc.

Résumez un des ces contes de fées ou imaginez votre propre conte.

2. Quand vous étiez petit(e), comment célébrait-on votre anniversaire ?

Et aujourd'hui, comment le fêtez-vous ?

NOTES BIOGRAPHIQUES

Bâ, Mariama See Chapter 5

Camus, Albert See Chapter 5

Chateaubriand, François-René, vicomte de (1768–1848)
Né à saint-Malo dans une vieille famille noble bretonne. Il a grandi dans un château médiéval à Combourg. Intrigué par les débuts de la Révolution, il part pour l'Amérique en 1791. Ce voyage lui per-

met d'écrire *Les Natchez*, une veritable épopée. De retour en France et après un bref séjour dans l'armée, il publie *Le Génie du Christianisme* (1802) où il déclare que le christianisme ne peut être que vrai. Bref séjour à Rome, puis voyage au Moyen-Orient d'où il rapporte *Itinéraire de Paris à Jérusalem* (1811). Il est élu à l'Académie Française, continue à faire de la politique, soutient Louis XVIII et fréquente les salons du temps, tout particulièrement celui de Madame Récamier. Un an avant sa mort, il publie *Les Mémoires d'outre-tombe,* résultat de longues années de travail et de méditation.

Romantiques, mélancoliques, exotiques, passionnés, imaginatifs, précis et sensibles, les écrits de Chateaubriand restent aujourd'hui appréciés de beaucoup.

Fodéba, Keïta (1921-)

Ce guinéen est un poète-conteur. C'est lui le créateur des ballets africains avec lesquels il a fait de nombreuses tournées. Par ses légendes racontées, dansées ou chantées, il essaie de faire revivre la mémoire de son peuple.

La Fontaine, Jean de   See Chapter 2

Hugo, Victor (1802–1885)

Poète, dont la France a fêté en grande pompe le bicentenaire en 2002, domine la littérature française du XIXème siècle par son génie et la diversité de son œuvre qui comprend poésie (*Les feuilles d'automne, Les chants du crépuscule, Les châtiments, Les contemplations, La légende des siècles, L'Art d'être grand-père*), drames (*Hernani, Ruy Blas*), romans (*Notre-Dame de Paris, Les Misérables, Les Travailleurs de la mer, L'Homme qui rit, Quatre-vingt treize*) et de nombreux essais et pamphlets politiques et autres. L'œuvre de Victor Hugo est gigantesque, son influence le fut et l'est encore. Il sut mener de front une vie d'écrivain, d'homme politique et de père de famille. La mort de sa fille aînée, Léopoldine, en 1847 lui inspira des vers mémorables. La carrière politique de Victor Hugo n'est pas toujours calme. Son opposition au gouvernement de Napoléon III le force à s'exiler en Belgique puis à Jersey et à Guernesey où il restera jusqu'à l'abdication de l'empereur en 1870. Dans l'ensemble de cette œuvre incomparable, il convient de remarquer la place prise par l'imagination qui permet à l'écrivain de voir ce qu'il imagine avec autant de force et de précision que la propre réalité. « *Savoir, penser, rêver. Tout est là.* » Lorsque Victor Hugo meurt le 22 mai 1885, on lui fait des funérailles nationales, il est enterré au Panthéon. C'est une véritable apothéose.

Saint-Exupéry, Antoine de (1900–1944)

Pilote, ingénieur, philosophe, journaliste, artiste. Héros de l'Aéropostale qui, avec son collègue et ami Jean Mermoz, établit le lien aérien entre l'Europe et l'Amérique du Sud qu'il raconte dans *Courrier Sud* (1928) et *Vol de nuit* (1931). Dans *Terre des hommes* (1939) et *Pilote de guerre* (1942), Saint-Exupéry traite le pilote comme un être à part, responsable à l'égard de l'humanité entière. Le but que ces hommes veulent atteindre vaut plus que la vie. *Citadelle* est un ouvrage philosophique. Il est publié en 1948 après la mort de l'auteur dont l'avion disparait en Méditerranée en Juin 1944 au cours d'une mission de reconnaissance. *Le Petit Prince* (1943), illustré par l'auteur, est incontestablement le plus connu de ses écrits. Il a été traduit en de multiples langues.

Chapitre 7

LE CONDITIONNEL

CHANGER LA VIE

The conditional is one of the four moods mentioned in Chapter 2 at the beginning of this study. The conditional expresses an eventuality, a possibility in the future or the consequences of a condition, unreal circumstances in the present or the past. It is also used to present an idea as a simple wish or a somewhat weakened fact.

There are few if any differences between the uses of the conditional in French and that of the conditional in English. It will help you to reflect upon your own language to master the French constructions. We will study two tenses in the conditional mood: the present conditional and the past conditional.

Please note that the *si* clause is rarely used in the conditional.

STUDY THESE EXAMPLES

    a. Si vous avez le temps, venez cet après-midi.

    b. Si j'ai de l'argent, je le dépense.

    c. Nous vous téléphonerons si nous manquons le train.

    d. Si j'avais de l'argent, je le *dépenserais*.

    e. Nous vous *téléphonerions* si nous manquions le train.

    f. S'il neigeait, je *resterais* chez moi.

    g. Si j'avais eu de l'argent, je *l'aurais dépensé*.

    h. Nous vous *aurions téléphoné* si nous avions manqué le train.

    i. S'il avait neigé, je *serais resté/e* chez moi.

    j. Si j'avais su qu'il était malade, je ne *l'aurais* pas *dérangé*.

    k. Téléphonez-leur pour savoir s'ils resteront dîner.

    l. Je me demande s'ils *accepteraient* de nous accompagner.

    m. *Pourriez-vous* me donner son numéro de téléphone?

    n. *J'aimerais* lui faire un cadeau. Qu'est-ce qui lui *ferait* plaisir ?

    o. Au cas où je ne *serais* pas là, laissez un message sur le répondeur.

    p. Je savais qu'elles *viendraient*.

    q. Selon la météo, il *devrait* neiger cette nuit.

I. WHEN TO USE THE CONDITIONAL

In examples (a,b) and (c), the *si* clause is in the present, the result clause is in the imperative (a), in the present (b), in the future (c). The event is likely to happen: I may indeed have time, I may have money and we may well miss the train. The situation is clear cut, we know what will happen if and when it occurs.

In the next three examples (d, e, f.), the *imparfait* is used in the *si* clause, the present conditional in the result clause to describe a situation for which we are prepared if it were to happen.

In (g, h, i, j) the pluperfect is used in the *si* clause, the past conditional in the result clause. The situation describes what would have taken place, had something else happened. It may also express a regret, something wished for and not fulfilled.

The use of tenses is similar in English: If I have money, I spend it. If I had money, I would spend it. If I had had money, I would have spent it.

In (k) and (l), we have a *si* clause which does not follow the usual pattern. It happens when *si* is the equivalent of "whether or not". Then *si* may be followed by any tense:

Je ne sais pas si le spectacle a commencé.
Savez-vous si vous auriez fait la même chose à sa place ?

The conditional has a different role in examples (m) and (n). It is used to bring about a more polite, gentle way of expression (just as in : " would you give me her telephone number" instead of : " give me her telephone number").

In example (o), you are reminded that the conditional will follow *au cas où* when it expresses a possibility.

In example (p), the conditional is used to express the future in the past, that is, an action or an event that would happen after the action of the main verb already in the past:

Elle m'a promis qu'elle nous écrirait dès son arrivée.
Je lui ai dit que nous serions ravis de les voir.

Example (q) describes an event which may happen, or could/should have happened:

D'après ses parents, il aurait dû finir ses études avant de voyager.

NOTE

If you wish to express a "double" condition (if I were younger and had the time . . .), you may do so by using *si* and the appropriate tense:

Si j'étais plus jeune et *si j'avais* le temps..,

or introduce the second clause with *que* and put the verb in the subjunctive:

Si j'avais quelques jours de vacances et *qu'il fasse* beau, je partirais en Normandie.

SI CLAUSE	RESULT CLAUSE
present tense (event likely to happen, real condition)	imperative, present, future
imperfect (contrary to fact condition in the present)	present conditional
pluperfect (contrary to fact condition in the past)	past conditional

II. HOW TO CONJUGATE THE CONDITIONAL

It is easier to conjugate *the conditional present* than it is to conjugate most tenses. It is formed by using the stem of the future and adding the endings of the imperfect: *ais, ais, ait, ions, iez, aient.*

There are no irregularities within the conjugation. Verbs with spelling changes and verbs which are irregular in the future use the future stem also and the regular endings.

PARLER   Je parlerais, tu parlerais, il/elle/on parlerait
          nous parlerions, vous parleriez, ils/elles parleraient
CHOISIR   Je choisirais, nous choisirions
ÊTRE   Je serais, tu serais, il/elle/on serait, nous serions, vous seriez, ils/elles seraient.
AVOIR   J'aurais, tu aurais, il/elle/on aurait, nous aurions, vous auriez, ils/elles auraient.
METTRE   Je mettrais, nous mettrions

The past conditional follows the pattern of other compound tenses, and is formed by using the auxiliary verb in the present conditional with the past participle of the conjugated verb:

J'aurais pensé, tu aurais fini, elle serait venue...

III. EXEMPLES LITTÉRAIRES

Montesquieu (1689–1755)

...Les habitants de Paris sont d'une curiosité qui va jusqu'à l'extravagance. Lorsque j'arrivai, je fus regardé comme si j'arrivais du ciel : vieillards, hommes, femmes, enfants, tous voulaient me voir. Si je sortais, tout le monde se mettait aux fenêtres; si j'étais aux Tuileries, je voyais aussitôt un cercle se former autour de moi... Si j'étais aux spectacles, je trouvais d'abord cent lorgnettes dressées contre ma figure: enfin jamais homme n'a été tant vu que moi..."

(*Les lettres persanes, la badauderie des Parisiens* XXX)

Jean Renoir (1894–1979)

"Moi, si j'avais de l'argent, je ne ferais pas ce métier..."
"Si mes calculs sont exacts, dans quatre jours on aura dépassé le mur du jardin..."
"Si on tombe sur une patrouille, qu'est-ce qu'on fait ?..."

(*La grande illusion*, Seuil/Avant-Scène pages 31, 59, 136)

Eugène Ionesco (1912–1994)

...“Écoutez-moi, Mademoiselle, si vous n’arrivez pas à comprendre profondément ces principes, ces archétypes arithmétiques, vous n’arriverez jamais à faire un travail de polytechnicien...”

(*La leçon*, Éditions Gallimard)

Jean-Paul Sartre (1905–1980)

...“Eh bien, si vous n’avez plus besoin de moi, je vais vous laisser...”

...“Si je peux me permettre un conseil, il faudra conserver entre nous une extrême politesse...”

(*Huis-Clos*, Prentice-Hall, page 9 lignes 5 et 6, page 15 lignes 32 et 33, © Gallimard)

Jean Anouilh (1910–1987)

...“Si mon frère vivant était rentré harassé d’une longue chasse, je lui aurais enlevé ses chaussures, je lui aurais fait à manger, je lui aurais préparé son lit...”

...“Si j’avais été une servante en train de faire sa vaisselle, j’aurais essuyé l’eau grasse de mes bras et je serais sortie avec mon tablier pour aller enterrer mon frère...”

(*Antigone,* LES EDITIONS DE LA TABLE RONDE, Paris Didier, page 55, lines 895–897, 915–18)

Questions

1. Dans la troisième phrase de la lettre de Montesquieu, on trouve plusieurs *si* suivis de l’imparfait, pourquoi le verbe qui les suit est-il aussi à l’imparfait ? Aurait-il pu employer le présent au lieu de l’imparfait ?

2. *La Grande Illusion* est un film sur la guerre. Comment pouvez-vous le deviner dans ces quelques lignes?

3. Ionesco est un des créateurs du théâtre de l’absurde; qu’est-ce qui vous le montre ici ?

4. Dans sa pièce *Antigone*, Anouilh met en scène une jeune fille, Antigone, qui, malgré l’interdit du roi, son oncle, prendra des risques qui lui coûteront la vie pour enterrer son frère. Qu’est-ce qui nous montre l’attachement d’Antigone à son frère ?

IV. EXERCICES

A. *Complétez les phrases avec la forme du verbe qui convient.*

1. Si vous (*parler*) _____ plusieurs langues, vous pourrez faire le tour du monde sans aucune difficulté.

2. Si vous (*faire*) _____ le tour du monde, vous (*améliorer*) _____ votre connaissance des peuples et de leurs langues.

3. Je vous (*faire*) _____ signe si j’avais besoin de quelque chose.

4. Si le candidat (*obtenir*) _____ la majorité absolue, il sera déclaré vainqueur au premier tour.

5. Le candidat aurait été déclaré vainqueur, s’il (*obtenir*) _____ la majorité absolue au premier tour.

6. Les routes (*être*) _____ meilleures si on augmentait les impôts locaux.

7. Si tu cours le 100 mètres en moins de 10 secondes, tu (*pouvoir*) _____ participer à la course la semaine prochaine.

8. Si vous (*étudier*) _____ les animaux, vous comprendriez mieux leurs habitudes.

9. Nous (*aller*) _____ au musée toutes les semaines si notre emploi du temps nous le permettait.

10. Si elle avait été reçue au bac, elle (*partir*) _____ en vacances au mois de Juin.

B. *Complétez les phrases suivantes.*

1. Si j'avais mal à la tête _____
2. Il aurait fini son travail à l'heure si _____
3. Nous partirions en voiture si _____
4. Si vous vous asseyiez _____
5. Si j'avais su _____

C. *Rédaction*

Si vous aviez le choix, pendant quelle période de l'histoire aimeriez-vous vivre ? Dites pourquoi en employant le conditionnel.

TRAVAIL DE GROUPE

Vous vous diviserez en groupes de quatre ou cinq. Dans chaque groupe vous choisirez un rapporteur qui prendra des notes et les présentera aux autres groupes, un(e) autre mènera la discussion, un(e) troisième fera une présentation à la classe entière; tous vous répondrez aux questions posées et poserez vos propres questions basées sur vos expériences personnelles.

1. Si vous étiez acteur/actrice, quel rôle aimeriez-vous jouer ? Justifiez votre choix.
2. Si on vous laissait choisir l'endroit où habiter, où iriez-vous ?
3. Si vous étiez végétarien/végétarienne, que mangeriez-vous ? que ne mangeriez-vous pas ?

LECTURE

Lisez le texte suivant. Remplacez les verbes entre parenthèses par la forme qui convient. Répondez ensuite aux questions posées.

Changer la vie

Voici une expression que nous entendons souvent. C'est le thème favori de nos dirigeants, elle fut aussi la devise d'un parti politique français. Et nous, nous y faisons constamment allusion :

« S'il avait suivi vos conseils, tout _____ différent. Comme sa vie

                                1. (être)

_____ ! » « Si nous les avions écoutés, nous _____ toutes

    2. (changer)   3. (ne pas avoir)

ces difficultés ! » Qui n'a pas entendu quelqu'un dire « cette machine à laver m'a changé la

vie. » « Je fais des kilomètres avec ma nouvelle voiture sans être fatigué(e), comme ma vie

a changé ! » « Ce médicament lui fait du bien, il se porte beaucoup mieux, comme sa vie

a changé ! »

« Changer la vie » est donc une expression courante. Essayons de voir ce qui a causé les

changements dans notre vie de citoyen du monde moderne. Tout de suite nous pensons à

Louis Pasteur, à Alexander Fleming, à Jonas Salk. S'ils n'avaient pas mené à bien leurs expéri-

ences, nous _____ de la rage ni des infections multiples qui se trait-

            4. (ne pas triompher)

ent grâce à la pénicilline. La poliomyélite _____ encore plus de victimes.

                                   5. (faire)

Et si Molière n'avait pas écrit *Le Malade Imaginaire*, nous _____ la chance

                                   6. (ne pas avoir)

d'entendre Argan se plaindre de tout et de rien.

Si Denis Papin n'avait pas persévéré dans son travail, il _____ l'inventeur

                                   7. (ne pas être)

de la machine à vapeur.

Si les frères Montgolfier n'avaient pas été aussi hardis, on _____

                                   8. (ne jamais pouvoir)

« monter en ballon ».

Si en 1777, Lavoisier n'avait pas découvert l'oxygène, aurait-il été guillotiné en 1794 ?

Si Napoléon n'avait pas été empereur des Français, que serait-il arrivé ?

Si Bizet n'avait pas écrit *Carmen*, est-ce que vous seriez allé/e à l'Opéra la semaine derrnière ?

Si Victor Hugo ne nous avait pas donné *Les Misérables*, si Claude Debussy n'avait pas composé *Clair de lune*, si Claude Monet n'avait pas peint son jardin à Giverny, tous ces chefs-d'œuvre ne feraient pas partie du patrimoine culturel de la France. Tous, ils ont changé notre vie et celle des générations à venir.

Questions

1. Citez des hommes et des femmes célèbres et dites brièvement en quoi ils ont changé notre vie. (5 ou 6 exemples)

2. Si vous aviez pu changer une chose dans votre lycée pour « changer la vie » de tous, qu'est-ce que vous auriez choisi de faire ?

À VOUS DE RÉFLÉCHIR

1. Si aujourd'hui, on vous donnait « carte blanche » pour effectuer un grand changement, qu'est-ce que vous feriez ?

2. On dit souvent « Si j'avais su...! » Imaginez une situation dans laquelle vous diriez « Si j'avais su... » et finissez en employant plusieurs verbes au passé du conditionnel.

NOTES BIOGRAPHIQUES

Anouilh, Jean (1910–1987)

Auteur dramatique dont le succès a été constant. Parmi ses pièces divisées en catégories: pièces noires, roses, brillantes, baroques, secrètes, il convient de citer : *Le voyageur sans bagage* (1937), *Antigone* (1944), *L'invitation au château* (1947), *L'Alouette* (1953), *Pauvre Bitos* (1956), *Becket* (1959) qui figurent en permanence sur les scènes parisiennes et dans les théâtres du monde entier. Notons aussi qu'Anouilh fut influencé, entre autres, par Molière, Pirandello et Bernard Shaw.

Ionesco, Eugène (1912–1994)

Né en Roumanie d'une mère française et d'un père roumain. Dramaturge et chef de file du mouvement qui crée le Théâtre de l'Absurde. Les nouvelles techniques dramatiques qu'il propose et qu'il met en pratique dans les années 50 donnent un autre sens au drame. Elles devaient avoir une influence profonde et universelle sur le théâtre. Ses pièces figurent depuis 1966 au répertoire de la Comédie Française. Ionesco est entré à l'Académie Française en 1970.

Parmi les pièces que Ionesco nomme anti-pièce, ou pseudo-drame, farce tragique, il faut citer *La Cantatrice chauve* (1950), *La leçon* (1951), *Les Chaises* (1952), *Amédée, ou comment s'en débarasser* (1954), *Rhinocéros* (1960) où on voit l'horreur de l'auteur pour un conformisme idéologique qui devient contagieux comme le fut le fascisme.

Montesquieu, baron de (1689–1755)

Né près de Bordeaux d'une famille noble et aisée. Études de droit à Bordeaux et à Paris. Il occupe ensuite et jusqu'en 1725 un haut poste dans la magistrature bordelaise. Il écrit *Les lettres persanes* (1721), publiées anonymement, dans lesquelles Montesquieu analyse et satirise la société française de son époque par l'intermédiaire de deux Persans séjournant à Paris. Grand succès. Montesquieu fréquente les salons, écrit des essais sur les lois et la morale. Il voyage à travers l'Europe, passe deux ans en Angleterre et prépare son travail magistral *De l'Esprit des lois* publié en 1748. Cet ouvrage provoque des controverses. Montesquieu y répond en 1750 par *Défense de l'Esprit des lois*. On a appelé Montesquieu le père du libéralisme, le père des constitutions et le créateur des sciences sociales. Il appartient vraiment au siècle des lumières.

Renoir, Jean (1894–1979)

Fils du peintre impressionniste Auguste Renoir. Auteur de plusieurs scénarios de films qui sont aujourd'hui des classiques du cinéma, entre autres : *La Chienne* (1931), *La Grande Illusion* (1937), *La Bête humaine* (1938), *La Règle du jeu* (1939)

Sartre, Jean-Paul (1905–1980)

Né à Paris et y vécut. Philosophe existentialiste, moraliste, romancier, dramaturge, essayiste, critique et biographe. Il s'intéressait aussi à la politique et à la psychanalyse. Il fait de brillantes études de philosophie et enseigne pendant quelques années avant de se consacrer aux travaux littéraires. Il rencontre Simone de Beauvoir qui vivra à ses côtés. Sartre est un écrivain militant, un engagé. Il publie de multiples ouvrages dont nous ne citerons que quelques uns : *L'Être et le néant* est l'ouvrage philosophique le plus connu. *L'Existentialisme est un humanisme* (1946), essai d'abord présenté sous forme de conférence; *La nausée* (1939), roman existentialiste; *Huis-Clos,* pièce de théâtre où trois personnages sont condamnés à vivre ensemble après leur mort; la liberté n'existe donc plus. La pièce remporta vite un grand succès et on la joue toujours aujourd'hui. *Qu'est-ce que la littérature ?* (1947). Dans *L'idiot de la famille* (1972), une biographie de Flaubert, Sartre entreprend, dans un ouvrage de 3000 pages, de rendre compte d'un être dans sa totalité. Avec *Les mots* (1963), Sartre nous raconte la naissance de sa vocation d'écrivain. Sartre a été un des pivots de la vie intellectuelle de son temps et retient une influence considérable dans le monde des lettres.

Chapitre 8

LE SUBJONCTIF

QUE FAUT-IL QU'ON FASSE ?

Qu'est-ce que le subjonctif ?

It is the fourth of the four moods we mentioned in Chapter 2. While the indicative mood is used to express facts, past, present or future, the subjunctive mood is used to express desires, emotions, uncertainty, often subordinated to a personal point of view.

When hearing the word "subjunctive", many non-French speakers feel that they are about to face a major obstacle because they have seldom, if at all, heard the word used to describe a verbal form in their own language. English speakers should be reminded that the subjunctive is used currently in a few constructions such as: "*Long* live *the republic!*", "*So* be *it*", "*The doctor requires that he* stay *home for a week*", "*I wish I* were *skiing in Chamonix*", "*Our teacher demands that our homework* be written *in ink*", "*He speaks French as if he* were *born in France*", etc.

The use of the subjunctive is much more limited in English than it is in French, in Spanish, in Italian and, of course, in Latin. The word "subjunctive" comes from the Latin word "*subiungere*" which means to subjoin, to subordinate. It is, therefore, used mainly in subordinate clauses, but it is triggered by the meaning of the main clause or by a conjunction requiring a subjunctive construction.

There are four tenses within the subjunctive mood: present, past, imperfect, and pluperfect. The present and the past are the two tenses commonly used.

Study These Examples

1. **a.** Je suis ravi(e) qu'il *vienne* ce soir.
   b. Nous regrettons qu'elle *soit* absente.
   c. Mes parents sont surpris que nous n'*apprenions* pas la géographie.

2. **d.** J'ordonne que vous vous *taisiez*.
   e. Elle voudrait que nous *voyagions* ensemble.
   f. La municipalité empêche qu'on *fume* dans les restaurants.

3. **g.** Il faut que vous *disiez* la vérité.
   h. Il est impossible qu'il ne le *sache* pas.
   i. Il est impératif que ce travail *soit* fini à 17 heures.

4. **j.** Êtes-vous certain qu'elle en *ait* envie ?
   k. Pensez-vous que nous *ayons* tort ? moi, je pense que vous avez raison.
   l. Je ne crois pas qu'il *fasse* beau demain.

5. **m.** Il semble qu'elle *aille* mieux, mais il me semble que vous n'allez pas bien.

   n. Il est urgent que vous *voyiez* le médecin.

   o. Il est dommage que notre équipe *n'ait pas gagné* le match.

6. **p.** Sortez avant qu'il ne *pleuve*.

   q. J'attendrai jusqu'à ce que le train *parte*.

   r. Ils ont quitté la maison sans que je les *entende*.

7. **s.** Connaissez-vous quelqu'un qui *puisse* me donner du travail ?

   t. Je suis à la recherche d'un médecin qui *guérisse* la migraine.

   u. Elle voudrait louer un appartement qui ne *soit* pas loin du métro.

8. **v.** C'est le meilleur dessert que tu *aies préparé* cette semaine.

   w. Qu'il *pleuve* avant que toute la récolte ne *périsse*, c'est la seule chose qu'on *puisse* espérer.

9. **x.** Qui que vous *soyez*, vous devez obéir à la loi.

   y. Où que le Président *aille*, on le reconnaît.

10. **z.** *Vive* la République !

    Ainsi *soit*-il !

11. Si tu sortais moins et que tu *travailles* plus sérieusement, tes résultats seraient meilleurs.

I. WHEN TO USE THE SUBJUNCTIVE MOOD

The multiple examples listed above show that the subjunctive mood is used very often and in many different circumstances. We will examine each category. The subjunctive mood is used:

1. In a subordinate clause following a main clause expressing *an emotion* (joy, sadness, fear, regret, anger, surprise etc.) (a, b, c)

   Il est désolé que *tu ne puisses pas* nous accompagner.
   Je m'étonne *qu'elle ne comprenne pas* l'italien.

   Other verbs or expressions in this category include:

   être content, heureux, enchanté, ravi; se réjouir; être désolé, malheureux, mécontent, triste; avoir peur, craindre; regretter; être agacé, énervé, ennuyé, fâché, irrité; être étonné, surpris; s'étonner

2. In a subordinate clause after a main clause expressing *a will, a command, a desire;* (d, e, c)

   Nous voulons *que tu sois* là avant 23 heures.
   J'aimerais bien *que tu viennes* à mon mariage.

   Other verbs or expressions in this category include:

   commander, consentir à ce que, défendre, demander, désirer, empêcher, exiger, insister, interdire, ordonner, permettre, préférer, souhaiter

However, note that *espérer, se demander* require the use of the indicative (or conditional) in the affirmative:

J'espère que vous viendrez à mon mariage.
Elle se demande ce que nous pourrions leur offrir.

3. in a subordinate clause following a main clause expressing *necessity, possibility* (g, h, i);

Il *faut* qu'une porte *soit* ouverte ou fermée.
Il *est possible (il se peut)* que le temps *se rafraîchisse* dans les jours qui viennent.
Il *est peu probable* que je *sois* de retour avant 18 heures.

Other verbs or expressions in this category include:

il est essentiel, nécessaire, indispensable, utile, préférable; il se peut; il vaut mieux

Note that the subjunctive is not used after *il est probable:*

Il est probable que je serai là avant vous.

4. in a subordinate clause following a main clause expressing *doubt, uncertainty* (j, k, l):

Pensez-vous qu'elle *soit* élue au premier tour ?
Je ne crois pas que cela en *vaille* la peine.
Croyez-vous qu'il *pleuve* demain ?

Other verbs or expressions in this category include:

il est douteux, il se peut, douter

Note that, as they do not express a doubt, *penser, croire, savoir, être sûr* and expressions of certainty, used in the affirmative, are followed by a subordinate verb in the indicative:

Je pense que l'argent ne fait pas le bonheur.
Les jeunes enfants sont convaincus que leurs parents sont parfaits.

5. In a subordinate clause following *impersonal expressions* (m, n, o) such as:

Il est urgent que vous *passiez* votre permis de conduire.
Il est rare que les grands parents ne *soient* pas fiers de leurs petits enfants.

Verbs or expressions in this category include:

*il vaut mieux, il est rare, il est naturel, il est important, il est bon,
il est dommage, il est regrettable, il semble, il est temps, il est urgent,
il est juste, il est normal, il est surprenant, il convient, il suffit.*

6. In a subordinate clause introduced by the following conjunctions (p, q, r):

afin que, à moins que, autant que, avant que, bien que, pour que, sans que, de peur que, de crainte que, de sorte que, de façon que, jusqu'à ce que, pourvu que, quoique, à condition que, en attendant que

Pars maintenant afin que tes amis ne *s'impatientent* pas.
Autant que je *sache*, il est arrivé hier soir.
Nous irons au musée à moins que cela ne vous *ennuie*.

NOTES

a. after *avant que, à moins que, de peur que, de crainte que* it is recommended to use *ne*, often referred to as "explétif" *ne*. This construction reflects the negative idea in the subordinate clause. In the spoken language, the *ne* is often omitted.

Je lui ai écrit de peur que son répondeur *ne soit* en panne.
Je crains qu'il *ne puisse* trouver la bonne solution.

b. after *parce que, après que, dès que, aussitôt que, puisque, tandis que, pendant que, étant donné que*, the indicative must be used:

Après que tu *auras fini* tes devoirs, tu pourras regarder la télévision.
Dès qu'il *arrivera*, je vous préviendrai.
Tandis qu'elle *lit* le journal, il fait la vaisselle.

7. In a subordinate clause usually introduced by a relative pronoun and when the main clause refers to a person, an object or an idea whose existence is uncertain (t, u):

Depuis plusieurs jours, je cherche à acheter un manteau qui *soit* léger et qui me *tienne* chaud. Il semble que cela *soit* impossible à trouver.

Mon rêve, c'est d'inventer une voiture qui se *conduise* toute seule.

8. In a subordinate clause introduced by a *relative pronoun* modified by a *superlative* or an equivalent (*le meilleur, le premier, le dernier, le seul...*) expressing a personal opinion (v, w)

À mon avis, c'est le meilleur roman qui *ait été écrit* sur la Révolution française.
Longer les quais de la Seine, c'est la plus belle promenade qu'on *puisse* faire à Paris.

But note that the following two examples express a fact, not a personal opinion.

Les critiques sont unanimes: c'est le meilleur roman qui *a été écrit* sur la Révolution.
C'est un fait: Versailles est le plus grand des châteaux que Mansart *a construits*.

9. After indefinite expressions such as: *quelque ...que, qui...que, où....que* (x, y):

Quoi qu'elle *choisisse* sur le menu, elle n'est jamais satisfaite.
Quelque courageux que vous *soyez*, faites attention !

10. The subjunctive is used in independent clauses to express a command or a strong wish or in a few idiomatic expressions (z) such as:

Qu'ils *m'écrivent* ! (the main clause is understood : je veux, je voudrais...)
Qu'elle *guérisse* ! (Je veux...)
Qu'il en *soit* ainsi ! (Je souhaite, je désire...)
Vive la fin de l'année scolaire !
Vive le printemps !
Honni *soit* qui mal y pense.

11. When expressing a "double" condition, the second clause is introduced by *que* followed by the subjunctive (cf. chapter 7, I, note):

Si vous avez le temps et *que cela vous fasse* plaisir, nous irons au cinéma.

II.   WHEN NOT TO USE THE SUBJUNCTIVE

1. You may have noticed that in all the examples which have two clauses (main clause and subordinate clause), with the exception of those in #9, the subject of the main clause and that of the subordinate clause are not the same. In simpler terms: two verbs, two subjects. If the two verbs have the same subject, the second verb is an infinitive, not a subjunctive:

Je veux que tu *manges* (In French, *I want you to eat* becomes: I want that you eat: there are two verbs, two sujects.)

Je veux manger (*I want to eat*: two verbs, one subject).

J'aimerais que vous *fassiez* sa connaissance (*I would like you to meet him/her*, I would like that you meet him/her)

J'aimerais *faire* sa connaissance (*I would like to meet him/her*).

2. When the two clauses have the same subject and the subordinate clause would be introduced by a conjunction which requires the subjunctive (*pour que, avant que...*), the corresponding preposition (*pour, avant de*) replaces the conjunction and is then followed by the infinitive.

Nous irons en France *pour apprendre* le français (it would be wrong to say: Nous irons en France pour que nous apprenions le français).

Finis tes devoirs *avant de partir* (it would be wrong to say: Finis tes devoirs avant que tu ne partes).

3. The conjunction introducing the subjunctive can also be replaced by a preposition followed by a noun:

Jusqu'à votre arrivée, tout le monde se couchait de bonne heure. (This construction is more idiomatic than: jusqu'à ce que vous arriviez...)

4. Some of the verbs which are used to express a command or a request seldom introduce a subordinate clause with the subjunctive. Instead, they trigger the following construction:

à + indirect object + *de* + infinitive:

Il est interdit aux employés de fumer dans leurs bureaux.
Je vous demande de marcher sur la pointe des pieds.
On ne permet pas aux élèves de venir en voiture au lycée.

III. HOW TO FORM THE SUBJUNCTIVE

FOR THE PRESENT:

1. For the first person singular, second person singular, and third persons singular and plural, use the third person plural of the present indicative, drop the *-ent* ending and add the following endings: *e, es, e, ent*.

For the first and second persons plural, the forms are the same as the forms of the imperfect with the endings: *ions, iez.*

PARLER	FINIR	VENDRE
je parl*e*	je finiss*e*	je vend*e*
tu parl*es*	tu finiss*es*	tu vend*es*
il/elle/on parl*e*	il/elle/on finiss*e*	il/elle/on vend*e*
ils/ elles parl*ent*	ils/elles finiss*ent*	ils/elles vend*ent*
nous parl*ions*	nous finiss*ions*	nous vend*ions*
vous parl*iez*	vous finiss*iez*	vous vend*iez*

Note that verbs with the infinitive ending in *-ier* have two *i* at the first and second persons plural:

nous étud*iions*, nous sk*iions*, vous vous mar*iiez*

2. Two-stem verbs (ending in *-re, -ir, -oir, -oire*) follow the same conjugation:

PRENDRE	VENIR	BOIRE
je prenn*e*	je vienn*e*	je boiv*e*
tu prenn*es*	tu vienn*es*	tu boiv*es*
il/elle/on prenn*e*	il/elle/on vienn*e*	il/elle/on boiv*e*
ils/elles prenn*ent*	ils/elles vienn*ent*	ils/elles boiv*ent*
nous pren*ions*	nous ven*ions*	nous buv*ions*
vous pren*iez*	vous ven*iez*	vous buv*iez*

3. Some verbs are irregular throughout their conjugation; they include *avoir, être, faire, falloir, pouvoir, savoir.*

AVOIR   j'aie, tu aies, il/elle/on ait, nous ayons, vous ayez, ils/elles aient

ÊTRE   je sois, tu sois, il/elle/on soit, nous soyons, vous soyez, ils/elles soient

FAIRE   je fasse, tu fasses, il/elle/on fasse, nous fassions, vous fassiez, ils/elles fassent.

FALLOIR   il faille

POUVOIR   je puisse, tu puisses, il/elle/on puisse, nous puissions, vous puissiez,
                 ils/elles puissent

SAVOIR   je sache, tu saches, il/elle/on sache, nous sachions, vous sachiez
                ils/elles sachent

4. Some verbs are irregular in the first and second persons singular, and third persons singular and plural, among them *aller, valoir* and *vouloir*:

ALLER   j'aille, tu ailles, il/elle/on aille, nous allions, vous alliez, ils/elles aillent

VALOIR   je vaille, tu vailles, il/elle/on vaille, nous valions, vous valiez, ils/elles vaillent

VOULOIR   je veuille, tu veuilles, il/elle/on veuille, nous voulions, vous vouliez,
                ils/elles veuillent

FOR THE PAST:

Follow the same formula as you did for other past tenses. Use the present subjunctive of the auxiliary verb and add the past participle of the conjugated verb:

j'aie pris, tu aies écrit, il ait fait, nous ayons vu, vous ayez reçu, ils aient attendu.
je sois entré(e), tu sois sorti(e), il soit descendu, nous soyons parti(e)s,
vous soyez venu(e)s, ils soient restés, elles soient allées.

SEQUENCE OF TENSES:

Whether to use the present or past subjunctive depends upon the timing of the actions.

a. If the action in the subordinate clause takes place at the same time or after that of the main clause, use the present subjunctive.

Je suis désolé(e) que *tu ne puisses pas* partir en vacances. (I am sorry − right now − that you are not able to go on vacation -in the future-)
Nous avons peur qu'elle ne se *perde*.

b. If the action in the subordinate clause takes place before that of the main clause, use the past subjunctive.

Je regrette que *vous ne m'ayez pas donné* votre adresse avant de partir.
Croyez-vous qu'il *ait manqué* le train ?
Bien que je lui *aie préparé* son dessert préféré, il ne veut pas manger.

IV. EXEMPLES LITTÉRAIRES

Madame de Sévigné (1626–1696)

Le maréchal, après avoir lu, dit au roi: « Sire, Votre Majesté juge divinement bien de toutes choses; il est vrai que voilà le plus sot et le plus ridicule madrigal que j'aie jamais lu. — Oh bien! dit le roi, je suis ravi que vous m'en ayez parlé si bonnement; c'est moi qui l'ai fait. — Ah! Sire, quelle trahison! que Votre Majesté me le rende; je l'ai lu brusquement. »

Le roi a fort ri de cette folie, et tout le monde trouve que voilà la plus cruelle petite chose que l'on puisse faire à un vieux courtisan.

(*Lettres de Madame de Sévigné, lettre à Monsieur de Pomponne*, 1er décembre 1664)

(*Lettres choisies*, Madame de Sévigné, Classiques illustrés Hachette, page 32)

Beaumarchais (1732–1799)

Le Comte	Pourquoi faut-il toujours qu'il y ait du louche en ce que tu fais ?
Figaro	C'est qu'on en voit partout quand on cherche des torts.
Le Comte	Une réputation détestable !
Figaro	Et si je vaux mieux qu'elle ! Y a-t-il beaucoup de seigneurs qui puissent en dire autant ?...

(*Le Mariage de Figaro*, 1778, acte III, scène V)

Paul Verlaine (1844–1896)

O triste, triste était mon âme
A cause, à cause d'une femme,
Je ne me suis pas consolé
Bien que mon cœur s'en soit allé
Bien que mon cœur, bien que mon âme
Eussent fui★ loin de cette femme...

(*Romances sans paroles, Ariettes oubliées*, VIIème, vers 1 à 6)

(★ *eussent fui* est le plus-que-parfait du subjonctif; forme poétique qui a le sens de *aient fui*.)

Ferdinand Oyono (1929–)

...Mon Dieu, que votre volonté soit faite...
— Seulement si tu voles, je n'attendrai pas que tu ailles en enfer...
Si tu me volais, je t'écorcherais la peau...

(*Une vie de boy*, Julliard, Paris, 1956)

Simone de Beauvoir (1908–1986)

« Est-ce que vous me détestez, Madame ? » demanda Zaza. L'autre protesta. « Alors, pourquoi ne voulez-vous pas que nous nous mariions? » ...

(*Mémoires d'une jeune fille rangée*, IV—Librairie Gallimard, éditeur)

Questions

1. Qui sont les personnages mis en scène par Madame de Sévigné ?
2. Expliquez la réplique: "je l'ai lu brusquement.."

3. Vous êtes-vous jamais trouvé(e) dans une situation comparable à celle décrite par Madame de Sévigné ?

4. Beaumarchais emploie deux fois le subjonctif. Expliquez pourquoi.

5. Pourquoi Verlaine est-il obligé d'employer le subjonctif dans ces vers ?

6. À votre avis, qui parle à qui dans la citation d'Oyono ?

7. Imaginez la réponse à la question posée par Zaza.

V. EXERCISES

A. *Remplacez les verbes entre parenthèses par la forme qui convient.*

1. Répondez à la question dès que vous (comprendre) _____ ce dont il s'agit.

2. Il est possible que cela vous (prendre) _____ un certain temps.

3. J'espère que vous (répondre) _____ correctement.

4. Il faut que vous (finir) _____ avant 15 heures.

5. Si vous aimez les macarons, les meilleurs qu'on (pouvoir) _____ acheter à Paris sont en vente dans une pâtisserie de la rue de Seine. Il faut absolument que vous y (aller) _____.

6. Quand vous allez au théâtre, on exige que vous (éteindre) _____ vos téléphones portables.

7. Je resterai ici jusqu'à ce que tu (finir) _____ de manger ta soupe.

8. Je voudrais que vous (se souvenir) _____ une fois pour toutes des règles qui gouvernent l'emploi du subjonctif. Elles (être) _____ claires et logiques.

B. *Finissez les phrases suivantes.*

1. Ils sont partis sans que _____.

2. Je ne vous ai pas téléphoné parce que _____.

3. Il est possible que _____.

4. Il me semble que _____.

5. Pensez-vous que les Français _____ ?

6. J'ai pris mon billet hier de peur que _____.

7. Téléphonez-moi dès que _____.

8. Elle n'est pas encore rentrée bien que _____.

C. *Traduisez.*

1. I think that he will return.

   _____

2. He does not believe that I will return.

   _____

3. Do you want me to return?

_____

4. I do not want to return.

_____

5. It is clear that they will never return.

_____

6. I am delighted that you have returned.

_____

7. We will wait until you return.

_____

8. She left because he returned.

_____

9. They left after she returned.

_____

10. I hope that we will all meet again.

_____

D. *Mettez les infinitifs à la forme qui convient.*

Il faut que je me repose, mais quand?

Que vous _____ du théâtre, de la peinture, du sport, de la musique, peu
             1. (faire)

_____ ! Il est impossible que vous y _____ si vous
   2. (importer)   3. (exceller)

_____ des heures et des heures à _____ votre rôle jusqu'à ce
   4. (ne pas passer)   5. (apprendre)

que vous _____ parfaitement votre personnage, ou à _____ les rè-
             6. (connaître)   7. (étudier)

gles de la perspective pour que vous _____ à _____ un tableau
                                        8. (réussir)   9. (faire)

qui vous _____. Si vous êtes membre d'une équipe, c'est la même chose.
10. (satisfaire)

Il est indispensable que vous _____ régulièrement afin de
11. (s'entraîner)

_____ ce que vos co-équipiers _____ de vous. Imaginez
12. (comprendre)   13. (attendre)

maintenant que vous _____ musicien/ne. Croyez-vous que vous
14. (être)

_____ _____ à un résultat satisfaisant si vous
15. (pouvoir)   16. (arriver)

_____ plusieurs heures par jour à la musique ? Vous me _____
17. (ne pas consacrer)   18. (dire)

toujours : "On _____ sans rien", et vous _____ bien raison.
19. (ne rien avoir)   20. (avoir)

_____-je ajouter que la situation est exactement la même quand on
21. (pouvoir)

_____ à bien _____ une langue vivante. À vous de
22. (tenir)   23. (connaître)

_____ ou de vous _____ !
24. (jouer)   25. (reposer)

E. *Rédaction*

Vous partez en vacances à l'étranger et c'est la première fois que vous voyagez seul(e). Imaginez les conseils qu'on vous donne. (Vous emploierez le subjonctif le plus souvent possible).

LECTURE ET TRAVAIL DE GROUPE

Tous, vous lirez le texte suivant. Ensuite, vous vous diviserez en groupes de quatre ou cinq. Dans chaque groupe vous choisirez un rapporteur (celui ou celle chargé/e de prendre des notes et de les présenter aux autres groupes); un autre mènera la discussion ; un troisième fera une présentation. Tous vous répondrez aux questions posées et poserez vos propres questions basées sur vos expériences personnelles. Dans toutes vos discussions, vous vous efforcerez d'employer le subjonctif à l'aide de constructions telles que: *il faudrait que, il est indispensable que, on souhaite que, il est regrettable que,* etc.

Que faut-il qu'on fasse ? Que faudrait-il que nous fassions ? Qu'est-ce qu'il aurait fallu faire ?

On pose fréquemment ces questions, et on les pose sur des sujets variés, mais elles tournent souvent autour d'un problème qui nous concerne tous, grands et petits, Américains, Australiens, Chinois, Portugais, Norvégiens, Mexicains, Ukrainiens, Français, le monde entier, c'est celui de notre environnement, de celui de nos voisins, de celui des autres. On nous présente des rapports alarmants sur les changements de climat, le trou dans la couche d'ozone, la surpopulation, la disparition d'espèces animales et végétales, la disposition des déchets[1], les transports routiers et le manque de contrôle imposé sur les pétroliers.

Les chefs de gouvernement se réunissent régulièrement; on se souvient des conférences tenues dans plusieurs capitales étrangères. On rédige des accords, on les signe, on fait des recommandations sans toutefois garantir leur financement: comment les appliquera-t-on ? On prépare une « convention sur les déserts » à la demande des pays africains, on ne peut pas proposer de « convention sur la forêt » car les pays du Sud tropical s'y opposent, on parle d'une « convention sur l'eau » , mais rien n'est écrit. On s'engage plus ou moins: « L'écologie n'est pas un luxe des nantis [2], mais elle n'existe pas sans l'aide des nantis. »

Malgré toutes ces belles paroles et ces engagements mitigés, la situation n'en reste pas moins critique. On continue à abattre des forêts entières et, de ce fait, à déplacer des populations entières, des animaux, et à provoquer la disparition d'espèces végétales. Les marées noires sont une menace permanente. Comment oublier l'*Exxon Valdez* échoué en Alaska et le *Prestige* plus récemment au large du Portugal ? Ces pétroliers ont déversé des tonnes et des tonnes de pétrole brut sur les littoraux[3]. On se souvient des désastres sans précédent provoqués par l'explosion d'un réacteur nucléaire à Tchernobyl en Ukraine, d'une grande usine de produits chimiques à Bhopal en Inde et en Octobre 2002 d'une à Toulouse en France.

À chaque drame, on se pose les mêmes questions: « Que faudrait-il faire ? Qu'est-ce qu'il aurait fallu faire ? » Il n'y a pas de réponse à ces questions. Celles qu'il faut poser maintenant sont: « Qu'est-ce qu'il faut faire ? Qu'est-ce qu'on doit faire ? Qu'est ce que je peux faire pour protéger cette terre, atout[4] si fragile dont nous sommes tous solidaires ? »

C'est donc notre responsabilité à tous, quelle que soit notre nationalité, quel que soit notre âge, quel que soit notre métier. Il faut écouter ceux qui consacrent leur vie à nous donner l'exemple : les chercheurs du CNRS[5], les dirigeants d'associations caritatives[6] dont le but est de conserver ce que nous avons, les organisations internationales comme l'ONU[7], le FEM[8] et beaucoup d'autres moins connues qui s'acharnent dans leur travail quotidien à trouver et à exercer des moyens pour préserver notre équilibre si précaire. Il faut non seulement les écouter, il faut les encourager, suivre leurs conseils, leurs suggestions, il faut en parler, les propager, et faire en sorte que ceux qui nous entourent fassent de même. La situation est critique, elle n'est pas désespérée ; c'est à nous de la rectifier.[9]

[1] déchet (*m*) : résidu, débris, ce qui reste et n'est pas utilisable.
[2] nanti(e) : celui ou celle qui est bien pourvu(e) (contraire de pauvre)
[3] littoral (*m*) : la zone qui est au bord de la mer.
[4] atout (*m*) : avantage.
[5] CNRS : Centre national de la recherche scientifique
[6] Association caritative : association à but non lucratif (organisation charitable)
[7] ONU : Organisation des Nations unies
[8] FEM : Fonds d'Environnement mondial
[9] Voir dans les lectures d'autres articles sur la pollution et l'environnement.

Questions

1. Renseignez vous sur les mesures qui ont été prises pour éviter les accidents de pétroliers, expliquez-les brièvement.

2. Quelles ont été les conséquences de l'explosion de Tchernobyl en dehors des pertes de vies humaines ?

3. Pourquoi les pays tropicaux ne veulent-ils pas de "convention sur la forêt" ? Que pensez-vous de leur opposition ? Comment y rémédier ?

4. Pourquoi faudrait-il une "convention sur l'eau" ?

5. Expliquez la citation qui se trouve à la fin du troisième paragraphe: "L'écologie... "

À VOUS DE RÉFLÉCHIR

Traitez les sujets suivants en employant autant de subjonctifs que possible.

1. "Greenpeace" est une organisation internationale. Qu'en savez-vous ?

2. Faites une liste des mesures que vous pourriez prendre pour contribuer à préserver notre environnement.

NOTES BIOGRAPHIQUES

Beaumarchais, Pierre-Augustin Caron de (1732–1799)

D'abord horloger comme son père, puis entrepreneur, et enfin dramaturge qui nous a laissé *Le Barbier de Séville* (1775) et *Le mariage de Figaro* (1784) où la satire, l'éloquence, l'humour et la polémique sont servis par un style brillant qui ont fait comparer leur auteur à Molière. Voltaire disait de Beaumarchais: "Il n'y a point de comédie plus plaisante, point de tragédie plus attendrissante ." C'est en 1786 qu'eut lieu la première de l'opéra de Mozart *Les Noces de Figaro*. Notons ici que Beaumarchais fut un de ceux qui encouragèrent le gouvernement de Louis XV à participer à la Guerre d'Indépendance, équipant sa propre flotte pour venir au secours des insurgés américains. C'est lui aussi qui fonda en 1777 La Société des Auteurs Dramatiques qui devait veiller à assurer une rémunération équitable pour toute poursuite intellectuelle. Au cours d'années parfois turbulentes, Beaumarchais connut la prison et l'exil. Au moment de sa mort, à la fin du siècle, il avait retrouvé Paris et sa fortune.

Beauvoir, Simone de (1908–1986)

Écrivain, romancière, autobiographe, philosophe, féministe, activiste, elle est aujourd'hui au rang des grands intellectuels du XXème siècle. Née à Paris dans un milieu bourgeois, Simone de Beauvoir fait des études de philosophie à la Sorbonne où elle rencontre Jean-Paul Sartre. Elle enseigne avant de se consacrer à la littérature. Elle publie plusieurs romans avant de publier celui qui allait lui valoir le Prix Goncourt en 1954 *Les Mandarins*. Une série d'essais sur l'oppression de la femme *Le deuxième sexe*, publié en 1949 lui vaut un succès de scandale avant de faire de son auteur l'héroïne féministe par excellence. Elle voyage aussi : les États-Unis en 1947 (*L'Amérique au jour le jour*), la Chine avec Sartre dans les années 50 (*La Longue Marche*, 1957). Elle fait campagne contre la guerre du Vietnam et contre la guerre d'Algérie.

Le premier volume de son autobiographie *Mémoires d'une jeune fille rangée* paraît en 1958, suivi en 1960 par *La Force de l'âge*, puis par *La Force des choses* en 1963, et *Tout compte fait* en 1972. Après la «Révolution de 1968», Simone de Beauvoir deviendra un des porte-paroles du MLF (Mouvement de la Libération de la Femme). Elle milite pour le libre accès de la femme à l'avortement. Elle est radicalement opposée à toute structure familiale qu'elle considère comme la base de l'oppression des femmes. Après la mort de Jean-Paul Sartre, elle publie *La Cérémonie des Adieux* suivi d'*Entretiens* avec Jean-Paul Sartre. Elle est enterrée avec Sartre au cimetière Montparnasse.

Oyono, Ferdinand (1929–   )

Né au Cameroun, il fait de brillantes études à Paris. Il écrit et publie alors trois romans dans lesquels il critique la société coloniale et les injustices dévastatrices qu'elle a engendrées. *Une vie de boy* (1956), *Le Vieux nègre et la Médaille* (1956), *Chemin d'Europe* (1960). Il rentre dans son pays en 1960 après la déclaration d'indépendance. Il se consacre depuis lors à la politique et à la diplomatie.

Madame de Sévigné   See Chapter 4

Verlaine, Paul (1844–1896)

Né à Metz, vécut à Paris. Vie difficile et pleine de drames.

Poète inégalé qui demeure avec Baudelaire, Rimbaud et Mallarmé, un des grands poètes de cette fin de siècle. *Poèmes Saturniens* (1866), *Fêtes galantes* (1869), *La bonne chanson* (1870), *Les Romances sans paroles* (1874), *Sagesse* (1881), *Jadis et naguère* (1885) sont les grands recueils de la poésie de Verlaine, poésie mélancolique, musicale, fluide, discrète ou passionnée, pleine d'ombres ou de lumière, de mysticisme et d'espoir.

Chapitre 9

LES VERBES RÉFLÉCHIS

NOTRE EMPLOI DU TEMPS QUOTIDIEN

Reflexive verbs are accompanied with the personal pronoun *se* in their infinitive form, with *me, te, se, nous* and *vous* in their conjugated forms. These pronouns represent the same person or the same thing as the subject.

Je me cache, elle s'évanouit, nous nous taisons.

STUDY THESE EXAMPLES

a. Tu te lèves tous les jours à 6 heures.

Tu te peignes, tu t'habilles.

Ils sont amis depuis toujours, ils s'entendent très bien.

Aux dernières élections, beaucoup d'électeurs se sont abstenus.

Je me coupe souvent en épluchant les légumes.

Après nos disputes, nous nous pardonnons tout.

b. Je me suis aperçu(e) que les petits gâteaux avaient disparu.

Il se moque sans arrêt de sa petite sœur.

Vous souvenez-vous du film de François Truffaut *Les 400 coups* ?

Taisez-vous !

c. Autrefois, on se battait en duel. Aujourd'hui, c'est interdit.

Elles se téléphonent dix fois par jour.

Pourquoi ne s'écrivent-elles pas ?

d. Elle se fatigue rapidement.

Ça ne s'écrit pas comme ça.

C'est fragile, ça se casse facilement.

Attention! ça ne se dit pas !

I. WHEN TO USE A REFLEXIVE VERB

We must note that this construction is much more common in French than it is in English. We can divide reflexive verbs into four groups:

a. *The reflexive verbs*: the action which the verb expresses goes back upon the subject. The pronouns *me, te, se, nous, vous* represent, as direct or indirect objects, the subject of the action itself.

Il *se* regarde souvent dans la glace.
Je *me* réjouis ; cet après-midi nous allons *nous* promener sur les Champs-Élysées.
Tu *t'*es coupé un gros morceau de tarte aux fraises.

b. *The non-reflexive verbs*: the pronouns *me, te, se, nous, vous* are part of the verb; they do not play the role of a direct or indirect object.

Je *me* doutais bien qu'il ne viendrait pas.
Tout *s'*est passé sans qu'elle *s'*en aperçoive.

c. *The reciprocal verbs:* the verb expresses an action which two or more play upon each other.

Ils *se* sont disputés pour une bêtise. Quel dommage !
Nous ne *nous* sommes pas adressé la parole depuis trois ans.
Il faut *s'*aider les uns les autres.

Note that these verbs are only used in their plural or impersonal form.

d. The reflexive construction is often used *in lieu of a passive form.*

Ça ne se dit pas
On s'étonne de sa décision.

Note the difference between English and French in the reflexive construction when the direct object refers to a part of the body. In French, the reflexive pronoun is used and the possessive adjective is replaced by the definite article.

I brush my *teeth*/my *hair.*   Je *me* lave *les* dents / je *me* brosse *les* cheveux.
He broke his *leg.*   Il *s'*est cassé *la* jambe.

II. HOW TO CONJUGATE REFLEXIVE VERBS

The conjugation follows the pattern of the group to which the verbs belong (*-er, -ir,* and *-re*).

Je me réveille, tu te lèves, il se rase, elle se peigne,
nous nous disons bonjour, vous vous dirigez vers le métro,
ils se téléphonent, elles se mettent d'accord.

The reflexive pronoun follows the subject pronoun and precedes the verb. However, in the affirmative imperative, the reflexive pronoun follows the verb.

Réveille-*toi*, cachons-*nous*, souvenez-*vous*.

In the negative imperative, the pronoun precedes the verb:

Ne *te* trompe pas, ne *nous* perdons pas, ne *vous* faites pas d'illusions !

In the compound tenses, reflexive verbs are conjugated with the verb *être*.

Elle s'est promenée, nous nous sommes renseignés, ils se sont téléphoné.

<small>AGREEMENT OF THE PAST PARTICIPLE OF A REFLEXIVE VERB</small>

It agrees in number and gender with the preceding direct object. The rule is the same as that of the verbs conjugated with *avoir*. When the reflexive pronoun represents a direct object, the participle agrees with the pronoun.

Elle s'est brûlée (*s'* is the direct object, it stands for *elle*, feminine, singular)

Elle s'est brûlé la main (*la main* is the direct object, it follows the verb, so there is no agreement. *s'* is the indirect object. In other words: she burnt what? the hand, whose? hers).

Nous nous sommes parlé. (no agreement, the second *nous* is the indirect object)

Ils se sont amusés. (*se* is the direct object, it stands for *ils*, masculine, plural).

J'ai relu *les lettres que* nous *nous* sommes écrites. (agrees with preceding object, *les lettres que; nous* is indirect object)

When the reflexive pronoun represents neither a direct nor an indirect object, the past participle generally agrees with the subject.

Nous nous sommes aperçus qu'il était tard.
Elle s'est moquée de lui.

> **NOTE**

a. Some verbs can only be used in the reflexive form:

s'abstenir s'écrier s'écrouler s'efforcer de s'empresser (de) s'en aller s'enfuir s'évanouir se fier à se méfier de se moquer de se soucier de se souvenir (de)

b. Others have both a reflexive and a non-reflexive form, each with its own meaning:

agir (to act) / *il s'agit de* (it is about)
apercevoir (to notice) / *s'apercevoir* (to realize)
attendre (to wait for) / *s'attendre à* (to expect)
battre (to beat) / *se battre* (to fight)
changer (to change) / *se changer* (change (clothes)
demander (to ask) / *se demander* (to wonder)
douter de (to doubt) / *se douter de* (to suspect)

occuper (to occupy) / *s'occuper de* (to take care of)
passer (to pass, spend time) / *se passer* (to happen), *se passer de* (to do without)
plaindre (to pity) / *se plaindre* (to complain)
rappeler (to call again) / *se rappeler* (to remember)
servir (to serve) / *se servir de* (to use)
tromper (to deceive) / *se tromper* (to be mistaken)

Elle a une bonne voiture et elle *conduit* bien.
Leurs enfants sont bien élevés, ils *se conduisent* toujours bien.

Je ne lui ferai plus confiance, *il m'a trompé*.
Excusez-moi, *je me suis trompé*, j'ai fait une erreur dans nos comptes.

Elle *m'a rendu* l'argent qu'elle m'avait emprunté.
Vous avez raison; *je me rends* à l'évidence.

C'est lui qui *dirige* l'orchestre du conservatoire.
Je me dirigeais vers la mairie quand j'ai entendu la voiture des pompiers.

Elle s'appelle Catherine, mais *on l'appelle* Cathy.

Quand *tu couperas* le poulet, fais attention à *ne pas te couper*.

III. EXEMPLES LITTÉRAIRES

Alphonse de Lamartine (1790–1869)

... Regarde, je viens seul m'asseoir sur cette pierre
Où tu la vis s'asseoir..
   (*Le lac*, vers 7 et 8, 1820)

Victor Hugo (1802–1885)

... Gavroche avait l'air de s'amuser beaucoup. On le visait sans cesse, on le manquait toujours. Il se couchait, puis se redressait, s'effaçait dans un coin de porte, puis bondissait, disparaissait, reparaissait, se sauvait, revenait...La barricade tremblait; lui, il chantait. Ce n'était pas un enfant, ce n'était pas un homme...

... une balle pourtant, mieux ajustée ou plus traître que les autres, finit par atteindre l'enfant feu follet. On vit Gavroche chanceler, puis il s'affaissa. Gavroche n'était tombé que pour se redresser...Il se mit à chanter, mais il n'acheva point. Une seconde balle du même tireur l'arrêta court. Cette fois il s'abattit la face contre le pavé, et ne remua plus. Cette petite grande âme venait de s'envoler...
   (*La mort de Gavroche, les Misérables*, Livre V, I, 15)

Charles Péguy (1873–1914)

... Adieu, Meuse endormeuse et douce à mon enfance,
... Qand reviendrai-je ici filer encore la laine ?
   Quand reverrai-je tes flots qui passent par chez nous ?
   Quand nous reverrons-nous ? et nous reverrons-nous ?...
      (*Jeanne d'Arc*, drame en trois pièces, 1896–1897, 1ère pièce en 3 parties:
      À Domrémy, 2ème partie, acte III)

Paul Eluard (1895–1952)

... Sur la lampe qui s'allume
Sur la lampe qui s'éteint
Sur mes maisons réunies
J'écris ton nom...
Liberté.
   (*Liberté, Poésie et vérité*, 1942 Éditions GALLIMARD).

Jacques Prévert (1900–1977)

> Rappelle-toi, Barbara
> Il pleuvait sans cesse sur Brest
> Rappelle-toi ce jour-là
> Et tu ne me connaissais pas...
>   (*Barbara, Paroles*, 1946-© Éditions GALLIMARD)

Hervé Bazin

> Lève-toi et marche !
>   (titre d'un des romans d'Hervé Bazin)

DEVISE DE LA PROVINCE DU QUÉBEC

« Je me souviens »

CHANSON ENFANTINE

> Promenons-nous dans les bois
> Pendant que le loup y est pas,
> Si le loup y était,
> Il nous mangerait... ”

Questions

1. A qui s'adresse Lamartine dans ce vers ?
2. Relevez les verbes réfléchis employés dans le passage de Victor Hugo. Si le verbe est conjugué, donnez-en le temps et l'infinitif.
3. Quel est l'état d'esprit de Jeanne d'Arc dans ces quelques vers ?
4. Quelle est l'origine de la devise du Québec ?

IV. EXERCISES

A. *Répondez aux questions posées en employant des phrases complètes et originales.*

1. À quelle heure vous êtes-vous couché(e) hier soir ?

    _____

2. Est-ce qu'elles s'écrivent souvent ?

    _____

3. Où t'es-tu brûlé la main ?

    _____

4. Quand vous êtes-vous rencontrés ?

    _____

5. Pourquoi t'es-tu débarassé(e) de ta petite voiture rouge ?

_____

6. T'es-tu bien amusé(e) après le match ?

_____

7. A votre avis, quand va-t-elle me téléphoner ?

_____

8. Vous souvenez-vous de la recette de la tarte Tatin ?

_____

B. *Mettez les infinitifs aux temps indiqués.*

1. (*passé composé*). Pouvez-vous m'expliquer ce qui (*se passer*) _____

2. (*futur*). Elle est tellement bavarde ! Quand elle commence à parler, on ne sait jamais quand elle (*s'arrêter*) _____.

3. (*imparfait*). Il y a quelques années, pour aller travailler, il (*se servir*) _____ de sa voiture.

4. (*conditionnel présent*). Si j'étais à votre place, je (*s'acheter*) _____ une trottinette.

5. (*subjonctif présent*). Je suis contente qu'ils (*se réunir*) _____ pour son anniversaire.

6. (*passé composé*). Dès que le proviseur est entré, les élèves (*se taire*) _____.

_____

C. *Mettez les verbes entre parenthèses aux temps qui conviennent.*

— Excusez-moi, monsieur, est-ce que je _____ ? N'êtes-vous pas le frère de
   (1. se tromper)

Martine ?

— En effet, madame, ma sœur _____ Martine.
   (2. s'appeler)

— Et vous, vous _____ bien Daniel ?
   3. (s'appeler)

— Oui, madame, et vous comment _____ ? Nous _____ ?
   4. (s'appeler)   5. (se connaître)

— Vous _____ de moi. Il faut donc que je _____ : Annette
   6. (ne pas se souvenir)   7. (se présenter)

Dumesnil, ancienne élève du lycée Charles Péguy où je _____ dans la classe
   8. (être)

de votre sœur. Nous _____ à merveille. On _____ bien, mais
                         9. (s'entendre)   10. (travailler)

on _____ aussi beaucoup. Il y a longtemps que nous _____.
      11. (s'amuser)   12. (ne pas s'écrire)

Je sais que Martine est médecin. Où _____ -elle _____ ? Vous
                                        13. (s'installer)

_____ souvent ?
      14. (se voir)

— Oui, nous habitons le même immeuble dans le XVème arrondissement.

— Quand vous la _____, dites-lui que je pense souvent à elle et que je
                    15. (voir)

_____ avec émotion nos discussions passionnées. Et, pourquoi pas,
   16. (se rappeler)

donnez-lui mon adresse électronique. Il faut que nous _____.
                                                            17. (se retrouver)

_____ la main avant de _____.
   18. (Se serrer)   19. (se quitter)

— Comme le hasard fait bien les choses, à bientôt, j'en suis sûr.

D. *Traduction*

This morning, I did not remember that I did not have to get up early. I woke up on time but
I did not hurry. I got dressed, I helped myself to a cup of tea, and I went for a walk with my
dog. The street was deserted. "What happened?" I asked myself. It was very simple, it was Sun-
day. Why didn't I remember?

E. *Rédaction*

Rappelez-vous ce que vous avez fait hier. A l'aide de verbes pronominaux, recréez votre emploi du temps.

TRAVAIL DE GROUPE

Vous êtes chargé(e) de la garde d'un enfant. Vous devez vous assurer qu'il mange bien, qu'il
fait ses devoirs, qu'il ne s'ennuie pas et qu'il se couche à l'heure.

Vous vous diviserez en groupes de quatre ou cinq. Dans chaque groupe vous choisirez
un rapporteur qui prendra des notes et les présentera aux autres groupes. Donnez tous à l'enfant des conseils et des ordres en employant des verbes pronominaux (à la forme affirmative

et à la forme négative). Un autre étudiant imaginera les réponses que l'enfant fera à certaines de vos suggestions. Puis vous préparerez une présentation pour la classe entière.

LECTURE

L'emploi du temps idéal

Est-ce celui du boulanger dont nous ne pouvons pas nous passer, lui qui se lève à trois heures du matin pour que notre pain et nos croissants soient chauds sur le comptoir quand nous nous réveillerons ?

Est-ce celui du journaliste qui fait le seul métier qui nous permette de nous orienter dans le monde d'aujourd'hui, lui qui s'astreint chaque jour à respecter l'heure limite de la sortie de son journal, notre journal.

Est-ce celui du chercheur qui s'isole dans son laboratoire pour trouver le remède qui allégera nos maux ? Il sait qu'il doit se pencher sans relâche sur les résultats de ses travaux.

Est-ce celui de l'avocat qui s'efforce de défendre ceux qui ont bafoué la société ou que la société a bafoués ?

Est-ce celui du jardinier qui se bat jour après jour avec les éléments: trop de pluie, pas assez, trop de soleil, pas assez, et qui se sent responsable de notre bien-être quotidien. Il faut que les fraises mûrissent, il faut que les petits pois soient cueillis avant l'orage.

Est-ce celui du pilote qui se charge de nous transporter d'un bout à l'autre du globe ? Il s'endort aujourd'hui à Hong Kong, et demain ?

Est-ce celui du médecin qui lutte pour que ses malades se retrouvent en bonne santé, pour que le nouveau-né s'éveille et que sa mère ne s'inquiète plus.

Est-ce celui de l'homme politique qui se débat sans répit pour ceux qui l'ont choisi et qui se voit attaqué de tous côtés ?

Est-ce celui du dilettante, de l'oisif ?

Mais non! eux n'ont pas d'emploi du temps et c'est ce qui leur manque.

Questions

1. Pour vous, quel est aujourd'hui l'emploi du temps idéal ?
2. À votre avis, sera-t-il le même dans dix ans ?

À VOUS DE RÉFLÉCHIR

1. Vous pensez déjà à la profession que vous exercerez plus tard. Justifiez votre choix.
2. Si vous n'avez pas encore choisi, dites ce qui vous fait hésiter entre plusieurs possibilités.

NOTES BIOGRAPHIQUES

Bazin, Hervé (1911–1996),

Romancier et poète. Membre de l'Académie Goncourt . Les thèmes de ses romans sont ceux de la famille bourgeoise bien-pensante, des responsabilités des parents vis-à-vis de leurs enfants, des mariages qui se terminent mal et des valeurs instables de notre société. Sa prose est virulente, satirique et pleine de verve. Il écrit souvent en employant la première personne. Romans: *Vipère au poing*,1948, *La mort du petit cheval*,1950, *Lève-toi et marche*, 1952, *L'Église verte*, 1981.

Éluard, Paul (1895–1952)

Poète surréaliste dont la poésie révèle une liberté totale avec la langue: virtuosité dans le maniement des répétitions, les juxtapositions, la forme même du poème et son rythme fluide. Il a été membre du parti communiste de 1927 à1933. Sous l'occupation allemande, il fut l'organisateur du Comité National des Écrivains qui publia une anthologie de la poésie clandestine. Il soutenait la mission des résistants. Son poème *Liberté* est un des plus célèbres de cette période. Parmi ses amis surréalistes, il convient de citer Breton, René Char, Aragon. Éluard s'associa aussi avec les peintres Picasso, Man Ray et Max Ernst.

Lamartine, Alphonse de (1790–1869)

Écrivain, poète, homme politique et historien. C'est le succès du plus célèbre de ses poèmes *Le Lac*, inspiré par Julie Charles malade et dont il était éperdument (*madly*) amoureux, qui permit à Lamartine d'entrer dans le monde de la diplomatie et de la politique. Il joua un rôle dans la Révolution de 1848. On dit que *Méditations poétiques* (1820), qui comprend *Le Lac* est le premier texte de la Révolution romantique en France. L'amour, le bonheur, la mort, la fuite du temps, le départ, l'espoir, le désespoir, la foi, le doute, la nature sont les grands thèmes du romantisme, tous présents dans ce poème. *Le Lac* est devenu le poème de l'angoisse des êtres humains devant un destin inéluctable et le bonheur envolé.

Hugo, Victor   see chapter 6

Péguy, Charles (1873–1914)

Né à Orléans dans une famille modeste. Il fut élevé par sa mère qui était rempailleuse de chaises (*chair caner*) et sa grand-mère. Il est catholique pratiquant jusqu'à son entrée à l'École Normale Supérieure où il est attiré par le socialisme. Il contribue à plusieurs revues socialistes. Péguy est un lutteur, c'est un homme qui s'engage. Il ne fera aucun compromis. Seules comptent la justice et la vérité. Il défend Dreyfus aux côtés de Jaurès et de Zola. Il découvre petit à petit sa vocation de poète. Il retouve sa foi d'autrefois et se passionne pour Jeanne d'Arc, libératrice d'Orléans et de la France. Il lui consacre plusieurs ouvrages : *Jeanne d'Arc* (1887), *Mystère de la charité de Jeanne d'Arc* (1911), *Présentation de la Beauce à Notre-Dame de Chartres* (1913). Dans tous ses écrits, Péguy se défend contre le conformisme, le matérialisme, la tyrannie du parti intellectuel dans une langue claire, ardente et brillante. Péguy meurt, frappé d'une balle au front, le 5 septembre 1914 à la bataille de la Marne.

Prévert, Jacques   see chapter 2

Chapitre 10

CONSTRUCTIONS IMPERSONNELLES

PARIS INSOLITE

In the preceding chapters, you have reviewed verbs in their conjugated forms. In this chapter, you will review their non-conjugated forms.

1. L'infinitif
2. Le participe présent
3. Le gérondif

1. L'INFINITIF

STUDY THESE EXAMPLES

  a. Aujourd'hui, téléphoner est devenue une manie.
     J'aime chanter.
     Tu veux déjeuner avec nous ?
     Je voudrais faire des courses.
     Elisabeth a peur de rester seule le soir.
     Il est parti sans nous dire au revoir.
     Où vont-ils se marier ?

  b. Je vous demande de ne pas mettre les coudes sur la table.
     Si on ne se sent pas bien, il vaut mieux ne rien manger.
     As-tu décidé de ne plus le voir ?

  c. Mettre dans un four chaud.
     Frapper avant d'entrer.
     Ouvrir avec précaution.

  d. Que dire ?
     Où aller ?
     Pourquoi s'inquiéter ?

  e. Après avoir écrit au directeur, j'ai téléphoné pour demander un rendez-vous.
     Après nous être perdus plusieurs fois, nous avons acheté le plan de la ville.
     Nous avons fait 5 kilomètres à pied après être tombés en panne d'essence avant d'arriver au nouveau pont.

I. WHEN TO USE THE INFINITIVE

a. An infinitive can be used as the subject of a verb, as a direct object, or as an indirect object. When two verbs follow each other, the second one is in the infinitive mode. Often, the infinitive follows a preposition (*afin de, avant de, au lieu de, pour, sans*); *par* and an infinitive may follow *commencer* or *finir*. Note that the infinitive never follows the preposition *en*. See chapter 19 for a more complete study of prepositions and infinitives.

Unless the infinitive is the subject of the verb, the infinitive will always have the same subject as the main verb, except when the main verb is the causative *faire*, *laisser*, or verbs of perception, such as *voir, regarder, entendre, écouter*. In addition, some verbs have a direct or indirect object which is the subject of the following infinitive.

Danser la passionne.
Elle adore danser.
Elle est toujours prête à danser.
Elle a chanté avant de danser.
Elle a fait danser les enfants.
Nous les avons regardés danser.
Le professeur empêche Jacques de sortir.
Le professeur dit à Pierre de sortir.

As you know, when there are two different subjects, a subordinate clause with the subjunctive often follows.

Je voudrais manger. Je voudrais que tu manges.

b. The negative infinitive is formed by putting both elements of the negation before the infinitive.

On vous demande *de ne pas parler* pendant le film.
Je voudrais bien *ne jamais faire* d'erreur, mais ce n'est pas facile.
Pour *ne plus faire* de fautes d'orthographe, servez-vous d'un dictionnaire.

c. The infinitive can replace the imperative if the command is impersonal and general (see Chapter 3, note 2. a).

Ne pas fumer, s'il vous plaît.
Battre les œufs en neige.
Écrire lisiblement.

d. The infinitive can be used in a short elliptical question or exclamation which denotes doubt or indignation.

Quel chemin prendre ?
Que lui répondre ?
Pour qui voter ?
Voter pour cet homme, impossible !

e. The past infinitive formed with the infinitive of the auxiliary verb and the past participle is often used after the following prepositions: *après, avant de, pour, sans.*

Je me souviens *l'avoir rencontré* l'autre jour dans l'autobus.
Après *avoir passé* avec succès les épreuves du baccalauréat, elle s'est remise à faire de la course à pied.
Après *avoir lu* ce rapport, vous me direz ce que vous en pensez.
Après nous *être mis* d'accord, nous avons pris le train de nuit.
Il a quitté la table sans *avoir bu* son café.
Il a été récompensé pour *avoir fini* le premier.
Nous ne voulons pas sortir *avant d'avoir reçu* son coup de téléphone.

II. WHAT PRECEDES THE INFINITIVE?

In English, the answer is simple: *to* precedes and is even part of the infinitive. In French, when the infinitive is the complement of another verb it can be introduced by a preposition or follow the main verb directly.

1. The infinitive may simply follow a conjugated verb without the use of a preposition.

J'aime dessiner, tu vas dormir, elle doit partir.
Nous espérons vous revoir.
Nous voulons partir.
C'est lui qui ira faire la queue. Il a tout son temps, il faut le laisser faire.
Elle a fait danser les enfants.

Some of the verbs that are followed directly by an infinitive are verbs of opinion, possibility, perception, and movement, for instance:

adorer	*aimer*	*aller*	*compter*	*croire*	*courir*
descendre	*désirer*	*détester*	*devoir*	*écouter*	*entendre*
envoyer	*espérer*	*faire*	*faillir*	*falloir*	*laisser*
monter	*oser*	*penser*	*pouvoir*	*préférer*	*prétendre*
savoir	*sembler*	*sortir*	*souhaiter*		
valoir mieux	*venir*	*voir*	*vouloir*		

2. The infinitive follows the preposition *à* which is required by the conjugated verb.

J'aide son frère à faire ses devoirs.
Tu apprends à conduire.
Il commence à neiger.

See chapter 19, section V,4, a., c., f. for a list of verbs requiring *à* before an infinitive.

3. The infinitive follows the preposition *de* which is required by the conjugated verb.

Je te conseille de ne pas rentrer tard.
Essaie de te coucher tôt.
Elle regrette de vous avoir manqués.

See chapter 19, section V,4, b., d., e. for a list of verbs requiring *de* before an infinitive.

4. When "to" means "in order to", the infinitive follows the preposition *pour*:

Il faut travailler pour réussir

5. The infinitive follows a form of *faire* in the causative construction which expresses the idea of having someone do something or of having something done (that is to say causing someone to do something or causing something to be done). *Faire* + infinitive forms a verbal locution, a unit that usually cannot be broken. Nouns follow the infinitive and direct and indirect object pronouns generally precede *faire*.

Elle fait lire ses enfants tous les soirs. Elle les fait lire.

Note that in compound tenses, the past participle of *faire* followed by an infinitive does not agree with the preceding direct object. It is invariable.

J'ai fait repeindre ma chambre. Je *l'ai fait* repeindre.
Elle *s'est fait* couper les cheveux. Elle *se les est fait* couper très courts.

6. A direct or indirect object pronoun, or reflexive pronoun used with an infinitive construction precedes the verb of which it is the object, normally the infinitive.

Elle lui a dit *de le lire*. Elle lui a dit *de ne pas le lire*.

BUT an object pronoun precedes a verb of perception (like *écouter, entendre, regarder, sentir, voir*) and the verbs *faire* and *laisser*, when followed by an infinitive. In an affirmative command, the pronoun follows the verb and precedes the infinitive.

La mère *les* regarde jouer. Regarde-*les* jouer.

7. Adjectives and nouns can be followed by a preposition and a verb in the infinitive. The preposition *à* may describe the purpose of a noun or the passive meaning of a verb.

une machine à coudre, à laver, à écrire...
Cette maison sera facile à vendre.

The preposition *de* may qualify a noun or adjective.

Il est content de venir.
C'est facile de dire non.
C'est une bonne idée de faire les courses tôt.

III. PROVERBES ET EXPRESSIONS

Il faut manger pour vivre et non pas vivre pour manger.
Il ne faut pas chercher midi à quatorze heures.

Il ne faut jurer de rien.
Il faut tourner sept fois sa langue dans sa bouche avant de parler.
Il ne faut pas parler pour ne rien dire.
Il faut semer pour récolter.
Tout vient à point pour qui sait attendre.
On ne peut contenter tout le monde et son père.
Rien ne sert de courir, il faut partir à point.
C'est la goutte qui fait déborder le vase.
Il ne faut pas vendre la peau de l'ours avant de l'avoir tué.

IV. EXERCICES

A. *Remplacez les mots en italique par l'infinitif correspondant.*

1. *Le Rêve* _____ est indispensable à tous.
2. Il faut *que vous mangiez* _____ davantage !
3. Je pense *que je retournerai* _____ en Chine.
4. Elle s'est souvenue *qu'elle avait acheté* _____ des gants dans ce magasin.
5. Je les ai entendus *qui rentraient* _____.
6. Je suis certaine *que j'ai déjà vu* _____ ce film.
7. Croyez-vous *que vous puissiez* _____ finir avant midi ?
8. J'espère *que je vous reverrai* _____ bientôt.

B. *Complétez les phrases suivantes avec une préposition si besoin est.*

1. Tous les enfants rêvent _____ avoir une baguette magique.
2. Malheureusement, ils doivent _____ comprendre que les fées n'existent pas.
3. On nous a invités _____ assister à la conférence sur le cubisme.
4. Nous y irons _____ entendre les remarques du peintre que nous connaissons bien.
5. Son devoir était très médiocre. On lui a fait _____ refaire
6. Elle a beaucoup de travail; elle a choisi _____ ne pas partir en vacances cet été.
7. Je vais lui demander _____ arroser nos plantes.
8. Nous devons _____ être absents pendant le mois d'août.
9. Quand nous rentrerons, je me remettrai _____ faire de la peinture.
10. Demain, je dois _____ aller chez le dentiste pour me faire _____ arracher une dent.

C. *Faire une phrase avec chacun des verbes suivants suivis d'un infinitif précédé ou non d'une préposition.*

| conseiller | empêcher | refuser | falloir | se souvenir | essayer |
| détester | avoir peur | venir de | remercier | être enchanté | réussir |

EXEMPLE: **Je vous remercie de m'avoir prêté** vingt euros; je vous les rendrai demain.

Dans la section « proverbes et expressions », choisissez-en trois ou quatre; donnez leur équivalent en anglais et imaginez une situation dans laquelle on les emploierait à bon escient.

Vous vous diviserez en groupes de quatre ou cinq. Dans chaque groupe vous choisirez quelqu'un qui mènera la discussion, et un(e) autre qui fera une présentation à la classe entière. La discussion et la présentation à la classe seront menées en français.

2. LE PARTICIPE PRÉSENT

STUDY THESE EXAMPLES

a. Un enfant parlant quatre langues, ça ne se voit pas tous les jours.

Les collines entourant la ville sont couvertes de vignobles.

Je l'ai vu lisant le journal.

Pensant que nous étions sortis, ils ne se sont pas arrêtés.

Ayant beaucoup de temps libre, elle s'occupe de son jardin.

b. Aurons-nous des billets gratuits ou des billets payants?

N'allez pas trop vite, c'est un chemin glissant.

C'est une personne bien portante.

Il faisait si bon, nous ne somme rentrés qu'à la nuit tombante.

Puisqu'il y avait une panne d'électricité, nous avons dîné à la lueur tremblante d'une bougie.

c. Etant arrivés en retard, ils ont manqué la première partie du spectacle.

Ayant oublié mes clefs, j'ai dû attendre l'arrivée du serrurier.

I. WHEN TO USE THE PRESENT PARTICIPLE

It should be noted that it is used less frequently than it is in English. In French, the present participle appears often in more formal contexts such as those of legal and administrative documents.

a. The present participle is used as a "verbal form". It generally expresses an action simultaneous with the one of the conjugated verb, an action which is often not permanent. It may be followed by an object. It expresses present, past or future depending upon the tense of the conjugated verb. It is invariable.

Voyant que leur mère n'était pas de bonne humeur, ils n'ont pas demandé à sortir.
Je l'ai vu montant dans l'ascenseur.
La rentrée des classes approchant, les Grands Magasins ne désemplissent pas.

b. The present participle is used as an adjective ("*adjectif verbal*"). It expresses a state with no time limitation, a more or less permanent condition. It agrees in number and gender with its related noun.

La rue de Rennes est une rue passante.
On sent partout une inquiétude grandissante.
C'est une réponse surprenante; je ne m'y attendais pas du tout.

II. HOW TO FORM THE PRESENT PARTICIPLE

The present participle is formed by replacing the *ons* ending of the first person plural present with *ant*.

The present participles of *avoir, être* and *savoir* are irregular, they are:
    ayant, étant and *sachant.*

There is a past form of the present participle formed with the present participle of the helping verb and the past participle of the other verb. It is used to show that the action precedes that of the main verb (see c. above).

Ayant ausculté le malade, le médecin a diagnostiqué une anomalie cardiaque.
S'étant réveillée plus tard que d'habitude, elle n'a pas pris de petit déjeuner.

III. EXEMPLES LITTÉRAIRES

Jean de La Fontaine (1621–1695)

La Cigale, ayant chanté
    Tout l'été
Se trouva fort dépourvue
Quand la bise fut venue...
    (*La Cigale et la Fourmi, Fables*, livre I, I)

Un riche Laboureur sentant sa mort prochaine,
Fit venir ses enfants, leur parla sans témoins...
    (*Le Laboureur et ses enfants, Fables*, livre V, IX)

Un pauvre Bûcheron, tout couvert de ramée[1],
Sous le faix[2] du fagot[3] aussi bien que des ans
Gémissant et courbé, marchait à pas pesants,

Et tâchait de gagner sa chaumine enfumée.
Enfin, n'en pouvant plus d'effort et de douleur,
Il met bas son fagot, il songe à son malheur...
    (*La Mort et le Bûcheron, Fables*, Livre I, XVI)

[1]ramée: branches coupées
[2]faix: charge, poids
[3]fagot: assemblage de menues branches

Voltaire (1694–1778)

Candide, chassé du paradis terrestre, marcha longtemps sans savoir où, pleurant, levant les yeux au ciel, les tournant souvent vers le plus beau des châteaux qui renfermait la plus belle des baronnettes...
    (*Candide*, Chapitre second, lignes 1–4)

Ses provisions lui manquèrent quand il fut en Hollande : mais ayant entendu dire que tout le monde était riche dans ce pays-là, et qu'on y était chrétien, il ne douta pas qu'on ne le traitât aussi bien qu'il l'avait été dans le château de monsieur le baron avant qu'il en eût été chassé pour les beaux yeux de mademoiselle Cunégonde.
(*Candide*, Chapitre 3)

René Maran (1887–1960)

... N'étant pas les plus forts, nous n'avons qu'à nous taire...
(*Batouala*, Paris, Albin Michel 1921)

Seydou Badian (1928–)

... Ces grappes d'enfants qui le suivaient ou l'attendaient devant les cases, chuchotant son nom, le criant parfois...
... Les deux figuiers bruissant du roucoulement des colombes vertes. Le vol tumultueux de ces mêmes colombes sillonnant l'espace d'arabesques silencieuses...
(*Le sang des masques*, Paris, Robert Laffont, 1976)

Alain-Fournier (1886–1914)

... Elle avait toujours été pauvre, toujours empruntant, toujours dépensant...
(*Le Grand Meaulnes*)

Question

Dans la citation de Voltaire, remplacez les participes présents par une autre forme du verbe.

_____

_____

IV. EXERCICES

A. *Mettez le verbe entre parenthèses à la forme qui convient. Indiquez s'il s'agit du participe présent ou de l'adjectif verbal.*

1.   (*Flotter*)- Comme dessert, j'ai préparé une île _____.

2.   (*Permettre*)- Ce train me _____ d'être de retour ce soir, j'ai décidé de ne pas prendre ma voiture.

3.   (*Voir*)- _____ qu'elle était vraiment fatiguée, nous sommes rentrés de bonne heure.

4.   (*Coller*)- J'ai déchiré une page de mon livre, il faut que je trouve du papier _____

5.   (*Suivre*)- Répondez aux questions _____

6.   (*Savoir*)- _____ qu'il y aurait de l'orage, nous avons fermé les fenêtres avant de sortir.

7. (*Chauffer*)- Sa cuisine n'est pas bien équipée, elle prépare ses repas sur une plaque _____

8. (*Lire*)- Renoir peint souvent des femmes _____

B. *Remplacez les mots en italique par une forme du participe présent.*

1. Les employés, (*qui quittent*) _____ tous leur bureau à la même heure, envahissent le métro aux heures de pointe.

2. L' hiver (*approchait*) _____, les feuilles commençaient à tomber.

3. (*Quand il a compris*) _____ qu'il allait être puni, l'enfant s'est mis à pleurer.

4. De la plage, on aperçoit des bateaux (*qui se dirigent*) _____ vers le port.

5. (*Comme j'avais pris*) _____ un raccourci, je suis arrivée la première.

6. Je les ai surpris (*qui mangeaient*) _____ des bonbons, et je le leur avais défendu !

7. Qu'est-ce qui se passe? Elle a les mains (*qui brûlent*) _____ de fièvre.

8. Les jeunes garçons et leur chien (*avaient découvert*) _____ un souterrain, ils ont voulu le montrer à leur professeur.

3. LE GÉRONDIF

STUDY THESE EXAMPLES

a. En arrivant à Paris, on est toujours surpris par le grand nombre de jardins publics.
Vous êtes sûr de me trouver en m'appelant entre midi et deux heures.

b. J'ai perdu mon porte-monnaie en faisant mes courses.
Fais attention en traversant la rue.
Nous avons eu très peur; nous sommes sortis en courant.
Elle s'est fait mal au doigt en fermant la porte.
Il est arrivé en chantant.

c. En faisant un effort, vous y arriverez.

d. Tout en conduisant, il parlait au téléphone.
Elle grossit tout en ne mangeant presque rien.

e. Tout en ayant très peu travaillé, elle a réussi brillamment.

I. WHEN TO USE THE GERUND

While the present participle usually qualifies a noun or a pronoun, the gerund adds precision to a verb. It is always related to the subject of the main verb.

a. It expresses time (often an action which takes place at the same time as that expressed by the main verb).

En montant dans le métro, je me suis foulé la cheville.
Je l'ai aperçu en sortant du cinéma.

   b. **It expresses the means, the manner.**

En prenant des vitamines, on se protège contre la grippe.
Elle est partie en claquant la porte.

   c. **It expresses a condition.**

En faisant de nouveaux efforts, vous auriez réussi.
En payant un peu plus cher, vous auriez eu une place au premier balcon.

   d. **After *tout en*, it expresses a contradiction often between two simultaneous actions.**

Tout en étant aveugle, elle va au cinéma. Elle suit parfaitement l'action en écoutant les acteurs.
Elle parle au téléphone tout en lisant le journal.

   e. **The "past" gerund expresses an action which took place before that of the main verb.**

Tout en ayant vécu dix ans en Espagne, il ne parle pas bien l'espagnol.

II. HOW TO FORM THE GERUND

It has the same form as the present participle. Most of the time, it follows the preposition *en* or the locution *tout en*. It is invariable.

III. EXEMPLES LITTÉRAIRES

Pierre Corneille (1606–1684)

... J'attire en me vengeant sa haine et sa colère;
J'attire ses mépris en ne me vengeant pas...
    (*Le Cid*, Acte I, scène VI, vers 323, 324)

Auteur inconnu

En passant par la Lorraine,
Avec mes sabots,
En passant par la Lorraine,
Avec mes sabots,
Rencontrai trois capitaines,
Avec mes sabots dondaine,
Oh, oh, oh ! avec mes sabots !

Auteur inconnu

La victoire, en chantant
Nous ouvre la carrière,
La liberté guide nos pas...
    (*Le chant du départ, marche militaire*)

Mariama Bâ (1929–1981)

... Après les actes de piété, Tamsir est venu s'asseoir dans ma chambre dans le fauteuil bleu où tu te plaisais. En penchant sa tête au-dehors, il a fait signe à Mawdo...
(*Une si longue lettre*, Chapitre 18, page 85, Les Nouvelles Editions Africaines

PROVERBE

C'est en forgeant qu'on devient forgeron (from Latin : *fabricando sit faber*)

IV. EXERCICES

A. *Mettez le verbe entre parenthèses au gérondif.*

1. (*Descendre*) _____ du wagon, il a fait un faux pas et il est tombé.

2. (*Se réveiller*) _____ ce matin, j'étais encore fatigué(e), je n'avais pas assez dormi.

3. (*Suivre*) _____ un régime très strict, il n'arrive pas à perdre du poids.

4. (*Sauter*) _____ par-dessus la haie, il a échappé à ceux qui le poursuivaient.

5. (*Lire*) _____ beaucoup, vous ne vous ennuierez jamais.

6. (*Manger*) _____ très lentement, il a souvent mal à l'estomac.

7. (*Savoir*) _____ bien vos tables de multiplication, vous compterez plus vite.

8. (*Être*) _____ à l'heure, vous ne manquerez pas votre train !

B. *Remplacez les groupes en italique par le participe présent, l'adjectif verbal ou le gérondif et faites les changements nécessaires.*

1. Nous venons de voir une pièce *qui nous a fascinés.* _____

2. *Comme nous n'avions rien* à faire, nous sommes allés au cinéma. _____

3. Il n'est pas très poli ! Il me posait des questions *pendant qu'il lisait* son journal. _____

4. Les nouvelles étaient bonnes ! Il nous a accueillis chaleureusement, *il sautait de joie.* _____

5. *Je ne sais pas* où il habite, j'ai dû lui téléphoner. _____

6. *Quoiqu'il se soit dépêché*, il est arrivé trop tard pour dîner avec nous. _____

7. Tous les jours, q*uand je vais prendre* l'autobus, je rencontre mon voisin *qui promène* son chien. _____, _____

C. *Traduisez les phrases suivantes.*

1. While walking on the left bank of the Seine, I met an old classmate of mine.
2. Have you seen the old movie "Singin' in the rain"?

3. She never wastes a minute! While making a pie, she reads a novel!

4. Having lost my way•, I had to ask for directions. (•*to lose one way : se perdre*)

5. He was hit• by a car while crossing the street. (•*to hit : renverser*)

TRAVAIL DE GROUPE

Vous vous diviserez en groupes de quatre ou cinq. Dans chaque groupe vous choisirez un rapporteur qui prendra des notes et les présentera aux autres, un autre mènera la discussion, un troisième fera une présentation à la classe entière; tous vous répondrez aux questions posées et poserez vos propres questions basées sur vos expériences personnelles.

Le proverbe « C'est en forgeant qu'on devient forgeron » répond à la question: « Comment devient-on forgeron ? ». En prenant le proverbe comme modèle, vous répondrez aux questions qui suivent.

1. Comment devient-on chanteur ?

2. Comment devient-on champion de natation ?

3. Comment devient-on bon conducteur ?

4. Comment devient-on chef de cuisine ?

   (Vous formulerez aussi d'autre questions)

LECTURE

Paris Plage: on reconduit l'opération.

Ayant reçu plus de deux millions de visiteurs au cours de l'été 2002, l'année de sa création, et quatre millions en 2004, l'opération Paris-Plage sera de nouveau reconduite l'été prochain.

Au cours de sa dernière réunion, le Conseil municipal de la ville de Paris sous la présidence de son maire, Bertrand Delanoë, a reconduit Jean-Christophe Choblet dans ses fonctions de scénographe. C'est lui qui, au printemps 2002, avait conçu une plage « vacances de Monsieur Hulot »[1] pour la première opération Paris Plage.

Cette année, il y aura une plage de plus que l'an passé et davantage de jeux aquatiques sur les 3 kilomètres de berges situées entre le tunnel des Tuileries et le pont de Sully.

En quoi consiste ce Paris Plage ? C'est une opération gigantesque dont le bilan pour l'été dernier fut très satisfaisant. C'est le maire socialiste de Paris lui-même qui est à l'origine de ce mois d'animations et de loisirs sur la rive droite de la Seine, rendue pour l'occasion, aux promeneurs et aux fanatiques des bains de soleil.

Il s'agissait d'abord de réorganiser la circulation automobile. Certains des grands axes est-ouest et nord-sud furent fermés pour permettre aux estivants de se rendre paisiblement à la plage. Le bilan Paris Plage a dénoté une baisse de 4,5 à 5% de la circulation automobile par rapport à la semaine précédant l'ouverture. Les itinéraires conseillés par la mairie de Paris ont absorbé une partie des véhicules. La ville de Paris avait donc bien évalué le dispositif mis en place.

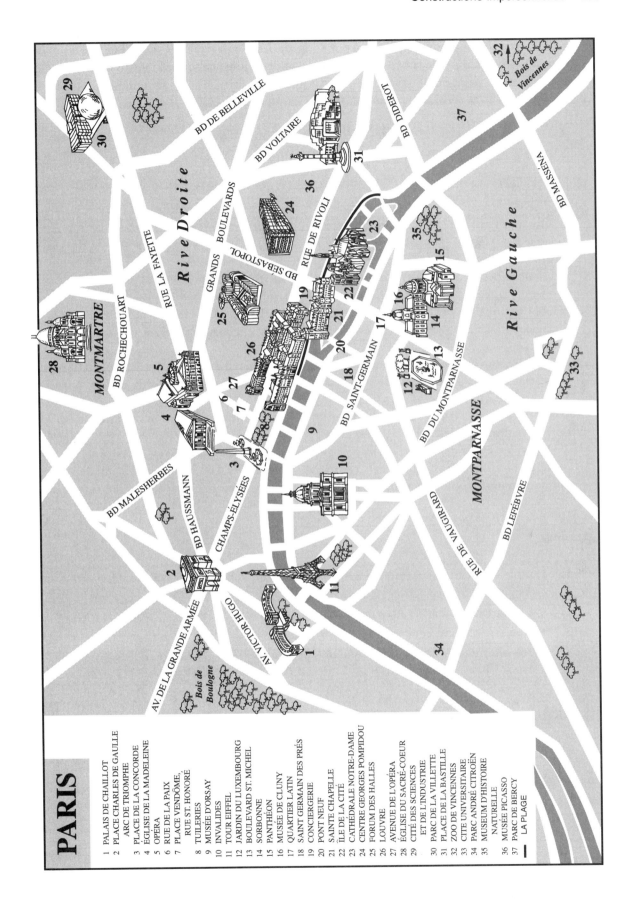

PARIS

1 PALAIS DE CHAILLOT
2 PLACE CHARLES DE GAULLE
  ARC DE TRIOMPHE
3 PLACE DE LA CONCORDE
4 ÉGLISE DE LA MADELEINE
5 OPÉRA
6 RUE DE LA PAIX
7 PLACE VENDÔME,
  RUE ST. HONORÉ
8 TUILERIES
9 MUSÉE D'ORSAY
10 INVALIDES
11 TOUR EIFFEL
12 JARDIN DU LUXEMBOURG
13 BOULEVARD ST. MICHEL
14 SORBONNE
15 PANTHÉON
16 MUSÉE DE CLUNY
17 QUARTIER LATIN
18 SAINT GERMAIN DES PRÉS
19 CONCIERGERIE
20 PONT NEUF
21 SAINTE CHAPELLE
22 ÎLE DE LA CITÉ
23 CATHÉDRALE NOTRE-DAME
24 CENTRE GEORGES POMPIDOU
25 FORUM DES HALLES
26 LOUVRE
27 AVENUE DE L'OPÉRA
28 ÉGLISE DU SACRÉ-COEUR
29 CITÉ DES SCIENCES
  ET DE L'INDUSTRIE
30 PARC DE LA VILLETTE
31 PLACE DE LA BASTILLE
32 ZOO DE VINCENNES
33 CITÉ UNIVERSITAIRE
34 PARC ANDRÉ CITROËN
35 MUSEUM D'HISTOIRE
  NATURELLE
36 MUSÉE PICASSO
37 PARC DE BERCY
— LA PLAGE

D'autre part la livraison des tonnes de sable en provenance des régions de la Manche s'est effectuée sans encombre. Les jeux aquatiques, garderies d'enfants, cafés mis à la disposition des estivants ont remporté le succès espéré. Cette année, la journée sera découpée en trois phases : plage, sieste et pique-nique, chacune donnant lieu à des préparations minutieuses de la part du groupe travaillant sous la direction de Jean-Christophe Choblet.

Adieu Saint-Tropez, Saint-Martin de Ré, Concarneau et Deauville.[2]
Vive Paris Plage, et merci Bertrand Delanoë !

NOTES

[1]Jacques Tati (1907–1982) Cinéaste extraordinaire. Trois films surtout restent des classiques, "*Jour de fête*" (1948), "*Les vacances de Monsieur Hulot*" (1953), "*Mon oncle*" (1958). Les thèmes de Jacques Tati, ce grand comédien de l'écran, sont toujours les mêmes : l'absurdité de la vie, les distractions des bourgeois et le côté excentrique de chacun d'entre nous.

[2]Saint-Tropez : station balnéaire, plage chic sur la côte méditerranéenne, rendue très célèbre par une de ses résidentes, l'actrice Brigitte Bardot. Un certain nombre d'acteurs et d'actrices français et étrangers y ont des villas somptueuses. En été, il y a foule à Saint-Tropez.

Saint-Martin-de-Ré, un des petits villages qui font le charme de l'île de Ré. Cette petite île se trouve dans l'océan Atlantique en face de La Rochelle. On y accède par un splendide pont à péage qui relie les deux côtes.

Concarneau : petit port de pêche breton situé à 25 kilomètres de Quimper. C'est un lieu de villégiature estivale.

Deauville : Plage de la côte normande, située à 42 kilomètres du Havre. C'est une ville élégante où on trouve des hôtels et des restaurants luxueux. Il y a un casino, un champ de courses. De nombreux festivals y sont organisés tout au long de l'année.

Questions

1. Dans le deuxième paragraphe du texte (Il s'agissait d'abord...), relevez tous les verbes non conjugués (infinitifs, participes présents, etc.) et analysez -les.
2. Où et quand se déroule l'opération Paris Plage ?
3. Par qui a-t-elle été conçue ?
4. Quels changements cette opération a-t-elle apportés ?

À VOUS DE RÉFLÉCHIR

1. Imaginez que vous allez passer une journée à Paris-Plage. Quels préparatifs faites-vous ?
2. Comparez Paris-Plage avec une "vraie" plage.

NOTES BIOGRAPHIQUES

Bâ, Mariama see chapter 5

Badian, Seydou: né à Bamako, Mali en 1928.

Il fait ses études de médecine en France à Montpellier. De retour au Mali, il se lance dans la politique; il devient ministre. Après un coup d'état, il est arrêté puis emprisonné pendant sept ans. Il vit aujourd'hui en exil à Dakar. Parmi ses ouvrages citons : *Sous l'orage, Les dirigeants africains face à leur peuple, Le Sang des masques.* La langue est pour lui un élément vital: "C'est la langue qui fonde notre identité. Sans la langue, il n'y a pas de culture."

Corneille, Pierre see chapter 2

Alain-Fournier (1886–1914)

Écrit un seul et unique roman *Le Grand Meaulnes* où les thèmes de l'amour, des souvenirs, de l'amitié, de l'aventure et de l'enfance baignent dans une atmosphère pleine de charme et de mélancolie. Il meurt dans les premières semaines de la guerre 1914–18.

La Fontaine, Jean de see chapter 2

Maran, René (1887–1960)

Poète et romancier guyanais né en Martinique. Eduqué en France. Il publie son premier recueil de poèmes *La maison du bonheur* en 1909. De retour en Afrique pendant quelques années, il écrit *Batouala* qui lui vaut le Prix Goncourt en 1921. Toute sa vie, il travaille pour la cause de l'Afrique et de sa culture. Il contribue à des revues africaines, écrit des documentaires sur l'Afrique, et plusieurs romans pleins de poésie.

Voltaire (pseudonyme de François-Marie Arouet) (1694–1778)

Né à Paris, éduqué au Collège Louis-le-Grand tenu par les Jésuites. Il a écrit une œuvre considérable qui touche à tous les genres littéraires : poésie, histoire, philosophie, nouvelle, essais, correspondance. Il se bat contre le fanatisme, l'injustice et la sottise, prêchant les vertus de la tolérance et de la liberté. Ses armes : l'ironie, l'humour, l'esprit, l'excès, l'imagination, l'exhubérance et le sarcasme. Ses ennemis seront nombreux ; il sera emprisonné à la Bastille et s'exilera à Ferney en Suisse avant d'émerger victorieux à Paris pour y finir sa vie. Parmi ses œuvres, citons *La Henriade* (1728), poème épique, *Histoire de Charles XII* (1731), *Lettres anglaises* (1734), *Dictionnaire philosophique* (1764), *Zadig* (1748), *Candide* (1759), *Essai sur les mœurs* (1751), *Le siècle de Louis XIV* (1752).

Chapitre 11

EXERCICES DE RÉVISION

FORMES VERBALES

I. RÉVISION DES TEMPS

1. *Mettez le verbe au présent.*

1. Ils (*avoir*) _____ beaucoup de chance.
2. Vous ne (*faire*) _____ jamais de fautes !
3. Tu (*aller*) _____ au cinéma ce soir.
4. Nous (*commencer*) _____ à être fatigués.
5. Combien (*peser*) _____-tu ?
6. Je ne (*comprendre*) _____ pas ce que vous (*dire*) _____.
7. Elle (*s'appeler*) _____ Mireille.
8. Pierre nous (*envoyer*) _____ souvent des cartes postales.
9. Je (*s'asseoir*) _____ toujours au premier rang.
10. De quoi (*se plaindre*) _____-tu ?
11. Elle ne fait pas attention, elle (*jeter*) _____ tout.
12. Ce matin, je suis partie sans manger, je (*mourir*) _____ de faim.
13. Il (*suivre*) _____ rarement les conseils qu'on lui donne.
14. Je suis désolé mais je n'y (*pouvoir*) _____ rien.
15. Ils (*recevoir*) _____ des cadeaux toute l'année !
16. Vous (*réfléchir*) _____ avant de répondre à la question.
17. (*Vouloir*) _____ tu me rendre un service ?
18. Ils (*venir*) _____ de partir.
19. Et toi, quand (*partir*) _____ tu ?

2. *Mettez le verbe à l'impératif.*

1. (*savoir*, 2ème pers. sing.) _____ que je ne t'attendrai pas après 19 heures.
2. (*Être*, 2ème pers. plur.) _____ sages !

3. Ne (*faire*, 2ème pers. plur.) _____ pas d'imprudence !

4. (*Prendre*, 1ère pers. plur.) _____ un café ensemble.

5. (*Avoir*, 2ème pers. sing.) _____ confiance en l'avenir.

6. Ne (*s'asseoir*, 2ème pers. plur.) _____ pas sur cette chaise.

7. (*Acheter*, 2ème pers. sing.) _____ moi une baguette.

8. (*Voir*, 2ème pers. plur.) _____ ce film; il est excellent.

9. (*Descendre*, 2ème pers. plur.) _____ tout de suite.

10. (*Se tenir*, 2ème pers. sing.) _____ droite !

11. (*Bâtir*, 1ère pers. plur) _____ une niche pour le chien.

12. (*Battre,* 2ème pers. sing) _____ les œufs en neige.

13. (*Servir*, 1ère pers. sing.) _____ moi, s'il te plait.

14. (*Boire*, 1ère pers. plur.) _____ à votre santé.

15. (*Manger,* 1ère pers. plur.) _____ avant de sortir.

16. Ne (*courir*, 2ème pers. sing.) _____ pas si vite.

17. (*Dire*, 2ème pers. plur.) _____ moi ce que vous en pensez.

18. Ne (*perdre*, 2ème pers. sing.) _____ pas mon stylo.

19. (*Saisir*, 2ème pers. plur.) _____ l'occasion !

20. (*Venir*, 2ème pers. sing.) _____ avant qu'il ne soit trop tard.

3. *Mettez le verbe au futur.*

   1. Il (*vouloir*) _____ vous voir avant votre départ.

   2. Nous (*voir*) _____ bien ce qui arrivera.

   3. Vous (*sourire*) _____ quand je vous le dirai.

   4. Tu m' (*appeler*) _____ demain après.midi.

   5. Demain, je (*courir*) _____ encore plus vite.

   6. (*Avoir*) _____-tu le temps de passer à la maison ce soir ?

   7. Il (*falloir*) _____ faire le plein d'essence après le diner.

   8. Tu (*devoir*) _____ te lever de bonne heure demain matin.

   9. Ils (*pouvoir*) _____ venir dîner vendredi prochain.

  10. (*Aller*) _____ vous en France ou au Japon cet été ?

  11. Elles (*revenir*) _____ dans 48 heures.

  12. Je vous (*apercevoir*) _____ peut-être au concert.

  13. (*Savoir*) _____ vous trouver la sortie toute seule ?

  14. Dans quelques années, nous (*vivre*) _____ à la campagne.

  15. (*Être*) _____ vous des nôtres pour le réveillon ?

4. *Mettez le verbe à l'imparfait.*

1. Quand nous habitions dans le même immeuble, nous (*se voir*) _____ souvent.
2. Je croyais qu'il (*être*) _____ blond, mais il est roux.
3. Nous avions un petit appartement et nous (*payer*) _____ un gros loyer.
4. Quand vous avez téléphoné, je (*résoudre*) _____ des équations difficiles.
5. Si tu ne (*mentir*) _____ plus, ce serait plus simple !
6. Petite, elle (*craindre*) _____ beaucoup son père.
7. Il y a quelques années, tu (*coudre*) _____ mieux.
8. Les voisins se sont plaints parce que vous (*crier*) _____ trop fort.
9. Que (*faire*) _____-ils pendant que tu mangeais ?
10. Ils (*ranger*) _____ leurs affaires.
11. Hier, vous (*rire*) _____, et demain ?
12. Je (*commencer*) _____ à m'inquiéter.
13. Pendant leurs vacances en Normandie, elle (*peindre*) _____ tous les jours.
14. Autrefois, nous (*vaincre*) _____ nos cousins quand nous jouions au football.
15. Si je te (*surprendre*) _____ en train de boire un coca.cola, je ne serais pas contente !

5. *Mettez le verbe au passé composé.*

1. Hier, il faisait beau, nous (*avoir*) _____ de la chance pour notre pique-nique.
2. Je vous (*écrire*) _____ la semaine dernière.
3. (*Recevoir*) _____ vous _____ ma lettre ?
4. Les amis que nous (*voir*) _____ hier revenaient de Chine.
5. Il (*pleuvoir*) _____ ce matin, cet après-midi il fait beau.
6. Je crois qu'il (*mourir*) _____ d'une crise cardiaque.
7. Nous (*apprendre*) _____ que vous étiez venu après notre départ.
8. Je (*lire*) _____ jusqu'à minuit hier soir.
9. Est-ce que ce film vous (*plaire*) _____ ?
10. Je ne t' (*entendre*) _____ pas _____ entrer.
11. Nous (*arriver*) _____ par le train de 20 heures.
12. Elle (*naître*) _____ le même jour que moi. Quelle coïncidence !
13. Ils (*partir*) _____ sans prévenir.
14. On (*rester*) _____ 10 jours en Provence.
15. Nous les (*apercevoir*) _____ en sortant du cinéma.

16. Vous (*devoir*) _____ avoir très peur.

17. Elle (*tomber*) _____ malade à son retour.

18. « Je (*venir*) _____, je (*voir*) _____, je (*vaincre*) _____. »

6. *Mettez le verbe au plus-que-parfait.*

1. Je leur (*dire*) _____ de venir, mais ils n'ont pas pu.

2. Quand nous sommes arrivés, ils (*partir*) _____ déjà _____.

3. Vous n'avez pas de bonnes notes. Ah! Si vous (*travailler*) _____ !

4. On (*promettre*) _____ de les voir dans la semaine, nous n'avons pas pu.

5. Ils (*s'asseoir*) _____ au premier rang sans voir que les places étaient réservées aux enfants des écoles.

6. Tu (*entendre*) _____ dire qu'ils partaient ce soir. C'est faux !

7. Je les (*conduire*) _____ à la gare en voiture pour qu'ils ne manquent pas le train. Le train avait du retard. J'ai attendu avec eux.

8. Lors de notre conversation, elle (*se souvenir*) _____ de vous. Le lendemain, elle vous (*oublier*) _____.

9. Nous n'avons pas pris le temps de voir cette pièce. Si je (*savoir*) _____ !

10. Elle (*passer*) _____ pour bavarder, mais nous étions déjà en route.

11. Nous (*se résoudre*) _____ à faire le voyage en voiture.

12. Que (*se passer*) _____ -il- _____ ? À leur retour, leur chienne (*mourir*) _____.

13. Ils (*vivre*) _____ dix ans à l'étranger. Ils voulaient rentrer dans leur pays.

14. On (*s'entendre*) _____ très bien _____ jusqu'à l'arrivée de son cousin.

15. Cela (*être*) _____ une grande joie pour eux.

16. Nous (*avoir*) _____ l'impression que tout allait bien. Quelle erreur de notre part !

7. *Mettez le verbe au futur antérieur.*

1. Quand vous (*lire*) _____ les instructions, vous pourrez commencer.

2. Fais-moi signe dès que tu (*finir*) _____.

3. J'achèterai un chandail quand je (*trouver*) _____ la bonne taille.

4. Les soldes sont formidables dans ce magasin. Ça (*valoir*) _____ le déplacement.

5. J'espère qu'il (*faire*) _____ la vaisselle.

6. Nous croyons qu'ils (*prendre*) _____ leur petit déjeuner avant de se mettre en route.

7. Quand on vous (*prévenir*) _____, prévenez-nous.

8. Peu importe le mauvais temps, je (*avoir*) _____ le plaisir de faire votre connaissance.

8. *Mettez le verbe au conditionnel présent.*

1. Si tu me disais de le faire, je le (*faire*) _____ tout de suite.

2. Même si vous étiez un peu en retard, je vous (*attendre*) _____.

3. Vous (*plaire*) _____ il de faire le voyage avec nous ?

4. Il (*valoir*) _____ mieux que vous annuliez votre rendez-vous.

5. S'ils avaient besoin d'aide, nous les (*secourir*) _____ immédiatement.

6. Je vous (*reconnaître*) _____ même dans un bal masqué.

7. Si tu venais vers 16 heures, tu (*voir*) _____ tout le monde.

8. Si vous nous laissiez votre adresse, nous vous (*tenir*) _____ au courant.

9. *Mettez le verbe au conditionnel passé.*

1. S'il n'avait pas plu, nous (*sortir*) _____.

2. Je le (*perdre*) _____ dans la foule, si je ne lui avais pas donné la main.

3. Il (*falloir*) _____ partir plus tôt pour ne pas avoir à faire la queue.

4. Nous (*aimer*) _____ faire sa connaissance.

5. Si tu n'étais pas allée chez le coiffeur, tu (*avoir*) _____ le temps de l'aider à faire ses devoirs.

6. Vous (*devoir*) _____ lui offrir des fleurs pour son anniversaire.

7. Elle (*être*) _____ si heureuse !

8. S'il avait fait plus chaud, la neige (*fondre*) _____.

10. *Mettez le verbe au subjonctif présent.*

1. Puisque sa voiture est en panne, qu'il (*prendre*) _____ le train.

2. Je voudrais qu'il (*être*) _____ ici avant midi.

3. On exige que les élèves (*savoir*) _____ nager avant de quitter le lycée.

4. Réglons cette affaire à moins que tu ne (*vouloir*) _____ y réfléchir jusqu'à demain.

5. Je regrette que vous ne (*pouvoir*) _____ pas nous accompagner.

6. Il ne faut pas que tu (*craindre*) _____ de dire la vérité.

7. Il est indispensable que tu (*se faire*) _____ vacciner contre la grippe.

8. Éteignez la radio pour qu'on (*entendre*) _____ la sonnerie du téléphone.

9. Je cherche une petite maison qui (*avoir*) _____ des volets bleus.

10. De peur que vous ne (*perdre*) _____ mon adresse, je vous l'enverrai par courrier électronique.

11. C'est la seule étudiante qui (*mettre*) _____ les accents quand elle écrit le français !

12. Restez chez vous jusqu'à ce que vous (*se sentir*) _____ mieux.

13. Je doute qu'il vous (*haïr*) _____ à ce point-là !

14. Faites en sorte qu'on ne le (*prévenir*) _____ pas.

15. Bien qu'il (*pleuvoir*) _____ à torrents, nous irons au match.

11. *Mettez le verbe au subjonctif passé.*

1. Bien qu'il y (*avoir*) _____ beaucoup de monde à la gare, je l'ai retrouvée sans difficulté.

2. Il semble qu'il (*changer*) _____ d'opinion au cours de la discussion.

3. Pensez-vous que les enfants (*arriver*) _____ déjà _____ à destination ?

4. Quoiqu'il (*être*) _____ malade hier soir, il est venu dîner avec nous.

5. Leurs parents étaient furieux qu'ils (*rentrer*) _____ après minuit.

6. Il est parti sans que nous (*pouvoir*) _____ lui dire au revoir.

7. Est-il possible que je (*oublier*) _____ mon porte-monnaie chez vous ?

8. Je ne suis pas sûr qu'il (*comprendre*) _____ la démonstration.

9. Le gouvernement ordonne que nous (*payer*) _____ nos impôts avant le 15 Avril.

10. Il se peut qu'elle (*dépenser*) _____ l'argent qu'elle n'avait pas.

11. Le viaduc de Millau est le plus haut pont qu'on (*construire*) _____ jamais _____.

12. Nous sommes si heureux que vous (*revenir*) _____ avant les fêtes.

13. Il est vraiment étonnant qu'elles (*sortir*) _____ sans nous prévenir.

14. Je ne crois pas que ce film vous (*plaire*) _____ Je le regrette.

15. Nous sommes enchantés que vous (*réussir*) _____ à finir le marathon sans fatigue.

II. VERB FILL-INS / *FORMES VERBALES EN CONTEXTE*

Dans les paragraphes suivants, complétez les phrases avec la forme appropriée du verbe dont l'infinitif figure entre parenthèses.

1. Puisque vous _____ en panne de voiture, c'est moi qui
   1. (être)

   _____ vous _____. S'il fait beau, nous
   2. (venir)   3. (voir)

_____ dans les allées du Luxembourg. À cette saison, on ne
    4. (se promener)

_____ pas trouver d'endroit plus agréable. Si je ne travaillais pas, j'y
    5. (pouvoir)

_____ des journées entières à regarder les enfants rayonnants
    6. (passer)

_____ de joie quand ils _____ la queue du chat sur le
    7. (crier)   8. (attraper)

manège.

2. Le courrier électronique est devenu une nécessité. Il y _____ quelques an-
                                                                       1. (avoir)

nées, on _____ le facteur et on espérait toujours _____ une
    2. (attendre)   3. (recevoir)

vraie lettre _____ à la main par un ami ou un parent. Ça, c'est de l'histoire
    4. (écrire)

ancienne. Aujourd'hui, dès qu'on _____ on se précipite sur l'ordinateur.
                                     5. (se lever)

On _____ qu'il _____ y avoir du courrier. Mais, quel cour-
    6. (savoir)   7. (devoir)

rier? Il faut éliminer plusieurs « lettres » avant que ne _____ enfin le petit
                                                   8. (surgir)

mot _____. Je regrette un peu que mon ordinateur _____
    9. (attendre)   10. (remplacer)

mon facteur. Mais, il faut vivre avec son temps, n'est-ce pas ?

3. Depuis quelques jours on sent vraiment l'automne _____. Le matin, on
                                                                1. (arriver)

a l'impression qu'il _____ déjà, même si la température est bien au-dessus
                      2. (geler)

de zéro. On se demande si le soleil _____ se montrer ou bien s'il
                                           3. (aller)

_____ gris toute la journée. Quand on sort on est surpris que le vent
    4. (faire)

_____ si froid. Les feuilles se détachent de leurs branches et
  5. (être)

_____ avant de rejoindre celles qui _____ le sol. Bientôt,
  6. (tourbillonner)   7. (joncher)

elles seront toutes tombées. Croyez-vous que le printemps _____ un jour ?
                                                              8. (revenir)

4. Jusqu'à ce qu'il _____ à battre tous les records, Bertrand
                      1. (réussir)

_____ son entraînement. J'ai bien peur qu'il n' _____
  2. (poursuivre)   3. (avoir)

qu'une idée en tête: la compétition internationale. Il ne faut pas que nous

l'_____ outre mesure car il est impératif qu'il _____ ses
  4. (encourager)   5. (finir)

études secondaires. C'est tellement difficile de se faire une place dans le monde des sports

qu'il _____ bien réfléchir avant de s'y _____. Quelle que
      6. (falloir)   7. (engager)

_____ la décision qu'il prendra, nous le _____. Nous
  8. (être)   9. (soutenir)

voulons que Bertrand _____ que sa famille ne l'abandonnera pas. Nous
                        10. (savoir)

lui dirons ce que nous _____. Je sais pertinemment que quoique nous
                         11. (penser)

_____ il _____ ce qu'il _____.
  12. (dire)   13. (faire)   14. (vouloir)

5. Si vous voulez partir pour le prochain long week-end et _____ le train,
                                                              1. (prendre)

il faut absolument que vous _____ vos billets à l'avance. Sinon, vous
                              2. (acheter)

risquez de vous _____ dans l'impossibilité de voyager. À moins que, en
                  3. (trouver)

_____ à la gare, vous _____ prendre votre billet à l'aide
  4. (arriver)   5. (pouvoir)

d'un des distributeurs automatiques qui se trouvent dans le hall. Dans ce cas, il est

indispensable que vous _____ une carte de crédit. Après
6. (avoir)

_____ votre billet, vous êtes libre de monter dans le TGV qui vous
7. (prendre)

_____ dans le plus grand confort vers votre destination. Bon voyage et
8. (mener)

bon week-end.

6. Quel temps _____-t-il faire demain ? Je voudrais bien le
1. (aller)

_____ car j'ai organisé un pique-nique. Nous devons partir de la maison
2. (savoir)

vers 11 heures et _____ nos amis vers 12 heures 30 au parc floral. Après
3. (retrouver)

_____ le tour des serres, nous _____ un petit chemin qui
4. (faire)   5. (prendre)

mène à une clairière où nous _____ pour notre pique-nique annuel.
6. (s'installer)

Chacun apportera sa spécialité: Philippe _____ sa fameuse salade niçoise,
7. (préparer)

Marie-Pierre une salade de riz, Danielle le melon au prosciutto, Xavier nous

_____ une grande salade de fruits rouges, et Annabel une tarte au citron.
8. (faire)

Ceux qui ne cuisinent pas _____ les boissons. Alors, vous voyez, il faut
9. (fournir)

qu'il _____ beau !
10. (faire)

7. Les parents de Gabriel regrettent qu'il _____ encore une fois besoin d'ar-
1. (avoir)

gent. Il n'hésite jamais à leur _____ pour raconter ses malheurs. Sa
2. (téléphoner)

voiture _____ en panne hier et il faut qu'elle _____ de
   3. (tomber)   4. (réparer)

toute urgence. Il a promis à des amis de les emmener en week-end et il ne faut pas qu'il

les _____. Autre catastrophe, il y a deux jours, il y _____
      5. (décevoir)   6. (avoir)

une panne d'électricité et il _____ vider son congélateur qu'il
                                    7. (devoir)

_____ la veille. Cette fois-ci, c'est non ! Ses parents lui ont dit: « Tu es
      8. (remplir)

un grand garçon, tu travailles, _____. Laisse ta voiture au garage,
                                       9. (se débrouiller)

_____ en week-end, _____ des sandwichs et
      10. (ne pas partir)   11. (manger)

_____ de l'eau fraîche, ou viens dîner à la maison ».
      12. (boire)

8. Mathilde était si fatiguée quand elle _____ chez elle qu'elle
                                                  1. (rentrer)

_____ dans le fauteuil qui est sur son balcon _____
      2. (s'installer)   3. (décider)

à lire tranquillement le journal et à finir le roman qu'elle _____ la
                                                                4. (commencer)

veille. Il faisait très beau, le soleil _____. On sentait que le printemps
                                         5. (briller)

_____ loin. Mathilde _____ par regarder les grands
      6. (ne pas être)   7. (commencer)

titres avant de choisir l'article qu'elle _____ lire. Les nouvelles
                                            8. (aller)

internationales n'étaient pas vraiment ce qui l' _____ ce jour-là. Elle
                                                   9. (intéresser)

_____ à lire un reportage sur les îles Hébrides dont elle
      10. (se mettre)

_____ parler par une amie qui y _____ en vacances
      11. (entendre)   12. (aller)

l'année dernière. Et puis, devinez ! Elle _____ jusqu'à ce que la sonnerie

13. (s'endormir)

du téléphone la _____ sursauter. Elle était toujours sur son balcon, mais

14. (faire)

elle _____ être aux Hébrides. L'été prochain, peut-être !

15. (aimer)

9. Il est midi. Ce matin, on _____ de bonne heure dans le village. On ne veut

1. (se lever)

pas manquer cette occasion unique. C'est aujourd'hui qu'on va voir _____

2. (passer)

le tour de France. Il faut choisir une bonne place au bord de la route pour que les enfants

et les personnes âgées _____ s'asseoir. _____ des bouteilles

3. (pouvoir)   4. (Prendre)

d'eau et des oranges pour les coureurs ! On _____ peut-être leur en jeter

5. (pouvoir)

une quand ils _____ devant nous à toute vitesse. Est-ce qu'on

6. (passer)

_____ le maillot jaune ? Attention, attention, les voilà! C'est le moment

7. (apercevoir)

tant _____. Soudain, on en aperçoit un qui passe comme une flèche, puis

8. (attendre)

deux, trois, quatre et enfin, dans un bruit sourd, le peloton multicolore arrive. Deux mi-

nutes, trois au plus et puis plus rien ! Nous _____ passer le tour de France.

9. (voir)

« Si je _____, je serais restée chez moi et je _____ la

10. (savoir)   11. (faire)

sieste », dit une vieille dame. Moi, je crois qu'elle est contente de _____.

12. (venir)

10. Dès que tu _____ ma télécopie, tu me préviendras afin que je

1. (recevoir)

_____ les documents nécessaires. Ainsi, tout devrait _____

2. (obtenir)   3. (régler)

sous peu. Notre départ est fixé au 10, nous n'avons pas de temps à _____ .
4. (perdre)

Si j'étais toi, je _____ un minimum de bagages. C'est tellement plus
5. (emporter)

agréable de voyager sans _____ . S'il nous manque quelque chose, on
6. (encombrer)

l' _____ sur place ou on s'en passera. _____ de faire
7. (acheter)   8. (Ne pas oublier)

suivre ton courrier. Il vaudrait mieux aussi que tu _____ tes voisins. Tu
9. (prévenir)

_____ plus tranquille. On ne sait jamais.
10. (être)

11. De   peur   de   _____   à   l'heure   pour   son   examen,   Sophie
1. (ne pas être)

_____ beaucoup   plus   tôt   que   d'habitude.   Bien   qu'elle   ne
2. (se lever)

_____ jamais de petit déjeuner, ce matin elle en a pris un très copieux.
3. (prendre)

Elle s'est assurée qu'elle avait de quoi écrire et que sa montre _____ bien
4. (marcher)

_____ à la salle d'examens, elle était détendue jusqu'au moment où on
5. (Arriver)

lui _____ une pièce d'identité. Sophie n'en avait pas. Que faire ? Vite elle
6. (demander)

_____ son portable. Sa mère _____ la maison. Quelle
7. (sortir)   8. (ne pas quitter)

chance ! Elle a sauté dans un taxi et a apporté à sa fille la carte d'identité qu'elle

_____ sur son bureau. Sophie a vite pris sa place, mais elle n'était plus
9. (laisser)

très détendue. « Tu as de la chance » lui a dit sa mère, « mais que cela te

_____ de leçon. La prochaine fois, je ne serai peut-être pas là quand tu
10. (servir)

_____. » « Maman, sans toi, je _____ subir les épreuves
   11. (téléphoner)   12. (ne pas pouvoir)

de cet examen. De tout cœur, merci ! »

12. À l'aube, le ciel était déjà très bleu, le soleil _____ ; il n'y avait pas
                                                          1. (briller)

l'ombre d'un nuage. On imaginait donc une température plus douce que la veille où il

_____ sans arrêt pendant des heures. Madeleine _____
     2. (pleuvoir)   3. (s'habiller)

légèrement pour aller retrouver ses amies. Quel _____ son
                                        4. (ne pas être)

étonnement quand elle _____ un vent froid lui frapper le visage dès
                               5. (sentir)

qu' elle _____ de son immeuble. Elle s'est demandée ce qu'elle
            6. (sortir)

_____ faire : remonter chez elle et _____ en retard
     7. (devoir)   8. (être)

ou bien supporter le vent et espérer qu'il _____ de souffler. Elle
                                   9. (s'arrêter)

_____ de continuer son chemin. Elle _____
   10. (décider)   11. (avoir)

beaucoup de chance puisque le vent _____ et elle n'a pas eu à
                               11. (se calmer)

regretter la décision qu'elle _____.
             12. (prendre)

13. En _____ chez lui après une longue journée de travail, Martin a eu
     1. (rentrer)

l'impression qu'il _____ quelque chose d'anormal dans son appartement.
          2. (se passer)

Après _____ chaque pièce, il ne voyait toujours pas la cause de son in-
     3. (inspecter)

quétude. Il lui semblait que tout _____ de couleurs, que rien n'
          4. (changer)

_____ exactement à la même place. Au bout de quelques minutes, alors

5. (être)

qu'il _____ à appeler la police, il _____ ce qui lui

6. (se préparer)   7. (comprendre)

arrivait. Il n'avait pas ses lunettes sur le nez, il _____ celles de son

8. (prendre)

collègue de bureau ! Qu'allait-il devenir ? Une chose était sûre ; il ne pourrait pas finir

le roman qu'il _____ hier, et demain il _____ en

9. (commencer)   10. (ne pas arriver)

retard au bureau.

14. Alors qu'il _____ de décider de passer la soirée chez lui à relire son thème

1. (venir)

latin, Philippe a reçu un coup de téléphone de son amie Suzette. En fait, elle n'était pas

chez elle, elle l' _____ de son portable. Elle voulait savoir ce qu'il

2. (appeler)

_____. Elle lui _____ : « J'ai beaucoup travaillé depuis que

3. (faire)   4. (dire)

je _____ du lycée. J'ai envie d'aller au cinéma, si tu venais avec moi cela

5. (rentrer)

me _____ vraiment plaisir. Devinez quelle _____ la

6. (faire)   7. (être)

réponse de Philippe ! Ses bonnes résolutions _____ et après

8. (s'envoler)

_____ le métro pour un trajet très court, il a retrouvé Suzette devant le

9. (prendre)

cinéma. Croyez-vous qu'ils _____ une bonne soirée ?

10. (passer)

15. Le matin, dès que je _____ je fais ma gymnastique. Il faut absolument

1. (se lever)

que je _____ à la faire, sinon, je _____ en forme

2. (s'astreindre)   3. (ne pas être)

pour le marathon. Si je ne le _____ pas, je décevrais mes amis. Ils sont
4. (courir)

déjà prêts à venir m'applaudir dimanche prochain. Après la course, ils veulent que nous

_____ tous dîner dans un petit restaurant français de mon quartier. Pour
5. (aller)

le moment, c'est de ma gymnastique dont il s'agit !

16. Si j'avais imaginé que ça se passerait comme ça, je _____ aux Leblanc
1. (jamais offrir)

de se joindre à nous pour les vacances de Mardi-Gras. Premièrement, bien qu'ils

_____ à s'occuper des bagages, ils ont annoncé à la dernière minute
2. (s' engager)

que ça leur _____ plus simple que nous les _____.
3. (paraître)   4. (transporter).

Puisqu'on _____ le chalet ensemble, on avait aussi décidé de faire la
5. (louer)

cuisine et les courses à tour de rôle. Vous devinez comment les choses

_____ ; cinq jours sur sept, c'est moi qui _____ les
6. (se passer)   7. (préparer)

repas. Oh, les excuses _____ toujours valables. Je t'assure qu'ils avaient
8. (être)

bon appétit et je dois admettre qu'ils _____ de la nourriture ! On
9. (ne pas se plaindre)

ne connaît bien les gens que si on _____ sous le même toit. Nous
10. (vivre)

avons donc décidé que l'année prochaine, si nous partions en vacances, quelles que

_____ les circonstances, nous _____ seuls ou en
11. (être)   12. (partir)

famille.

17. Une fois _____ du congélateur, les produits alimentaires surgelés doivent

            1. (sortir)

_____ dans les heures qui suivent. Il est dangereux de les

   2. (consommer)

_____ une deuxième fois. Une autre précaution à ne pas négliger : il ne

   3. (congeler)

faut pas qu'on _____ de nourriture chaude dans le frigidaire. Laissez les

           4. (mettre)

aliments refroidir. Et si jamais il y une panne d'électricité qui dure longtemps, n'hésitez

pas une minute. Il est impératif que vous _____ tout ce qui n'est plus

                  5. (jeter).

congelé. Tant pis pour la glace au chocolat !

18. — _____-moi, est-ce que ton frère et toi vous êtes libres samedi ?

     1. (Dire)

— Oui, pourquoi ?

— Et si nous _____ faire un tour à la campagne avant qu'il ne

        2. (aller)

_____ trop froid ?

   3. (faire)

— Nous _____ ravis de t'accompagner.

        4. (être)

— À quelle heure veux-tu que nous _____ ?

            5. (partir)

— Le plus tôt sera le mieux.

— Et s'il pleut, ce sera partie _____

          6. (remettre).

— Il ne _____ pas. La météo annonce un week-end doux et ensoleillé.

   7. (pleuvoir)

— Nous passerons vous _____ vers 8 heures.

        8. (prendre)

19. — Il y a longtemps que nous _____. Pourquoi ne dînerions-nous
1. (ne pas voir)

pas ensemble demain ?

— Quelle bonne idée ! La dernière fois c'est nous qui _____ le
2. (choisir)

restaurant, demain, c'est votre tour.

— Parfait, je vous appellerai dès que nous _____ notre choix. Comme
3. (faire)

c'est difficile de prendre une décision pour tout le monde. Pierre n'aime pas les pâtes,

il ne faut pas que nous _____ un restaurant italien. Monique adore les
4. (choisir)

desserts, il est donc hors de question qu' on _____ dans un restaurant
5. (aller)

chinois. La cuisine japonaise ne plaît pas à Philippe. La solution est évidente : on

_____ à la maison. Le menu n'est pas difficile à composer. Je ne
6. (dîner)

_____ pas de pâtes, je _____ plusieurs desserts sur la
7. (faire)   8. (mettre)

table et pas de sushi! Pourquoi est-ce que je _____ à cela plus tôt ?
9. (ne pas penser)

Vite, _____ au marché pour le festin de demain.
10. (aller)

20. Si on pense à tous les auteurs français dont on _____ le nom après sept
1. (retenir)

ans d'études secondaires, c'est celui de Molière qui _____ le plus souvent.
2. (revenir)

Même si c'était les mathématiques qui vous _____ , même si vous
3. (passionner)

_____un artiste accompli ou champion de brasse papillon, et ne vous
4. (être)

_____ guère de littérature, vous avez lu *Le malade imaginaire*, *L'avare*, *Le*
      5. (préoccuper)

bourgeois gentilhomme ou *Les femmes savantes*. Non seulement, vous les

_____, mais il est impossible que vous _____ de
      7. (lire)   8. (ne pas se souvenir)

certains personnages avec plaisir. Un jour, si vous ne l'avez pas encore fait, il faudra que

vous _____ le fameux fauteuil de Molière au théâtre de la Comédie
      9. (découvrir)

Française à Paris. La légende veut que ce _____ dans ce fauteuil que
                                  10. (être)

Molière se soit trouvé mal alors qu'il _____ le rôle du malade imaginaire
                                    11. (jouer)

quelques jours avant qu'il ne _____ le 17 février1673. Et si vous relisiez
                              12. (mourir)

quelques pages de Molière ?

21. Nous tournons en rond depuis plus d'une demi-heure. Pourquoi ne veux-tu pas

admettre que tu _____ de route et t'arrêter pour demander qu'on nous
                1. (se tromper)

_____ sur la route de Louviers. Si c' _____ moi qui
      2. (mettre)   3. (être)

conduisais, il y a longtemps que tu m' _____ à me renseigner. Si nous
                              4. (forcer)

tombons en panne d'essence, c'est bien toi qui l' _____.
                                                      5. (vouloir)

_____ au moins pour acheter une carte de la région puisque nous
      6. (S'arrêter)

_____ la nôtre à la maison. Sinon, laisse-moi descendre et je
      7. (oublier)

_____ toute seule !
      8. (se débrouiller)

22. Ne _____ pas de soucis. C'est moi qui _____ les chercher à
   1. (se faire)   2. (aller)

l'aéroport vendredi prochain. Je quitterai le bureau un peu plus tôt que d'habitude pour

_____ en retard. Après les _____ nous rentrerons le plus vite
   3. (ne pas arriver)   4. (accueillir)

possible. Il est probable que nous _____ des embouteillages. Je ne peux donc
                                        5. (avoir)

pas vous _____ que nous _____ de retour avant 20 heures.
              6. (promettre)   7. (être)

De toutes façons, prévoyez un dîner léger. En _____ on perd l'appétit. Samedi,
                                                  8. (voyager)

tout le monde _____ la grasse matinée. _____ -leur le temps
                  9. (faire)   10. (laisser)

de se reposer avant de leur poser les questions dont nous brûlons de connaître les réponses.

23. Les météorologistes annoncent pour la France un hiver rigoureux. Comment

_____ -ils faire de telles prédictions avant même que la première neige ne
   1. (pouvoir)

_____. Autrefois, c'était les fermiers qui _____ les grands
   2. (tomber)   3. (annoncer)

froids, la pluie, les grosses chaleurs et les changements de température. Si les oignons

avaient plusieurs peaux, l'hiver _____ très froid, si les oiseaux volaient bas,
                                   4. (être)

il _____ dans la journée, si les nuages avaient telle ou telle forme, le
   5. (pleuvoir)

temps _____ sous peu. Il semble qu'ils _____ des points
         6. (changer)   7. (avoir)

de repère infaillibles. Aujourd'hui, ce sont les radars, les satellites qui font la pluie et le

beau temps. C'est un peu dommage, qu'en _____ -vous ?
                                             8. (dire)

24. Puisqu'on nous annonce une grève des transports en commun, je vais être courageuse et je

_____ au bureau à pied. Il faut donc que je _____ mon réveil
1. (aller)   2. (mettre)

afin de _____ plus tôt que d'habitude. Il est indispensable que je m'
3. (se lever)

_____ une bonne paire de chaussures de marche. C'est un achat que je
4. (acheter)

_____ ne pas faire cette semaine car je suis un peu fauchée. Peu importe, je
5. (préférer)

_____. Demain, il _____ aussi que je _____
6. (se débrouiller)   7. (falloir)   8. (prendre)

un bon petit déjeuner: pain perdu, salade de fruits, thé. Le lendemain, je suis tellement

_____ par mon nouvel horaire, je n'écoute pas les nouvelles, je ne
9. (préoccuper)

_____ même pas un coup d'œil sur les manchettes des journaux. Je n'ai
10. (jeter)

qu'une idée en tête: arriver à l'heure et en forme au bureau. Effectivement, j'arrive à l'heure,

un peu essoufflée mais satisfaite. Quel n'est pas mon étonnement quand je vois mes collègues,

frais et dispos en train de _____ leur espresso. On me regarde et soudain un
11. (savourer)

grand rire éclate de tous les coins. La pauvre ! On _____ la prévenir. On ne
12. (devoir)

savait pas qu'elle n' _____ ni la radio, ni la télévision, et elle était si pressée
13. (avoir)

qu'elle _____ le temps de regarder les journaux qui _____ :
14. (ne pas prendre)   15. (titrer)

« Accord en cours, grève annulée ». Mais, elle au moins, elle a ses chaussures pour le marathon !

Je jure, mais un peu tard, qu'on ne m'y _____ plus !
16. (reprendre)

25. Il faut que je vous _____ une révélation, que je vous
1. (faire)

_____ un secret bien gardé. Avant, je demande que vous
2. (dire)

_____ à la question suivante: Quel est, à votre avis, un des − sinon *le* −
3. (réfléchir)

passe-temps favoris des Françaises ? Si vous me répondez: la lecture, le cinéma, la cui-

sine, les voyages, le sport... Je vous _____ tout bonnement que vous vous
4. (dire)

trompez. Et si vous demeurez perplexe, je vous dirai : _____ le train, le
5. (Prendre)

bus, le métro; surveillez vos collègues quand elles boivent leur café. Vous me donnerez

alors la bonne réponse: Les Françaises se passionnent pour « les mots fléchés » !

Qu'est-ce donc que les mots fléchés ? C'est un peu comme les mots croisés, mais sans

carré noir, et avec des définitions courtes placées dans la case qui contiendra la première

lettre du mot ou des mots qui _____ le problème. Je suis sûre que vous
6. (résoudre)

ne _____ pas vraiment ce dont il _____.
7. (comprendre)   8. (s'agir)

_____ chez le marchand de journaux le plus proche et
9. (Se précipiter)

_____ un des magazines qui se consacrent à ce nouveau sport. Vous ne le
10. (s'offrir)

_____ pas. Mais, attention, il faut savoir _____.
11. (regretter)   12. (s'arrêter)

26. Que vous _____ en ville ou à la campagne, dans une maison ou dans un
1. (habiter)

appartement, il y a toujours − non, souvent − quelque chose qui ne marche pas. Vous êtes au septième étage d'un immeuble dans un appartement qui vous

_____ beaucoup. Il est fort possible que vous _____ un
2. (plaire)   3. (rentrer)

soir chez vous après _____ vos courses et qu'il y _____
4. (faire)   5. (avoir)

sur la porte de l'ascenseur une petite pancarte _____ : « En panne ». Peu
6. (dire)

importe que votre appartement vous plaise, vous _____ : « Ah, si nous
7. (se dire)

_____ une maison à la campagne, je _____ de tels ennuis. »
8. (habiter)   9. (ne pas avoir)

Croyez-moi, vous en auriez bien d'autres ! Imaginez-vous _____ la
10. (regarder)

télévision , bien au chaud sur votre canapé par un soir d'orage. Le vent souffle, on entend

le tonnerre _____ et tout d'un coup, vous vous trouvez dans l'obscurité
11. (gronder)

la plus complète. Je vous laisse imaginer la scène: pas d'électricité, pas de téléphone, pas

de voisins proches. Que _____- vous le plus au monde ? Ce serait d'être
12. (souhaiter)

dans un appartement, dans un immeuble où la vie semble plus simple. À la campagne, il

faut apprendre à se débrouiller tout seul. En ville, le secret, c'est de bien s'entendre avec

ses voisins. Si vous avez un jour le choix, _____ bien de telle sorte que
13. (réfléchir)

vous _____ dire: « C'est ici que je veux vivre. »
14. (pouvoir)

27. — Je rate toujours mes omelettes et les tiennes sont toujours excellentes.

_____-tu m'expliquer pourquoi j'échoue à tous les coups.
1. (pouvoir)

— Il faut que je te _____ que faire une omelette, c'est un jeu d'en-
2. (dire)

fants. Voilà : d'abord il faut faire en sorte que les œufs _____ très
3. (être)

frais. _____-les chez ta crémière et dis-lui bien que c'est pour faire
4. (acheter)

une omelette. Par la même occasion, _____ du beurre bien frais.
5. (prendre)

Pense aussi au type d'omelette que tu vas préparer : aux fines herbes, aux

champignons, au gruyère ou au jambon. Là aussi il faut absolument que tu

_____ d'ingrédients de première qualité. Choisis une poêle dont le
6. (se servir)

fond est assez épais. Casse les œufs dans un grand bol et _____ les
7. (battre)

avec une fourchette. Ajoute une pincée de sel, un peu de poivre et verse dans la

poêle où le beurre _____ déjà _____ et commence à
8. (fondre)

se colorer. Laisse cuire quelques instants à feu moyen puis repousse les bords vers

le centre au fur et à mesure que les œufs cuisent. Incline la poêle et

_____ l'omelette rapidement avec une spatule. Laisse dorer quelques
9. (plier)

secondes et puis _____ le tout sur un joli plat oval. Ça, c'est une
10. (transférer).

omelette nature. Si tu veux ajouter quelque chose, tu le feras avant de la plier. Voilà,

le tour est joué. Mais, tu as raison, c'est plus compliqué que je ne le

_____.Viens à la maison ce soir et j'en _____ une de-
11. (penser).   12. (faire)

vant toi. Ce sera plus simple.

— Merci ! Après te _____ faire, je promets de suivre tes conseils jusqu'à
                     13. (regarder)

ce que je _____ une omelette parfaite ! Après mon premier succès,
          14. (réussir)

c'est moi qui t' _____ à dîner.
            14. (inviter)

28. — Quand j'étais petite, à l'école primaire, chaque semaine il fallait que nous

_____ une récitation. Non seulement nous devions la
    1. (apprendre)

_____ par cœur, mais il fallait que chaque élève la
    2. (savoir)

_____ devant toute la classe.
    3. (réciter)

— Qu'est-ce qu'on vous _____ apprendre ?
               4. (faire)

— Des fables de La Fontaine, des poèmes de Victor Hugo, de Prévert, de Robert Desnos,

d'Émile Verhæren, des passages d'Alphonse Daudet et plus tard, c'était Boileau,

Ronsard, Molière, Lamartine, Baudelaire et bien d'autres encore. Et tu vois, quand j'y

pense, je n'ai aucun regret d' _____ toutes ces récitations. Il est évi-
                      5. (apprendre)

dent que j'en _____ quelques unes, mais il semble que j'en
           6. (oublier)

_____ beaucoup. Vas-y, _____ moi à l'épreuve.
    7. (retenir)   8. (mettre)

— Si on attendait le dessert, on _____ t'applaudir !
                 9. (pouvoir)

29. — À votre avis, que dirait Jules Verne s'il _____ parmi nous ? Quelle est
                       1. (revenir)

l'invention qui l' _____ le plus ? L'ordinateur et l'Internet, les avions
           2. (étonner)

supersoniques, les gratte-ciel, le métro sans conducteur, le TGV, les DVD ?

— Je suis presque sûre que Jules Verne, d'une façon ou d'une autre, _____

3. (imaginer)

tout cela. _____ du dernier de ses livres *Paris au XXème siècle* publié

4. (Se souvenir)

il y a quelques années seulement, après que ses descendants _____ le

5. (retrouver)

manuscrit dans un grenier. On y voit combien il était proche de la réalité d'aujour-

d'hui. Peut-être Jules Verne n'approuverait-il pas l'omniprésence du téléphone

portable dans la vie de tous les jours ? Phileas Fogg, le héros de "*Le tour du monde en*

quatre-vingt jours" et son fidèle valet Passepartout n'en avaient pas et qu'en

_____-ils _____ s'ils en avaient eu un ? Je me dis

6. (faire)

parfois qu' on devrait revenir en arrière et apprendre aux gens à se parler face à face.

— Excusez-moi, j'ai un problème urgent; il faut que j' _____ échanger

7. (aller)

mon nouveau portable. Il ne marche pas bien ! Demain, ce _____ trop

8. (être)

tard. Il faut que je _____ aux messages que je _____

(9. répondre)   (10. recevoir)

depuis que je vous _____

(11. rencontrer)

Troisième partie

articles, noms, adjectifs, pronoms, adverbes, conjonctions, prépositions, constructions interrogatives et négatives

Chapitre 12

LES ARTICLES DÉFINIS, INDÉFINIS, PARTITIFS LES NOMS

LA VILLE ET LA CAMPAGNE

In French, every noun – except most proper nouns – is preceded by an article. In English, the article is often omitted, especially when meaning *some* or *any*, or when it refers to a general term or abstract concept: *tea is good for you, cars are his hobby, he only reads philosophy.*

1. LES ARTICLES DÉFINIS

le (masculine), **la** (feminine), **l'** (masc. or fem. before a vowel or a silent *h*),
les (plural masculine and feminine)

STUDY THESE EXAMPLES

a. *Le* livre de français a 230 pages.
La sœur de Lily s'appelle Annabel.
De tous *les* vins français, c'est *le* Bordeaux que je préfère.
Le château de Fontainebleau n'est pas loin de Paris.
Le mont Blanc est *le* plus haut sommet de France.
C'est à Pékin que se dérouleront *les* Jeux Olympiques de 2008.
*L'*acteur que j'admire *le* plus est descendu à *l'*Hôtel du Roi Henri IV.
J'habite *la* plus grande ville de France.

b. *Le* café au lait se boit *le* matin *au* petit déjeuner.
Elle adore *la* musique, il préfère *le* sport.
Les petites villes me fascinent.
C'est *la* vie !

I. WHEN TO USE THE DEFINITE ARTICLE

1. The definite article precedes a noun and designates a specific person or object as in examples **a** and must agree with this noun.

*L'*année 1975 fut une excellente année pour *le* vin de Bourgogne.

Ce matin, mon réveil ne marchait pas, *l'*horloge parlante ne répondait pas, *les* piles de *la* radio étaient usées, j'ai donc dû allumer *l'*ordinateur pour savoir *l'*heure. Je ne suis pas arrivé(e) en retard à *l'*école. *Les* élèves n'étaient pas encore entrés dans leurs salles de classe.

2. The definite article is also used to convey a general meaning as in examples **b.**

Tous *les* dimanches, je fais *la* grasse matinée.
Les Anglais et *les* Chinois aiment *le* thé, *les* Français et *les* Italiens préfèrent *le* café.
Le samedi, on fait *les* magasins.
Les romans policiers m'ennuient.
Les affaires sont *les* affaires.
Les abricots sont chers cette année; ils coûtent 3 euros *la* livre. (*a pound*)

Note that none of the above six examples requires a definite article when translated into English.

3. The definite article is used when mentioning names of languages (except after *en* or immediately after *parler*), seasons, colors (except after *en*), parts of the body when possessor is clear:

Le russe est sa langue maternelle. Il a appris *le* français au lycée et il parle anglais.
Le 21 septembre, c'est *l'*automne. En automne, *les* feuilles tombent.
Le bleu lui va à merveille. On a peint *la* maison en jaune.
Elle a *le* sourire de sa mère et *les* yeux de son père. Elle a *les* cheveux blonds.

4. Contractions of the definite article with the prepositions *à* and *de*:

After *à* and *de*, the definite articles *le* and *les* are contracted.

à + le = au   à + les = aux
de + le = du   de + les = des

There are no changes with *la* and *l'*.

Nous allons *au* cinéma tous les mercredis.
Je vais à la patinoire le vendredi.
Ils vont à l'église le dimanche.
J'adore la tarte *aux* pommes et la glace *à la* vanille.
Tous les avions en provenance *des* Etats-Unis atterrissent à l'aéroport Charles de Gaulle.
Je viens *du* musée, elle arrive de la bibliothèque, il revient de l'hôpital.

II. PROVERBS

Le silence est d'or.
La nuit porte conseil.
Les cordonniers sont les plus mal chaussés.
L'habit ne fait pas le moine.

Il faut saisir l'occasion par les cheveux.
Les bons comptes font les bons amis.
On ne peut pas être au four et au moulin.
Des goûts et des couleurs on ne discute pas.
Il n'est pour voir que l'œil du maître.

III. EXERCISES

A. *Complétez avec l'article défini qui convient.*

  1. _____ hiver est fini ! _____ printemps est enfin là. _____ arbres sont en fleurs.

  2. _____ autobus numéro 92 traverse le pont de _____ Alma.

  3. Ensuite, ajoutez _____ sucre, _____ farine, _____ œufs et _____ citron, puis mélangez.

B. *Complétez avec l'article défini. Ajoutez, si besoin est, la préposition qui convient.*

  1. Si tu as faim, sers-toi: _____ couvert est mis, _____ poulet est coupé, _____ salade est tournée, _____ frites sont prêtes, _____ vin est débouché. Ce n'est pas _____ meilleur _____ vins. C'est un vin _____ année dernière.

  2. _____ salle de cinéma est à deux pas _____ lycée. _____ horaire _____ séances est affiché _____ entrée.

2. LES ARTICLES INDÉFINIS

un (masculine), **une** (feminine)
des (plural masculine and feminine)

STUDY THESE EXAMPLES

Il y a *un* livre sur mon bureau.
Il faut que j'achète *un* billet d'avion.
Les Dupont ont *des* enfants charmants.
Vous me reconnaitrez, je porterai *un* pantalon rouge, *une* veste noire et *des* chaussures de sport.
Je porte aussi *des* lunettes, mais je ne porte jamais *de* chapeau. Je serai à la terrasse du café Lutétia où je prendrai *un* café.

I. WHEN TO USE THE INDEFINITE ARTICLE

  1. The indefinite article precedes a noun and points at a person or object which has not been mentioned before and is not specific : see examples above.

   Le Concorde était *un* avion supersonique qui permettait de faire *des* voyages très rapides.
   Le TGV (train à grande vitesse) est *un* train très rapide.

Connaissez-vous *un* bon restaurant qui soit ouvert jusqu'à minuit ?

2. *Un* and *une* are used to express a single person or object and stress its oneness.

J'ai écrit *une* lettre ce matin et j'ai reçu *un* coup de téléphone. (not two or three)
Elle a *un* oncle, le frère de sa mère.

3. In a negative construction, the indefinite article changes to *de:*

Aimez-vous les légumes ? Je ne mange jamais *de* légumes, mais je mange *des* fruits.
Nous ne prenons pas *de* vacances cet été.
Reste-t-il *des* places pour la séance de 20 heures? — Non, il n'y a plus *de* places.

4. The plural *des* becomes *de* when it precedes a plural adjective:

Il a fait *de* gros progrès cette année.
Nous avons *d'*excellents amis en Ecosse.

5. When the verbs *être, devenir* are followed by a single noun expressing a profession or a title, the noun is treated as an adjective and the article is dropped.

Nous sommes ingénieurs. Elle est médecin. Il veut devenir journaliste.

If the noun is accompanied by an adjective or a subordinate clause, the article remains.

Ce sont *des* ingénieurs spécialisés. C'est *un* médecin très prudent. Il est devenu *un* grand journaliste.
Que fait-il dans la vie? Il est peintre. — C'est *un* peintre que je ne connais pas.

II. PROVERBS

Deux avis valent mieux qu'un.
Une hirondelle ne fait pas le printemps.
(J'ai perdu une boucle d'oreille à la plage. Je ne l'ai pas cherchée. Ce serait comme si j'essayais de) Chercher une aiguille dans une botte de foin.

III. EXERCISES

A. *Complétez avec l'article indéfini qui convient.*

1. J'ai _____ amie allemande qui s'appelle Beata et _____ ami chinois qui s'appelle Yu Feng. Ce sont vraiment _____ très bons amis que je connais depuis longtemps.

2. Il me faut _____ livre de tomates, _____ demi-douzaine d'œufs, _____ olives et _____ haricots verts pour finir ma salade niçoise. Je n'ai pas besoin _____ pommes de terre. Je servirai cette salade avec _____ petits pains bien croustillants.

B. *Dans les phrases suivantes, choisissez l'article approprié et, si besoin est, la préposition qui convient.*

1. Je viens de lire _____ roman passionnant, mais je ne peux pas me souvenir _____ titre.

2. Elle prend souvent _____ train qui ne s'arrête pas _____ gare de Tours.

3. Quand tu iras _____ marché, rapporte-moi _____ baguette, ____ fruits et _____ journal *Le Monde*. N'oublie pas de me rendre _____ monnaie.

4. Quelle est _____ adresse de _____ hôpital le plus proche ?

5. _____ bureau _____ Proviseur est _____ bout _____ couloir à droite.

6. J'aime beaucoup _____ musique _____ dernier film de Jacques Perrin.

3. LES ARTICLES PARTITIFS

du (masculine), **de la** (feminine), **de l'** (devant une voyelle ou un *h* muet)
des (plural masculine and feminine)

STUDY THESE EXAMPLES

Comment prenez-vous votre thé ? Avec *du* lait, *du* citron, *du* sucre ou sans rien ?
Je prends *du* lait mais je ne prends jamais *de* sucre.
Voulez-vous *de l'*eau plate, *de l'*eau gazeuse ou *du* vin ?
Je voudrais *du* vin rouge, si vous en avez.
Pourriez-vous me prêter *de l'*argent ? J'ai oublié mon porte-monnaie à la maison.
Je suis désolée, je n'ai pas *d'*argent sur moi.
Il y a en ce moment *des* roses splendides au jardin du Luxembourg.
Est-ce qu'il y a aussi *du* muguet ?
Allons voir. Si nous avons *de la* chance, nous arriverons avant la fermeture.
Ne perdons pas *de* temps !

I. WHEN TO USE THE PARTITIVE ARTICLE

1. **The partitive article precedes a noun and refers to an item or to a part of a group. It expresses a non-countable notion.** *Some* or *any* **play that part in English even if they are often omitted.**

   Aujourd'hui, il y a *des* nuages. (There are clouds, some clouds)
   Est-ce qu'il y a *du* courrier ? (Is there mail, any mail)
   Je rentrerai tard ce soir. J'ai *du* travail à finir (some work).
   Il lui faudra *du* courage pour résoudre tous ces problèmes.
   Nous devons nous arrêter pour prendre *de l'*essence.
   Faites *du* sport, cela vous fera *du* bien. Faites *de la* voile, *de la* natation, *du* tennis !

2. **In a negative sentence, the partitive article which precedes a direct object is replaced by *de* or *d'*:**

   Vous êtes venu en voiture ? —Non, je n'ai pas *de* voiture.
   Quand vous voyagez, vous prenez *des* photos ? —Non, je ne prends jamais *de* photos.

Vous avez une cousine en Australie, n'est-ce pas ? —Non, je n'ai pas *de* cousine !
As-tu *des* disques de Georges Brassens ?
—Non, je n'ai pas *de* disques de Georges Brassens, j'ai *des* disques de Georges Moustaki.
Ils font *des* voyages extraordinaires mais leurs enfants ne font pas *de* voyages.
Il n'y a pas *de* roses sans épines.

But note:

C'est de la soie ? non, ce n'est pas de la soie, c'est du coton.

3. **In a plural construction, if the adjective precedes the noun *des* becomes *de*:**

Elle envoie toujours *de* jolies cartes postales. Elle met aussi *des* timbres intéressants.
Pendant les vacances, ces enfants ont pris *de* mauvaises habitudes.

> NOTE

In compound nouns such as *petits pois, petits pains, grands-parents* etc. *des* is used unless the construction is negative.

Il est huit heures, va chercher *des* petits pains pour le petit déjeuner.
Ils ont beaucoup *de* chance, ils ont *des* grands-parents formidables.
Voulez-vous *des* petits pois ? non, je ne veux pas *de* petits pois.

4. **Adverbs and nouns of quantity are followed by *de* without the article unless the noun is modified.**

Achète un kilo *de* cerises et une livre *du* meilleur beurre.
Je suis *sans* argent; je n'ai *ni* dollars *ni* euros.

5. **After some adjectives and past participles, and the indefinites *rien, quelqu'un, quelque chose*, et *personne, de* is used alone.**

Le sol est *couvert de* feuilles.
La robe est *pleine de* taches.
J'ai rencontré *quelqu'un d'*extraordinaire.
*Rien d'*étonnant !

II. EXERCISES

A. *Complétez avec l'article partitif qui convient.*

1. Ce pays est riche en minerais; il produit _____ fer et _____ aluminium mais on n'y trouve pas _____ or.

2. Mon régime alimentaire interdit que je mange _____ pain. Je mange _____ légumes, _____ fromage et _____ fruits. Je ne mange plus _____ gâteaux. C'est bien triste ! Je bois _____ eau plate et _____ thé.

B. *Complétez avec l'article qui convient.*

1. Mon neveu étudie deux langues, _____ anglais et _____ chinois.

2. Il trouve que _____ chinois est _____ langue _____ plus difficile _____ deux.

3. Il a _____ ami qui fait _____ japonais. Il trouve _____ écriture très compliquée.

C. *Complétez avec l'article qui convient.*

Si vous voulez avoir (1.) _____ amis fidèles, il faut leur préparer (2.) _____ repas dont ils n'oublieront jamais (3.) _____ menus. Par exemple (4.) _____ salades rafraîchissantes avec (5.) _____ tomates, (6.) _____ fenouil, (7.) _____ haricots verts, (8.) _____ concombre servies avec (9.) _____ assaisonnements exotiques faits avec (10.) _____ citron vert, (11.) _____ huile d'olive, (12.) _____ coriandre et (13.) _____ épices de toutes sortes. Faites-leur (14.) _____ viande rôtie et (15.) _____ légumes sautés dans (16.) _____ beurre de qualité. Pour (17.) _____ desserts, faites preuve (18.) _____ imagination: (19.) _____ tartes (20.) _____ fruits, (21.) _____ babas (22.) _____ rhum, (23.) _____ petits fours et pourquoi pas (24.) _____ bombe glacée, n'oubliez pas (25.) _____ champagne. Pour finir, (26.) _____ bon café.

Après (27.) _____ tel repas, allez faire (28.) _____ longue promenade, faites (29.) _____ sport, mais ne regardez pas (30.) _____ télévision et n'allez pas (31.) _____ cinéma !

Et demain, on vous donnera (32.) _____ nombreux coups de téléphone et on vous demandera (33.) _____ date de votre prochain festin.

D. *Mettez à la forme négative.*

1. Prends de l'aspirine

   _____

2. Bois du thé avec du citron.

   _____

3. Écoute la radio.

   _____

4. Dans cette région, on récolte du blé.

   _____

5. Ce matin, au marché, il y avait des fraises.

_____

6. Il nous a envoyé une lettre avant de partir.

_____

7. Nous nous intéressons à la politique étrangère.

_____

8. J'ai pris un taxi.

_____

4. REMARQUES SUR LES NOMS

Nouns, which are usually preceded by one of the articles reviewed in this chapter, are masculine or feminine, singular or plural. There is no neuter in French.

1. The gender of nouns is mostly arbitrary though a small number of nouns obviously referring to male or female are consequently masculine or feminine:

l'homme / la femme, le père / la mère, la fille / le garçon, le chien / la chienne

2. Some nouns have only one form and use different articles to indicate their gender:

un/une artiste, un/une enfant, un/une élève, un/une locataire

3. Some nouns have only one gender and apply to both male and female:

une vedette, une sentinelle, un bébé, une personne, une victime, un personnage, un auteur
un ingénieur, un mannequin, un pompier, un médecin, un professeur, un juge

Sometimes the noun _femme_ is added to the masculine-only noun, (for example _écrivain, peintre)_ to describe a woman:

une femme écrivain, une femme peintre

4. Some nouns have different meanings according to their gender:

le critique / la critique (critic/criticism), _le livre / la livre_ (book/pound), _le mémoire / la mémoire_ (report/memory), _le mode / la mode_ (method/fashion), _le poste / la poste_ (job/post office), _le vase / la vase_ (vase/mud), _le voile / la voile_ (veil/sail)

5. Irregular plurals will have to be memorized or checked in a dictionary.

- nouns ending in _eu, eau_ add _x_ in the plural except _pneus_, _(cheveux, bateaux, lieux)_
- nouns ending in _al_ change to _aux_ in the plural except _bals, festivals, carnavals, chacals, régals, (journaux, chevaux)_

- seven nouns in *ou* add *x* instead of *s* in the plural : *bijoux, cailloux, choux, genoux, hiboux, joujoux, poux*

6. Compound nouns follow various rules.

    - when formed with two nouns, they take the gender of the first one:

    un chou-fleur, un chef-lieu, un chef-d'œuvre, un bateau-mouche, une station-service

    - when formed with two nouns, or a noun and an adjective, both take the plural:

    des choux-fleurs, des bateaux-mouches, des eaux-fortes

    - if the second element is an indirect object, only the first takes the plural:

    des chefs-d'œuvre, des arcs-en-ciel, des crocs-en-jambe

    - and then we have

    des grand-mères, des grands-pères, des tire-bouchons, des casse-croûtes, des on-dit, des va-et-vient, des passe-partout, des boute-en-train, des taille-crayons, des compte-gouttes, des porte-monnaie, des pique-niques, un/des pique-fleurs, un/des porte-avions, des hors-d'œuvre, des abat-jour, des casse-cou(s), des timbres-poste

7. Family names, unless they refer to royal or famous families, are invariable:

    les Durand, les Smith, les Bourbons

E.   *Traduction*

After school or during weekends, we go to small French or Chinese restaurants where we eat simple meals. We do not have much money. Then we go listen to music at a friend's house. The big question always is : what kind of music ? Some of us like classical music, but some say : I hate classical music. Rock music, folk music, jazz, reggae, African music ? We have too many choices. Sometimes, we vote. We try to be fair and listen to everyone's opinion. The evening goes quickly. We go home thinking of the many assignments which must be completed before Monday. That's life and it is not so bad !

TRAVAIL DE GROUPE

Relisez les proverbes que vous trouvez dans les sections 1. II., et 2. II.
Choisissez-en cinq et imaginez les circonstances dans lesquelles on pourrait les employer.

Vous vous diviserez en groupes de quatre ou cinq. Dans chaque groupe vous choisirez un rapporteur qui prendra des notes et organisera le travail, un(e) autre mènera la discussion, un(e) troisième fera une présentation à la classe entière; tous vous essaierez de trouver des situations possibles.

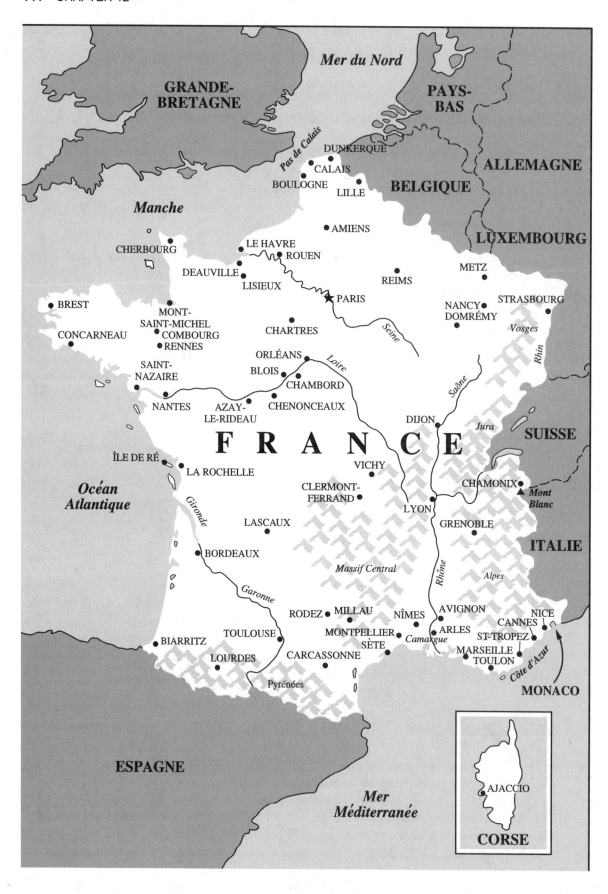

LECTURES

1. *Paris, la province*

Demandez à un Parisien, à un New Yorkais, à un Pékinois, à un Romain pourquoi — admettant qu'il ait la possibilité de vivre ailleurs — il a choisi de vivre sa vie dans une pollution — qu'on dit insupportable —, dans un logement qu'il voudrait plus grand, avec un horaire qui lui laisse peu de temps à passer « en famille ». Pourquoi, pourquoi rester à Paris, à New York, à Pékin ou à Rome ?

La plupart de ceux à qui on pose la question ont une seule et même réponse: « Si on est né à Paris, on reste à Paris », parce que, à leurs yeux, il n'y a rien de mieux. La province, c'est moche, on s'ennuie, on y passe mais on s'y arrête à peine et on ne s'y installe pas ! Si on n'est pas né à Paris, on y « monte » ou on vient s'y installer et on n'en bouge plus. On devient « parisien » et on essaie d'oublier sa province.

_____ Parisiens et leurs collègues new yorkais, pékinois ou romains sont très fiers de leur capitale. Est-ce à dire qu'ils se bousculent pour monter à _____ Tour Eiffel, à _____ entrée des musées, des théâtres ou des restaurants quatre étoiles ? Mais non ! À Paris, on vit dans son quartier, on va chaque jour, ou presque, chez « ses » commerçants. On a son boucher, son boulanger, son fleuriste, son marchand de journaux, son charcutier et son marchand de fruits et légumes comme si on habitait dans _____ petite ville de province ou dans _____ village. Cependant, il y a _____ différence fondamentale : si on veut aller _____ spectacle, _____ musée, dans _____ Grands Magasins, _____ Zoo avec _____ enfants, il n'y a qu' _____ pas à faire.

_____ gouvernement essaie de pallier à cette obsession du Parisien pour « sa » capitale. Depuis quelques années, on assiste à _____ match Paris / Province et Paris n'arrive pas en tête. On dit que _____ hexagone[1] bouge. _____ décentralisation administrative n'est plus _____ vain mot. Autrefois, tout se passait à Paris, il fallait toujours passer par Paris que ce soit pour _____ questions de travail, d'études, d'impôts... On vous disait: « Il faut aller _____ Ministère, il faut attendre _____ réponse de Paris ». Si on voulait aller de Strasbourg à Lyon, on avait avantage à passer par Paris. Il n'en est plus ainsi.

Le T.G.V., les autoroutes à péages[2], le dynamisme des dirigeants locaux, les subventions gouvernementales, les campagnes publicitaires bien menées ont séduit, puis conquis ceux qui sont maintenant des « ex » Parisiens et de nouveaux Provinciaux. Où se sont-ils installés ? A Montpellier, à Grenoble, à Toulouse, à Bordeaux, à Nancy, à Rennes...
Là, ils ont découvert une nouvelle vitalité économique, des emplois et des logements mieux adaptés à leurs besoins, en un mot une qualité de vie inespérée. Tout est devenu plus accessible: on passe moins de temps dans les transports en commun, on mange tout aussi bien, on a accès à la même culture vivante qu'à Paris. ET, si on a besoin d'aller à Paris, on y fait un saut dans la journée (Vive le TGV) et, le soir, on retrouve avec joie sa famille et ses pantoufles. On travaille et on se distrait sans négliger sa famille et ses amis. À Paris, on n'y arrivait pas. Les efforts du gouvernement sont donc couronnés de succès. Les nouveaux provinciaux ne regrettent rien. Ils ont toujours Paris, mais ils se sont laissés conquérir par la province.

(1) *l'hexagone* : nom familier donné à la France. Il est en effet possible de l'inscrire dans un hexagone.
(2) *le péage* : somme que l'on doit payer quand on emprunte une autoroute. Le péage varie selon la distance parcourue.

Exercice de grammaire

Dans les troisième et quatrième paragraphes, remplacez les tirets par l'article et, si besoin est, la préposition qui conviennent.

Questions

1. Pourquoi les Parisiens, les New Yorkais... restent-ils dans leur ville en dépit des problèmes auxquels ils ont à faire face ?
2. Les Parisiens profitent-ils vraiment de Paris ? Justifiez votre réponse.
3. Qu'est-ce que le gouvernement essaie de faire pour améliorer la situation ?
4. Qu'est-ce qui a permis à la province de triompher de sa rivale ?

2. La ville, la campagne

Tout comme le Parisien est attaché à sa capitale, l'homme de la campagne est attaché à sa terre. Chacun considère l'autre avec un mélange de mépris et de fascination jusqu'au jour où on arrivera à se comprendre.

Le rêve du Parisien, c'est de posséder un jour « une résidence secondaire », une maison de campagne. Quand ce rêve deviendra réalité, il n'hésitera pas chaque weekend à rester des heures dans les embouteillages pour passer quelques heures chez lui dans la nature. Cette nature, il la veut en fait « sur mesure »(1). Les anecdotes et les clichés sur l'incompétence du citadin à se débrouiller « loin du monde et du bruit » sont comparables à celles que l'on trouve sur le paysan débarquant dans la grande ville.

Le Parisien à la campagne y est souvent très, trop exigeant. Il ne peut être satisfait s'il n'a pas ses thermostats, ses surgelés(2), ses micro-ondes, si l'électricien n'arrive pas dans la demi-heure qui suit la panne, si le mécanicien du coin n'est pas disponible pour une réparation de voiture toujours urgente, ou si le fermier n'a pas mis de côté la crème fraîche, les œufs et le fromage blanc qu'il a oublié de commander. Il va jouer les « m'as-tu vu »(3), faire semblant de s'y connaître en tout; il dit et répète qu'à Paris « on est mieux servi »... Bref, on le laisse parler et on fait ce qu'on peut. On ne veut pas l'aliéner, il est brave après tout, et puis on a besoin de lui. Sa femme est gentille, souriante, elle pose des questions, elle écoute. C'est plus agréable de voir les volets(4) ouverts qu'une maison fermée qui était à vendre depuis plusieurs années. Les enfants sont curieux, ils veulent tout savoir.

Le temps passe, chacun met de l'eau dans son vin, on prend l'apéritif, on parle des récoltes, des vendanges(5), de la nouvelle eau de vie qu'on boit dans ces jolis petits verres qui appartenaient à la grand-mère, on parle politique. Et bien, peut-être, on viendra pour Noël même si ce n'était pas prévu. Dans le fond, on a tous les mêmes problèmes : les enfants, la santé de l'un ou de l'autre, le travail qui ne marche pas toujours comme on le voudrait. Après un certain temps, on s'adapte, on fait preuve de bon sens, de patience, on commence à bien s'entendre parce que, dans le fond, on s'aime bien[6].

> [1] *sur-mesure* **:** c'est le contraire de fabriqué par une machine, cela implique un travail très soigné.
>
> [2] *surgelés* : terme qui désigne les produits alimentaires qui sont conservés dans le congélateur.
>
> [3] *m'as-tu vu* : expression qui décrit une personne arrogante, vaniteuse (expression invariable)
>
> [4] *volet (m)* : en France, les fenêtres sont équipées de volets. On les ferme le soir, on les ouvre le matin.
>
> [5] *vendanges (f)* : quand le raisin est mûr, on le coupe, c'est le moment de la vendange.
>
> [6] *on s'aime bien* : noter les différences avec : *on s'aime et on s'aime beaucoup.*

Questions

1. Qu'est-ce que les Parisiens et les gens de la campagne ont en commun ?
2. En quoi le Parisien est-il insupportable ?
3. Pourquoi est-ce qu'on le supporte ?
4. Pourquoi finit-on par bien s'entendre ?

À VOUS DE RÉFLÉCHIR

1. Imaginez certaines des anecdotes ou certains des clichés auxquels l'auteur fait allusion dans le deuxième paragraphe.
2. Quel est pour vous l'endroit idéal : une grande ville, sa banlieue, une petite ville, un village, ou bien le désert ? Où habiteriez-vous si vous aviez le choix ?
3. Organisez un débat: « La vie est-elle plus intéressante à la ville ou à la campagne ? »

Chapitre 13

LES ADJECTIFS QUALIFICATIFS

LA PRESSE, LES NOUVELLES

An adjective is a variable word (in English, it is invariable) which modifies and describes a noun or pronoun. It agrees in gender and number with the word it modifies.

STUDY THESE EXAMPLES

Mon appartment est grand, et le vôtre ?
Le mien est petit; j'ai une grande cuisine et une petite salle de séjour.
Je trouve cette pièce bien agréable et ce canapé très confortable.
La Touraine est une belle région. On peut y visiter de beaux châteaux.
Votre présentation n'est pas bonne, elle est pratiquement nulle.
Et pourtant, vous êtes un bon élève.

Est-ce qu'on dit: une nouvelle élève, une élève nouvelle, un élève nouveau, un nouvel élève ?
Il n'y pas de faute, toutes ces expressions sont exactes.
C'est un vieil immeuble dans un vieux quartier.
C'est une vieille ville où il y a un bel hôtel particulier qui date du XVIème siècle.

I.   AGREEMENT OF ADJECTIVES

Adjectives agree in gender and number with the word they modify.

1.   To form the feminine of an adjective, the following rules apply.

   a. an *e* is added to the masculine:

   égal, égal*e*; haut, haut*e*; fatigué, fatigué*e*.

   b. if the adjective ends with an *e* in the masculine, there is no change in the feminine:

   sympathique, sympathique; facile, facile; monotone, monotone.

   c. the final consonant is repeated and an *e* is added:

   ancien, ancien*ne*; bon, bon*ne*; artificiel, artificiel*le*; cruel, cruel*le*; nul, nul*le*;
   pareil, pareil*le*; bas, bas*se*; gros, gros*se*; muet, muet*te*; sot, sot*te*.

d. in front of a masculine noun beginning with a vowel or a "mute *h*" the following forms of the adjectives *beau, nouveau, vieux* are used:

bel (un bel homme), *nouvel* (le nouvel an), *vieil* (un vieil ami).

e. note the following irregular feminine:

beau/belle; nouveau/nouvelle; vieux/vieille; long/longue; frais/fraîche; sec/sèche; faux/fausse; jaloux/jalouse; roux/rousse; doux/douce; fou/folle; mou/molle; grec/grecque; vif/vive; fier/fière; dernier/dernière; discret/discrète; sérieux/sérieuse; rêveur/rêveuse; conservateur/conservatrice; malin/maligne; blanc/blanche.

> NOTE:
>
> If the adjective applies to a group with masculine and feminine nouns, it remains masculine; the masculine noun is placed last before the adjective.
>
> Catherine, Hélène, Martine et Philippe sont *contents* de leur voyage.

2. To form the plural of an adjective, the following rules apply.

a. an *s* is added to the singular form:

petit/e, petits/petites; dernier/ère; derniers, dernières.

b. if the singular form ends with an *s* or an *x*, there is no change:

gris, gris (grise, grises); faux, faux (fausse, fausses).

c. if the singular form ends with *al, al* becomes *aux* in the plural:

amical/amicaux; spécial/spéciaux; international/internationaux.

Exceptions:

banal, colossal, fatal, final, glacial, natal, naval.

d. if the singular form ends with *eau, eau* becomes *eaux*:

beau/beaux; jumeau/jumeaux; nouveau/nouveaux.

3. Some adjectives of color are invariable:

a. if they are the same as the noun of color:

des chemises orange (de la couleur de l'orange); des chaussures marron (de la couleur du marron); des écharpes abricot (de la couleur de l'abricot).

Exceptions:

écarlate, fauve, mauve, pourpre, rose agree with the noun: des joues roses; des robes mauves.

b. if the adjective of color is a compound adjective:

bleu foncé (une veste bleu foncé); gris perle (des gants gris perle); rose bonbon (des rubans rose bonbon).

4. The following adjectives are invariable if placed before the noun, but agree with the noun when placed after:

approuvé, compris, demi, joint, nu, passé, supposé

Passé huit heures, je ne serai plus chez moi. Il est huit heures passées.
Je vous ai attendu une demi-heure. Il m'a attendu une heure et demie.
Il est dangereux de marcher les pieds nus. L'été, on porte des nu-pieds.

5. Comparatives, superlatives:
An adjective can be used:
- as a positive: elle est malade.
- as a comparative: elle est plus malade que moi.
                      elle est moins malade que moi.
                      elle est aussi malade que moi.
- as a superlative: je suis la plus malade de la famille.
                      je suis la moins malade de la famille.
                      nous sommes très malades.

NOTE

Some adjectives have irregular comparatives and superlatives:

bon; meilleur; le meilleur.
petit; moindre, plus petit; le moindre, le plus petit.
mauvais; pire, plus mauvais; le pire, le plus mauvais.

II. POSITION OF ADJECTIVES

a. Generally the adjective follows the noun:

C'est une femme charmante. Ce sont des enfants vifs et curieux.
Elle porte une jupe courte.

b. Some adjectives, usually short and common, often precede the noun.

beau, bon, grand, gros, jeune, joli, large, long, mauvais, petit, premier, vieux.

C'est une jolie petite fille. Elle a fait ses premiers pas à 10 mois.

c. Adjectives of color always follow the noun.

une bicyclette bleue; le drapeau bleu, blanc, rouge; des chaussettes bleu marine.

d. **The meaning of some adjectives changes as their position changes.**

L'année *dernière*, ils ont fait un voyage en Inde, cette année ils vont au Tibet.(last year)
Le *dernier* roman de Camus, *Le premier homme,* est paru en 1994. (the very last novel)

C'est un *brave* homme (généreux et simple).
C'est un homme *brave* (courageux).

L'année prochaine, je compte suivre un cours d'Histoire *Ancienne* (ancient history).
Nous avons de nouveaux voisins. Nos *anciens* voisins, qui étaient charmants, sont partis au Japon (our former neighbors).

Chaque étudiant a sa *propre* chambre. (his own room)
Il a une chambre très *propre.* (very clean)

Mon *pauvre* ami, vous n'avez vraiment pas de chance. (my poor old friend)
Il y a encore des pays *pauvres.* (poor countries)

C'est mon *seul* ami (my only friend).
C'est une jeune femme *seule* (alone).

Elle répète toujours la *même* chose ! (the same thing)
Je lui ai téléphoné le jour *même.* (that very day)

Ma *petite* fille, comme tu as l'air fatigué ! (my dear little one)
C'est un enfant *petit* pour son âge. (he is small)

e. **The position of the adjective does not make a difference.**

D'ici, il y a un magnifique panorama.
D'ici, il y a un panorama magnifique.

Ce fut une journée agréable.
Ce fut une agréable journée.

f. **When several adjectives modify a noun, note their position.**

une jolie robe blanche toute simple
une belle petite maison
une salle de séjour élégante et confortable

g. **When used after an indefinite pronoun followed by *de*, the adjective remains masculine singular:**

Il n'y a *rien de bon* sur ce menu.
Y-a-t'il *quelque chose d'intéressant* au cinéma cette semaine ?
J'ai besoin de *quelqu'un de gentil* pour m'aider à finir ce travail.

III. EXEMPLES LITTÉRAIRES

La Chanson de Roland (auteur inconnu) (fin du XIème siècle)

Hauts sont les monts et ténébreuses les vallées; les roches sombres, et terrifiants les défilés. Ce jour même les Français les passent en grande douleur...
(*La trahison de Ganelon,* couplet LXVI, vers 814–816)

Pierre Corneille (1606–1684)

... Percé jusques au fond du cœur
D'une atteinte imprévue aussi bien que mortelle,
Misérable vengeur d'une juste querelle,
Et malheureux objet d'une injuste rigueur,
Je demeure immobile, et mon âme abattue
    Cède au coup qui me tue...
(*Le Cid*, 1636, Acte Premier, Scène VI, vers 291–296)

Madame de Sévigné (1626–1684)

Je m'en vais vous mander la chose la plus étonnante, la plus surprenante, la plus merveilleuse, la plus miraculeuse, la plus triomphante, la plus étourdissante, la plus inouïe, la plus singulière, la plus extraordinaire, la plus incroyable, la plus imprévue, la plus grande, la plus petite, la plus rare, la plus commune, la plus éclatante, la plus secrète jusqu'aujourd'hui, la plus brillante, la plus digne d'envie...
(*Le mariage de Lauzun,* lettre à Monsieur de Coulanges, lundi 15 décembre 1670)

Jean de La Fontaine (1621–1695)

Perrette, sur sa tête ayant un pot au lait
    Bien posé sur un coussinet,
Prétendait arriver sans encombre à la ville.
Légère et court vêtue, elle allait à grands pas,
Ayant mis ce jour-là, pour être plus agile,
Cotillon simple et souliers plats...
(*La laitière et le pot au lait*, 1678, livre VII, Fable 10)

Honoré de Balzac (1799–1850)

Il se trouve dans certaines villes de province des maisons dont la vue inspire une mélancolie égale à celle que provoquent les cloîtres les plus sombres, les landes les plus ternes ou les ruines les plus tristes... Cette rue, maintenant peu fréquentée, chaude en été, froide en hiver, obscure en quelques endroits, est remarquable par la sonorité de son petit pavé cailloutetux, toujours propre et sec, par l'étroitesse de sa voie tortueuse, par la paix de ses maisons qui appartiennent à la vieille ville, et que dominent les remparts...
(*Eugénie Grandet*, 1833, 1ère et 5ème phrases)

Victor Hugo (1802–1885)

Je suis en ce moment dans les vieilles villes les plus jolies, les plus honnêtes et les plus inconnues du monde. J'habite des intérieurs de Rembrandt avec des cages pleines d'oiseaux aux fenêtres...
...Aucune touche discordante, aucune façade blanche à contrevents verts ne dérange l'harmonie de cet ensemble...
(*Le Rhin*)

Paul Verlaine (1844–1896)

...C'est bien la pire peine
De ne savoir pourquoi,
Sans amour et sans haine,
Mon cœur a tant de peine.
(*Romances sans paroles, Ariettes oubliées, 1874, vers 13–16*)

Ferdinand Oyono (1929–)

Meka était aux anges. Mille petits feux s'allumaient dans son corps et lui apportaient un bien-être infini. Il flottait dans les nuages et la terre était blanche et immaculée à ses pieds...
(*Le vieux nègre et la médaille,* Julliard, *1956*)

PROVERBES

Il n'y a pire eau que l'eau qui dort.
Il n'y a pire sourd que celui qui ne veut pas entendre.
Le remède est pire que le mal.

Questions

1. Dans la citation de Madame de Sévigné, ajoutez quelques adjectifs appppropriés à la liste.
2. Balzac, dans la deuxième phrase de la citation tirée du roman *Eugénie Grandet*, décrit une petite rue. Décrivez-la à votre façon en employant plusieurs adjectifs.

IV. EXERCICES

A. *Mettez au féminin.*

1. Jérôme est intelligent mais très réservé.
   Sophie est _____.
2. Il est grand et sportif.
   Elle est _____.
3. Il est suisse.
   Elle est _____.
4. Il porte souvent un pullover noir.
   Elle porte souvent une _____.
5. Dans sa chambre, il y a un joli petit fauteuil bas.
   Dans sa chambre, il y a une _____.
6. C'est un jeune homme heureux.
   C'est une _____.

B. *Complétez et mettez l'adjectif à sa place.*

1. (*joli*) Quelle _____ fille _____ !

2. (*vieux*) Mon _____ appareil photo _____ ne marche plus.

3. (*long*) Pour le mariage, les jeunes femmes portaient toutes des _____ robes _____.

4. (*roux*) Marie a de la chance, elle a les _____ cheveux _____.

5. (*nouveau, gentil*) Ma _____ voisine est _____.

6. (*frais*) Les fraises avec de la _____ crème _____, j'adore ça !

C. *Complétez les phrases suivantes avec l'adjectif entre parenthèses. Faites les accords qui s'imposent.*

1. (*vert amande*) Cette robe _____ lui allait très bien.

2. (*noir, marron*) Non, Alain n'a pas les yeux _____, il a les yeux _____.

3. (*italien, chinois*) Je n'aime pas la cuisine _____, je préfère la cuisine _____.

4. (*bleu pâle*) Elle adore se mettre des rubans _____ dans les cheveux.

5. (*affreux*) Dans Blanche-Neige, il y a une _____ sorcière.

6. (*beau, noisette*) Annette a de _____ yeux _____.

D. *Dans les phrases suivantes, mettez les groupes en italique au singulier.*

1. Comment *s'appellent ces beaux oiseaux* ?

   _____

2. Demain, vous ferez *de nouveaux exercices*.

   _____

3. *Les élèves* ne *sont* pas assez *sportives*.

   _____

4. J'espère que *les notes* ci-*jointes* vous *rendront* service.

   _____

5. Nous allons déjeuner avec *de vieux amis japonais*.

   _____

6. Où as-tu mis *mes rubans vert olive* ?

   _____

E. *Dans les phrases suivantes, mettez les groupes en italique au pluriel.*

1. Je vais acheter *un rideau jaune citron* pour mettre *à la grande fenêtre* du salon.

_____

2. Au dîner, nous avons bu *un bon vin rosé glacé.*

_____

3. Ce travail devrait vous ouvrir *un nouvel horizon.*

_____

4. On vient de m'offrir *un joli petit coussin orange.*

_____

5. Près de chez moi, il y a *un* très *bel hôtel.*

_____

6. *C'est un vieil ami fidèle* et *loyal.*

_____

F. *Faites des phrases en utilisant les adjectifs suivants au pluriel (masculin ou féminin).*

bleu	joli	jumeau	glacial
demi	vif	parisien	jaloux

TRAVAIL DE GROUPE

Vous vous diviserez en groupes de quatre ou cinq. Dans chaque groupe vous choisirez un rapporteur qui prendra des notes et organisera le travail, un(e) autre mènera la discussion, un(e) troisième fera une présentation à la classe entière; tous vous répondrez aux questions posées.

Dans une lettre à sa sœur en juin 1890, Vincent Van Gogh★ décrit son tableau *L'Église d'Auvers-sur-Oise* en ces termes: « J'ai un grand tableau de l'église du village – un effet où le bâtiment paraît violacé contre un ciel d'un bleu profond et simple, de cobalt pur, les fenêtres à vitraux paraissent comme des taches bleu outremer, le toit est violet et en partie orangé. Sur l'avant-plan, un peu de verdure fleurie et du sable ensoleillé rose... »"

★Vincent Van Gogh (1853–1890) devait se donner la mort deux mois plus tard.

1. Procurez-vous une reproduction du célèbre tableau de Van Gogh. Examinez soigneusement le tableau en revoyant les détails minutieux que donne Van Gogh à sœur. Commentez leur exactitude.

2. Choisissez un tableau que vous aimez bien. Décrivez-le, comme le fait Van Gogh, au moyen de couleurs et de nuances.

LECTURE

LA PRESSE, LES NOUVELLES

« Vous connaissez la nouvelle ? » « Vous avez entendu les nouvelles ? » « Je vous rappelle dans cinq minutes, je suis en train de regarder les nouvelles. » « Alors, quoi de neuf ? »

Voici des questions, des remarques que l'on entend constamment. Les nouvelles sont un élément essentiel de notre vie quotidienne. C'est une habitude, un rituel, on ne peut pas s'en passer. Même si on ne les regarde pas vraiment, on « met » les nouvelles, c'est un bruit de fond dont on a besoin. Certains sont bombardés en permanence par la chaîne de télévision CNN qui diffusent ses nouvelles dans le monde entier 24 heures sur 24. Si ce n'est pas CNN, c'est la chaîne qui transmet la météo que d'autres consultent à tous moments. Et pourtant, la météorologie n'est pas une science infaillible et les prédictions ne s'avèrent pas toujours justes. Peu importe. C'est souvent devenu une obligation; il faut regarder et coordonner ses activités sur les données fournies par les spécialistes. Combien de fois on entend: « Nous avons repoussé notre voyage, on annonce une tempête de neige, un orage, des pluies diluviennes dans les heures qui viennent. »

Qu'est-ce qui arrive ? Quelquefois rien du tout ! le soleil brille, on regrette sa décision, mais on agira de la même façon la prochaine fois.

Les nouvelles, bonnes ou _____, justes ou _____, sont _____. Et pourtant, nous connaissons tous des êtres d'exception qui s'y soustraient puisque, eux, ils n'ont pas la télévision. Comment survivent-ils dans la société _____ du XXIème siècle ? C'est bien _____. La presse écrite remplace, avantageusement à leurs yeux, tout ce que la télévision « apporte » à la majorité de leurs concitoyens. On lit un _____ quotidien. On le connaît bien, on ne lit pas de A à Z. Celui-ci saute la section «Immobilier», celui-là lit la rubrique _____ de la _____ à la _____ ligne; un autre ne lit que les manchettes[1] et le carnet du jour[2], d'autres se jettent sur les critiques de films, de restaurants ou sur la page _____ à la mode de printemps. Presque tous liront, du moins en partie, la page des éditoriaux, ce qui leur permettra de discuter avec leurs collègues dans le métro, au bureau, au laboratoire, au lycée ou au studio. Il faut être au courant, ou bien se faire ermite !

On lit aussi les hebdomadaires où on trouve, sous un format différent, un résumé des nouvelles de la semaine. On y trouve aussi des interviews de personnalités du monde politique, artistique, financier, scientifique, sportif ou littéraire. On lit en vitesse. Le temps presse. Il faut aussi lire les magazines mensuels souvent plus spécialisés. On apprendra comment tel explorateur est arrivé au pôle Nord en un temps record, comment tel autre a passé trois jours à 50 mètres de profondeur pour examiner les habitudes d'un petit poisson de dix centimètres de long aujourd'hui en voie de disparition. Tout cela est tellement important. Et puis, on ne peut pas ne pas jeter un coup d'œil sur le bulletin de trois pages que nous envoie le candidat aux prochaines élections.

Nous sommes submergés par la presse. Pour ne pas y perdre son latin[3], il faut faire un tri[4] judicieux et ne pas se laisser envahir par le monde des médias. Peu importent les prédictions météorologiques, ce qui compte c'est ce qu'on fait de son temps. Il est trop précieux pour qu'on le gâche[5]. La presse, les antennes paraboliques, l'Internet ne disparaîtront pas, ce sont des ressources irremplaçables et indispensables. C'est à nous de les ménager[6] et de nous ménager.

VOCABULAIRE
(1) *les manchettes* (*fem.plur*) : les grands titres d'un journal
(2) *le carnet du jour* : la liste des naissances, des mariages et des décès dans un journal
(3) *y perdre son latin* : ne plus savoir ce dont il s'agit
(4) *faire un tri* : sélectionner
(5) *gâcher* : ne pas profiter
(6) *ménager* : faire attention, règler avec soin, avec mesure, économiser.

Exercice de vocabulaire

Dans les troisième et quatrième paragraphes, complétez les phrases avec un des adjectifs de la liste; faites les accords qui s'imposent.

dernier	simple	consacré	mauvais	omniprésent
grand	sportif	premier	inexact	médiatisé

Questions

1. Passez-vous beaucoup de temps devant la télévision ?
2. Regardez-vous n'importe quoi, n'importe quand ou ne regardez-vous que certaines émissions ? Lesquelles préférez-vous ? pourquoi ?
3. Regardez-vous la télévision en famille, avec vos ami(e)(s) ou seul(e) ?
4. Que pensez-vous de ceux qui n'ont pas la télévision ?
5. Lisez-vous le journal tous les jours ? Si oui, quels articles lisez-vous ?
6. Parlez-vous politique avec vos parents et vos ami(e)(s) ?
7. Quels magazines lisez-vous ? Qu'est-ce que vous en tirez ?
8. Quel est le sujet d'un article que vous avez lu récemment et qui vous a intéressé(e) ?

À VOUS DE RÉFLÉCHIR

1. Si vous aviez des enfants, leur imposeriez-vous des restrictions sur ce qu'ils pourraient regarder à la télévision ou lire dans la presse ? Pourquoi ? pourquoi pas ?
2. Si ce n'est ni la télévision, ni la lecture des journaux, quelle est votre distraction favorite ?
3. Faites des recherches sur les journaux et magazines publiés en France (leur genre, leur tirage, leur public.)

NOTES BIOGRAPHIQUES

LA CHANSON DE ROLAND

C'est la plus ancienne des *chansons de geste,* les premières œuvres littéraires en français. Ce long poème épique, composé à la fin du XIème siècle par un auteur inconnu, célèbre avec un enthousiasme patriotique et religieux les exploits légendaires des chevaliers, en particulier le courage et la bravoure de Roland, neveu de l'empereur Charlemagne, et d'Olivier, son ami plein de sagesse. La belle Aude est la fiancée de Roland et Ganelon, le traître. La copie la plus ancienne que l'on connaisse date de 1130.

Balzac, Honoré de see chapter 5

Corneille, Pierre see chapter 2

Hugo, Victor see chapter 6

La Fontaine, Jean de see chapter 2

Oyono, Ferdinand see chapter 8

Sévigné (marquise de) see chapter 5

Verlaine, Paul see chapter 8

Chapitre 14

LES PRONOMS PERSONNELS

LA FAMILLE

There are in French, as there are in English, different types of personal pronouns. Generally, they take the place of a noun in the sentence and reflect its characteristics. They agree in number and gender with the noun they replace or reinforce; a few are invariable. They can be subject or direct or indirect object of a verb, or object of a preposition.

You must remember at all times that verbs which are intransitive in English are not always intransitive in French: *attendre, chercher, écouter, regarder* are among the most common verbs in this group.

J'attends le métro. Je cherche mon porte-monnaie.
Il écoute le chant des oiseaux et regarde la télévision.

SUBJECT PRONOUNS		DIRECT OBJECT PRONOUNS		INDIRECT OBJECT PRONOUNS	IND. OBJECT PRON. USED WITH A PREPOSITION
je	(moi)	me	(moi)	me	moi
tu	(toi)	te	(toi)	te	toi
il	(lui)	le	(lui)	lui	lui
elle	(elle)	la	(elle)	elle	elle
on	(soi)	se	(soi)	se	soi
nous	(nous)	nous	(nous)	nous	nous
vous	(vous)	vous	(vous)	vous	vous
ils	(eux)	les	(eux)	leur	eux
elles	(elles)	les	(elles)	leur	elles

Note: When used as subject or object pronouns, the pronouns listed in parentheses become emphatic pronouns.

STUDY THESE EXAMPLES

Je parle, *tu* réponds, *il* interrompt, *elle* réplique, *nous* discutons, *vous* écoutez, *ils* concluent, *elles* corrigent.
Ma sœur et *moi, nous nous* téléphonons souvent.

159

Ton ami et *toi, vous* sortez beaucoup !

Suzette *me* voit. Madeleine *te* remercie. Melinda *le* comprend. Alice *nous* écoute. Marc *vous* attend. Leurs parents *les* gâtent.

Elle *m'a* donné les résultats. On *t'a* apporté un cadeau. Je *lui* enverrai une lettre. Est-ce qu'elle *nous* a téléphoné ? Je *leur* dirai ce que je pense de tout cela. Parle-*moi* de tes vacances. Non, je n'ai aucune envie d'*en* parler. Quand vas-tu à Grenoble ? Je n'*y* vais pas, j'*en* reviens.

I. WHEN TO USE THE PERSONAL PRONOUNS

The examples listed above show you the basic, simple uses of personal pronouns which you are most familiar with. We will now look at other contexts which require the use of personal pronouns.

1. Subjects

    a. *Moi, toi, soi, lui, elle, nous, vous, eux, elles* are emphatic pronouns used in lieu of the regular personal pronouns (*je, tu, il, on, ils*) in the very common construction with the verb *être*.

        Qui est là ? C'est moi, c'est lui, c'est nous.
        Qui veut une glace au chocolat ? moi, pas elle, pas eux !
        Qui a cassé le vase bleu ? Ce n'est pas moi, c'est lui.
        C'est toi qui fais le dîner ce soir; moi, je suis de repos.
        Est-ce vous qui avez trouvé la solution ? — Ce n'est pas moi, ce sont eux.

    b. *Je, tu, il, elle, ils, elles* are replaced by the corresponding emphatic pronoun whether it expresses a collective subject, is the object of the comparative, an appositive, or simply wishes to emphasize the subject.

        Pierre et moi, nous sommes arrivés ce matin, eux sont arrivés hier soir.
        Ma sœur est plus grande que moi, mais elle est plus petite que lui.
        C'est elle qui fait tout le travail, lui ne fait rien.
        Claire, toi ici, je ne m'y attendais vraiment pas !

    In English, the tone of voice or, occasionally the underlined pronoun, are used.

    She did it, not he.
    I am taller than she (is).

2. Direct objects

    me, te, se, le, la, nous, vous, les (moi, toi, soi, lui, elle, nous, vous, eux, elles)

    The direct object pronoun precedes the verb of which it is the object except in the affirmative form of the imperative (see Chapter 3, section II, note 3).

    When the verb, conjugated with *avoir,* is in a past tense and the pronoun which precedes is feminine or plural, the past participle agrees with the direct object pronoun (see Chapter 5, Section II, rule) and the noun it replaces.

Quand vas-tu finir ta rédaction? Je vais *la* finir ce soir.

Il mange souvent des épinards, il *les* aime beaucoup, je ne *les* aime pas du tout.

Avez-vous lu les journaux que j'ai achetés ce matin ? Non, je ne *les* ai pas lus, je n'ai pas eu le temps de *les* lire.

Je *t'*aime, tu *m'*aimes, on *s'*aime, nous *nous* aimons, vous *vous* aimez, ils *s'*aiment !

NOTES

a. The reflexive pronoun, used as an object pronoun, represents a subject whose action goes back to the very subject.

Mireille *se* lève tôt, puis elle va *se* promener.

Nous *nous* occupons des billets de train, ne vous inquiétez pas.

Ne *vous* en occupez pas, il *se* fera un plaisir de leur en parler.

Chacun pour *soi* !

La tour Eiffel *se* voit de loin.

b. *le* : The direct object pronoun *le* replaces a clause or a group of words.

Accepteriez-vous de prêter votre voiture ? — Je *le* ferai avec plaisir.

Envisagez-vous de faire le tour du monde en ballon ? Nous *l'*envisageons sérieusement.

Votre appartement est plus grand que je ne *le* croyais. (est plus grand que je ne pensais)

c. The pronoun *le* can replace an adjective.

Êtes-vous française ? Oui, je *le* suis.

Depuis quand sont-ils absents ? Ils *le* sont depuis huit jours.

Êtes-vous libres ce soir ? oui, nous *le* sommes.

3. Indirect object pronouns: *me, te, se, lui, elle, nous, vous, leur*

The indirect object pronoun also precedes the verb unless the verb is in the affirmative form of the imperative.

Qu'est-ce qu'ils ont offert à leur sœur pour ses 18 ans ? Ils *lui* ont offert ce qu'elle désirait depuis toujours.

Avez-vous expliqué la règle à vos élèves ? Bien sûr, je *leur* ai expliqué cette règle plusieurs fois.

As-tu téléphoné à tes parents pour dire quand tu arriveras ? Oui, je *leur* ai téléphoné pour *le leur* dire.

Ce film vous a-t-il plu ? Oui, il *nous* a plu. (plaire à)

Qu'est-ce qui *t'*arrive ? — Je *me* suis brûlé la main.

Elle *s'*est cassé la jambe.

4. Indirect object pronouns with a preposition: *moi, toi, soi, elle, lui, nous, vous, eux, elles*

Êtes-vous sortie avec Jean-François samedi ? Oui ! je suis sortie *avec lui*. Je crois qu'il aime bien sortir *avec moi*.

Pourquoi dînez-vous *chez eux* tous les soirs ? *Chez moi*, on fait des travaux dans la cuisine.

Où étiez-vous assis ? — Nous étions *devant eux*.

NOTES

a. *penser à* requires that the emphatic pronoun be used to replace a person:

À qui penses-tu ? — Je pense *à lui*, mais je ne sais pas s'il pense *à moi*.
Pensais-tu à tes vacances ? — J'*y* pense beaucoup.

b. Quand *me, te, se, nous* or *vous* are a direct object before the verb, you cannot also use an indirect object before the verb. Use instead a preposition and emphatic pronoun.

Je vais *vous* présenter *à elle*.
Il *m'*a envoyé *à vous*.

5. *En* has several functions. It replaces *de* + a noun, when the noun is a thing, or an indefinite person.

a. with a partitive and a noun:

Veux-tu du fromage de chèvre? Oui, *j'en veux,* mais lui n'*en* veut pas.

b. with an expression of quantity:

Malheureusement, je n'ai pas beaucoup d'amis, et pourtant j'*en* ai grand *besoin* !
Combien de sandwichs as-tu mangé(s) à la cantine aujourd'hui ?
J'en ai mangé un, j'*en* ai mangé trois. Je n'*en* ai pas mangé.
Vous avez combien de frères et sœurs ? — *J'en* ai quatre.

c. with a place introduced by *de:*

La gare ? *J'en viens* à l'instant.

d. with an expression introduced by *de:*

Tu parles de ton travail ? Oui, j'*en parle* toujours.
La nourriture du lycée ne lui plaît pas. Elle s'*en plaint* toujours.

It will be helpful to remember verbs which require the preposition *de* **such as:** *avoir besoin de, avoir peur de, avoir envie de, se plaindre de, se moquer de, s'occuper de,* **and adjectives such as** *content de, heureux de, couvert de, plein de.*

As-tu besoin d'argent ? — Non, je n'en ai pas besoin.
Elle est contente de son travail ? — Oui, elle en est très contente.

But note:

Puisque vous ne connaissez pas ma sœur, je vais vous parler *d'elle*. (en is not used here, *ma sœur* is a specific person).

> NOTE
>
> When *en* precedes a verb in a compound tense, there is no agreement of the past participle with the object.
>
> Ces chocolats, est-ce qu'elle *vous en* a offert ?

6. *Y* has several functions:

   a. it replaces *à* + a noun, when the noun is a thing or an indefinite person:

   > Tu réfléchis à ton problème de math ? Mais oui, j'*y* réfléchis depuis des heures.
   > Quand vas-tu répondre à la lettre que tu as reçue hier ? J'*y* répondrai demain.
   > Et vos amis d'enfance, que deviennent-ils ? Je ne sais pas, j'*y* pense quelquefois mais je n'*en* ai pas de nouvelles.
   >
   > Les élèves de terminale dont vous vous occupiez cette année ont-ils réussi à leurs examens ? — Oui, ils *y* ont réussi et je pense souvent *à eux*. (*y* is not used here because we are talking about a specific group of people).

   b. *y* indicates the place or direction: The prepositions *à, devant, derrière, en face de, chez, dans, en, sur*, etc.+ the name of a specific place are replaced by *y*:

   > Tu reviens de la bibliothèque ? non, j'*y* vais.
   > Retrouve-moi devant le musée à 16 heures ? Je préfère t'*y* retrouver à 17 heures.

7. *Soi*: the third person pronoun is used when the subject of the verb is indefinite. It usually refers to a general statement.

   > On a souvent besoin d'un plus petit que *soi*.
   > Comme on est bien *chez soi*.
   > Chacun travaille *pour soi*.

   Note that the reflexive *se* is used when the subject of the reflexive verb is *on, il, elle, ils* or *elles*:

   > il se promène, elle se dépêche, ils s'entraînent, elles se téléphonent.

II. POSITION OF THE OBJECT PRONOUNS IN THE SENTENCE

a. The pronoun (direct or indirect object) precedes the verb:

> Je *l'*aime. Il *m'*aime. Nous ne *l'*aimons pas.
> Nous *les* avons rencontrés à la sortie du cinéma.
> Je *leur* ai demandé de venir dîner avec nous.

b. Both direct and indirect object pronouns precede the verb:

> Je ne comprenais pas bien le texte. Rose *me l'*a expliqué en détails.
> J'avais mis les clefs sur le bureau. — Ne t'inquiète pas, je *les y* ai trouvées.

Il vient de faire un voyage fascinant. Il *nous en* a parlé avant-hier soir.
Pourriez-vous m'indiquer la route de Blois ? —Je *vous* l'indiquerai avec plaisir.
Est-ce qu'il reste du lait ? — Oui, il *y en a* dans le frigidaire, je *l'y* ai mis ce matin.
À qui va-t-on donner la récompense ? Ne *la lui* donnez pas ! Il ne la mérite pas.

c. The pronoun precedes the verb of which it is the object, whether it is a conjugated verb or an infinitive:

Nous aimons bien aller au marché. Nous comptons *y* aller samedi prochain.
Ils m'ont laissé un message sur le répondeur; je *leur* téléphonerai.
J'ai retrouvé vos gants. Je compte *vous les* envoyer demain si j'ai le temps !

d. The pronouns follow the verb. This happens only in one case : when the verb is in the affirmative imperative form.

Fais-*le* vite ! (Ne *le* fais pas si vite)
Apportez-*le* moi. (Ne me *l*'apporte pas)
Donne-*le-lui*. (Ne *le lui* donne pas)
Achètes-*en* (note the addition of the *s* necessary for pronunciation)
Donne-*leur en* un petit morceau. (Ne *leur en* donne pas).

e. When there is more than one object pronoun, what is the order of the pronouns ?

1. Order of pronouns before the verb:

me te se nous vous se	le (l') la (l') les	lui leur	y	en	+ verb

Je *la lui* enverrai. Nous *le leur* dirons.
Je *vous* l'enverrai. Vous *nous le* direz.
Nous *vous en* enverrons. Nous *vous y* retrouverons à 6 heures.

(*Y* and *en* follow all object pronouns, *en* is always the closest to the verb. They are together in the same clause only in the various tenses of the expression *il y en a*)

2. Order of pronouns after the verb (affirmative imperative only)

verb +	-le (-l') -la (-l') -les	-moi (-m') -toi (-t') -nous -vous	-lui -leur	-y	-en

Envoie-*le-moi*. Donnez-*la-nous*. Donne-*le-lui*. Donne-*leur-en*.
Allons-*y*! (N'*y* allons pas)

III. EXEMPLES LITTÉRAIRES

Michel de Montaigne (1533–1592)

... Si on me presse de dire pourquoi je l'aimais, je sens que cela ne peut s'exprimer qu'en répondant : « parce que c'était lui, parce que c'était moi... »
(*Essais,* Livre I, XVIII. *De l'amitié*)

Pierre Corneille (1606–1684)

... « À moi, Comte, deux mots.
Ôte-moi d'un doute.
Connais-tu bien Don Diègue ?
... Cette ardeur que dans les yeux je porte,
Sais-tu que c'est son sang ? le sais-tu ? »
(*Le Cid,* 1636, Acte II, Scène II, vers 397, 399, 402, 403)

Georges Courteline (1858–1929)

« ... Est-ce que je vous connais, moi ? Est-ce que je sais qui vous êtes ? Vous dites habiter rue Pétrelle: rien ne le prouve ! Vous dites vous nommer Breloc: je n'en sais rien.... ».
(*Boubouroche*)

Alphonse Daudet (1840–1897)

... « C'est fini, nous ne nous verrons plus. » Il y avait au fond du jardin un grenadier dont les belles fleurs rouges s'épanouissaient au soleil. Je lui dis en sanglotant : « Donne-moi une de tes fleurs. » Il me la donna. Je la mis dans ma poitrine en souvenir de lui. J'étais très malheureux...
(*Le Petit Chose, Adieux à la maison natale*)

Question

Dans la citation tirée du *Cid,* pourquoi, à la fin du dernier vers, Rodrigue dit-il « le sais-tu ? »

IV. EXERCICES

A. *Dans les phrases suivantes, remplacez les mots en italique par un pronom personnel, objet direct. Mettez-le où il doit être.*

1. Voici la tarte; je vais couper *la tarte.* _____

2. Je viens d'acheter un roman policier; je vais commencer *ce roman* ce soir.

_____

3. Mon ordinateur est en panne; il faut que je fasse réparer *mon ordinateur.*

_____

4. Le train est en retard; j'attends *le train* depuis une demi-heure.

_____

5. Ce film ne m'intéresse pas; j'ai déjà vu *ce film*.

_____

6. Si tu as perdu ton porte-monnaie, cherche *ton porte-monnaie*.

_____

B. *Dans les phrases suivantes, remplacez les pronoms personnels par un nom qui conviendra. Il faudra, dans certains cas, ajouter une préposition.*

1. Nous les attendons avec beaucoup d'impatience.

_____

2. Est-ce que tu lui as téléphoné ?

_____

3. Envoie-les par avion, ça arrivera plus vite.

_____

4. Il lui ressemble comme deux gouttes d'eau.

_____

5. Il pense souvent à elle, rarement à eux.

_____

6. Ne lui dites rien.

_____

C. *Répondez aux questions en remplaçant les mots en italique par les pronoms qui conviennent.*

1. La banque est fermée. Pouvez-vous me prêter un peu *d'argent* ?

_____

2. Avez-vous lu *le dernier reportage sur la Terre de Feu* ? _____

3. Aimeriez-vous faire un voyage *au Pôle Sud* avec *vos enfants* ?

_____

4. A-t-il envoyé *des cartes postales à ses collègues* quand il était en vacances ?

_____

5. Il pleut. Est-ce qu'elle a mis *les plantes dehors* ? _____

6. Savez-vous si leurs parents sont *français* ? _____

D. *Traduction*

1. If you do not give it to me, I will never speak to you again.
2. Go to her house and explain the situation to her.
3. Listen to me and wait for her.
4. Speak to them about it.
5. If you need it, look for it; you may find it.

E. *Complétez les phrases avec le pronom qui convient.*

Connaissez- (1) _____ Monsieur Meunier ? Vous (2) _____ répondez que

vous ne (3) _____ connaissez pas. Je vais donc (4) _____

(5) _____ présenter. (6) _____ vit dans mon quartier. Il (7) _____

habite depuis des années. En fait, il habite tout près de chez (8) _____. Nous

(9) _____ rencontrons régulièrement quand (10) _____ faisons nos

courses. Monsieur Meunier est très aimable avec les commerçants. (11) _____ dit

toujours « bonjour » et (12) _____ pose des questions sur leur santé, leur famille et

les nouvelles du jour bien entendu. Ils (13) _____ répondent avec gentillesse, et

(14) _____ aussi (15) _____ posent des questions. J'aime beaucoup être

présente à leurs discussions. Il faut aussi être patient car Monsieur Meunier parle beaucoup du

« bon vieux temps ». Il (16) _____ parle avec nostalgie. Nous (17) _____

écoutons et nous essayons de (18) _____ expliquer qu'aujourd'hui aussi la vie est

belle et qu'il faut savoir (19) _____ profiter !

TRAVAIL DE GROUPE

Imaginez un dialogue entre Monsieur Meunier et ses commerçants. De quoi leur parle-t-il ?
Qu'est-ce qu'il regrette ? Qu'est-ce qui lui manque ? En quoi la vie a-t-elle tellement changé ?
(Pensez aux histoires que vous racontent vos grands parents et vos parents !)
    Vous vous diviserez en groupes de quatre ou cinq. Dans chaque groupe vous choisirez
un rapporteur qui prendra des notes et organisera le travail, un(e) autre mènera la discussion,
un(e) troisième fera une présentation à la classe entière; tous vous répondrez aux questions
posées et poserez vos propres questions basées sur vos expériences personnelles.

LECTURE

La vie de famille

Chacun voit la vie de famille sous un angle différent. Certains la chérissent, d'autres la haïssent ou la méprisent, d'autres encore ne savent pas ce que c'est et ils en rêvent.

Colette dans *La maison de Claudine* nous fait partager cette vie de famille qui lui tenait tant à cœur. Elle met fréquemment en scène sa mère qui lui était si chère. On l'entend, on la voit appeler ses enfants dispersés dans ce grand jardin dont Colette rêvera toute sa vie, afin qu'ils rentrent goûter[1] : « les enfants, où sont les enfants ?... 4 heures, ils ne sont pas venus goûter ! Où sont les enfants ? ... « Six heures et demie ! rentreront-ils dîner ? Où sont les enfants ? »...

On voit là une mère attentive et pleine d'affection essayant chaque jour de retouver des enfants qui ne sont pas perdus, mais qui, espiègles[2], se cachent, jouent, courent, grimpent et rentreront quand bon leur semblera. Ils ont besoin de cet appel de leur mère chaque jour, cet appel qui les invite à regagner une maison où on les attend.

On peut imaginer la suite des événements. Les enfants rentrent, on dîne, on parle autour de cette grande table, on lit, on joue ensemble dans la joie. Et demain, ce sera la même scène. Les enfants, pleins de vie et insouciants[3], leur mère, tendre et soucieuse, se retrouveront face aux mêmes jeux, aux mêmes échanges, aux mêmes joies de la famille, joies dont le souvenir ne les quittera jamais.

Bien des écrivains se sont penchés sur leurs souvenirs d'enfance et la vie de famille qui fut[4] la leur.

Charles Péguy (1873–1914), fils unique et orphelin de père, explique que c'est auprès de sa mère, simple rempailleuse[5] de chaises, et de sa grand mère qu'il apprend ce que c'est que la famille, la vie, ses joies dont la plus grande fut pour le jeune Charles la joie du travail bien fait : « J'aimais travailler, j'aimais travailler bien, j'aimais travailler vite, j'aimais travailler beaucoup... ». C'est donc au sein[6] d'une famille réduite que Péguy a fait siens des principes qui guidèrent toute sa vie.

Marcel Proust (1871–1922) revient à maintes reprises[7] sur son attachement quasi-romantique à sa mère et à l'effroi que lui causait son père. Dans un épisode bien connu de *A la recherche du temps perdu*, nous voyons le jeune Marcel, seul dans sa chambre attendant la réponse au billet qu'il vient de faire passer à sa mère qui donne, ce soir-là, un dîner. Son chagrin à être séparé de sa mère n'a pas de limites, semble-t-il.... « Maintenant, je n'étais plus séparé d'elle; les barrières étaient tombées, un fil délicieux nous réunissait. Et puis, ce n'était pas tout : maman allait sans doute venir! »... Pour ce jeune garçon, la vie de famille, c'est la présence de sa mère, de sa grand mère, de sa tante.

Ces anecdotes, me direz-vous, c'est de l'histoire ancienne ! Où en sommes-nous ? Que signifie « vie de famille » pour les adolescents du XXIème siècle ? Y a-t-il vraiment une vie de famille et, si oui, quelle est-elle ?

Aujourd'hui, lycéen ou lycéenne, on part tôt le matin avec ou sans petit déjeuner, avec ou sans contact avec ses parents. On rentre fatigué, certes, mais content de se retouver « chez soi ». On est peut-être seul ; on peut aussi avoir à surveiller les plus jeunes, peu importe ! Chacun goûte, c'est indispensable, travaille un peu et on attend l'heure du dîner en compagnie de la télévision, de la console de jeux, des CD, de l'ordinateur et de ses trésors de distractions.

Va-t-on dîner seul ou en famille ? Si on mange ensemble, de quoi parle-t-on ? Qu'est-ce qu'on mange ? Qui a préparé le repas et combien de temps va-t-il durer ?

Il n'y a pas, il n'y a plus de réponse universelle ! Il semble que les dîners préparés à la maison, servis à tous les membres d'une même famille assis autour d'une table, soient aussi de l'histoire ancienne. Chacun mange à son heure, fait son menu, mange à sa façon et fait ce que bon lui semble. Il en est de même pour les fins de semaine où chaque membre de la famille vaque[8] à ses propres occupations.

À quoi ce nouveau mode de vie va-t-il mener la famille d'aujourd'hui ? Va-t-il contribuer au resserrement[9] des liens familiaux chez ceux qui en ressentent le manque ? Va-t-il, au contraire, engendrer une plus grande indépendance chez les jeunes ? Cela va-t-il encourager les jeunes à se tourner vers ceux de leur âge et à abandonner la cellule familiale, quand elle existait ?

C'est vous qui allez nous donner la réponse.

VOCABULAIRE

[1] *goûter* : verbe ou nom masculin, petit repas que l'on prend dans l'après-midi, par exemple en revenant de l'école.

[2] *espiègle* : adjectif, coquin, turbulent

[3] *insouciant* : adjectif, qui ne se fait pas de soucis, qui ne s'inquiète pas

[4] *fut* : passé simple du verbe *être (a été)*

[5] *rempailleuse* : nom féminin, c'est une personne qui répare les chaises dont le siège est en paille (on boit le thé glacé avec une paille; l'été on porte un chapeau de paille)

[6] *au sein de* : dans

[7] *à maintes reprises* : très souvent

[8] *vaquer* : verbe, s'occuper de

[9] *resserrement* : nom masculin, rapprochement

Questions

1. Parmi les écrivains ou les personnages historiques que vous connaissez bien, choisissez-en un, et expliquez en quoi la famille a eu sur lui –ou sur elle– une influence considérable.

2. Que pensez-vous des repas traditionnels du dimanche qui –quoiqu'il arrive– réunissent souvent trois générations ?

3. Quels sont, à votre avis, les avantages et les inconvénients des repas pris seul(e) ?

4. Quelle est la personne avec laquelle vous aimez le mieux partager vos repas ? Au lycée, à la maison ?

À VOUS DE RÉFLÉCHIR

Que représente pour vous la vie de famille ?

NOTES BIOGRAPHIQUES

Colette, Gabrielle (1873–1954)

Ses romans dépeignent avec grande sensibilité des personnages féminins, les chats et la nature avec ses parfums et ses couleurs (*La vagabonde ; Le Blé en herbe ; La Maison de Claudine ; Chéri ; Gigi*)

Corneille, Pierre see chapter 2

Courteline, Georges (1858–1929)

Commence sa carrière d'écrivain dans les journaux humoristiques. Il écrit deux romans, ayant pour thèmes les institutions sacro-saintes de la République telles que l'armée dans *Les Gaîtés de l'escadron* (1886) et les fonctionnaires dans *Messieurs les ronds-de-cuir* (1893). Il écrit aussi quelques comédies pour la scène, *Boubouroche (1893)*.

Daudet, Alphonse (1840–1897)

Né à Nîmes et mort à Paris. Écrit quelques poèmes avant de se consacrer au roman : *Le Petit Chose* (1868), un roman autobiographique, les *Lettres de mon Moulin* (1869) qui évoquent des scènes de la vie de Provence. *Contes du lundi* (1873) et *Contes et récits* (1873) sont inspirés par les expériences de l'auteur pendant la guerre franco-prussienne. *Tartarin de Tarascon* a pour héros un provençal ambitieux et peureux.

Montaigne, Michel de (1533–1592)

Né près de Bordeaux. Moraliste, écrivain et philosophe. Homme politique et diplomate. Il voyage en Europe (Allemagne, Suisse, Italie) et en rapporte un *Journal de voyage,* découvert et publié en 1774. Ce qui compte plus que tout, ce sont les *Essais* que Montaigne écrit pendant les vingt dernières années de sa vie. Il nous dit bien que c'est de lui qu'il parle : « Ainsi, lecteur, je suis moi-même la matière de mon livre. » Si c'est lui, c'est nous tous, nos défauts, nos qualités, notre façon de voir la vie, de la comprendre, notre façon de voir la mort, de l'accepter. Il accepte, il questionne. « Que sais-je ? » nous dit-il souvent. Montaigne, c'est un sage.

Péguy, Charles see chapter 9

Proust, Marcel see chapter 17

Chapitre 15

LES POSSESSIFS ET LES DÉMONSTRATIFS

L'IMMOBILIER

1. LES ADJECTIFS ET LES PRONOMS POSSESSIFS

I. LES ADJECTIFS POSSESSIFS

Possessive adjectives follow the pattern of other adjectives. They are variable. They agree in number and gender with the noun they modify. In English, the possessive adjective agrees with the possessor : *his boat, her boat*. In French they agree with the possession: *bateau* being masculine, whether it is his boat or her boat, the French equivalent will be: *son bateau*.

| SINGULAR | | PLURAL | |
MASCULINE	FEMININE		
mon	ma	mes	*my*
ton	ta	tes	*your* (familiar)
son	sa	ses	*his, her, its*
notre	notre	nos	*our*
votre	votre	vos	*your*
leur	leur	leurs	*their*

STUDY THESE EXAMPLES

Son frère et sa sœur ressemblent à leur mère. Elle ressemble à ses cousines.
Mon amie et votre ami se connaissent depuis longtemps. Maintenant, ce sont nos amis.
Notre boulangère est jeune et jolie ; son pain et ses brioches sont excellents.
Dans le magazine *Elle*, je lis toujours mon horoscope.
Quelle est son origine ? Est-elle irlandaise ou écossaise ?
Ton école se trouve où exactement ?
Son frère n'a pas de voiture. Sa voiture c'est celle de sa sœur.
Elle est en retard ce matin. Elle a dû rater son métro.

NOTES

a. The masculine forms *mon, ton, son* are used in front of feminine nouns which begin with a vowel or a mute *h*.

mon horloge, ma vieille horloge

b. In French, the possessive adjective is replaced by the definite article when speaking of parts of the body if the possessor is evident.

Elle s'est cassé *la* jambe, la jambe droite.
Il a mal *aux* dents. Je lui ai lavé *la* tête.
Il s'est fait couper *les* cheveux chez mon coiffeur.
Je peux faire ça *les* yeux fermés.

If an adjective modifies the part of the body, it may be necessary to use the possessive adjective:

Elle s'est fait couper ses longs cheveux blonds.

c. When the possessor is the indefinite pronoun *on*, the possessive adjective is *son, sa, ses.*

On a le droit d'avoir *son* opinion.
Après une longue absence, on aime retrouver *ses* parents.

d. When the possessor is *chacun, chacune* the possessive adjective is also *son, sa, ses* unless *chacun* follows a plural noun; if so, you use *leur.*

Chacun à *son* tour ! Chacun à *son* goût.
Les élèves ont chacun *leur* bureau.

e. The possessive adjective is repeated in front of each noun. To avoid uncertainty one can add the adjective *propre (one's own)* before the noun or the expression *à* + stress pronoun after the noun.

son chien et *sa* chatte
C'est sa voiture *à lui*; c'est sa propre voiture.

II. LES PRONOMS POSSESSIFS

Possessive pronouns in French also agree with the possession rather than the possessor as in English.

They both have lovely apartments but I prefer his to hers.

The French version will need extra details to make the thought clear.

Ils ont l'un et l'autre un appartement très agréable mais je préfère le sien au sien.

That is confusing. You will have to say:

Je préfère l'appartement de Marc à celui de Martine.

The forms of the possessive pronoun are:

SINGULAR		PLURAL		
MASCULINE	**FEMININE**	**MASCULINE**	**FEMININE**	
le mien	la mienne	les miens	les miennes	*mine*
le tien	la tienne	les tiens	les tiennes	*yours* (familiar)
le sien	la sienne	les siens	les siennes	*his, hers, its*
le nôtre	la nôtre	les nôtres	les nôtres	*ours*
le vôtre	la vôtre	les vôtres	les vôtres	*yours*
le leur	la leur	les leurs	les leurs	*theirs*

STUDY THESE EXAMPLES

Le serveur a apporté *sa* salade. Où est *la mienne* ? Voilà, c'est peut-être *la tienne*. Non, c'est *la sienne*. (the context is necessary to know whose salad we are talking about).

Puisque *notre* voiture est en panne, nous allons emprunter *la tienne*. La semaine dernière, quand *la vôtre* ne marchait pas, vous avez pris *la nôtre*. Comme c'est simple !

NOTES

a. The possessive pronoun represents a noun and a possessive adjective. It agrees in number and gender with that noun. The definite article contracts with *à* and *de*.

   Notre maison a un toit en ardoise, *la leur* est recouverte de tuiles.
   Parles-tu de son frère ? — Je te parle *du mien*.

b. The possessive pronoun can express the fact that the speaker considers him/herself as a member of the family, of the group.

   Je serai ravi(e) d'être *des vôtres* pour les fêtes.
   Les nôtres sont bien entraînés, ils vont gagner.
   Considérez cet argent comme *(le) vôtre*.

c. Possession is expressed in several ways:

   À qui est ce sac à dos ? C'est *à moi*, c'est *le mien*, il *m'appartient*.
   Et ce sac de couchage ? Il n'est pas *à moi*, c'est *le sien*. C'est le sac de couchage de Pierre.

III. EXEMPLES LITTÉRAIRES

Jean de la Fontaine (1621–1695)

   — Si ce n'est toi, c'est donc ton frère.
   — Je n'en ai point. — C'est donc quelqu'un des tiens... »
   (*Le loup et l'agneau, Fables,* Livre premier, X)

   On lui lia les pieds, on vous le suspendit;
   Puis cet homme et son fils le porte comme un lustre... »
   (*Le Meunier, son fils et l'âne, Fables,* Livre III, I)

Charles Baudelaire (1821–1867)

> Mon enfant, ma sœur,
> Songe à la douceur
> D'aller là-bas vivre ensemble !
> Aimer à loisir,
> Aimer et mourir
> Au pays qui te ressemble !
> Les soleils mouillés
> De ces ciels brouillés
> Pour mon esprit ont les charmes
> Si mystérieux
> De tes traîtres yeux,
> Brillant à travers leurs larmes...
> (*Les fleurs du mal, L'invitation au voyage*, 1857)

Charles Péguy (1873–1914)

...Je travaillais, assidûment, sérieusement, précieusement, précisément, et aussi bien dans mon genre que maman dans le sien..."

Camara Laye (1924–1980)

J'étais enfant et je jouais dans la case de mon père. Quel âge avais-je en ce temps-là ? Je ne me rappelle pas exactement. Je devais être très jeune encore : cinq ans, six ans peut-être. Ma mère était dans l'atelier près de mon père, et leurs voix me parvenaient, rassurantes, tranquilles, mêlées à celles des clients de la forge et au bruit des enclumes...
(*L'enfant noir*, 1953, premières lignes; Paris, Plon; Réédition Presses Pocket 1976)

IV. EXERCICES

A. *Complétez les phrases avec les adjectifs possessifs qui conviennent.*

1. C'est votre cousine ? Non, ce n'est pas _____ cousine, c'est _____ cousine.

2. As-tu pris ses clefs ? Je n'ai pas pris _____ clefs, j'ai pris _____ clefs.

3. Je voudrais écrire à Nadine; donne-moi _____ adresse.

4. J'ai oublié de poser la question à nos amis. Est-ce que _____ enfants partent en vacances à l'étranger ?

5. Connaissez-vous ce petit restaurant qui s'appelle _____ *auberge au bord de l'eau* ?

B. *Complétez les phrases en employant l'article ou l'adjectif possessif qui convient.*

1. On lui a donné un coup de poing sur _____ nez, et maintenant, il a mal (à) _____ nez et (à) _____ tête.

2. Elle s'est cassé _____ jambe en descendant l'escalier du métro. Elle a aussi cassé _____ parapluie. On lui a mis _____ jambe dans le plâtre, elle a mis _____ parapluie dans une poubelle !

3. Fais ta toilette avant de te coucher : brosse-toi _____ dents, lave-toi _____ cheveux et n'oublie pas de te couper _____ ongles.

4. Rien ne lui échappe, elle voit tout. Elle n'a pas _____ yeux dans _____ poche.

C. *Traduisez.*

1. Do her sister and her father speak German at home?

   _____

2. She showed me their house and her garden.

   _____

3. All the guests have their own room.

   _____

4. He fell on his right knee, but broke his left foot.

   _____

5. Raise your hand before you ask a question.

   _____

D. *Donnez deux réponses à la question posée.*

EXEMPLE: C'est ton frère ? Non, ce n'est pas mon frère, c'est **son / leur frère**.

1. C'est votre petite amie ?

   _____

2. Dînez-vous avec vos amis d'enfance ?

   _____

3. « Le festin de Babette », c'est votre film préféré ?

   _____

4. Voulez-vous que je vous donne mon avis ?

   _____

E. *Remplacez les noms entre parenthèses par des pronoms possessifs.*

1. Occupe-toi de tes affaires, je m'occuperai (de mes affaires) _____

2. Si tu en parles à tes parents, j'en parlerai (à mes parents) _____

3. Il pleut à verse. Tu n'as pas de parapluie. Prends-en un (de nos parapluies) _____

4. C'est ma sœur qui se sert de mon ordinateur. Est-ce que je peux me servir (de votre ordinateur) _____ ? Mes frères ne veulent pas me prêter (leur ordinateur) _____ .

F. *Complétez les réponses en employant un pronom possessif.*

1. C'est ton écharpe ? — Non, ce n'est pas mon écharpe, c'est _____.

2. Au lieu de me donner son numéro de téléphone, elle m'a donné _____ ; pouvez-vous me donner _____ ?

3. Cette voiture leur appartient ? — Oui, c'est _____

4. J'ai une nièce charmante. Elle adore faire la cuisine. Et, _____, tu la vois souvent ?

5. Nous nous entendons bien. Mais, j'ai mes opinions et il a _____. Et, bien sûr, nos enfants ne partagent pas _____, ils ont _____.

G. *Traduisez.*

1. In this office, each pays for his or her (own) coffee : I pay for mine, you pay for yours, he pays for his, she pays for hers.

2. Not knowing whose it is, she claims it is hers. She is wrong, it is ours !

3. Are these your earrings ? — No, they are not mine, they do not belong to me, they are hers.

NOTE

Do not confuse *leur, leurs* : a possessive adjective,

Leur façon de vivre ne plaît pas à leurs enfants.

leur : **part of a possessive pronoun** : *le leur, la leur, les leurs,*

Nous faisons d'excellents gâteaux au chocolat, les leurs sont encore meilleurs.

leur : **invariable personal pronoun,**

Chaque soir je leur raconte une histoire.

H. *Complétez les phrases avec une forme de* **leur** *dont vous préciserez la nature* (possessive adjective, possessive pronoun or personal pronoun)

1. Le proviseur a réuni les professeurs et _____ a annoncé que _____ vacances ne commenceraient pas avant le 1er Juillet.

2. Mon choix est fait, mais ils n'ont pas fait _____. Je _____ ai demandé de me donner _____ réponse avant 18 heures.

▮▮▮▮ TRAVAIL DE GROUPE ▮▮▮▮

Imaginez une dispute entre jeunes enfants, chacun voulant s'approprier les jouets de l'autre.

Vous vous diviserez en groupes de quatre ou cinq. Dans chaque groupe vous choisirez un rapporteur qui prendra des notes et organisera le travail, un(e) autre mènera la discussion, un(e) troisième fera une présentation à la classe entière. Tous vous contribuerez avec vos propres suggestions basées sur vos expériences personnelles.

EXEMPLE: « C'est à qui ça ? C'est **mon** _____, ce n'est pas **le sien**... »

2. LES ADJECTIFS ET LES PRONOMS DÉMONSTRATIFS

I. LES ADJECTIFS DÉMONSTRATIFS

Demonstrative adjectives agree in number and gender with the noun they precede. They are repeated before every noun. There are two types of demonstrative adjectives : the simple demonstrative adjective (*ce, cet, cette, ces*) and the stressed demonstrative adjective which adds *-ci* or *-là* after the noun.

STUDY THESE EXAMPLES

Ce garçon ne fait pas son travail.
Cet enfant est mal élevé.
Cette petite fille est insupportable.
Ces parents n'ont pas de chance !

Ce garçon-ci est bien sympathique.
Cet enfant-ci est très bien élevé.
Cette petite fille-là a toujours le sourire.
Ces parents-là ont beaucoup de chance !

NOTE

a. *cet* (masculine singular) precedes a noun which begins with a vowel or a mute *h*:

   cet ordinateur, *cet* hôtel, *cet* homme (*ce* hibou).

b. When there is the need to make a distinction between two persons, two objects or two groups, the particle *-ci* or *-là* is placed after the noun. *-ci* implies proximity while *-là* refers to a more distant object or person.

   Cette voiture-ci me convient très bien. *Cette voiture-là* est beaucoup trop grande.

II. LES PRONOMS DÉMONSTRATIFS

Demonstrative pronouns replace a specific noun and carry its number and gender. The demonstrative pronoun, in its masculine, feminine, singular and plural forms, does not stand alone. It is followed by either *-ci* or *-là*, a relative pronoun or a preposition (*de* most frequently, but also *en, pour, chez, devant*, etc.)

	MASCULINE	FEMININE	NEUTER
SINGULAR	celui	celle	ceci, cela, ce, ça
PLURAL	ceux	celles	

STUDY THESE EXAMPLES

J'ai visité deux appartements : *celui de* la rue des Capucines est un peu petit, *celui de* la rue Lamartine est *celui que* je préfère.

J'hésite entre deux paires de chaussures : *celles-ci* me plaisent mais *celles-là* sont plus confortables.

Tu connais Jean-Jacques ? — Ah ! *celui-là*, ne m'en parle pas, je ne l'ai pas vu depuis des semaines !

NOTE

The neuter form of the demonstrative pronoun replaces or refers back to an idea, an object or a whole clause. There are four forms : *ce, ceci, cela* and *ça* which is rather colloquial.

En France, les magasins ferment souvent entre 12 et 14 heures. *Cela* n'est vraiment pas pratique (*ça* n'est vraiment pas pratique, *ce* n'est vraiment pas pratique).

Cela vous dérange si je ferme la fenêtre ?

Ceci dit, où est l'argent que tu devais me rendre aujourd'hui ?

C'est la vie !

In English, *what* can be the contraction of *that which*. In French you will say: *ce que, ce qui, ce dont* according to the function of the pronoun (see chapter 16 on relative pronouns).

Tell me *what* you saw. I want to know *what* happened, *what* you need.

Expliquez-moi *ce dont* vous parlez.

III. EXEMPLES LITTÉRAIRES

Molière (1622–1673)

« Venez, entrez dans cette salle... »

« C'est un de mes écoliers qui a pour ces sortes de choses un talent admirable... »

« Qu'est-ce que c'est que cette logique ?... »
  (*Le bourgeois gentilhomme*, 1670, Acte I, Scènes 2 et 3, Acte II, Scène 4)

« Je ne m'étonne pas si je ne me porte pas si bien ce mois-ci que l'autre... »

« Quel Cléante ? Nous parlions de celui pour qui l'on t'a demandé en mariage... »

« Cette coquine-là me fera mourir... »

« Levez-vous que je mette ceci sous vous. Mettons celui-ci pour vous appuyer, et celui-là de l'autre côté... »

« Hélas ! je ne suis point en état de parler de ces choses-là.
  (*Le malade imaginaire*, 1673, Acte I, Scènes 1,5,6,7)

Montesquieu (1689–1755)

Les hommes du pays où je vis, et ceux du pays où tu es, sont des hommes bien différents. (*Lettres persanes*, 1721)

Jules Romains (1885–1972)

J'allais vous dire que ce Paris-ci ne m'est familier que depuis ces dernières années... Bien entendu, je suis familier avec tout ce centre de Paris depuis ma petite enfance, comme vous, sans doute ? Pendant toute mon enfance et mon adolescence, j'ai même habité rue Blanche... ce qui est en somme à deux pas... mais les découvertes que l'on fait quand on passe de la rue à quelque appartement comme celui-ci, d'où l'on a une vue, sont étranges... (*Les hommes de bonne volonté*, 1932–1947)

Sembène Ousmane (1929–)

Dieng voulait savoir combien de temps il fallait pour obtenir un extrait. — Cela dépend, dit le maçon. Si tu es connu ou si tu as des relations, sinon, il n'y a qu'à pas se décourager, mais si tu as de l'argent, alors là, ça va vite. (*Le mandat*, 1965)

Simone de Beauvoir (1908–1986)

...Voyager : ç'avait toujours été un de mes désirs les plus brûlants... Je n'oublierai jamais notre première soirée à Figueras; nous avions retenu une chambre et dîné dans une petite *posada* ; nous marchions autour de la ville, la nuit descendait sur la plaine et nous nous disions: « C'est l'Espagne. » (*La force de l'âge*, 1960)

Question

Dans la quatrième ligne de la citation du *Malade Imaginaire* de Molière (*Levez-vous que je mette...*) par quoi pourriez-vous remplacer *celui-ci* (pour vous appuyer) et *celui-là* (de l'autre côté) ?

IV. EXERCICES

A. *Complétez les phrases avec des adjectifs démonstratifs.*

1. D'habitude, elle portait des sabots, _____ jour-_____ elle avait mis des souliers à talons plats.

2. Vous êtes enrhumée; prenez _____ médicament. Vous vous sentirez mieux dans quelques heures.

3. Il faut marcher au moins une heure par jour; _____ discipline est indispensable pour ceux qui passent tellement de temps au volant d'une voiture.

4. Dans _____ famille on ne se ressemble pas : _____ enfants-_____ se consacrent aux sports, _____ enfants-_____ ne pensent qu'à lire et à discuter.

5. _____ été-_____ il a plu tous les jours. Impossible d'aller à la plage !

B.   *Complétez les phrases avec des pronoms démonstratifs.*

1.   Montrez-nous d'autres modèles de fours micro-ondes : _____ ne nous convient pas.

2.   Quels romans préférez-vous ? _____ du XIXème ou _____ du XXème siècles ?

3.   C'est mon parapluie, j'en suis sûr, _____ de Xavier est resté dans la voiture.

4.   Que _____ vous plaise ou non, je vais voir ce film.

5.   Les fleurs que vous admirez sont _____ que nous avons plantées l'année dernière.

C.   *Remplacez les groupes en italique par des pronoms démonstratifs.*

1.   Les directions que vous m'avez données sont plus simples que (*les directions*) _____ que Claire m'avait envoyées.

2.   Cette valise est trop petite, prenez (*la valise*) _____ qui est dans le placard de la chambre jaune.

3.   Elle a de très bonnes amies. (*Les amies*) _____ qui lui manquent le plus sont (*les amies*) _____ qui sont à l'étranger pour leurs études.

4.   Je vous préviens : cet appareil ne vous donnera pas satisfaction. Achetez plutôt (*l'appareil*) _____ que nous vous recommandons.

5.   Je n'ai jamais vu de frères et sœurs qui se ressemblent autant que (*ces frères et sœurs*) _____ !

D.   *Complétez les phrases avec les adjectifs ou les pronoms démonstratifs qui conviennent; vous devrez aussi ajouter* ci *et* là *et les prépositions qui s'imposent.*

1.   Est-ce que tu as besoin d'acheter des livres ? — Non, _____ dont j'ai besoin sont disponibles à la biliothèque du lycée.

2.   C'est votre voiture sous le marronnier ? — Non, c'est _____ ma sœur.

3.   Il faut que tu choisisses un manteau pour _____ hiver. — Je ne sais pas lequel prendre: _____ est trop long, _____ est trop lourd. _____ que j'avais l'hiver dernier est très bien !

4.   Dis-moi _____ que tu penses de _____ film sur les oiseaux migrateurs.

5.   Nous aimons beaucoup la plage, _____ où nous allons quand il fait beau n'est pas très loin d'ici.

6.   Ne remets pas au lendemain _____ que tu peux faire le jour même.

E.   *Traduction*

1.   If you do not like these cookies, take those.

2.   Those who finish early can leave early.

3. Do what you can and do not worry.

4. This hospital is more modern than that one.

5. This does not please me at all.

TRAVAIL DE GROUPE

Vous êtes vendeur/se dans un grand magasin. Vous avez à faire à des clients particulièrement difficiles. Imaginez un dialogue au cours duquel vous essaierez de convaincre les acheteurs que la qualité de votre marchandise est excellente.

Vous vous diviserez en groupes de quatre ou cinq. Dans chaque groupe vous choisirez un rapporteur qui prendra des notes et organisera le travail, un(e) autre mènera la discussion, Un(e) troisième fera une présentation à la classe entière.

Vous emploierez autant d'adjectifs et de pronoms possessifs et démonstratifs que vous le pourrez. Chaque membre du groupe participera et ajoutera des détails convaincants.

LECTURE

L'Immobilier. Où habiter ?

Madame Giton, qui habite le IXème arrondissement depuis des années, essaie d'encourager une de ses amies à venir s'y installer.

— On m'a dit que vous vouliez déménager. Puis-je vous donner quelques renseignements, faire quelques suggestions qui devraient faciliter vos recherches ?

Vous me dites que vous désirez quitter la banlieue, vous rapprocher du centre de Paris et vous installer sur la rive droite. Que diriez-vous du IXème arrondissement ?

Dans ce quartier très vivant, au cœur de Montmartre, vous êtes tout près du cimetière du Père Lachaise, à deux pas de la Gare du Nord d'où part l'Eurostar, à proximité des magasins d'alimentation, de grands cinémas, de théâtres, de bons lycées et d'écoles primaires et de deux hôpitaux importants. Quand vous vous déplacez, les transports en commun sont à votre porte : *métros*: Notre Dame de Lorette, Saint-Georges, Pigalle, Anvers, Trinité; *bus* : le 30, le 49, le 54, le 68, le 81, vous avez l'embarras du choix.

Voici donc une liste de quelques appartements disponibles dans mon quartier :
* *rue Le Peletier* : proche du quartier Drouot, au 6ème étage sans ascenseur d'un bel immeuble ancien, un 2 pièces lumineux en bon état général. Vue agréable sur les toits de Paris.
* *rue de la Tour d'Auvergne* : à deux pas de la Poste, un 2/3 pièces au 2ème étage sur cour, comprenant entrée, séjour, salle à manger, chambre, une cuisine aménagée et une salle d'eau[1] avec W.C. Appartement calme et ensoleillé.
* *rue Jean-Baptiste Pigalle*: au 2ème étage avec ascenseur d'un immeuble moderne, un ravissant 2 pièces sur cour avec balcon donnant sur jardin. Appartement calme et lumineux dans une très belle copropriété.
* *Square Moncey*: dans un superbe immeuble en pierre de taille[2] et briques, un appartement familial de 5 pièces composé de 3 chambres donnant sur le square. Appartement offrant de belles prestations et un calme absolu. Vendu avec une chambre de service, un débarras et une cave. Travaux à prévoir.

• *Entre Madeleine et Opéra*: vous serez séduite par le charme et le caractère de cet appartement de type haussmannien[3] avec son parquet ancien, ses moulures et ses cheminées. Hauteur sous plafond: 3,40m. Il est composé de 4 pièces. Calme et ensoleillé.

Si tout cela vous intéresse et vous intrigue, venez passer une journée avec moi. Je prendrai rendez-vous avec mon agence. Nous visiterons, et vous jugerez vous-même.

[1] *salle d'eau (SdE)* : salle de bains avec douche, pas de baignoire

[2] *pierre de taille (PdT)* : bloc de pierre blanche, utilisée sans enduit

[3] *haussmannien* : terme récent qu'on emploie pour décrire un certain type d'immeubles, en particulier ceux qui furent construits par le préfet Haussmann, sous Napoléon III. On les préfère souvent aux constructions modernes.

Questions

1. Faites un compte-rendu précis de la visite d'un de ces appartements. Quels en sont à votre avis les avantages et les inconvénients ?

2. Quel serait pour vous l'appartement idéal ?

12ème - **290 000 €** - DENFERT ROCHEREAU

Dans un bel immeuble ancien en PdT au 5ème étage, charmant 2/3 pièces, une chambre, balcon filant, double expo. Réf. : V23239

15ème - **84 000 €** - STUDIO - PARC GEORGES BRASSENS

Bel immeuble ancien ravalé, petit studio, chbre, belle cuisine, SdE, wc. Calme. Bon état.

12ème - **178 000 €** - DAUMESNIL

En dernier étage d'un immeuble PdT avec asc., appartement 2 pièces comp. : entrée, séjour, cuisine, chambre et SdB. Vendu avec cave. Parquet, moulures et cheminée. Réf. : V0010096

14ème - **725 000 €** -

Dans un bel immeuble ancien standing, grand classique pour cet appartement composé d'un double séjour, 3 chambres, 1 SdE, 1 SdB, cuisine. Parquet, moulures, cheminées. Réf. : V22008

À VOUS DE RÉFLÉCHIR

1. Aimeriez-vous vivre sur un bateau ?
2. Aimeriez-vous vivre dans un pays étranger ?

NOTES BIOGRAPHIQUES

Baudelaire, Charles see Chapter 2

Beauvoir, Simone de see Chapter 8

La Fontaine, Jean de see Chapter 2

Laye, Camara (1924–1980)
Né en Guinée. Fait ses études à Conakry, puis à Paris. *L'Enfant noir*, publié en 1953 et écrit alors que Camara Laye travaille chez Simca (usine d'automobiles), est un ouvrage autobiographique. Il décrit les changements qui se déroulent en lui et dans son pays et comment le rôle tenu par les coutumes magiques et mystérieuses de son enfance et de son adolescence a changé. Ses autres romans *Le regard du Roi* (1954), *Dramouss* (1966) et *Le maître de la parole* (1978) ne connaîtront pas le même succès.

Molière see Chapter 3

Montesquieu see Chapter 7

Péguy, Charles see Chapter 9

Romains, Jules (1885–1972)
Naquit en province et passa son enfance à Paris où son père était instituteur. Enseigne la philosophie jusqu'en 1919. Il est mobilisé pendant la guerre. Il se consacre d'abord au théâtre. *Knock ou le triomphe de la médecine* demeure un classique. Son chef-d'œuvre, le roman-fleuve, *Les hommes de bonne volonté* où il esquisse une histoire de la vie politique, économique et sociale lui vaut un siège à l'Académie française où il entre en 1946.

Sembène, Ousmane (1923–)
Né au Sénégal, il écrit *Le docker noir* (1956), *Ô pays, mon beau peuple* (1957), mais c'est son roman *Les bouts de bois de Dieu* (1960) qui le met au premier rang des écrivains de son pays. C'est en tant que cinéaste qu'on le connaît surtout. Il est effectivement le pionnier du cinéma africain qu'il domine encore en ce début de siècle. Il a réalisé notamment *Le mandat* (1971), *Xala* (1973), deux films tirés de ses propres romans, et *Ceddo* (1977) et *Le camp de Thiaroye* (1988). Il sait que le cinéma peut jouer et jouera un rôle plus important que la littérature dont les limites sont évidentes. Il veut convaincre son peuple que l'Afrique détient seule les solutions de ses problèmes. Il croit aussi en la solidarité des femmes et insiste sur l'importance de leur rôle.

Chapitre 16

LES PRONOMS RELATIFS

LE THÉÂTRE, LE CINÉMA

In English relative pronouns – *who, whom, whose, which, that* and *what* – can sometimes be omitted in the sentence (*the film I have just seen, the friends we saw,* instead of *the film which I have just seen, the friends whom we saw*…). In French, relative pronouns are never omitted.

The relative pronoun introduces a dependent clause that modifies a noun or pronoun mentioned in the main clause and called the antecedent. A relative pronoun can serve as subject, direct object, or object of a preposition. The relative pronouns are *qui, que, dont, lequel, où, quoi, quiconque.*

STUDY THESE EXAMPLES

L'appartement *qui* est libre n'a pas de balcon.
Les amis *chez qui* je passe mes vacances sont végétariens.
La pièce *que* nous avons vue hier ne m'a pas plu du tout. Je suis partie à l'entr'acte.

À midi j'ai déjeuné avec un camarade *dont* je connais bien les parents.
Ce dont j'ai peur c'est de me retrouver sans téléphone.
La ville *où* je suis né est sur les bords de la Creuse.

Le crayon *avec lequel* j'écris a besoin d'être taillé.
Le lac sur les bords *duquel* Lamartine écrivait ses poèmes est le lac du Bourget.
La route *par laquelle* vous allez passer date de Napoléon.

Je voudrais bien savoir *à quoi* il pense et *de quoi* elle parle.
Je le sais mieux que *quiconque.*

I. WHEN TO USE THE RELATIVE PRONOUNS

	SUBJECT	DIRECT OBJECT	OBJECT OF PREPOSITION
PERSONS	qui	que	qui, occasionally lequel etc.
THINGS	qui	que	lequel, laquelle lesquels, lesquelles

184

1. **QUI**

    a. *qui* + vowel = *qui*, in other words *qui* does not change, no matter which word follows.

    La maison *qui* a..., le château *qui* est..., celui *qui* ira... .

    b. *qui* is the subject of the subordinate clause which it introduces. It follows and replaces its antecedent; this antecedent is either a person, an object or a concept.

    Il y a un appartement libre. Cet appartement n'a pas de balcon. Using *qui* allows a single sentence: *l'appartement qui est libre n'a pas de balcon*, where *l'appartement* is the antecedent of *qui*; *qui* introduces a subordinate clause where it is the subject of the verb *est*.

    The verb agrees with the antecedent.

    Le professeur *qui nous enseigne* le français est sévère.
    Ce sont des gens *qui sont* très accueillants.
    Le temps, *qui s'est mis* au froid, ne nous permet plus de faire de longues randonnées.
    Je fais *ce qui* me plaît. (*ce* acts as the antecedent, *qui* is the subject of *plaît*. *Ce qui* = that which).

    c. *qui* as an object of a preposition. The antecedent must be a person.

    Le patron *pour qui* elle travaille est très exigeant.
    L'amie *à qui* j'ai rendu service m'a téléphoné pour me remercier.
    Je ne sais pas *avec qui* elle se marie.

    d. *qui* used without an antecedent. It occurs in proverbs and in set expressions.

    Qui vivra verra.
    Qui m'aime me suive !
    Sautez, dansez, / Embrassez *qui* vous voudrez.
    Voilà *qui* est bien.
    Je ne t'ai rien demandé et, *qui* plus est, ça ne te regarde pas !

2. **QUE**

    a. *que* + vowel or mute *h* = *qu'*.

    Nous avons mangé les poissons *qu'*il avait pêchés.

    b. *que* is always a direct object pronoun. Its antecedent can be a person, a thing or a concept.

    Le spécialiste *que* vous m'avez recommandé est absent pour le moment.
    Il a été pris d'un malaise pendant qu'il regardait les photos *que* nous lui avons envoyées.
    Le yoga, *que* l'on pratique beaucoup aujourd'hui, est une technique d'origine hindoue.
    Ne vous inquiétez pas; je ferai *ce que* vous me direz de faire (*ce* acts as the antecedent, *que* is the direct object of *direz* = that which).

c. In compound tenses, the past participle agrees with the antecedent of the relative pronoun.

Les livres que j'ai achetés sont intéressants.

3. LEQUEL (LAQUELLE, LESQUELS, LESQUELLES)

a. *lequel* and *lesquels* combine with the prepositions *à* and *de:*

à + *lequel* = *auquel; de* + *lequel* = *duquel*

Le vin *auquel* je pense est le Sancerre. C'est un vin assez léger qu'on boit frais.

b. *lequel* is used instead of *qui* when the pronoun follows a preposition and the antecedent is not a person:

Il m'est difficile d'ouvrir le tiroir *dans lequel* j'ai mis mes gants.
L'organisation *pour laquelle* il travaille est une organisation caritative.
Le bateau *à bord duquel* nous avions pris place a dû faire demi-tour à cause du mauvais temps.

c. *lequel* is used for persons after certain prepositions such as *entre* and *parmi,* and compound prepositions ending in *de.*

Ce sont les acteurs *entre lesquels* on a dû choisir.
C'est Pierre *à côté duquel* elle aime s'asseoir.

d. *lequel* is used instead of *qui* or *que* to clarify a statement:

Le fils de ma cousine, *lequel* a le même âge que moi, est passé nous voir.

If we use *qui,* we will not know whether it refers to the son or to the cousin.

4. DONT

a. *dont* is always an indirect object pronoun. Its antecedent can be a person, a thing or a concept. It usually replaces *de* + a relative pronoun. It is the equivalent of: *whose, of whom, of which.*

Cet écrivain, *dont* on parle tant en ce moment, est originaire de mon village.
C'est un travail *dont* vous êtes capable.
C'est un événement *dont* je me souviens très bien.
Ce dont j'ai besoin pour réussir ce dessert, c'est de beaucoup de patience.
Ce peintre, *dont* j'ai oublié le nom, ne peint que des natures mortes.

b. the word order in a sentence or clause with *dont* follows certain rules: *dont* must follow its antecedent directly. *Dont* may not follow compound prepositions ending in *de*. Instead, *de* is followed by the appropriate relative pronoun : *qui* or a form of *lequel.*

Nous aurons une réunion *au cours de laquelle* nous voterons sur ce projet.
L'homme *à la fille duquel* j'ai parlé hier est professeur.
La famille *près de laquelle* j'habite vient de France.

c. when *dont* expresses possession, the possessive adjective is not used.

Cet ami, *dont le* fils fait des études d'architecture, est lui aussi architecte.

5. OÙ

a. *où* can only be used when the antecedent is a thing. It replaces *lequel* preceded by a preposition to indicate a place and may be preceded by a preposition.

Les chambres *où* j'ai installé les plus jeunes sont celles du deuxième étage. (où = dans lesquelles).
Le lycée *où* j'ai fait mes études secondaires s'appelle le lycée Jeanne d'Arc.
Dans la situation difficile *où* ils se trouvent, ils ne peuvent que déménager.
J'irai *jusqu'où* il sera nécessaire.

b. *où* is used instead of *quand* if "when" follows an expression of time.

Le jour *où* tu es né, il neigeait.
Il a fait très chaud la semaine *où* vous étiez au Canada.
Vous partez au moment *où* nous arrivons. Quel dommage !

6. QUOI

quoi is a neuter pronoun which is used after a preposition with antecedents such as *ce, cela, rien*.

À quoi penses-tu ? (*quoi* is also an interrogative pronoun)
Ce à quoi je pense ne te regarde pas.
Il est rentré, a posé son sac à dos sur une chaise, a ouvert le frigidaire, *après quoi* il s'est fait un énorme sandwich; *de quoi* se rendre malade !

7. QUICONQUE

quiconque is an indefinite relative pronoun, always singular, usually masculine which means : *tout homme qui...*

Personne n'est prévenu, c'est un secret. Si vous le dites *à quiconque*, je ne vous pardonnerai pas.
Il est inutile de lui en parler; il le sait mieux que *quiconque*.

8. Relative pronouns used **after a demonstrative**.

Remember that in Chapter 15 (section 2, Ib), we explained that the demonstrative pronoun seldom stands alone, and is followed by *ci, là*, a preposition or a relative pronoun.

Avant que les cours ne commencent, les élèves vont, viennent, rient, bavardent, finissent un devoir, certains sont à peine réveillés, *ce qui* me rappelle mes années de lycée.
Mes amis se portent à merveille, sont pleins d'entrain, *ce dont* je suis ravie, mais leurs enfants sont mal élevés, *ce que* nous regrettons tous !

NOTE

In a relative clause, if the subject is longer than the verb, there is often an inversion between the two.

Je me demande *ce que font les enfants.*
Le quartier *où se trouve notre appartement* est très agréable.

II. EXEMPLES LITTÉRAIRES

ALPHONSE DE LAMARTINE (1790–1869)

...O lac, l'année à peine a fini sa carrière,
Et près des flots chéris qu'elle devait revoir,
Regarde ! Je viens seul m'asseoir sur cette pierre
    Où tu la vis s'asseoir ! ...

Que le vent qui gémit, le roseau qui soupire,
Que les parfums légers de ton air embaumé,
Que tout ce qu'on entend, l'on voit ou l'on respire,
    Tout dise : « Ils ont aimé ! »"
    (*Le Lac*, vers 6–9, vers 61–64)

GUY DE MAUPASSANT (1850–1893)

... Et chaque matin, il voyageait jusqu'au centre de Paris, en face d'une jeune fille dont il devint amoureux. Elle allait à son magasin tous les jours à la même heure. C'était une petite brunette, de ces brunes dont les yeux sont si noirs qu'ils ont l'air de taches, et dont le teint a des reflets d'ivoire. »
    (*Contes du jour et de la nuit, Le père*, 1er et 2ème paragraphes)

EUGÈNE IONESCO (1912–1994)

... Pourtant, c'est toujours l'huile de l'épicier du coin qui est la meilleure...
C'est lui d'abord qui s'est fait opérer du foie sans être aucunement malade...
    (*La Cantatrice chauve*, 1950, Scène première. Gallimard)

RENÉ GOSCINNY (1926–1977)

... Après les pruneaux, *auxquels* je trouvai une drôle de couleur, nous allâmes nous asseoir dans cette portion de la salle à manger que le gérant de notre immeuble insiste à qualifier de « living », et où, pour ne pas le contredire, nous avons placé quelques fauteuils autour d'une table basse en verre *où* tout le monde se cogne les genoux... »
    (*Interludes*, 1966)

Question

Dans la citation de René Goscinny, remplacez *auxquels* (première ligne) et *où* (dernière ligne) par d'autres constructions qui ne changeront pas le sens de la phrase.

_____

_____

III. EXERCICES

A. *Complétez les phrases avec le pronom relatif* **qui** *ou* **que.**

1. *La Cantatrice chauve* est une pièce _____ se joue sans relâche depuis 1950.

2. On la joue dans un petit théâtre _____ se trouve au Quartier latin et _____ les étudiants connaissent bien. C'est le théâtre de « la Huchette ».

3. Les pièces _____ l'on joue souvent et _____ attirent toujours les Parisiens sont les grandes pièces classiques.

4. Le théâtre de la Comédie française _____ abrita jadis la troupe de Molière demeure l'une des grandes salles de théâtre de Paris. C'est le Ministère de la Culture _____ fournit les fonds _____ exige son entretien.

5. Aller au théâtre est une distraction _____ beaucoup apprécient, mais _____ coûte parfois très cher.

B. *Complétez les phrases avec le pronom relatif qui convient.*

1. Que pensez-vous des feuilletons _____ l'on présente quotidiennement à la télévision ?

2. Je ne peux pas répondre à la question _____ vous me posez.

3. L'appartement _____ j'habite est tout près d'une salle de cinéma _____ on projette de très bons films.

4. Les amis avec _____ je vais au cinéma regardent rarement la télévision.

5. Est-ce que les films _____ vous me parlez sont des films étrangers ?

6. Cela dépend. Mais tous ceux _____ nous voyons sont en version originale. Les sous-titres _____ ne sont pas toujours parfaits nous permettent de comprendre ce _____ nous ne pouvons pas deviner si le film est dans une langue _____ nous est inconnue.

C. *De deux phrases, faites-en une à l'aide d'un pronom relatif.*

1. Nous avons vu une comédie musicale hier soir. Elle n'était pas très bonne.

   _____

2. Ma sœur a eu une audition. Elle ne connaît pas encore les résultats de l'audition.

   _____

   C'est pour un petit rôle dans un film publicitaire.

3. Elle va suivre un cours d'art dramatique. Pendant ce cours, elle doit rencontrer des acteurs qui ont fait leurs preuves. _____

4. Le festival de Cannes a lieu tous les ans au printemps. On y aperçoit tous les grands noms du cinéma. _____

5. Samuel Beckett a écrit *En attendant Godot* en français. Il est d'origine irlandaise.

   _____

D. *Relier les phrases à l'aide d'un pronom relatif et faites les changements nécessaires.*

1. C'est une actrice remarquable / j'ai beaucoup d'estime pour elle.

   _____

2. Les acteurs ont ramassé les fleurs avec joie / nous les leur avions lancées.

   _____

3. Je vais au Théâtre des Champs Elysées / on y joue une pièce de Jean Giraudoux.

   _____

4. Les costumes n'étaient pas finis / les acteurs ne pouvaient pas commencer à jouer sans les costumes.

   _____

5. La profession d'acteur demande beaucoup de persévérance / votre fille s'intéresse à cette profession.

   _____

E. *Complétez les phrases suivantes à votre choix.*

1. Le chef d'orchestre qui _____ était une femme.

2. Les places pour lesquelles _____ nous convenaient parfaitement.

3. L'acteur principal dont _____ avait la grippe.

4. L'entr'acte pendant lequel _____ n'a duré que cinq minutes.

5. Les amis avec qui _____ ont été ravis.

E. *Traduction*

1. Many writers and actors whose works are famous lived in Paris.

2. La Comédie Française is the theater which Molière founded.

3. If you go, you may see the armchair in which he sat when he acted in the plays he wrote.

4. Place des Vosges, there is a house where Victor Hugo lived for several years and one where Madame de Sévigné lived.

5. There is a boulevard to celebrate Beaumarchais who wrote *Le mariage de Figaro*.

6. The house in which Balzac lived is in a quiet neighborhood on the right bank of the Seine.

TRAVAIL DE GROUPE

Vous vous diviserez en groupes de quatre ou cinq. Dans chaque groupe vous choisirez un rapporteur qui prendra des notes et organisera le travail, un(e) autre mènera la discussion, un(e) troisième fera une présentation à la classe entière; tous vous donnerez votre opinion personnelle.

Vous êtes allé(e) au cinéma ou au théâtre avec un groupe d'amis. Après le spectacle, vous discutez de la pièce ou du film que vous avez vu et, naturellement, les avis sont partagés.

LECTURE

Le théâtre, le cinéma

Qu'on lise ce quotidien-ci ou ce quotidien-là, ce magazine-ci ou celui-là, on y trouve toujours plusieurs pages consacrées au théâtre, à la musique, au cinéma, à la peinture et à la danse. Le même phénomène se produit à la radio et à la télévision où l'on parle quotidiennement des acteurs et des chanteurs en vogue, des nouveaux films, des nouvelles pièces et des nouveaux spectacles de ballet. On ne doit pas négliger l'importance de revues spécialisées qui traitent de ces sujets et plus particulièrement du Septième art.

Le Septième art, quel est-il ? Ce n'est ni l'architecture, ni la peinture, ni la sculpture, ni la photographie, ni la musique, ni la danse, c'est le Cinéma. Vous êtes-vous jamais demandé(e) quel rôle le cinéma jouait dans votre vie ?

C'est en 1895 à Paris que le jeune Louis Lumière – il n'avait que 31 ans – a présenté à un public ébahi cette machine révolutionnaire qu'était le cinématographe. Ce fut le début de l'époque du cinéma muet dont l'un des héros fut Charlie Chaplin – les Français l'appellent Charlot – Il a tourné dans de nombreux films tels que *La ruée vers l'or, Les temps modernes* que l'on projette régulièrement dans les ciné-clubs. Peu nous importe ici l'histoire du cinéma et les énormes progrès techniques et technologiques qui ont permis le tournage de films comme *La guerre des étoiles, Les dents de la mer, Batman*, où les effets spéciaux sont plus importants que l'intrigue.

Pensez au cinéma en tant que messager. C'est grâce au cinéma qu'on peut mieux comprendre l'histoire du siècle dernier et l'histoire contemporaine. Les grands événements, qu'ils soient glorieux ou tragiques, les compétitions sportives sont enregistrés et nous sont retransmis alors qu'ils se déroulent par la télévision qui est née du cinéma. Les écrans panoramiques, les effets spéciaux ont transformé les bonnes vieilles projections en noir et blanc des années 50 et 60 en événements spectaculaires.

Ce qui est encore précieux pour beaucoup, ce sont les petits films qui retracent les moments importants de la vie de la famille, ces films qu'on a tournés sans video caméras, sans appareils numériques, des films de rien du tout. On les regarde, on les reregarde, on les commente sans s'en fatiguer. Ils sont irremplaçables car on n'en fait plus !

Vous êtes peut-être au nombre de ceux qui font la queue pour assister à la première d'un film qu'on a annoncé à grand bruit. Il faut le voir avant tout le monde. Pourquoi ? Pourquoi pas ? me direz-vous ! Et aujourd'hui, vous avez le cinéma chez vous. Le magnétoscope, le DVD vous permettent de voir tout ce que vous voulez – vieux films, documentaires, dessins animés, films qui viennent de sortir – de votre canapé.

La musique, la danse, la peinture, l'art dramatique nous entourent d'une façon ou d'une autre, mais le cinéma est indéniablement le plus présent. Il est indispensable.

Questions

1. Faites une liste des pronoms relatifs employés dans ce texte. Pour chacun d'entre eux, précisez l'antécédent.
2. Préférez-vous aller au cinéma ou regarder un film chez vous ? Justifiez votre réponse.
3. Parmi les derniers films que vous avez vus, lequel avez-vous préféré ? Donnez vos raisons.

À VOUS DE RÉFLÉCHIR

Imaginez que vous êtes dans le cinéma. Quel rôle y tenez-vous, celui d'acteur, de producteur, de metteur en scène, de maquilleuse, de technicien, de cascadeur... ?
Expliquez en quoi ce métier vous passionne.

NOTES BIOGRAPHIQUES

Goscinny, René (1926–1977)
Il est le père créateur d'*Astérix*, de *Lucky Luke* et du *Petit Nicolas*. Il a révolutionné le monde de la bande dessinée, et fait toujours rire et sourire des millions de lecteurs, petits et grands. C'est le dessinateur Sempé qui a illustré les histoires du Petit Nicolas.

Ionesco, Eugène   see chapter 7

Lamartine, Alphonse de   see chapter 9

Maupassant, Guy de   see chapter 5

Chapitre 17

LES CONSTRUCTIONS INTERROGATIVES LE DISCOURS INDIRECT

INTERVIEW ET QUESTIONNAIRE

1. LES CONSTRUCTIONS INTERROGATIVES

You are familiar with the basic interrogative constructions which either require the inversion of the subject : *Pleut-il ?* or the use of *est-ce que* in front of the affirmative construction : *Est-ce qu'il pleut ?* or the addition of the personal pronoun when the subject is not a pronoun: *Catherine va-t-elle sortir malgré la pluie ?*

In this section, we will study in details the more sophisticated interrogative constructions. There is only one interrogative adjective: *quel*, and its feminine and plural forms: *quelle, quels, quelles.*

Interrogative pronouns are the same as the relative pronouns except for *où*, an interrogative adverb and *dont*, which is not an interrogative. Besides, there are a few longer constructions formed by adding *est-ce que* to the relative.

Adverbs of manner, place, quantity are used as interrogative adverbs in interrogative constructions.

Quel jour est-on ? *Quelle* heure est-il ?
Qui va là ? *Que* fais-tu ? *Lequel* veux-tu ?

Qui est-ce qui a téléphoné ?
Qu'est-ce qui se passe ?
Qu'est-ce que tu en dis ?

Ça vaut *combien* ? *Où* habitez-vous ?

I.   INTERROGATIVE ADJECTIVES

They are often placed at the beginning of the sentence and always precede a noun (directly or with the verb *être*) with which they agree in number and gender. They often follow a preposition.

Quels journaux lisez-vous ?
Quelles chaussures as-tu achetées ?
Quel est votre nom ? *Quelle est* sa situation ?

À quelle exposition voulez-vous aller ?
De quel film parles-tu ?
Dans quelle boulangerie trouve-t-on de bons croissants ?

Note the different ways of asking a simple question.

Quel dessert tu veux ? (very familiar form)
Tu veux quel dessert ? (familiar form)
Quel dessert est-ce que tu veux ? (usual form)
Quel dessert veux-tu ? (less familiar)
Quel dessert Anne veut-elle ? (more formal)

Note that the interrogative adjectives can also be used in exclamations.

Quel beau paysage !
Quelle jolie maison !

II. INTERROGATIVE PRONOUNS

Interrogative pronouns have the same functions as a noun. They can be subjects of a verb, direct objects, or objects of a preposition.

STUDY THESE EXAMPLES

a.   *Qui* frappe ? *Qui* êtes-vous ?
  Qui as-tu rencontré en allant au marché ?
  À *qui* doit-on s'adresser ?
  De *qui* parlez-vous ?
  Avec *qui* sors-tu demain soir ?
  Sur *qui* pouvez-vous compter ?

b.   *Que* lui as-tu donné ?
  Que t'a-t-il répondu ?
  Que puis-je faire pour vous ?

c.   *Qui* est-ce *qui* parle ?
  Qui est-ce *que* tu as invité ?
  Qui est-ce qui vient ce soir ?
  Qu'est-ce que c'est *que* cette histoire-là ?
  Qu'est-ce que tu veux que j'y fasse ?

d.   *Quoi* de neuf ?
  Quoi répondre ?
  À *quoi* penses-tu? De *quoi* s'agit-il ?
  Par *quoi* peut-on remplacer le beurre ?

e.   *Lequel* d'entre vous a cassé le carreau ?
  Laquelle préfères-tu ? la verte ou la rouge ?
  À *laquelle* des trois va-t-on décerner la médaille ? Elles sont arrivées en même temps.
  J'ai vu tous les films de Truffaut; *desquels* voulez-vous parler ?

	PERSONS	THINGS	PERSONS AND THINGS
SUBJECT OF VERB	qui qui est-ce qui	qu'est-ce qui	lequel, laquelle, lesquels, lesquelles
DIRECT OBJECT OF VERB	qui qui est-ce que	que qu'est-ce que	lequel, laquelle, lesquels, lesquelles
AFTER A PREPOSITION	qui qui est-ce que	quoi quoi est-ce que	same as above + auquel etc., duquel etc.

How to use the interrogative pronouns :

a. **qui** ? If you look at examples in **a.**, you will notice that, whether *qui* is the subject of the verb, the direct object of the verb, or the object of a preposition, it refers back to a person. It always will.

b. **que** ? If you look at examples in **b.**, you will notice that *que* is always a direct object. It refers back to an object, or an idea, a concept.

c. **qui est-ce qui, qu'est-ce qui** ? are subjects of the following verb.
Qui est-ce qui parle ? : the first *qui* indicates the reference to a person, the second *qui* tells you it is the subject of the verb (*who is it who... ?*)
Qu'est-ce qui se passe ? : the *qu'* stands for *que* and indicates a reference to some idea, *qui* tells you it is the subject of the verb (*what is it which... ?*

qui est-ce que, qu'est-ce que, qu'est-ce que c'est que ? are direct objects of the following verbs.
Qu'est-ce que tu veux ? : *qu'* stands for *que* and indicates a reference to some idea, *que* tells you it is the object of the verb (*what is it that you want*).
qu'est-ce que c'est que is often used when you expect an explanation as an answer.

> [!NOTE]

1. When using *qui* as subject, the verb is always the third person singular even if the answer is not third person singular:

    Qui est là ? — Pierre et moi sommes là.

    except with the verb *être* in such expressions as : *Qui êtes-vous ?*

2. When using *qui* and *que*, note that the verb comes directly after the interrogative pronoun and the subject follows the verb.
    When using the longer form, there is no inversion; the longer pronoun carries the question, so to speak.

    Que veux-*tu* ? *Qu'est-ce que tu* veux ?

d. **quoi** ? implies something rather vague. It is used in **d.** as a subject, a direct object, or an object of a preposition.
quoi, just as *what* in English, can be used by itself:

J'entends quelque chose. — *Quoi* ? (used instead of : *Qu'est-ce que* tu entends ?)

e. **lequel, lesquels, laquelle, lesquelles** : can be the subject, the direct object or the object of a preposition in the sentence, and refer back to either a person, an object or an animal. These forms will combine with the prepositions *à* and *de (auquel, duquel)*.

III. INTERROGATIVE ADVERBS

They introduce questions related to time, place, manner, cause, quantity, etc...
As all adverbs, they are invariable.

Quand viendras-tu nous voir ? *Tu viens quand ?*
Où se trouve la poste ?
D'où viens-tu ?
Comment allez-vous ? Comment fait-on le bœuf bourguignon ?
Pourquoi fait-il si chaud ?
Combien pesez-vous ?

IV. EXEMPLES LITTÉRAIRES

Molière (1622–1673)

— Au voleur ! Au voleur ! À l'assassin !... Qui peut-ce être ? Qu'est-il devenu ? Où est-il ? Où se cache-t-il ? Que ferai-je pour le trouver ? Où courir ? où ne pas courir ? N'est-il point là ? N'est-il point ici ? Qui est-ce ?... De quoi est-ce qu'on parle là ? de celui qui m'a dérobé ? Quel bruit fait-on là-haut ? Est-ce mon voleur qui y est ?...
(*L'Avare*, Acte IV, scène 7)

Voltaire (1694–1778)

— Mais vous, monsieur Martin, dit-il au savant, que pensez-vous de tout cela ? quelle est votre idée sur le mal moral et sur le mal physique ?
(*Candide*, Chapitre 20)

— De quoi te mêles-tu, dit le derviche, est-ce là ton affaire ?...
— Que faut-il donc faire ? dit Pangloss. — Te taire, dit le derviche...
(*Candide*, Chapitre 30)

Beaumarchais (1732–1778)

— C'est vous, c'est lui, c'est moi, c'est toi ; non, ce n'est pas nous : eh ! mais qui donc ? Ô bizarre suite d'événements ! Comment cela m'est-il arrivé ? Pourquoi ces choses et non pas d'autres ? Qui les a fixées sur ma tête ?
(*Le mariage de Figaro*, Acte V, Scène 3)

Jean Renoir (1894–1979)

— Au fait, qu'est-ce que c'est, le cadastre ?
(Question posée par Maréchal à l'ingénieur dans une des premières scènes de *La Grande Illusion*, film tourné en 1937)

Jean-Marie Adiaffi (1941–1999)

Que me veux-tu, liberté ?
Quel est ton dessein ?
Quel est ton destin ?
Quel est ton nom ?...
. . . .
Qui te baptisera ?
Qui te donnera un nom
digne de toi ?...

(dernier poème du recueil *Galerie Infernale* Abidjan, CEDA, 1984)
quoted in *Anthologie africaine : poésie* / Jacques Chevrier, page 99
© Éditions Hatier International, 2002
© Hatier, 1988

Question

Dans la citation de Beaumarchais, « — C'est vous, c'est lui, c'est moi, c'est toi ; non, ce n'est pas nous : eh ! mais qui donc ? », posez la question différemment.

V.   EXERCICES

A.   *Complétez les phrases avec l'adjectif interrogatif qui convient.*

1.   Dans _____ journal avez-vous lu cette petite annonce ?
2.   _____ est la situation qui vous intéresse le plus ?
3.   De _____ ordinateur vous servez-vous ?
4.   Pour _____ raisons voulez-vous travailler à mi-temps ?
5.   À _____ moment peut-on vous joindre par téléphone ?

B.   *Complétez les phrases avec un pronom interrogatif.*

1.   _____ cherchez-vous ? — Je cherche le Directeur.
2.   _____ cherchez-vous ? — Je cherche le bureau du Directeur.
3.   _____ vous a donné rendez-vous ?
4.   Avec _____ avez-vous rendez-vous ?
5.   De _____ allez-vous parler ? — Je vais parler de mes études.
6.   _____ pensez-vous de notre projet ?
7.   _____ de ces bureaux vous semble le mieux situé ?
8.   _____ vous diriez si je vous faisais passer un petit examen ?

C. *Posez les questions en employant:* **qui est-ce qui, qui est-ce que, qu'est-ce qui, qu'est-ce que, qu'est-ce que c'est que ?**

1. _____ vous avez vu en arrivant ? — J'ai vu un de vos collègues.

2. _____ vous a conseillé de nous écrire ? — C'est mon frère.

3. _____ votre sœur pense de votre décision ? — Elle l'approuve.

4. _____ vous pensez faire dans 5 ans ? — Je me pose souvent cette question.

5. _____ vous faites comme sport ? — Je fais du yoga.

7. _____ le yoga ? — C'est difficile à expliquer.

8. _____ vous arrange le mieux ?

D. *Complétez les phrases avec un adjectif ou un pronom interrogatif.*

À votre avis, (1) _____ temps va-t-il faire aujourd'hui ? S'il fait beau, (2) _____ robe vais-je mettre ? S'il pleut, (3) _____ je vais devenir ? J'ai perdu mon parapluie. À (4) _____ heure est mon rendez-vous ? Il ne faut pas que j'arrive en retard, (5) _____ ' on penserait de moi ? (6) _____ excuse pourrais-je donner ? « Oh, je ne savais pas quoi mettre et j'avais perdu mon parapluie ! » Je me raconte des histoires ! Je suis prête et je serai à l'heure. Mais, (7) _____ va m'interviewer ? (8) _____ on va me demander ? (9) _____ questions est-ce qu'on va me poser ? (10) _____ rude journée en perspective, ne croyez-vous pas ?

E. *Traduisez les phrases suivantes.*

1. Where were you born?

_____

2. When did you graduate from high school?

_____

3. Why do you want to work for our company?

_____

4. How did you come here?

_____

5. What did you do last night?

_____

6. What is your schedule today?

_____

7. What would you like? tea or coffee?

_____

8. Whose glasses are these?

_____

TRAVAIL DE GROUPE

Vous êtes journaliste. Une célébrité du monde artistique ou littéraire vous accorde l'interview que vous aviez sollicitée. Cette personne exige de pouvoir répondre brièvement aux questions posées. Mettez cette interview en scène ou faites-en le compte-rendu.

Vous vous diviserez en groupes de quatre ou cinq. Dans chaque groupe vous choisirez un rapporteur qui prendra des notes et organisera le travail, un(e) autre sera la célébrité, un(e) troisième mènera l'interview, et un(e) quatrième fera une présentation à la classe entière; tous vous essaierez de trouver des questions à poser à la célébrité.

2. LE DISCOURS INDIRECT

I. INDIRECT DISCOURSE CONSTRUCTIONS

If you say : « _Qui frappe ?_ », « _Qu'est-ce que vous voulez manger ?_ », « _Qu'est-ce qui ne va pas ?_ », you are asking a direct question, you are repeating words exactly as they were said; there is a question mark at the end of the clause. The question is usually introduced by a verb such as _dire, demander_ followed by a colon and quotation marks:

Il m'a dit : « Quand pars-tu ? »

or if the introductory verb is later in the sentence, the subject and the verb will be inverted :

« Si vous venez tôt, _dit ma mère_, nous ferons une promenade. »

If you say: — _Je me demande qui frappe,_ — _Je voudrais savoir ce que vous voulez manger,_ — _Dites-moi ce qui ne va pas,_ you are asking indirect questions within an indirect discourse construction.

The indirect discourse occurs also in declarative sentences such as:

On m'a dit qu'il fallait arriver avant 10 heures (= on m'a dit: « il faut arriver avant 10 heures »)

Il m'a promis que ce serait prêt demain matin. (= il m'a promis: « ce sera prêt demain matin » ou bien : « Ce sera prêt demain, m'a-t-on promis. »)

Je lui ai annoncé que nous avions décidé de l'engager. (= je lui ai annoncé: « nous avons décidé de vous engager »)

Je vous demande de vous taire. (= Je vous demande: « taisez-vous »).

Ma mère dit que si vous venez tôt nous ferons une promenade. (most likely to happen)

Ma mère dit que si vous veniez tôt nous ferions une promenade. (somewhat unlikely)

An indirect discourse construction follows verbs such as *annoncer, croire, déclarer, exiger, penser, proposer, recommander, répondre, savoir* etc. The indirect statement is introduced by the conjunction *que*, or the preposition *de* and a verb in the infinitive. *Que* is repeated before each subordinate clause of the statement. Within the indirect statement, pronouns, verb tenses and adverbs of time must be changed according to the meaning of the sentence and the rules of the sequence of tenses.

STUDY THESE EXAMPLES

a.   Je me demande *à qui il faut s'adresser* pour obtenir ce renseignement.

b.   On ne sait jamais *quand finit* notre journée de travail.

c.   Nous ne savons pas *ce qu'il a voulu* dire.

d.   Dites-nous *pourquoi vous étiez* absente hier.

e.   Il nous a déclaré *qu'il démissionnait.*

f.   Le comptable a confirmé *que nous serions payés* dans la semaine.

g.   Elle m'a proposé *de travailler* un jour sur deux.

h.   — Je viendrai demain. — Il a dit *qu'il viendrait* le lendemain.

i.   — Viendrez-vous demain ? — Il m'a demandé *si je viendrais* demain / le lendemain.

If the declarative verb is in the present, the verbs of the subordinate clause will be in the same tenses as in direct discourse (a. to d. above). If the declarative verb is in the past, the subordinate verbs will be in the tenses indicated in the following chart (e. to i. above).

DIRECT DISCOURSE	INDIRECT DISCOURSE IN THE PAST
present	imperfect, *passé composé*
passé composé	*plus-que-parfait*
future	present conditional
futur antérieur	past conditional
imperfect	imperfect
plus-que-parfait	*plus-que-parfait*
present conditional	present conditional
past conditional	past conditional

II. EXERCICES

A. *Mettez les phrases suivantes au discours indirect.*

1. Hier, mes amis m'ont dit: « tu as vraiment bonne mine. »

    _____

2. J'ai répondu: « ça me fait plaisir ! »

    _____

3. Mon patron m'a dit: « vous faites du bon travail. »

    _____

4. J'ai répondu: « je fais de mon mieux. »

    _____

5. Je me suis dit: « je passe une bonne journée. »

    _____

6. Quand il est parti, son amie lui a dit: « J'attendrai ton retour ! »

    _____

B. *Mettez les phrases suivantes au discours direct.*

1. Une de mes collègues m'a demandé de la remplacer pendant son absence.

    _____

2. Le service de sécurité ordonne qu'on ferme les portes.

    _____

3. On m'a conseillé d'analyser quelques dossiers.

    _____

4. Le médecin recommande que nous fassions du sport.

    _____

5. Nous répondons que nous n'avons pas le temps.

    _____

6. On lui a expliqué que sa présence était nécessaire.

    _____

LECTURE ET TRAVAIL DE GROUPE

Vous trouverez à la page suivante le célèbre questionnaire que Marcel Proust, dit-on, présentait à ses amis.

Vous vous diviserez en groupes de quatre ou cinq. Dans chaque groupe vous choisirez un rapporteur qui prendra des notes et organisera le travail, un(e) autre mènera la discussion, un(e) troisième fera une présentation à la classe entière. Tous vous répondrez aux questions posées et vous en poserez d'autres choisies parmi les autres questions du questionnaire d'après vos intérêts personnels.

Lisez le questionnaire soigneusement. Répondez aux questions marquées d'un astérisque (*). Avant d'y répondre, posez la question.

EXEMPLE: Le principal trait de mon caractère...
               Question: Quel est le principal trait de votre caractère ?

               Ce que j'apprécie le plus chez mes amis...
               Question: Qu'est-ce que vous appréciez le plus chez vos amis ?

LE QUESTIONNAIRE DE MARCEL PROUST

*—Le principal trait de mon caractère _____

—La qualité que je désire chez un homme _____

—La qualité que je désire chez une femme _____

*—Ce que j'apprécie le plus chez mes amis _____

*—Mon principal défaut _____

*—Mon occupation préférée _____

—Mon rêve de bonheur _____

—Quel serait mon plus grand malheur _____

*—Ce que je voudrais être _____

*—Le pays où je désirerais vivre _____

*—La couleur que je préfère _____

*—La fleur que j'aime _____

*—L'oiseau que je préfère _____

—Mes auteurs favoris en prose _____

—Mes poètes préférés _____

—Mes héros favoris dans la fiction _____

—Mes héroïnes favorites dans la fiction _____

—Mes compositeurs préférés _____

—Mes peintres favoris _____

*—Mes héros dans la vie réelle _____

*—Mes héroïnes dans la vie réelle _____

—Mes noms favoris _____

*—Ce que je déteste par-dessus tout _____

—Caractères que je méprise le plus _____

—Le fait militaire que j'estime le plus _____

★—La réforme que j'admire le plus _____

★—Le don de la nature que je voudrais avoir _____

★—État présent de mon esprit _____

—Fautes qui m'inspirent le plus d'indulgence _____

—Ma devise _____

À VOUS DE RÉFLÉCHIR

Vous dirigez un bureau de placement qui se spécialise dans l'emploi des jeunes.
Comment se déroulent leurs conversations avec vous ?
Quelles questions posez-vous ? Que vous répond-on ?
Quelles questions vous pose-t-on ? Qu'y répondez-vous ?

NOTES BIOGRAPHIQUES

Adiaffi, Jean-Marie (1941–1999)

Écrivain ivoirien. Il a d'abord fait des études de cinéma à l'IDHEC (Institut des Hautes Études Ciné-matographiques) à Paris. Il a ensuite étudié la philosophie à la Sorbonne, puis il est rentré en Côte d'Ivoire pour se consacrer au roman (*La Carte d'Identité*) avant d'écrire son premier recueil de poésie: *D'Éclairs et de foudres*. Il écrira aussi *Les naufragés de l'intelligence*. Sa poésie comme sa prose sont parfois violentes, mais toujours passionnées et généreuses. Il a reçu en 1981 Le Grand Prix Littéraire d'Afrique Noire.

Beaumarchais, Pierre Augustin Caron de   see chapter 8

Molière   see chapter 3

Proust, Marcel (1871–1922)

Marcel Proust est considéré comme le grand romancier du XXème siècle. Son chef-d'œuvre, *À la recherche du temps perdu,* est un roman de 3 000 pages qu'il commença alors qu'il avait 30 ans et sur lequel il travailla jusqu'à sa mort. Proust réussit à recréer son monde à lui grâce à l'intensité de ses réminiscences et de ses sensations et en y mêlant intimement les personnages du monde aristocratique en lequel il évolue.

Du côté de chez Swann qui paraît en 1913 et *À l'ombre des jeunes filles en fleurs* qui reçoit le prix Goncourt en 1919 font partie de *À la recherche du temps perdu.* Même si le passé paraît nous échapper, il demeure dans notre mémoire et est ressuscité par de multiples sensations, voici le thème central du roman. Tel le goût de la madeleine trempée dans une tasse de thé qui fait ressurgir chez l'auteur toute une période de son existence.

Renoir, Jean   see chapter 7

Voltaire   see chapter 10

Chapitre 18

LES CONJONCTIONS

LA CUISINE, LA NOURRITURE

In French, as in English, there are two types of conjunctions: coordinating conjunctions and subordinating conjunctions. They are invariable.

Coordinating conjunctions such as : *mais, ou, et, donc, or, ni, car, cependant, ensuite, ainsi* join words or clauses which have the same grammatical function. They provide transitions between elements of the text:

Le drapeau est bleu, blanc *et* rouge.
Il fait froid *mais* il n'y a pas de vent.

Subordinating conjunctions such as : *que, parce que, afin que, quand, de sorte que, si, comme* connect a main clause with a dependent clause which is the subordinate clause.

Je ne mange pas *parce que* je n'ai pas faim.
Nous vous préviendrons *quand* nous aurons des nouvelles.

STUDY THESE EXAMPLES

Tu entres *ou* tu sors, décide-toi.
Je vais vous dire au revoir *car* je dois partir.
Si tu ne veux pas dîner, tu quittes la table
Nous ne prenons *ni* thé, *ni* café.
*Puisqu'*il fait beau, mettons-nous en route.
Ferme les fenêtres *de peur qu'*il ne pleuve.
Il prépare un grand dîner *sans qu'*elle le sache.

I.   WHEN TO USE CONJUNCTIONS

a.   *Coordinating conjunctions*
When they connect two nouns, adjectives or infinitives, their role is self evident. They can express a link, time, opposition, result.
When they connect clauses, the two clauses are complete: *il fait froid, il n'y a pas de vent* are complete sentences which make sense on their own. The conjunction links two independent clauses.

The most common coordinating conjunctions, besides the ones listed above, are:

ainsi, alors, d'abord, d'ailleurs, au contraire, cependant, donc, en conséquence, en effet, enfin, en fin de compte, en outre, en somme, finalement, néanmoins, pourtant, c'est pourquoi, par conséquent, par contre, tout compte fait, toutefois

NOTES

1. *donc* is never used at the beginning of a sentence; use *c'est pourquoi, par conséquent*.
2. If *ainsi, aussi, peut-être, sans doute* are at the beginning of a sentence, the verb and the subject must be inverted. The conjunction may be placed in the middle of the sentence to avoid this inversion.

   Sans doute a-t-il raison. / Il a sans doute raison.
   Ainsi soit-il !
   Ainsi va la vie !

b. *Subordinating conjunctions*

They subordinate one clause to the other. The dependent clause cannot stand alone, it is not a complete sentence. The conjunction is used to join it to the main clause. These conjunctions are often formed by a preposition followed by *que*.

Conjunctions of subordination do not all have the same status. As you know from studying the different tenses and moods, verbs may follow different conjunctions, some requiring the indicative, others the subjunctive.

Among conjunctions requiring the *indicative*, often the *futur antérieur*, there are: *quand, lorsque, dès que, aussitôt que, après que, pendant que, vu que, suivant que*.

Among conjunctions requiring the *subjunctive* there are: *bien que, quoique, avant que, de peur que, afin que, pour que, sans que, jusqu'à ce que, en attendant que, soit que* (see Chapter 8, section I).

NOTES

1. The conjunction *que* has a special status: it will introduce a subordinate verb in the indicative or the subjunctive depending on the verb in the main clause:

   Je sais qu'il viendra.
   Nous espérons qu'il pleuvra.

   It introduces a subordinate verb in the subjunctive when it follows a verb expressing emotion, will, desire, necessity, possibility or doubt.

   Il faut qu'il sache l'heure de votre arrivée.
   Je doute qu'il vienne.

   Que can also replace another conjunction instead of repeating it in the same sentence: *si, quand* can be replaced by *et que*

   Si tu viens dimanche et qu'il fasse beau, nous ferons une randonnée.

2. *Comme* can be a conjunction of subordination (a) or an adverb (b); it expresses time, cause or comparison.

    a. Comme elle sera là demain, il faut préparer une chambre.
        Comme il pleuvait, je ne suis pas sortie.
        Nous sommes arrivés comme il partait.

    b. Il écrit comme il parle; il fait doux comme au printemps; elle est jolie comme tout; comme c'est cher !

3. *Si* can also be a conjunction of subordination (a) or an adverb (b).

    a. Nous dînerons ensemble si vous le voulez bien.
        Si j'avais su, je n'aurais rien dit.
        Elle a fait comme si je n'étais pas là.
        Vous me direz si vous pouvez venir (interrogation indirecte).

    b. Vous n'étiez pas là hier. Mais si, j'étais là !
        Je ne suis pas si paresseux que ça !

4. Conjunctions are omnipresent be it in the spoken language or in the written language.

II. EXPRESSIONS ET EXEMPLES LITTÉRAIRES

Ce n'est ni l'heure ni le moment.
Comme on fait son lit, on se couche.
La parole est d'argent, mais le silence est d'or.
Je pense, donc je suis.
Il faut qu'une porte soit ouverte ou fermée.
« Puisque c'est ainsi », le petit prince a dit: «nous reviendrons mardi ».
La journée s'écoule sans que personne ne vienne me voir.

Gustave Flaubert (1821–1880)

...Cet endroit où elle admettait peu de monde avait l'air tout à la fois d'une chapelle et d'un bazar, tant il contenait d'objets religieux et de choses hétéroclites.
    (*Un Cœur simple, Trois contes*, 1877)

Bernard Dadié (1916–)

Le Parisien. Cet homme qui ne sait plus tenir un os est le plus compliqué du monde. Il a arrangé sa vie de telle sorte que nous y perdions notre latin. On ne sait jamais dans ce pays quand il faut se lever, quand il faut s'asseoir, qui doit-on laisser passer le premier, ni ce qu'il faut répondre à certains compliments formulés de façon à se presenter sous deux ou trois angles, deux ou trois acceptions. Amoureux d'équilibre, le Parisien donne à ses phrases une forme équilatérale. Et de là à se prétendre simple comme le bonjour, il n'y avait qu'un pas. Qui veut-il tromper quand nous savons qu'il y a ici toute une gamme de bonjours... ?
(*Un nègre à Paris*, © 1964, Fernand Nathan, *littérature africaine* 7, © 1959, Présence Africaine)

Ferdinand Oyono (1929–)

Un chef coutumier. Mengueme, lui, est un vieillard aussi rusé que la tortue des légendes. Bien qu'il comprenne et parle le français, il fait toujours semblant de ne rien comprendre. Il peut boire du lever au coucher du soleil sans qu'il y paraisse...
(*Une vie de boy*, 1956, Fernand Nathan, *littérature africaine 8*)

Mongo Beti (1932–)

La passerelle. Toi, Khoumé, ordonna-t-il, attends ici. Je conduirai d'abord ta sœur; quand je serai sur l'autre berge, je frotterai une allumette, ainsi tu pourras voir la passerelle. C'est un tronc d'arbre crevassé, bosselé, très dangereux: il doit être glissant après toute cette pluie. Alors attends ici et ne bouge pas. Quand je frotterai une allumette, tu pourras venir; pas avant, prends garde...
(*Ville cruelle*, 1954 , Fernand Nathan, *littérature africaine 5*)

III. EXERCICES

A. *Dans le passage suivant, complétez les phrases avec une des conjonctions suivantes.*

afin que	ainsi	donc	et	comme
puisque	quand	que	si	pourvu que

Avant de s'asseoir à table avec ses invités, il faut avoir beaucoup réfléchi _____ beau-
1.

coup travaillé. On espère _____ que tout le monde sera satisfait. _____
2.   3.

c'est l'été, il faut préparer un repas léger. _____ on sert du poisson avec une sauce,
4.

_____ on le cuisine, il faut s'assurer que tous les ingrédients sont frais. Ce plat sera
5.

_____ très apprécié. On peut ajouter une tarte aux légumes _____ les
6.   7.

végétariens puissent satisfaire leur appétit. Quoi que vous serviez, faites en sorte _____
8.

ce soit appétissant. _____ le plat est joli et _____ la cuisine sente bon, vous avez
9.   10.

presque gagné.

B. *Employez les conjonctions suivantes dans des phrases de votre composition.*

alors	après que	au contraire	cependant	comme
d'ailleurs	dès que	jusqu'à ce que	or	de peur que

IV. RECETTES DU MONDE FRANCOPHONE

1. FRANCE:

   Voici une recette très simple pour ceux et celles d'entre vous qui ne mangent pas de viande. C'est une façon rapide de préparer les endives.

   Endives à la poêle

   Pour quatre personnes, il vous faudra:

   1 kg d'endives, 140 gr de beurre, 1/2 citron, du sel et du poivre.

   Enlevez les feuilles extérieures des endives. Lavez rapidement les endives.

   Mettez-les dans une grande casserole avec le jus du demi citron, une pincée de sel et 30 gr de beurre. Mettez de l'eau pour couvrir le tout.

   Portez à ébullition sur feu vif. Couvrez avec un papier (sulfurisé ou aluminium) beurré. Baissez la flamme et laissez cuire pendant 35 minutes.

   Laissez les endives refroidir dans le jus de cuisson. Égouttez-les avec soin en les pressant, si besoin est.

   Mettez les 100 grammes de beurre dans une poêle. Faites chauffer. Lorsque le beurre mousse, mettez-y les endives et faites-les rouler pour qu'elle deviennent bien blondes. Salez et poivrez.

   Servez dans un joli plat.

2. MARTINIQUE:

   Bananes aux raisins secs

   Pour quatre personnes, il vous faudra:

   4 bananes (pas trop mûres), 30 gr de beurre, 3 cuillérées à soupe de rhum, 1 orange, 100 gr de raisins secs, 50 gr de sucre en poudre, 1/2 sachet de sucre vanillé, 1 clou de girofle. Épluchez les bananes et coupez-les en deux dans le sens de la longueur. Faites fondre le beurre dans une poêle. Mettez les bananes dans le beurre chaud et faites-les dorer pendant quelques minutes. Lorsqu'un côté est bien doré, retournez-les délicatement. Pressez l'orange. Ajoutez le jus d'orange, le sucre en poudre, le sucre vanillé, le rhum, les raisins secs et le clou de girofle dans la poêle. Portez à ébullition et faites flamber; faites attention !

   Avant de servir très chaud, enlevez le clou de girofle.

3. VIETNAM:

   Riz sauté aux œufs et aux crevettes:

   Pour six personnes, il vous faudra:

   1 kg de riz blanc cuit et bien refroidi, 200 g de crevettes épluchées, 4 œufs, 4 ou 5 échalotes hachées assez gros, 2 gousses d'ail hachées très fin, 4 branches de coriandre fraîche, 5 cl d'huile, sel, poivre, 1 cuillerée à soupe de *nuoc-mâm* (sauce de poisson vietnamienne facile à trouver dans les épiceries asiatiques).

   Dans une grand poêle, faites chauffer la moitié de l'huile et faites revenir le tiers des échalotes hachées. Ajoutez l'ail et les crevettes et mélangez pendant 3 ou 4 minutes. Ajoutez le *nuoc-mâm* et mettez de côté.

   Faites chauffer le reste de l'huile dans la poêle. Faites dorer le reste des échalotes, ajoutez les œufs battus et mélangez bien. Ajoutez le riz, mélangez, salez et poivrez.

   Quand le riz est bien chaud, ajoutez les crevettes que vous aurez déjà fait sauter.

Au moment de servir, disposez les feuilles de coriandre sur le riz et poivrez.

4. SÉNÉGAL:

Confiture de mangues

1 kg de mangues, 750 gr de sucre, un zeste de citron, quelques tranches de citron. Choisissez les mangues encore dures. Coupez-les en morceaux et versez le sucre en poudre dessus. Laissez macérer pendant deux heures au moins. Le sucre est alors fondu. Mettez le tout sur le feu, dans une bassine assez large et basse, avec le citron (zeste et tranches). Laissez cuire à feu moyen pendant une heure et demie environ.

TRAVAIL DE GROUPE

Divisez votre classe en groupes de quatre ou cinq élèves.

Que chaque groupe choisisse la cuisine d'un pays francophone, qu'il fasse une présentation sur ce qui en fait l'originalité en insistant sur les condiments et les épices. Les échantillons seront les bienvenus.

On emploiera de nombreuses conjonctions.

N'oubliez pas de joindre la recette à ce que vous aurez cuisiné.

LECTURE

À la recherche d'une alimentation équilibrée.

L'épidémie d'obésité chez les enfants ne s'étend pas seulement aux États-Unis. Ce phénomène fait surface dans bien d'autres pays que ce soit la Chine, la Grande-Bretagne ou la France. Les Français en prennent de plus en plus, et nous devrions dire de mieux en mieux, conscience et on observe à l'heure actuelle un déploiement de mesures dans plusieurs domaines et tout particulièrement dans les milieux scolaires.

On sait maintenant que les enfants obèses le resteront quand ils deviendront adultes. L'éducation dès le plus jeune âge est donc indispensable, car c'est de plus en plus difficile de résoudre le problème de l'obésité quand il est établi. En France, dix villes se sont associées au ministère de la Santé pour lancer le projet Epode (Ensemble prévenons l'obésité des enfants). On avait constaté en 2004 que 22 % des enfants étaient en surpoids, un indice qui précède l'obésité, et le projet Epode, prévu pour un minimum de cinq ans, essaie d'enrayer cette progression jusque là continue vers l'obésité.

La ville de Beauvais, située à 80 kilomètres au nord de Paris, participe depuis plusieurs mois à cette expérience. Certains jours, les instituteurs arrivent à l'école, non pas portant livres et cahiers, mais des petits pains, des fruits, des yaourts, des tas de bonnes choses à manger. Un certain nombre de parents viennent également et tous vont partager un bon petit déjeuner. « *En début d'année,* dit la maîtresse des CE1 (Cours élémentaire, première année) *j'ai constaté que les élèves étaient nombreux à venir à l'école le ventre vide. Du coup, à l'heure de la récréation, ils dévoraient des biscuits chocolatés ou des barres de céréales et n'avaient plus faim à midi* »* Aujourd'hui, les petits «snacks» de 10 heures ont disparu et parents et enfants apprennent à manger une nourriture plus équilibrée.

Pour lutter contre l'obésité, pas question de régime ou de demi-portion. Le but de l'opération est de mieux faire connaître tous les aliments essentiels, de convaincre chacun qu'on ne fait que quatre repas par jour et de faire trouver l'équilibre alimentaire optimum tout en développant l'activité physique. On apprend à reconnaître les différentes catégories d'aliments : féculent, légumes, céréale, sucre rapide, les bons et ceux qu'il faut éviter. On échange des conseils simples, on emploie un vocabulaire adapté où l'on désigne les aliments par leur nom plutôt que par leur composition; on parle de fruits et de légumes, et non pas de glucides, de fibres ou de protéines. Et ça marche !

Ce succès, on le doit aussi à la ville entière parce que tout le monde s'y est mis. L'école d'infirmières prête son aide aux médecins et infirmières scolaires : les élèves infirmières viennent régulièrement peser les enfants. Les étudiants de l'Institut supérieur agricole analysent les données. À la cuisine centrale, un ancien chef d'un grand restaurant surveille la composition des menus et met en garde : « *Attention, les enfants mangent quatre repas par semaine à la cantine contre dix à la maison. La prise de poids se fait ailleurs, en grignotant devant la télé ou les jeux vidéo.* »★

La prise de conscience se fait réellement. Un docteur voyant un enfant en surpoids prescrit de supprimer les sodas et les sucreries et on l'écoute : l'enfant retrouve vite un poids normal. Des ateliers sont destinés aux parents pour leur apprendre à distinguer les aliments qui peuvent faire atteindre l'équilibre nutritionnel et une bonne santé pour l'avenir. Le mouvement se propage : un réseau européen Epode se constitue en Grande-Bretagne, en Espagne, en Italie, en Belgique, au Luxembourg et en Grèce, dont l'objectif est de faire prendre de nouvelles habitudes alimentaires.

★cité dans un reportage de Claire Legros, dans la revue *La vie,* numéro 3114, semaine du 4 mai 2005, éditée par Malesherbes Publications, S.A., Paris.

Questions

1. Pourquoi les instituteurs arrivent-ils parfois à l'école sans livres ?
2. À votre avis, comment le problème de l'obésité chez les enfants peut-il être pris en considération ?

À VOUS DE RÉFLÉCHIR

1. Vous êtes journaliste chargé(e) de la rubrique des restaurants. Présentez-en une.
2. Parmi les restaurants que vous connaissez, il y en a un que vous aimez beaucoup ou, au contraire, qui ne vous plaît pas du tout. Expliquez à un(e) ami(e) pourquoi ce restaurant vous plaît ou vous déplaît.

NOTES BIOGRAPHIQUES

Beti, Mongo (1932–2001)

Écrivain camerounais; s'opposant au régime politique, il a longtemps vécu en exil.

Il a fait de brillantes études en France et y a enseigné pendant près de 40 ans. Dans ses romans *Ville cruelle, Le pauvre Christ de Bomba, Mission terminée, Remember Reuben, Trop de soleil tue l'amour, Perpétue,*

Mongo Beti met en scène les héros de l'épopée du peuple noir aux prises avec les bouleversements de l'indépendance et de ses suites, avec les conflits entre la vie traditionnelle et les changements qui se déroulent sous ses yeux. Pour lui, le malheur n'a jamais de fin. La colonisation était cruelle mais l'indépendance avec ses nouveau maîtres a déçu. C'est par l'écriture qu'il se révolte.

Dadié, Bernard (1916–)

Né à Abidjan, éduqué à Dakar où il devient Directeur de l'Institut Fondamental d'Afrique Noire. Revient en Côte d'Ivoire pour devenir instituteur. Poète, il manie la langue avec passion. Il écrit six livres de poésie dont *Afrique debout* (1950), un appel aux armes contre la domination coloniale. Dans le volume suivant *La Ronde des jours* (1954), il faut citer le poème *Je vous remercie, mon Dieu, de m'avoir créé noir* plein de dignité et d'émotion. Il s'intéresse aussi au folklore et à l'histoire orale de son pays : *Le pagne noir* (1955). Il a créé un centre d'art dramatique et écrit des pièces de théâtre, des romans et des chroniques dont *Un nègre à Paris* où il relate sous forme d'une longue lettre ses impressions lors de son premier voyage à Paris, également *Patron de New York* (1964) et *La Ville où nul ne meurt (Rome)* (1968). L'ensemble de son œuvre, c'est une étude approfondie de la condition humaine.

Flaubert, Gustave (1821–1880)

Né à Rouen en Normandie. Dès l'âge de 15 ans, il écrit. Commence à Paris des études de droit qu'il abandonnera pour se consacrer à la littérature. En 1844, il subit sa première crise d'épilepsie. *L'Éducation sentimentale* est finie en 1845, en 1849: *La tentation de Saint-Antoine*. Flaubert part en Egypte et au Moyen-Orient avec un ami. C'est alors qu'il commence à écrire *Madame Bovary*, roman sur lequel il passera 5 ans. Son succès initial est dû au scandale qu'il cause. On accuse Flaubert de publier un livre immoral. *Salammbô* paraît en 1862 et remporte du succès. Flaubert est à l'aise dans la société du Second Empire où il se lie d'amitié avec des écrivains tels que Sainte-Beuve, les frères Goncourt, Théophile Gautier, Georges Sand et aussi avec la Princesse Mathilde, cousine de l'empereur. Après la chute de l'empire, les drames s'accumulent : mort de sa mère, soucis financiers. Ses amis le soutiennent et il publie *Trois Contes* en 1877.

Le soin extrême de Flaubert pour la langue et la poursuite obsessive de la perfection du style font de lui un des maîtres de la littérature.

Oyono, Ferdinand see chapter 8

Chapitre 19

LES PRÉPOSITIONS

~

LES SPORTS

A preposition is invariable and is, by definition, positioned before another word, be it a noun, a pronoun, an infinitive, a gerund, or a group of words. The word following the preposition is the object of the preposition. The preposition and its object form a prepositional phrase. Beware of literal translation! Neither the meaning of prepositions nor their use is governed by logic.

STUDY THESE EXAMPLES

b. C'est *à* qui ? C'est *à* moi.
   Nous sommes *à* Paris, *chez* nos amis, *dans* un grand immeuble situé *sur* la rive gauche.
   Il est *au* bureau *depuis* 8 heures ce matin et y sera *jusqu'à* 19 heures ce soir.
   En prenant l'autoroute, vous arriverez plus vite.
   Il vient *de* partir, et il commence *à* neiger.
   La petite fille *aux* cheveux roux qui porte une robe *à* fleurs, c'est ma cousine.
   Elle était contente *de* nous voir, c'était facile *à* voir

c. Lave-toi les mains *avant de* te mettre *à* table.
   En face de la mairie, vous verrez la poste.
   Je partirai *vers* 19 heures *afin de* ne pas être en retard.

d. *Moyennant* 20 euros, j'ai pu visiter l'exposition.

I.   THE DIFFERENT TYPES OF PREPOSITIONS

a. the "inseparable" prepositions such as *à, ad, per* and *pré* are part of a word:
   adjoint, adoucir, admettre, perfection, perméable, préposer, prévenir, prévoir...

b. the simple prepositions, among which the most common are:

à★	*après*	*avant*	*avec*	*chez*
contre	*dans*	*de★*	*depuis*	*derrière*
dès	*devant*	*en★*	*entre*	*envers*
malgré	*outre*	*par*	*parmi*	*pendant*
pour	*sans*	*sauf*	*selon*	*sous*
sur	*vers*	*voici*	*voilà...*	

   ★*à, de, en* are usually repeated in front of each word they modify

c. the compound prepositions (composed of two or more words), such as:

à cause de	*à côté de*	*afin de*	*à force de*	*à gauche de*
à l'insu de	*à partir de*	*à travers*	*au-dessus de*	*au lieu de*
auprès de	*au sujet de*	*autour de*	*d'après*	*de façon à*
de manière à	*de peur de*	*en dépit de*	*en face de*	*en raison de*
faute de	*grâce à*	*hors de*	*jusqu'à*	*loin de*
par rapport à	*près de*	*quant à*	*sous prétexte de*	*vis-à-vis de...*

d. participles or adjectives which are used as prepositions, such as:

concernant	*durant*	*étant donné*	*excepté*	*moyennant*
suivant	*supposé*	*touchant*	*vu...*	

II. THE ROLE OF PREPOSITIONS

Unlike the adverb which is often self-sufficient, the prepositions are always associated with the word they precede.
They indicate place, time, manner and means.

Je partirai *de chez* moi à 15 heures. Je vais *à* Lyon. J'irai *à* la gare *à* pied.

It is to be noted that the same preposition may have different meanings, for example, *de*:

De 20 degrés, la température est tombée à 5 en moins *de* trois heures.	*from/less*
Lequel *de* vous deux ne dit pas la vérité ?	*of/among*
Donnez-moi une livre *de* beurre *de* Normandie.	*of, from*
Il est mort *d'*une crise cardiaque.	*of*
Je n'ai besoin *de* rien.	—
Il ne faut pas montrer *du* doigt.	*with*

III. PREPOSITIONS WITH GEOGRAPHICAL EXPRESSIONS

	VILLES	PAYS MASCULINS	PAYS FÉMININS	PAYS PLURIELS
ALLER *(to)*	à Paris	au Canada	en France	aux États-Unis
	à Londres	au Brésil	en Angleterre	aux Pays-Bas
ÊTRE *(in)*	au Havre	en Iran	en Sicile	aux Antilles
	à La Rochelle		en Bretagne	
			en Amérique	
VENIR *(from)*	de Paris	du Canada	de France	des États-Unis
	du Havre	de l'Iran	de Sicile	des Pays-Bas
		d'Israël	d'Angleterre	des Antilles
			de Bourgogne	
			d'Amérique	

To indicate a place or a direction with proper names of places, *à, de, dans,* and *en* are used as follows:

1.   *à*: precedes the name of the city where you are or to which you are going:

> Je suis à Paris, à Naples, à Moscou.
> Nous allons à Rome, à Montréal, à Abidjan.
> Il habite Le Caire, je vais aller le voir au Caire.
> Le paquebot fait escale au Havre.
> À la Nouvelle-Orléans, il y a un quartier français.

au is used with names of a masculine country where you are or to which you are going, *aux* is used with plural names.

> Je suis au Vénézuela, au Vietnam, au Maroc, au Canada.
> Nous allons au Japon, au Mexique, au Portugal, aux Antilles, aux Pays-Bas, aux États-Unis.

2.   *de, d', du, de la*: precede the name of the city one is coming from:

> Elle vient de Bordeaux, d'Amiens, du Caire, de la Rochelle.

de, d', du, des: precede the name of a country one is coming from; *de* is used without article with names of feminine countries.

> Vous arrivez de Chine, d'Irlande, du Brésil, du Cambodge, des Philippines.

3.   *dans*: precedes the name of most American states whose name is masculine in French, if you wish to express the fact that you are there or are going there.

> Nous passons nos vacances dans le Maine, dans le Vermont, dans l'Idaho.
> (mais on dira: Dorothy et ses amis vivaient au Kansas. C'est au Texas qu'il y a des rodeos.).

dans is used with modified names of a country or a region, American states and French departments.

> Pour son reportage, il est allé *dans la France profonde*. On mange du fromage
> *dans la France entière (dans toute la France).*
> *Dans le Bordelais*, on se réjouit toujours du beau temps; c'est bon pour la vigne.
> Nour irons dans la Caroline du Nord.
> C'est à Échiré, dans les Deux-Sèvres qu'on trouve le meilleur beurre.
> Le port de Marseille se trouve dans les Bouches-du Rhône qui se trouvent dans le Midi
> de la France.

> Note that one says: Orléans est au sud de Paris, Rouen est à l'ouest.
> Cet été, nous voyagerons dans le Sud.

4.   *en*: precedes the name of a country or a region which is feminine, or that of a masculine country whose name begins with a vowel, when you wish to express that you are there or going there.

Nous sommes en Suède, nous irons en Tunisie.

En Bourgogne, en Lorraine et en Savoie, on trouve d'excellents fromages.

C'est en Alaska que je voudrais faire des randonnées.

IV. USES OF PREPOSITIONS TO EXPRESS TIME, MANNER, MEANS, QUALITY, PURPOSE, CAUSE, POSSESSION, QUANTITY, ETC.

à: Le film commence *à* 20 heures.

Je me porte *à* merveille, mais j'ai trop de choses *à* faire.

Il prend tout *à* la légère.

Faites cuire les légumes *à* la vapeur

Ces places sont à douze euros.

À pied, à cheval, à bicyclette, à skis.

une glace au chocolat

une tasse à café, une machine à coudre

de: Le docteur reçoit sur rendez-vous *de* 15 à 18 heures tous les jours sauf les jours *de* fête.

Je meurs *de* soif.

Les murs ont 5 mètres *de* haut.

Il fait *de son mieux*, mais ce n'est pas un très bon homme *d'*affaires.

Il cite tous les textes *de mémoire*.

Donnez-moi une *tasse de thé* dans une *tasse à thé*.

le sac de couchage, la salle de bains (*purpose*)

Quoi *de* neuf ? Rien *de* nouveau.

dans: Il est malade, il est dans sa chambre. Il se lèvera dans l'après-midi.

Ils ont été pris dans une avalanche.

Nous sommes dans l'embarras, dans la peine.

Est-ce qu'on se retrouve à la gare ou dans le train ?

en: J'ai lu le journal *en 10 minutes, en prenant* mon petit déjeuner.

En 1815, Napoléon a été vaincu à Waterloo.

Il est passé en coup de vent.

Ne venez pas *en espadrilles*, vous n'êtes pas encore *en vacances*.

En bateau, en voiture, en bus, en hélicoptère.

Mettez une blouse *en soie* avec une jupe à fleurs et des chaussures à talons hauts.

un plat *en porcelaine*

avec: À la campagne, on se lève avec le soleil.

Remplissez le formulaire *avec soin*.

Le serrurier a ouvert ma porte avec un passe-partout.

par: Pour sortir, passez *par* ici.

En revenant du cinéma, nous sommes passés par l'avenue Victor Hugo.

C'est un vrai sportif, il court quatre kilomètres *par* jour *par* tous les temps.

Il ne pense qu'à lui, il agit toujours par intérêt.

Toutes les lettres partent par avion.

Elle *a été nommée* à ce poste *par* le ministre.

pour: Tu en as pour combien de temps ?
Il est passé pour nous dire au revoir.
Demain, il part pour Istambul.

sans: Il part sans plaisir, mais sans se plaindre.

chez: precedes a personal pronoun or the name of a person.
Je reste chez moi. Allez vite chez le docteur. Dînons « chez Panisse »".

To understand better the differences between French and English look carefully at these French expressions and their English translation:

Mal de dents *(toothache)*, veilleur de nuit *(night watchman)*, le journal du soir *(evening paper)*, la soupe du jour *(soup of the day)*, maître d'hôtel *(maitre d)'*, une fièvre de cheval *(a very high fever)*, un vase de Sèvres *(a vase made at Sèvres' manufacture)*, pommes à l'étouffée *(steamed potatoes)*, maison à vendre *(house for sale)*, passer quelques jours à la campagne *(to spend a few days in the country)*, voyager à pied *(to travel on foot)*, il me l'a laissé à 100 euros *(he let me have it for 100 euros)*, je pensais à vous *(I was thinking about you)*.

V. PREPOSITIONS AFTER ADJECTIVES OR VERBS AND BEFORE INFINITIVES

1. Voici un livre *difficile à trouver*, mais *facile à lire. Libre à vous* de l'emprunter. C'est bon à manger. C'est *long à préparer.*

    The words in italics form a unit, and can be considered like an idiomatic expression.

    Je ne suis pas *fier de vous.* Je suis *fatigué de vous répéter* toujours la même chose.
    Je suis *contente de* votre réussite. Il est toujours content de lui. Nous sommes contents de vous avoir vus.

    Adjectives such as: *certain, content, curieux, fatigué, fier, heureux* are followed by *de* whether the preposition is followed by a noun, a pronoun or an infinitive.

2. How to express *il est* (impersonal construction) + adjective:

    Il n'est pas facile de maîtriser l'emploi des prépositions.
    Il est inutile d'arriver en avance.

    How to express *c'est* (*c'* is a demonstrative pronoun which refers back to a given idea) + adjective: the infinitive preceded by *à* implies a passive meaning.

    Je trouve que la planche à voile c'est un *sport à éviter*; c'est tellement dangereux !
    Le soufflé au fromage, c'est *difficile à réussir*, mais c'est *facile à manger* !

3. Verb + preposition + noun / pronoun:
    We refer here to intransitive verbs, that is to say verbs which do not take a direct object.
    The indirect object of an intransitive verb can be a noun or an infinitive.

Among such verbs are:

appartenir à, demander à, faire attention à, manquer à, servir à, s'habituer à, parler à, penser à, promettre à, se mettre à, songer à...

avoir besoin de, avoir honte de, avoir peur de, manquer de, parler de, penser de, se moquer de, remercier de, se souvenir de...

Il n'appartient à aucun parti politique.

Il a promis à son professeur de se mettre au travail.

Je pense souvent au livre que vous m'avez offert et je me demande ce que vous pensez de ce roman.

A given verb may be followed by different prepositions which lead to different meanings: manquer à / de *to be missed / to lack, to fail*

penser à / de *to think of / to have an opinion*

En pensant à vous ce matin, je me demandais ce que vous penseriez de notre nouveau directeur. Si vous manquez le train, vous nous manquerez à tous, mais ne manquez pas de nous prévenir !

4. Verb + preposition + infinitive:

While most verbs require a preposition to be linked to a preceding verb, some verbs may be followed directly by an infinitive. See Chapter 10, section II for a list of such verbs.

a. Some verbs require the preposition *à* before an infinitive.

Il commence à pleuvoir.

J'ai réussi à terminer ce travail très difficile.

Among such verbs are:

aider à	*s'amuser à*	*apprendre à*	*avoir à*	*chercher à*
commencer à	*continuer à*	*se décider à*	*encourager à*	*faire attention à*
forcer à	*s'habituer à*	*hésiter à*	*inviter à*	*se mettre à*
obliger à	*penser à*	*se plaire à*	*se préparer à*	*renoncer à*
réussir à	*servir à*	*suffire à*	*tarder à*	*tenir à*

b. Some verbs require the preposition *de* before the infinitive.

Ils viennent d'arriver.

Je te conseille de ne pas rester au soleil.

accepter de	*accuser de*	*achever de*	*s'arrêter de*	*avoir besoin de*
avoir envie de	*avoir peur de*	*cesser de*	*choisir de*	*décider de*
demander de	*dire de*	*empêcher de*	*essayer de*	*éviter de*
finir de	*manquer de*	*mériter de*	*s'occuper de*	*oublier de*
parler de	*se plaindre de*	*promettre de*	*refuser de*	*regretter de*
remercier de	*rêver de*	*risquer de*	*tâcher de*	*venir de*

c. Some verbs which take a direct object require *à* before the following infinitive.

Elle aide son petit frère à apprendre ses tables de multiplication.

Ils invitent souvent leurs voisins à prendre l'apéritif.

aider quelqu'un à   *encourager qqn à*   *forcer qqn à*   *inviter qqn à*

obliger qqn à

d. Some verbs which take a direct object require *de* before the following infinitive.

Elle a convaincu ses parents de la laissser faire du yoga.

accuser qqn de   empêcher qqn de   féliciter qqn de   remercier qqn de

e. Some verbs require the preposition *à* before the indirect object and *de* before the following infinitive.

On demande aux enfants de ne pas marcher sur la pelouse.
Elle a promis à son amie de venir la chercher.

commander à qqn de   conseiller à qqn de   défendre à qqn de   demander à qqn de
dire à qqn de   écrire à qqn de   interdire à qqn de   offrir à qqn de
ordonner à qqn de   permettre à qqn de   promettre à qqn de   proposer à qqn de
recommander à qqn de   reprocher à qqn de   suggérer à qqn de

f. Some verbs require the preposition *à* before the indirect object and also before the following infinitive.

Il conduit bien et il est très patient, c'est lui qui a appris à conduire à toute la famille.

apprendre à qqn à   enseigner à qqn à

NOTES

1. Unlike the common usage in English, many prepositions in French are repeated before the word they introduce.

Nous irons à Paris et à Saint-Malo.
Nous en avons parlé à son père et à son oncle.
Que pensez-vous du film et des acteurs ?
Il passé son temps à faire du sport et à écrire des poèmes.

2. The preposition *en* is never followed by an infinitive but by the **present participle** (See chapter 10)

Elle est arrivée en pleurant.
C'est en faisant de l'exercice que vous vous sentirez mieux.

3. When not followed by a noun or by *que, après* is followed by the past infinitive.

Après avoir fait ses adieux, il a serré la main de ses collaborateurs.
Après nous être excusés de notre retard, nous sommes allés nous asseoir.

4. *Avant de, pour,* and *sans* may be followed by the infinitive present or past.

Ils sont sortis sans me parler.
Ils sont sortis sans avoir dit un mot.

VI. EXPRESSIONS, PROVERBS AND TITLES USING PREPOSITIONS

—*Vingt mille lieues sous les mers, Le tour du monde en quatre-vingts jours, Cinq semaines en ballon* sont des titres de romans de Jules Verne (1828–1905).

—*A la recherche du temps perdu, Du côté de chez Swan* sont des titres d'œuvres de Marcel Proust.

—*Pour qui sonne le glas* est un roman d'Ernest Hemingway.

—*Le jeu de l'amour et du hasard, En attendant Godot* sont des titres de pièces de théâtre.

—*En effeuillant la marguerite, Fenêtre sur cour, A l'ouest, rien de nouveau* sont des titres de films.

—*Au clair de la lune, mon ami Pierrot; En passant par la Lorraine avec mes sabots; Une fleur au chapeau, à la bouche une chanson* sont les premières lignes de chansons connues.

—**Quelques proverbes :**

—*Œil pour œil, dent pour dent; À cœur vaillant, rien d'impossible; Loin des yeux, loin du cœur; Dans le doute, abstiens-toi,* sont des proverbes.

VII. EXERCISES

A. *Complétez les phrases suivantes en employant* **à** *ou* **de.**

1. Ce livre est à moi, l'autre c'est le livre _____ Hélène.

2. Nous sommes partis _____ Paris à 8 heures et nous sommes arrivés _____ Bordeaux pour déjeuner.

3. Est-ce qu'on vous a demandé _____ remplir un formulaire ?

4. J'ai demandé _____ Directeur _____ me donner deux jours _____ congé.

5. Que pensez-vous _____ ce nouveau film ?

6. Il me fait penser _____ un film que j'ai vu il y a plusieurs années.

7. André est toujours content _____ lui; c'est facile _____ voir.

8. Je t'interdis _____ y toucher, ce n'est pas bon _____ manger.

9. Les tissus synthétiques sont moins agréables _____ porter que la laine, le cotton ou la soie.

10. Redonnez-moi vite votre numéro de téléphone. Il m'est impossible _____ m'en souvenir.

11. C'est plus facile _____ dire qu' _____ faire !

12. Je rêve _____ faire le tour _____ monde.

13. Elle vient de se faire opérer _____ l'appendicite.

14. Je ne leur permets pas _____ manger des bonbons ou des gâteaux entre les repas.

15. Ecoutez bien, c'est _____ vous que ce discours s'adresse.

16. Je me passe facilement _____ café.

17. Mais, je tiens _____ boire une tasse de thé avant _____ partir travailler le matin.

18. Elle a enfin décidé _____ apprendre _____ conduire.

19. Il était décidé _____ lui acheter une bicyclette.

20. L'exercice est fini. C'est _____ nous _____ le corriger.

B. *Complétez en employant une des prépositions suivantes.*

à	avec	dans	de	en
entre	par	pour	sans	sous

1. Ne parlez _____ cela _____ personne. Que cette conversation reste _____ nous.

2. _____ le règne de Henri IV, les Français mangeaient leur poule _____ pot tous les dimanches.

3. Le bébé dort, sortez _____ faire de bruit.

4. Vous prenez votre thé _____ ou _____ sucre?

5. _____ principe, je serai _____ retour _____ 20 heures, mais ne m'attendez pas _____ dîner.

6. _____ printemps, on cueille des jonquilles, _____ été on cueille des marguerites.

7. Si je suis pressée, je déjeune _____ dix minutes.

C. *Complétez en employant les prépositions suivantes.*

à   au lieu de   contre   de   depuis   en   jusqu'à   par   sans   sous   vers

1. Le match commence _____ 15 heures. Essaie _____ arriver _____ 14 heures 30.

2. _____ la dernière minute, on pensait que notre équipe gagnerait le match.

3. _____ remporter la victoire, nous avons subi une défaite cuisante.

4. Ils ont gagné _____ faire d'effort. L'autre équipe ne valait pas grand chose.

5. Nous avons joué _____ une pluie diluvienne.

6. L'équipe est entraînée _____ un ancien champion olympique.

7. L'Australien a gagné le match de demi-finale _____ 5 sets.

8. _____ 15 jours, nous nous entraînons _____ arrêt pour notre match _____ le lycée de Saint-Germain.

D. *Complétez avec la préposition qui convient.*

1. _____ 2008, les Jeux Olympiques _____ été auront lieu _____ Pékin, _____ Chine.

2. _____ Antilles, on nage _____ hiver.

3. Si voulez aller _____ Caire, _____ Egypte, vous ne pouvez pas faire de ski, mais vous pouvez visiter les Pyramides.

4. _____ le ski, allez _____ France _____ Chamonix où il est possible _____ pratiquer ce sport toute l'année.

5. Si c'est le football américain qui vous intéresse, n'allez pas _____ Europe, restez _____ Etats-Unis.

6. Si vous allez _____ Kenya, _____ Afrique, vous rencontrerez peut-être des champions _____ course _____ pied.

7. Quand vous reviendrez _____ Japon, vous nous décrirez les matchs _____ Sumo.

8. C'est _____ l'île de Ré qu'il a appris _____ faire _____ la planche _____ voile. Il en fait quelquefois _____ la Manche _____ Normandie.

9. _____ Angleterrre, on joue _____ cricket, on y joue aussi _____ Inde.

10. On a engagé un arbitre qui vient _____ Canada.

E.   *Traduction*

1. While waiting for you, I listened to the radio, I did not watch television.

2. In England, one drives on the left side of the road, in Japan also.

3. Thanks to a dry and sunny summer, the grape harvest should be excellent.

4. Instead of using a dictionary, look for synonyms. It is not hard to do.

F.   *Traduction : Le sport*

Every Saturday afternoon, I go to a soccer game with my friends. The field, which is near our school, is surrounded by a wall. The field measures 100 meters in length and 55 meters in width.

If there are too many spectators, there are not enough seats. I like to stand near the goal post. When the players arrive on the field dressed in navy blue, they are full of energy and hope. Those who do not play think that it is easy to win a game and are angry with their team if they lose.

TRAVAIL DE GROUPE

Vous et votre équipe de basket faites un voyage au cours duquel vous vous arrêtez dans plusieurs pays. Vous avez des rencontres sportives avec des jeunes étrangers de votre âge.

Racontez vos expériences sous forme de dialogue. (Utilisez des prépositions).

Vous vous diviserez en groupes de quatre ou cinq. Dans chaque groupe vous choisirez un rapporteur qui prendra des notes et organisera le travail, un(e) autre mènera la discussion, un(e) troisième fera une présentation à la classe entière. Tous vous participerez à la discussion avec vos propres idées basées sur vos expériences personnelles.

LECTURE

Êtes-vous sportif, sportive ?

Il n'est pas toujours facile de répondre à cette question pour la simple raison qu'on peut l'interpréter de différentes façons. Pour certains, seul(e) celui ou celle qui consacre sa vie aux sports ou à un sport est un sportif ou une sportive. Pour d'autres ce dernier – cette dernière – n'est pas un sportif ou une sportive, mais un athlète ou une athlète. Le sportif, la sportive, c'est autre chose et, là encore, la question prête à confusion parce qu'on peut être sportif ou sportive amateur, sportif ou sportive professionnel(le), sportif ou sportive en chambre, en puissance ou en herbe[1]. C'est là une attitude bien française de ne pas vouloir répondre simplement à une question de peur de se compromettre ou d'admettre l'évidence.

Le vrai sportif, comme la France en a compté et en compte encore de nombreux, c'est le champion olympique Jean-Claude Killy, c'est René Lacoste et son célèbre crocodile, Louison Bobet, Roland Garros ou Marcel Cerdan, qui sont de véritables légendes. En dehors des athlètes connus de tous, il y a , bien sûr, le capitaine de votre équipe favorite et tous les professionnels dont les media parlent sans pitié. Et, n'oubliez pas ceux et celles qui font du sport pendant le week-end, pendant les vacances, quand il fait beau, quand ils ont le temps ou quand ça leur chante. Ceux qui se disent sportifs, ce sont aussi ceux qui lisent *L'Équipe*.

L'Équipe, c'est le quotidien français consacré aux sports et, croyez-moi, beaucoup sont mieux renseignés sur le monde du sport que sur celui de la politique. Le lundi matin, il n'est pas rare que votre marchand de journaux vous dise : « *L'Équipe*, je n'en ai plus depuis 7 heures ! » Peu importe, le sport, on en discute dans le métro, au café, au bureau, sur le chantier, au lycée. On se passionne, on s'insulte, on se félicite, on critique, on fait des pronostics sur les matchs de la semaine qui vient. Et si on peut, on se retrouvera au stade dimanche prochain.

Ceux qui ne peuvent pas assister au match sont rivés à leur téléviseur pour ne pas manquer le but qui assurera la victoire de leur équipe de foot. Car, le football, c'est le sport qui rallie tous les suffrages. Si vous avez le moindre doute, rappelez-vous la jubilation, les transports des Français lorsqu'en 1998 la France a gagné la coupe du monde de football sur son terrain, le nouveau stade de France.

On constate les mêmes passions au mois de juillet quand la France suit religieusement les étapes du tour de France. On se déplace « en famille » pour voir les coureurs en plein effort ou assister à l'arrivée d'une étape. C'est surtout, semble-t-il, les étapes de montagne qui suscitent le plus d'intérêt, car elles sont souvent dramatiques.

On regarde le rugby et le fameux tournoi des six nations[2] à condition que la France ne soit pas éliminée dès le départ. On est chauvin en France ! Le ski intéresse certains, le patinage artistique, c'est joli, on aime bien le volley ball et le basket, l'escrime de temps en temps, on regarde « les 24 heures du Mans », cette course d'endurance pour les coureurs automobiles et leurs machines quasi infernales. Mais, c'est le foot et le vélo qui font vibrer les Français qu'ils soient sportifs ou non.

[1]en herbe : au tout début d'une éventuelle carrière sportive
[2]le tournoi des six nations : championnat de rugby entre la France, l'Angleterre, le Pays
   de Galles, l'Écosse, l'Irlande et l'Italie

Questions

1. Dans les deux premiers paragraphes du texte il y a de nombreuses prépositions; faites-en une liste et analysez-en cinq.

2. Travail de groupe dans le cadre de la classe entière :
   Avec vos camarades, répondez à la question posée ci-dessus,
   « Êtes-vous sportif ? Êtes-vous sportive ? »

RÉDACTIONS

1. Quel sport pratiquez-vous ? Pourquoi l'avez-vous choisi ?

2. Vous avez assisté à une compétition sportive en tant que reporter pour le journal de votre lycée. Présentez-nous votre article.

À VOUS DE RÉFLÉCHIR

1. Aimeriez-vous assister aux Jeux Olympiques ? Si oui, quels événements choisiriez-vous ? Si non, pourquoi pas ?

2. Le baseball est un sport national aux États-Unis. Les étrangers ont du mal à comprendre votre passion pour ce sport. Expliquez-la à un jeune de votre âge, essayez d'être convaincant.

3. Expliquez où vous habitez en employant le plus de prépositions possibles.

NOTE BIOGRAPHIQUE

Verne, Jules (1828–1905)
> Bien que n'étant pas un scientifique, Jules Verne est considéré comme le créateur du roman « science-fiction » d'anticipation. Son style énergique et inventif enthousiasme ses lecteurs de tous âges et plusieurs films ont été faits de ses livres : *Cinq semaines en ballon ; Voyage au centre de la Terre ; De la Terre à la Lune ; Vingt mille lieues sous les mers ; Le Tour du monde en quatre-vingts jours.*

Chapitre 20

LES ADVERBES
LES CONSTRUCTIONS NÉGATIVES

LA POLITIQUE

1. LES ADVERBES

Adverbs are invariable. Adverbs modify a verb, an adjective or another adverb. They indicate manner, time, place or quantity, answering the questions how, when, where or how much? Some adverbs serve to stress affirmation, negation or doubt.

STUDY THESE EXAMPLES

a.   Ils sont *grandement* logés. (*manner*)
C'est *très bien* présenté.
Elle nous a reçus *gentiment.*
Ne restez pas *debout.*
Elle dessine *assez bien,* c'est une bonne artiste.
C'est *à peine* cuit.

b.   Le docteur est arrivé *rapidement.* (*time*)
Il faut *toujours* répéter la même chose.
Hier, il faisait beau, *aujourd'hui* il pleut.
Maintenant, les jours rallongent.

c.   Ne passez pas par *là.* (*place*)
Allez *tout droit,* puis tournez *à gauche.*

d.   Il n'y a pas eu *beaucoup* d'abricots cette année. (*quantity*)

e.   C'est *oui* ou c'est *non?* C'est *peut-être* !
Tu n'as pas reçu ma lettre ? *Si,* je l'ai reçue mais je n'ai pas eu le temps d'y répondre.
Voilà, c'est *tout* simple, ne cherche pas *plus loin.*

I.   FORMATION OF ADVERBS

Most *adverbs of manner* end in *–ment* (they end in *–ly* in English). They are formed by adding the suffix *–ment* to the feminine singular form of the adjective.

heureux, heureuse; heureusement
vif, vive; vivement.

224

There are many exceptions:

1. adjectives which end in *–ent* or *–ant* form their adverbs in *–mment* or *–mmant*:

éloquent : éloquemment   prudent : prudemment.
élégant : élégamment   savant : savamment.

2. some adjectives require the suffix *–ément* (add an accent aigu to the feminine)

précis, précise : précisément.
profond, profonde : profondément.

3. adjectives ending with a vowel often drop the *e* of the feminine form:

joli, jolie : joliment   hardi, hardie : hardiment

4. some adjectives replace the *e* with an accent circonflexe:

assidu, assidue : assidûment
gai, gaie : gaîment (gaiement is acceptable)

NOTE

Some adjectives are used as adverbs:
   bon, cher, clair, juste, fort, haut, bas, gros, net, tout (*toute* before feminine adjective beginning with a consonant)

La tarte sent *bon*. Parlez plus *fort*. Cela coûte *cher*.
Elle est *toute* petite. Venez *tout* simplement.

II. COMPARISONS OF ADVERBS

a. They follow the rules of adjectives:
   Il est arrivé *plus tard que* prévu.
   Elle conduit *aussi vite que* son frère.
   Elle était vêtue *le plus élégamment du* monde.

NOTES

1. The object of the superlative is introduced by *de*.
   The adverb being invariable, the superlative is always formed with *le*.
   Marc court *le plus rapidement de* tous les enfants.

2. When *plus* or *moins* comes before a numeral, *de* follows :
   Il a *plus de 10 ans*.

b. Irregular comparatives and superlatives:

bien, mieux, le mieux (note the use of *mieux* as a noun: Il y a *un léger mieux*)
mal, plus mal (pis), le plus mal (le pis)
peu, moins, le moins
beaucoup, plus, le plus.

III. POSITION OF ADVERBS IN THE SENTENCE

1. In a sentence with a verb in a simple tense, adverbs usually follow the verb directly.

   Il met souvent du sucre dans son café.
   Tu manges trop lentement.

2. In a sentence with a verb in a compound tense, the adverbs – except those ending in *-ment* – are usually placed between the auxiliary verb and the past participle, especially the following adverbs: *assez, beaucoup, bien, bientôt, déjà, encore, mal, peu, souvent, tant, vraiment, tellement, toujours, trop.*

   Tu n'as pas *encore* fini tes devoirs.
   Comme nous avons *bien* travaillé !

3. The position of adverbs ending in *–ment* varies. Some come between the auxiliary verb and the past participle, some come after the past participle, some follow the direct object, some come at the very beginning or the very end of the sentence to emphasize the adverb.
   Practice and memorization alone will help you here, as there are no set rules.

   Vous avez *certainement* vu ce film.
   Nous sommes sortis *discrètement.*
   Ils ont fait le trajet *rapidement.*
   Franchement, j'ai du mal à accepter ses excuses.

4. Adverbs of time and place never come between the auxiliary verb and the past participle. They follow the past participle, or come at the beginning or at the end of the sentence.

   Elle est partie *hier* et reviendra *demain.*
   Avant-hier, je me suis reveillée *tard.*
   Autrefois, on voyageait moins facilement.

5. Adverbs which modify an adjective or another adverb are always placed before the word they modify. Such adverbs are :

   assez, aussi, bien, fort, si, tout, très

   Nous sommes *très heureux* de voir cette pièce.
   Elle est *très bien* écrite et *fort bien* jouée.

6. If *ainsi, à peine, aussi, peut-être* or *sans doute* are at the beginning of a sentence, the subject and the verb are inverted.

Peut-être neigera-t-il demain. (il neigera peut-être, peut-être qu'il neigera...)
À peine avions-nous ouvert la porte que le téléphone a sonné.(Nous avions à peine ouvert la porte que le téléphone a sonné)
Ainsi va le monde !

IV. EXEMPLES LITTÉRAIRES

Molière (1622–1673)

De l'argent, de l'argent, de l'argent ! Ah! Ils n'ont que★ ce mot à la bouche...
Monsieur, puisque vous le voulez, je vous dirai franchement qu'on se moque de vous partout... et jamais on ne parle de vous que★ sous les noms d'avare, de ladre, de vilain et de fesse-mathieu...
(*L'avare,* Acte III, Scène Première)

★*ne... .que* is an adverb and a synonym of *seulement.*

La Bruyère (1645–1696)

Giton crache fort loin et il éternue fort haut. Il dort le jour, il dort la nuit, et profondément...
Phédon dort peu... Il conte brièvement mais froidement; il ne se fait pas écouter, il ne fait point rire... Il marche doucement et légèrement...
(*Les Caractères,* VI, 83)

Honoré de Balzac (1799–1850)

Une fille propre, pimpante de jeunesse, au blanc fichu, aux bras rouges, quitte son tricot, appelle son père ou sa mère qui vient et vous vend à vos souhaits, flegmatiquement, complaisamment, arrogamment, selon son caractère, soit pour deux sous, soit pour vingt mille francs de marchandise...

L'avarice de ces trois vieillards était si passionnée que depuis longtemps ils entassaient leur argent pour pouvoir le contempler secrètement...

Tout contribuait à rendre cette scène tristement comique...
(*Eugénie Grandet*)

Paul Claudel (1868–1955)

Par les deux fenêtres qui sont en face de moi, les deux fenêtres qui sont à ma gauche et les deux fenêtres qui sont à ma droite, je vois, j'entends d'une oreille et de l'autre tomber immensément la pluie.
(*Connaissance de l'Est*)

Pham Van Ky (1916–1992)

C'est en leur nom que je m'adresse à vous. Vous me lirez peut-être à moitié. Mais si vous me suivez jusqu'au bout, je vous aimerais davantage.
(*Celui qui régnera,* 1954, Éditions Grasset)

Question

Dans la citation de La Bruyère, trouvez des synonymes pour six des huit adverbes employés par l'auteur.

V. EXERCICES

A. Complétez les phrases avec les adverbes correpondant aux adjectifs.

1. Ces enfants sont polis. Ils me saluent _____.

2. C'est une histoire vraie. En êtes vous _____ sûr ?

3. Votre devoir est mauvais. De plus il est _____ écrit.

4. Il me faut une réponse rapide. Répondez-moi _____.

5. Comme il est éloquent! Il parle toujours _____.

6. Elle est malheureuse. _____, je ne peux rien faire pour elle.

7. Son discours a été bref. Elle a parlé _____.

8. Ce repas est bon et il a été _____ préparé.

B. Complétez les phrases avec un des adverbes suivants:

beaucoup   bien   mal   mieux   moins   plus

1. Aujourd'hui, il va _____, les médicaments ont fait de l'effet.

2. Il collectionne les timbres depuis longtemps; il en a _____ de 20 000.

3. Je n'aime pas prendre le métro aux heures de pointe; il y a _____ trop de monde.

4. Nous nous portons _____, merci. Et vous ?

5. Il a souvent des accidents; il conduit _____.

6. En France, la commission de censure revoit tous les films qui sortent sur les écrans français. On discute et on décide lesquels doivent être interdits aux _____ de 16 ans.

C. Récrivez les phrases avec le contraire de l'adverbe en italique: faites les changements qui s'imposent.

1. J'ai mis *trop* de sucre dans mon café.

   _____

2. Je l'ai vu très *brièvement*.

   _____

3. Ne vous faites pas de souci. Il n'est *jamais* à l'heure.

   _____

4. Il y avait *beaucoup* de monde au match.

_____

5. Parlez plus *haut*.

_____

6. Nous sommes logés *à l'étroit*.

_____

D. *Traduisez*

Our train, which left late, arrived early. It was going so fast at times that we could hardly see the scenery. I like traveling by car better. Then you go slowly if you wish, and you can enjoy the scenery which changes constantly. Walking, of course, allows you to look around more carefully.

2. CONSTRUCTIONS NÉGATIVES

I. NOTES ON NEGATIVE CONSTRUCTIONS

1. Formation

All negative constructions require the negative adverb *ne* before the verb and a negative adverb, pronoun or adjective, usually after the verb, such as:

pas	*point*	*pas du tout*	*plus*	
guère	*jamais*	*ni... ni*	*que*	
aucun	*nul(le)*	*nulle part*	*personne*	*rien*

STUDY THESE EXAMPLES

Je n'écoute pas les nouvelles.
Elle n'a aucune chance d'être élue.
Le Président n'a jamais fini son travail.
Son discours n'était guère intéressant.
Il n'a ni le temps ni le désir de faire de la politique.
On dit : « Nul n'est prophète en son pays. »
Il n'y avait pratiquement personne à la réunion. Quel dommage !
Croyez-vous vraiment que les jeunes ne veulent plus faire de politique ?
Je n'ai point le courage de le contredire.
Nous n'avons entendu que des platitudes.
Je n'ose le lui dire.
Oh, vous savez, « il ne faut jurer de rien ! »

Reminder: the *ne « explétif »* is used in a subordinate clause introduced by conjunctions such as *avant que, à moins que, de peur que* or by verbs expressing fear (see Chapter 8, section 6, note a).

2.   **Affirmative adverbs and their negative counterparts**

déjà :	ne... pas encore
encore :	ne... plus
toujours, quelquefois, souvent, de temps en temps : }	ne... jamais
partout, quelque part :	ne... nulle part;
tout le monde : quelqu'un : }	ne... personne; personne... ne
beaucoup, plusieurs:	ne... aucun; aucun... ne
tout, quelque chose:	ne... rien; rien... ne
et... et:	ne... ni... ni

3.   **Word order in negative constructions**

SIMPLE TENSES: *ne* precedes the verb, *pas, plus, rien,* etc... follow.
Je *ne sais rien*.
Inverted interro-negative: *ne* + verb + subject pronoun + *pas,* etc...
Ne votes-tu pas aux prochaines élections ?

COMPOUND TENSES: *ne* + auxiliary verb + *pas, rien* etc... + past participle.
Il n'a pas voté aux dernières élections.
Inverted interro-negative: *ne* + verb + subject pronoun + *pas,* etc...
N'ont-ils rien compris au discours ?

INFINITIVE: the two parts of the negation precede the verb, except *personne* and *nulle part, que, ni... ni.*
Je vous demande *de ne rien dire*.
Nous avons décidé *de ne dire que ceci*.

NOTES

1.   *ne* precedes object pronouns.

    Je ne le vois plus.

2.   *personne* and *nulle part* follow the past participle.

    Nous n'avons invité personne.

3.   *aucun, personne,* and *rien* can be used as subject of the verb.

    Rien ne lui plaît ce soir.

4.   There can be several negations in one sentence provided *pas* is not used.

    Je ne lui dirai *jamais plus rien*.

5. The partitive and indefinite articles are replaced by *de* in a negative sentence.

   Nous n'avons *pas de* réservation.

II. EXEMPLES LITTÉRAIRES

La Fontaine (1621–1695)

...— Si ce n'est toi, c'est donc ton frère.
Je n'en ai point. — C'est donc quelqu'un des tiens;
Car vous ne m'épargnez guère...
   (*Le loup et l'agneau*, Livre Premier, X)

...Rien ne sert de courir; il faut partir à point...
   (*Le lièvre et la tortue*, Livre VI, X)

Molière (1622–1673)

...Il faut manger pour vivre et non pas vivre pour manger...
...Vos chevaux, monsieur ? Ma foi, ils ne sont point du tout en état de marcher...
   (*L'avare,* Acte III, Scène Première)

Camara Laye (1928–1979)

...Mais peut-être aussi ressentaient-ils quelque chose de l'angoisse qui nous étreignait...
Non, personne parmi nous ne songerait à risquer un œil ; personne !
Personne n'oserait lever la tête du sol...
   (*L'Enfant noir.* Plon, 1953)

Jean-Paul Sartre (1905–1980)

...Tout de même, je ne me serais pas attendu...
...Eh bien, si vous n'avez plus besoin de moi, je vais vous laisser...
...Il n'y a plus d'espoir... Nous n'avons pas commencé de souffrir...
   (*Huis-Clos.* Gallimard)

III. EXERCICES

A. *Mettez les phrases suivantes à la forme negative.*

EXEMPLE: Il reste encore de l'essence dans le reservoir.
   Il ne reste plus d'essence dans le réservoir

1. Il y a beaucoup de choses dans le frigidaire.

   _____

2. Ce matin, au marché, j'ai acheté des fraises et des framboises.

   _____

3. Il y avait du monde à la réunion.

_____

4. Il pleut quelquefois en automne.

_____

5. Aujourd'hui, j'ai beaucoup de temps à vous consacrer.

_____

6. Cette semaine, j'ai plusieurs livres à lire.

_____

7. Achetez du sucre et des œufs.

_____

B.   _Répondez aux questions à la forme négative._

1. Y a-t-il plusieurs candidates au poste ?

_____

2. Vous a-t-elle souvent écrit pendant ses vacances ?

_____

4. As-tu trouvé quelque chose dans la boîte aux lettres ?

_____

5. Avez-vous de l'argent sur vous ?

_____

6. Est-ce que quelqu'un est arrivé à l'heure ?

_____

LECTURE

La vie politique

En France, la politique fait partie de la vie de tous les jours. On « parle politique » dans tous les milieux et à tous moments, mais surtout pendant les repas. On en parle au café, à la cantine, autour de la table familiale. On ne parle pas que politique, mais on en parle beaucoup, on en discute et on n'est pas toujours d'accord !

Quels sont les problèmes qui préoccupent les Français ?
Si on est au mois de mai et si c'est l'année de l'élection présidentielle (tous les cinq ans), ou si on élit une nouvelle Chambre des députés (tous les cinq ans), on parle des candidats, de leurs mérites, de leurs échecs. Les candidats et les candidates sont de droite, de gauche, centre gauche, centre droite, extrême droite, extrême gauche, du parti des Verts et, rarement, « sans étiquette ». Ils sont membres de l'UDF, de l'UMP, du FN, du PC, du PS, de la LO[1], des Verts et de bien d'autres partis. On ne sait pas toujours ce que représentent ces initiales.

RÉPUBLIQUE FRANÇAISE
LIBERTÉ - ÉGALITÉ - FRATERNITÉ
▼

RÉFÉRENDUM

NON

RÉPUBLIQUE FRANÇAISE
LIBERTÉ - ÉGALITÉ - FRATERNITÉ
▼

RÉFÉRENDUM

OUI

Bulletins de vote utilisés lors du Référendum du 29 mai 2005

Un référendum est une procédure qui permet à tous les citoyens d'un pays de manifester par un vote l'approbation ou le rejet de mesures proposées par les pouvoirs publics. En mai 2005, les Français ont rejeté par référendum l'adoption de la Constitution Européenne qui leur était proposée.

On parle de la situation internationale, on parle de l'Union Europénne[2]. Mais on parle surtout de « ses » problèmes, des salaires, des impôts, de la Sécurité sociale, du prix de l'essence, du pain et du tabac et des mesures prises récemment par le gouvernement pour améliorer la situation qui se détériore.

On parle des records battus par le TGV dont les Français sont si fiers. On parle des résultats sportifs, du Stade Français et du Paris Saint-Germain, du parcours choisi pour le prochain tour de France et des chances des joueurs français pour le tennis open de Roland-Garros.

On parle aussi politique au lycée. Les lycéens vont-ils soutenir leurs professeurs qui menacent de faire grève si le Ministre de l'Éducation Nationale refuse de se pencher sur leurs revendications ? On discute, on fait passer des pétitions, on s'engage.

À la maison, on parle, bien sûr, du travail quotidien que ce soit à l'usine, à l'hôpital, au bureau ou au lycée. Cependant, ce sont souvent les questions de politique qui suscitent les débats les plus vifs autour de la table familiale. Il y a autant d'opinions que de participants. Le père et la mère ne sont pas forcément du même avis ni du même parti. La fille aînée veut que le gouvernement augmente les subventions pour la recherche scientifique plutôt que de construire un nouveau stade. « Il faut repousser l'âge de la retraite », disent les uns, « place aux jeunes », disent les autres. On parle des syndicats; faut-il se syndiquer ou rester indépendant[3].

Après le dîner, certains lisent le journal, ce qui entraîne encore des discussions sur les événements du jour et la scène politique. On écoute, on se renseigne, on se passionne, c'est de la politique « en chambre ».

[1]UDF: Union pour la Démocratie Française, UMP : Union pour la Majorité Présidentielle, FN : Front National, PC : Parti Communiste, PS: Parti Socialiste, LO : Lutte Ouvrière.
[2]Les membres de l'Union Européenne sont : l'Allemagne, l'Autriche, la Belgique, le Danemark, l'Espagne, la Finlande, la France, la Grande-Bretagne, la Grèce, la Hollande, l'Irlande, l'Italie, le Luxembourg, le Portugal, la Suède. Depuis le 1er mai 2004, dix autres pays sont entrés dans l'Union Européenne : l'Estonie, la Lithuanie, la Lettonie, la Pologne, la République Tchèque, la Slovaquie, la Hongrie, la Slovénie, Chypre et Malte.
[3]En France, on se syndique selon ses convictions politiques, non pas selon sa profession.

Questions

1. Vous intéressez-vous à la politique ? Justifiez votre réponse.
2. Quand vous aurez 18 ans, voterez-vous dès que vous en aurez l'occasion ?
3. Comment vous informez-vous ? Lisez-vous régulièrement le journal ou regardez-vous les nouvelles à la télévision ?

TRAVAIL DE GROUPE

Quelles devraient être les priorités de l'élu(e) de votre district ?

Vous vous diviserez en groupes de quatre ou cinq. Dans chaque groupe vous choisirez un rapporteur qui prendra des notes et organisera le travail, un(e) autre mènera la discussion, un(e) troisième fera une présentation à la classe entière; tous vous essaierez de trouver des réponses possibles basées sur vos expériences personnelles.

À VOUS DE RÉFLÉCHIR

1. Êtes-vous pessimiste ou optimiste ? Voyez-vous toujours le bon côté des choses ou avez-vous tendance à voir « tout en noir » ? Expliquez-vous.
2. Qu'est-ce qui vous passionne ? (la musique, les échecs, le sport...)

NOTES BIOGRAPHIQUES

Balzac, Honoré de see chapter 5

Claudel, Paul (1868–1955)

Fait de bonnes études secondaires au lycée Louis-le-Grand à Paris avnt de faire son droit (*study law*) et des études à l'École des Sciences Politiques. C'est la lecture de Rimbaud qui provoque le « choc » poétique chez Claudel. La religion fait partie intégrale de sa vie depuis le 25 décembre 1886, date où il dit avoir vécu l'événement qui devait dominer toute sa vie : « En un instant, mon cœur fut touché et je crus. » Il a déjà écrit plusieurs pièces quand il est reçu premier au concours des Affaires Étrangères. Il est donc diplomate, va beaucoup voyager (New York 1893–1894, Chine 1900–1909, Prague 1910–1911, Frankfort 1911–1913, Rome 1915–1916, Rio de Janeiro 1917–1919, Tokyo 1921–1927, New York 1927–1933, Bruxelles 1933–1935). Ces expériences influeront beaucoup sur les œuvres de Claudel. : *Tête d'or*, 1890; *La Ville*, 1893; *L'Échange*, 1900; *Partage de Midi*, 1906; *L'Annonce faite à Marie*, 1912; *Le Soulier de satin*, 1929. The last two plays are part of the repertoire of the Comédie Française.

Camara Laye see chapter 15

La Bruyère, Jean de (1645–1696)

Né à Paris dans une famille bourgeoise. Fait des études de droit, puis devient trésorier général avant d'être nommé précepteur du petit-fils de Condé. En 1693, il entre à l'Académie Française. Un seul livre, *Les Caractères*, dont nous ne lisons aujourd'hui qu'une partie, celle que La Bruyère consacre aux portraits de certains de ses contemporains, et à la peinture de certains aspects universels de la société. Son style est vif, travaillé, original, plein de verve et d'ironie, jamais monotone. C'est un style réaliste, plein d'anecdotes. On ne s'ennuie jamais en lisant La Bruyère, c'est pour cela que nous le lisons toujours !

La Fontaine, Jean see chapter 2

Molière see chapter 3

Pham Van Ky (1916–1992)

Né au Viêt-nam, est arrivé à Paris en 1938 pour faire des études à la Sorbonne. En France, il travailla beaucoup pour la radio tout en publiant des contes, des poèmes et des romans. Malgré une guerre qui n'en finit pas, Pham Van Ky tente d'établir un dialogue entre l'Orient et l'Occident. Il nous invite aussi à méditer sur ce qui oppose la tradition et le monde moderne. Parmi ses œuvres, *Frères de sang*, 1947; *Celui qui régnera*, 1954; *Les Contemporains*, 1959; *Des femmes assises çà et là*, 1964.

Sartre, Jean-Paul see chapter 7

Chapitre 21

EXERCICES DE RÉVISION

FUNCTION WORD FILL-INS

Within the following exercises, single words have been omitted and each has been replaced by a number. Complete the paragraphs by writing on the numbered blank one SINGLE French word that is correct both in meaning and form according to the context of the paragraph. NO VERB FORM may be used. Hyphenated words are considered single words. Expressions such as *jusqu'à, ce qui, ce que* are not considered single words.

Dans les paragraphes suivants, complétez les phrases avec le mot qui convient. Aucune forme verbale ne figure parmi les réponses.

1. Alors qu'on (1) _____ promenait le (2) _____ de la Seine,

   (3) _____ gros nuages ont soudain obscurci le ciel et, tout à coup, il a commencé (4) _____ pleuvoir. Nous ne savions pas (5) _____ faire.

   Nous (6) _____ sommes précipités vers la station de métro la plus proche

   (7) _____ nous avons pu (8) _____ abriter (9) _____ à la

   fin de (10) _____ orage.

2. Il faut absolument (1) _____ tu téléphones (2) _____ ton frère.

   (3) _____ trois jours, il essaie (4) _____ te joindre et tu ne

(5) _____ réponds pas. Je crois qu'il veut (6) _____ parler

(7) _____ un projet (8) _____ lui tient à cœur. (9) _____

les vacances, il aimerait faire (10) _____ la planche à voile. Il a un peu peur

(11) _____ partir seul. Tu es (12) _____ frère aîné, ne

(13) _____ oublie pas. Téléphone- (14) _____ ce soir, s'il

(15) _____ plaît.

3. Comme (1) _____ est gentil à toi de (2) _____ faire un cadeau pour mon

anniversaire. Comment as-(3) _____ deviné que (4) _____ était exactement ce

(5) _____ j'avais besoin ? Je voulais me (6) _____ offrir, mais j'avais décidé

(7) _____ attendre les soldes de la rentrée ! Maintenant, je n'ai plus (8) _____

attendre et c'est grâce (9) _____ toi. Je ne (10) _____ oublierai pas !

4. Avez-vous vu la publicité (1) _____ on fait (2) _____ plusieurs jours

(3) _____ la télévision et (4) _____ les journaux pour ce nouveau détachant

Sans tache ? On vous promet qu' (5) _____ employant *Sans tache*, vous pourrez faire

disparaître (6) _____ quelques minutes les cent taches (7) _____ se font quo-

tidiennement chez vous. Vos tapis seront plus nets, (8) _____ vieux fauteuils auront

l'air neuf. Vous (9) _____ aurez plus besoin d'aller (10) _____ le teinturier.

5. Je vous en prie, ne dites pas n'importe (1) _____. Réfléchissez (2) _____ ce

(3) _____ vous allez dire et sachez (4) _____ vous arrêter. Il vaut toujours

mieux ne pas en dire assez que d'(5) _____ dire (6) _____.

Préparez donc votre discours (7) _____ le plus grand soin et pensez (8) _____

ceux (9) _____ vous écouteront. Il ne faut ni (10) _____ endormir

(11) _____ les mettre (12) _____ colère.

6. C'est l'habitude ! À (1) _____ fois que nous allons (2) _____ restaurant,

on (3) _____ choisit (4) _____ qui est près de mon bureau. Il y a beau-

coup (5) _____ restaurants dans le quartier et nous (6) _____ connaissons

presque (7) _____.

Il faut que (8) _____ change ! (9) _____, je ne mangerai (10) _____

des sandwichs.

7. Voilà (1) _____ jolie petite maison. Il n'y a (2) _____ un étage

(3) _____ se trouvent cinq grandes pièces (4) _____ mesurent sept mètres

(5) _____ long sur cinq mètres de large. La cuisine est équipée (6) _____

nombreux appareils ménagers (7) _____ chacun pourra profiter. N'oublions pas

(8) _____ mentionner (9) _____ jardin potager et les rosiers

(10) _____ les roses parfument tout le voisinage.

C'est peut-être une maison de rêves, mais moi (11) _____ que je préfère, c'est

un appartement bien confortable (12) _____ cœur d'une grande ville.

8.   Merci de m'avoir invité(e) (1) _____ célébrer ton anniversaire. Si j'avais

(2) _____ de travail, j'aurais répondu (3) _____ enthousiasme

(4) _____ ton invitation. Ce n'est que (5) _____ mes examens seront ter-

minés (6) _____ je pourrais me distraire. (7) _____ à la fin du mois de

juin, il m'est impossible (8) _____ sortir. Je travaille nuit (9) _____ jour,

sept jours (10) _____ sept.

Ne m'en veux pas, je (11) _____ en prie. J'attends la lettre dans (12) _____

tu me raconteras les festivités.

9.   La neige, elle tombe enfin ! On (1) _____ attendait (2) _____ plusieurs

semaines.

La météo (3) _____ avait déjà annoncée deux ou trois (4) _____ mais sans

résultat !

Il neigeait (5) _____ le nord, dans (6) _____ est, mais pas sur notre région.

Aujourd'hui, (7) _____ respire ! (8) _____ neige. Les luges sont (9) _____ les

pistes et on s'amuse (10) _____ des fous (11) _____ à la tombée de la nuit.

On hurle, on crie, on joue, on a froid. C'est (12) _____ hiver.

10. C'est (1) _____ chose d'aimer la bonne cuisine, une autre que de savoir

(2) _____ faire.

(3) _____ faut-il donc pour bien cuisiner ? D' (4) _____ il faut avoir le temps,

ensuite tout cuisinier ou toute cuisinière doit avoir ses recettes, (5) _____ qu'il/elle

connaît bien, qu'il/elle a mises à l'épreuve et sur (6) _____ il /elle peut baser son

répertoire.

(7) _____ France, on s'intéresse beaucoup (8) _____ sauces. (9) _____

grand restaurant a un maître-saucier, c'est (10) _____ qui décide, (11) _____

invente, qui ajoute tel ou (12) _____ ingrédient pour changer (13) _____ goût

ou l'apparence d'(14) _____ plat. Si vous (15) _____ demandez comment il

opère, on ne vous donnera (16) _____ réponse. C'est ainsi que sont gardés

(17) _____ secrets de la grande cuisine.

C'est donc (18) _____ vous de jouer, (19) _____ essayer et (20) _____

réussir.

Bon appétit !

11. (1) _____ France, le mois de Juillet est le mois (2) _____ Tour de France.

Dites-(3) _____ : « (4) _____ est-ce que le Tour de France ? »

C'est d'abord un événement national, (5) _____ un événement sportif. Il n'y a pas

(6) _____ fête, de drame, de débat (7) _____ suscite (8) _____ d'in-

térêt et de passion que le Tour de France. Même (9) _____ vous n'êtes pas sportif,

vous ne pouvez pas échapper (10) _____ la fièvre quotidienne causée par ces vaillants

cyclistes et le monde des média. Il faut (11) _____ voir (12) _____ le croire.

Le Tour doit figurer sur votre liste quand vous irez en France (13) _____ juillet.

12. C'est (1) _____ véritable refrain. On entend sans cesse: « (2) _____ Français

ne pensent (3) _____ à leurs vacances ! » C'est un fait, on parle beaucoup

(4) _____ vacances en France. Cette « obsession » est un (5) _____ justi-

fiée. Les Français ont droit (6) _____ cinq semaines de congés payés

(7) _____ an. Il faut (8) _____ ajouter les quinze jours fériés

(9) _____ comprennent les fêtes nationales et religieuses.

On parle aujourd'hui d'(10) _____ supprimer une, mais (11) _____ ? Une

fois de plus, les Français ne sont pas d'accord. Laissons-(12) _____ réfléchir et

souhaitons (13) _____ bonnes vacances (14) _____ tout le monde.

13. Comme vous (1) _____ savez, (2) _____ Français sont fiers (3) _____ leurs

créations.

Parmi (4) _____ qui sont les plus célèbres, il y a (5) _____ parfums. Tout le monde a entendu parler (6) _____ parfums (7) _____ Paris.

Vous êtes-vous jamais demandé(e) (8) _____ on (9) _____ fabrique ?

Il y a deux sortes (10) _____ parfums. Ceux (11) _____ sont faits à partir de produits chimiques et (12) _____ qui sont à base d'essences naturelles. Ces produits naturels (13) _____ sont-ils ? C'est très simple; (14) _____ sont (15) _____ fleurs : (16) _____ œillets, (17) _____ roses, des jacinthes, (18) _____ la lavande et bien (19) _____ autres plantes (20) _____ sont récoltées dans le midi de la France, (21) _____ Provence. (22) _____ nombreuses usines sont situées dans (23) _____ région.

Comment arrive-t-on (24) _____ produire ces merveilleux parfums ? Je ne peux pas vous (25) _____ dire. Les formules sont (26) _____ véritables secrets de familles qu'on se transmet (27) _____ père (28) _____ fils. (29) ; _____ qui compte, c'est le résultat. N'êtes-vous (30) _____ d'accord ?

14. Nous sommes (1) _____ 21 septembre, c'est le premier jour de l'automne. Qu'est-ce (2) _____ se passe (3) _____ Paris (4) _____ jour-là ?

(5) _____ plusieurs années, le gouvernement français ouvre les portes de tous

(6) _____ monuments publics. Les Français sont invités (7) _____ profiter de

leur patrimoine.

Qu'est-ce que c'est (8) _____ le patrimoine ? C'est (9) _____ qui appartient

(10) _____ la patrie. Donc, le troisième weekend de Septembre, toutes les portes

(11) _____ ouvrent, celles du Palais de l'Élysée (résidence du Président de la

République) comme (12) _____ de tous les musées et châteaux (13) _____ l'état

est propriétaire. On (14) _____ entre gratuitement et, si on le désire, on peut poser

(15) _____ questions (16) _____ excellents guides qui accompagnent les visiteurs.

Après « les journées du patrimoine », le Château (17) _____ Versailles n'aura plus

(18) _____ secrets pour vous.

Avec Paris-Plage, la fête de la Musique, les journées (19) _____ voitures, les Journées

du Patrimoine, Paris (20) _____ attend.

15. Que vous ayez (1) _____ non pris le métro de New York, de Washington, de Londres

ou de Tokyo, vous avez tous entendu parler (2) _____ métro de Paris.

Quelles (3) _____ sont les caractéristiques ?

Cela dépend de la ligne (4) _____ vous voulez parler. (5) _____ qui nous intéresse ici, (6) _____ 'est la ligne 14, la fameuse ligne « Météor ». Elle fonctionne (7) _____ le 15 octobre 1998. Et comment fonctionne-t-elle? Eh bien, voilà, elle fonctionne toute seule. C'est une ligne automatique. Il n'y a (8) _____ aux commandes du train. Quand (9) _____ est dans ce train, on a l'impression (10) _____ être dans un immense couloir. Il n'y a pas (11) _____ séparation entre les voitures. Dans les stations de métro de la ligne 14, entre les passagers et le train, il y a un long mur de verre dans (12) _____ il y a des portes (13) _____ s'ouvrent exactement (14) _____ les portes de chaque voiture.

Vous avez déjà deviné ! La ligne « Météor » fonctionne exclusivement grâce (15) _____ un ordinateur des plus perfectionnés.

Voilà une raison (16) _____ plus (17) _____ aller (18) _____ Paris.

16. Qu'est-ce qu'une clef ? Vous êtes-vous déjà posé la question ?

C'est (1) _____ petit instrument, (2) _____ sorte d'outil (3) _____ remplit de multiples fonctions dans notre vie.

Les clefs se ressemblent, mais chacune est unique. (4) _____ sont de petites tiges de métal au bout (5) _____ on a creusé des crans et des rainures irrégulières. Une chose est sûre, on ne peut pas s' (6) _____ passer.

À (7) _____ servent-elles ? On ne comprend combien elles sont indispensables

que (8) _____ on (9) _____ a perdues. Si on perd (10) _____

trousseau* de clefs, (11) _____ est perdu ! Comment ouvrir la porte d'entrée,

(12) _____ faire démarrer la voiture, ouvrir (13) _____ de l'armoire,

récupérer (14) _____ courrier (15) _____ la boîte à lettres ?

Une clef qui est aussi très utile, c'est (16) _____ du coffre-fort** !

Faites très attention (17) _____ vos clefs. (18) _____ elles, vous ne pou-

vez (19) _____ faire.

* *un trousseau de clefs*, c'est un groupe de clefs attachées ensemble.
** *un coffre-fort*; dans les banques, on garde l'argent dans un immense coffre-fort. Certaines
personnes ont un coffre-fort dans lequel elles gardent des documents ou des objets
précieux.

17. Les portes de Paris.

Regardez une carte de Paris.

Comme vous (1) _____ savez, Paris est une ville (2) _____ a beaucoup grandi

au cours des siècles. D'abord, il (3) _____ avait (4) _____ île de la cité. C'est là

(5) _____ se trouve la cathédrale Notre-Dame. On a d'abord construit

(6) _____ ponts, puis (7) _____ boulevards circulaires entourés (8) _____

murs dans (9) _____ on a installé des portes (10) _____ on ouvrait le matin et

qu'on fermait (11) _____ soir, contrôlant ainsi l'entrée et la (12) _____ des

visiteurs. À ces portes, on n'a pas donné (13) _____ numéros, mais des noms propres représentant (14) _____ quartier donné. La Porte de Clignancourt est (15) _____

nord de Paris, la Porte d'Orléans au sud, la Porte de Montreuil à (16) _____ est, la

Porte d'Auteuil (17) _____ l'ouest.

Aujourd'hui, ces noms servent (18) _____ boussole★ aux Parisiens. Ce sont aussi

les noms donnés aux point de départ et d'arrivée des lignes de métro. (19) _____

vous irez (20) _____ Paris, vous saurez que (21) _____ aller (22) _____

Marché aux puces, (23) _____ est au nord de Paris, au Quartier latin, vous prendrez

la ligne Porte de Clignancourt / Porte d'Orléans. Il est évident (24) _____ les réa-

lisations des ingénieurs (25) _____ Moyen-Age n'ont pas été oubliées.

★*boussole (f.):* petit instrument qui permet de s'orienter.

18. Fais attention (1) _____ tu arriveras devant l'immeuble. Tu verras

(2) _____ grande porte cochère★. À gauche, il y aura un petit panneau rectan-

gulaire (3) _____ des chiffres et quelques lettres. C'est la sonnette. Il faudra

appuyer (4) _____ certains chiffres et (5) _____ lettres (6) _____

que la porte s'ouvre. C'est le code, par exemple : 14A29, 27C34. C'est par ce système

(7) _____ on a remplacé les fameuses concierges parisiennes. (8) _____ de

rendre visite (9) _____ quelqu'un, il faut donc (10) _____ demander le

code et (11) _____ pas l'oublier. (12) _____ tu ne t' (13) _____

souviens plus, sors ton portable (14) _____ ta poche et appelle tes amis !

★*la porte cochère* : double door wide enough for carriages

19. Voici les instructions (1) _____ suivre (2) _____ mettre votre nouvelle machine

(3) _____ laver en marche.

Assurez-vous (4) _____ elle est bien branchée.

Mettez le linge (5) _____ la machine, mettez-(6) _____ la lessive et la soupline.

Choisissez le programme (7) _____ convient (8) _____ le linge (9) _____ vous

voulez laver.

Et puis, tournez le bouton et attendez (10) _____ la machine s'arrête.

(11) _____ attendant, faites vous une tasse (12) _____ thé .

20. Vous êtes bien enrhumé, (1) _____ ami; vous toussez (2) _____ arrêt, vous avez

(3) _____ yeux rouges. Rentrez chez vous et soignez-(4) _____. (5) _____

ça ne va pas mieux demain, consultez (6) _____ médecin et prenez (7) _____

médicaments (8) _____ il vous prescrira.

Ne revenez pas (9) _____ bureau (10) _____ d'être complètement rétabli.

21. Les Elections vont avoir lieu (1) _____ quelques semaines, (2) _____ la fin

du mois de mai. Les candidats sont (3) _____ pleine campagne électorale. Chacun

d'entre (4) _____ fait des efforts (5) _____ précédent (6) _____

convaincre les électeurs que c'est (7) _____ seul (8) _____ peut résoudre

les problèmes du département* et (9) _____ de la nation.

On nous promet « monts et merveilles », c'est toujours (10) _____ même histoire.

Mais, il faut (11) _____ espérer ! (12) _____ le meilleur gagne !

*France is divided into 96 "*départements*" which are divided into "*arrondissements*",
"*cantons*" and "*communes*". There are elected officials at all these levels.

22. Je ne sais pas (1) _____ sont les cours (2) _____ vous devriez suivre. C'est

une question difficile à (3) _____ il faut réfléchir avant (4) _____ vous

inscrire à l'université. Posez-vous (5) _____ trois questions et essayez

d'(6) _____ répondre.

— Qu'est-ce (7) _____ m'intéresse plus que tout ?

— (8) _____ lycée, (9) _____ étaient mes classes préférées ?

— Qu'est-ce (10) _____ je veux faire dans la vie ?

(11) _____ avoir répondu (12) _____ ces questions, vous pourrez choisir

(13) _____ cours qui vous conviennent le (14) _____. N'hésitez pas

(15) _____ demander conseil et à parler (16) _____ vos amis plus âgés

(17) _____ ont fait face (18) _____ mêmes problèmes et (19) _____

ont résolus. Tenez-(20) _____ au courant !

23. (1) _____ as-tu la tête ? Tu n'as vraiment pas les pieds (2) _____ terre ! Sois

raisonnable, pense (3) _____ ce (4) _____ tu dois faire aujourd'hui au lieu

(5) _____ échafauder des projets (6) _____ ne tiennent pas debout. Ce (7) _____

tu as besoin, c'est d'une bonne semaine de vacances pendant (8) _____ tu oublieras

tout cela. (9) _____ tu reviendras, je (10) _____ aiderai (11) _____ prendre des

décisions (12) _____ tu ne regretteras pas.

24. Vous aimez les chats ! (1) _____ j'aime les chiens. Pourquoi? (2) _____ demandez-

vous. Je vais vous (3) _____ expliquer. Ne (4) _____ interrompez pas, je vous

(5) _____ prie.

Je ne vois chez les chats (6) _____ des petits paquets de fourrure (7) _____ ronronnent

(8) _____ ils sont satisfaits, et qui griffent et miaulent (9) _____ ils ne le sont pas !

Les chiens. c'est (10) _____ chose! Ce sont (11) _____ vrais amis. (12) _____ saute de joie quand vous rentrez (13) _____ bureau chaque soir et (14) _____ vous êtes si fatigué ?

Qui s'installe calmement (15) _____ vos pieds quand vous lisez tranquillement (16) _____ journal ? Qui aboie quand il (17) _____ voit en danger? Qui montre sa grande joie quand il vous voit prêt (18) _____ sortir pour votre promenade quotidienne ?

La réponse est évidente et vous (19) _____ connaissez aussi bien que (20) _____ Je suis pressé, il faut que je sorte mon chien. Demain, vous me parlerez de votre chat.

25. (1) _____ plus de huit jours, il pleut sans arrêt. On (2) _____ demande (3) _____ qu'il faut faire (4) _____ éviter une catastrophe.

Qu'est-ce (5) _____ on va devenir ? Les champs sont recouverts (6) _____ boue, la rivière est sortie (7) _____ son lit. Il n'est pas question (8) _____ aller visiter les châteaux de la région. Ils sont (9) _____ fermés et entourés (10) _____ énormes sacs de sable. Si la pluie s'arrête (11) _____ les heures qui viennent, on sauvera les récoltes. Seuls les fruits rouges (12) _____ que les groseilles et les framboises ne pourront pas être cueillies. On ne pourra pas faire (13) _____ confitures (14) _____ nous aimons tous tellement. Si nous avons un rayon (15) _____ soleil, il faudra cueillir les abricots. Pourquoi (16) _____ pas rêver (17) _____ meilleur des desserts, à une tarte (18) _____ sentira bon dans toute la maison !

26. Tout (1) _____ faisant les cent pas devant le musée avant l'ouverture, j'ai remarqué

qu'il n'y avait pas beaucoup (2) _____ circulation (3) _____ ville. Il n'y avait

pas (4) _____ de queue à l'entrée. (5) _____ se passait-il donc ? Pourquoi mon

amie était-elle (6) _____ retard, elle (7) _____ prétend être toujours

(8) _____ l'heure ?

C'est (9) _____ la coupable ! Je (10) _____ suis trompée de jour. C'est

aujourd'hui lundi et non pas mardi. Le musée est fermé. Je reviendrai demain. Je ne sais

pas (11) _____ je raconterai ça (12) _____ mon amie. Elle (13) _____

moquera (14) _____ moi, et elle n'aura pas tort.

27. Avez-vous déjà entendu parler (1) _____ étoiles filantes ? On nous annonce que

(2) _____ année, elles devraient être plus nombreuses (3) _____ d'habitude

(4) _____ filer (5) _____ le ciel d'été. (6) _____ le mois d'août,

(7) _____ il fait vraiment nuit, levez les yeux et souhaitons (8) _____ vous ne

soyez pas déçus.

En (9) _____ consistent ces étoiles filantes ? Ce sont en fait (10) _____ cailloux

(11) _____ deviennent incandescents (12) _____ pénétrant dans l'atmosphère,

s'illuminent aux alentours de cent kilomètres d'altitude avant (13) _____ se réduire

en cendres, laissant dans l'espace de mystérieuses traînées bleues.

N'ayez pas peur, ça ne (14) _____ brûlera pas ! Mais on dit que (15) _____

porte bonheur.

Alors, bonne chance et soyez patients.

28. Si (1) _____ tombe (2) _____ panne de voiture (3) _____ pleine

campagne, il faut réfléchir calmement à (4) _____ qu'on doit faire et garder

(5) _____ sang froid.

D' (6) _____ vient le problème ? est-ce (7) _____ pneu crevé ? est-ce une

panne (8) _____ essence ? Malheureusement, ce n'est pas toujours (9) _____

simple que ça, et, quelquefois, seuls (10) _____ dépanneuse et (11) _____

mécanicien pourront fournir (12) _____ solution (13) _____ vous permettra de

reprendre la route. (14) _____ chance et bon voyage !

29. Savez-vous ce (1) _____ c'est que le couscous ? Je vais vous (2) _____ expli-

quer. Ce mot représente deux choses : (3) _____ c'est le nom qu'on donne

(4) _____ une espèce de farine roulée en petits grains qu'on fait à partir de certains

blés durs, ensuite c'est le nom donné au plat (5) _____ il sert de base. On peut servir

un couscous avec (6) _____ mouton, avec du poisson ou même avec (7) _____

coquillages. Quel que soit le couscous préparé, on (8) _____ sert toujours avec des légumes. C'est un plat très ancien qu'on associe surtout avec l'Afrique (9) _____

Nord (10) _____ on a découvert des couscoussiers datant du IX ème siècle.

30. Vous savez tous que le marathon est une course (1) _____ pied qui couvre un peu

(2) _____ de 42 kilomètres. Ce mot, (3) _____ où vient-il ? C'est un mot

(4) _____ a son origine (5) _____ Grèce où eut lieu le 12 Août 490 avant J.C.

la bataille de Marathon. Le champ de bataille se trouvait à 26 miles d'Athènes. On dit

que le jeune soldat (6) _____ on avait chargé de couvrir cette distance (7) _____

annoncer la victoire (8) _____ Athéniens s'est effondré (9) _____ arrivant à sa

destination, mais non sans avoir annoncé : « Réjouissons- nous, nous avons gagné. »

Maintenant, le marathon n'a plus (10) _____ secret pour vous.

Quatrième partie

Lectures et questions

1. LE LABOUREUR ET SES ENFANTS

Travaillez, prenez de la peine :
C'est le fonds[1] qui manque le moins.

Un riche laboureur, sentant sa mort prochaine,
Fit venir ses enfants, leur parla sans témoins.
5. « Gardez-vous, leur dit-il, de vendre l'héritage
Que nous ont laissé nos parents :
Un trésor est caché dedans.
Je ne sais pas l'endroit; mais un peu de courage
Vous le fera trouver : vous en viendrez à bout.
10. Remuez votre champ dès qu'on aura fait l'oût[2] :
Creusez, fouillez, bêchez[3], ne laissez nulle place
Où la main ne passe et ne repasse. »
Le Père mort, les fils vous retournent le champ,
Deça, delà, partout; si bien qu'au bout de l'an
15. Il en rapporta davantage.
D'argent, point de caché. Mais le Père fut sage
De leur montrer, avant sa mort,
Que le travail est un trésor.

La Fontaine (*Fables*, livre V, IX)

VOCABULAIRE
[1]*le fonds* : c'est le capital.
[2]*Oût* : aujourd'hui on écrit: août. Ici l'auteur parle de la moisson qui se déroule au mois
d'août.
[3]*Bêcher* : travailler la terre avec une bêche. La bêche est un outil de jardinage.

Questions

1. Dans les deux premiers vers de la fable, l'auteur veut dire que
   (A) les enfants travaillent trop.
   (B) le travail est une activité précieuse.
   (C) ce n'est pas la peine de travailler.
   (D) au fond, il ne faut pas en faire trop.
2. Le riche laboureur parle
   (A) Avec des témoins.
   (B) De sa mort.
   (C) De l'argent dont ils vont hériter.
   (D) Et donne des conseils.

3. Le laboureur explique
    (A) qu'il faut vendre la maison.
    (B) qu'il faut attendre la moisson.
    (C) que le courage ne sert à rien.
    (D) où est le trésor.

4. Les vers 11 et 12 signifient qu'il faut
    (A) bêcher sur place.
    (B) repasser avec la main.
    (C) fouiller nulle part.
    (D) chercher partout.

5. Après la mort du laboureur, ses enfants
    (A) retournent chez eux.
    (B) trouvent de l'argent.
    (C) font prospérer le champ.
    (D) restent un an dans le champ.

6. L'auteur nous dit que
    (A) Le Père est généreux.
    (B) Le laboureur est un sage.
    (C) Le Père a travaillé avant de mourir.
    (D) L'argent est un trésor.

2. INSCRIVEZ-VOUS

Inscris-toi, inscrivons-nous !

Voilà un véritable refrain. S'inscrire où, s'inscrire à quoi, pourquoi s'inscrire ?

En France, à Paris, en province on s'inscrit. On s'inscrit sur des listes. On s'inscrit sur une liste électorale, on s'inscrit pour subir les épreuves du permis de conduire, les épreuves du baccalauréat ou celles de l'agrégation. On inscrit ses enfants pour qu'ils puissent aller à la crèche[1], à l'école maternelle ou au lycée.

Aujourd'hui, beaucoup d'adultes s'inscrivent sur différentes sortes de listes, celles qui permettront d'assister aux cours pour adultes qui sont offerts dans la plupart des municipalités. Les brochures qui décrivent les activités et les formulaires d'inscription sont à la disposition de tous dans les mairies de chaque arrondissement dans les grandes villes, les villes de province, les chefs-lieux de canton et même parfois les communes.

L'Art dramatique vous passionne, et vous n'êtes ni Sarah Bernhardt, ni Louis Jouvet, peu importe ! Inscrivez-vous aux cours d'Art dramatique de la mairie du IXème arrondissement. Ils ont une excellente réputation. Vous pourrez y jouer Phèdre ou Becket. Et qui sait si quelque grand metteur en scène ne vous remarquera pas ?

Vous aimez chanter, inscrivez-vous pour faire partie de la chorale de votre quartier. Vous avez toujours voulu danser le tango, le vrai, le tango argentin. Pourquoi ne pas profiter de l'occasion et vous inscrire aux cours de danses sud-américaines qu'on offre à partir du 1er Septembre. Jouer au ping pong, rien de plus facile, inscrivez-vous vite, les partenaires ne manqueront pas.

C'est l'histoire de l'art, la tapisserie, la reliure que vous aimeriez mieux connaître, n'hésitez pas un instant, il y a encore quelques places sur les listes. Avant d'acheter un nouvel ordinateur, on suggère que vous vous familiarisiez avec les nouveaux appareils, allez-y, inscrivez-vous au cours d'informatique pour amateurs.

Vous appréciez la cuisine vietnamienne et vous aimeriez bien préparer tous ces petits plats pour les déjeuners de famille du dimanche où votre poulet rôti n'est plus guère apprécié. Le chef vietnamien qui présente le cours de cuisine promet qu'au bout de deux mois sa cuisine n'aura plus de secrets pour vous; qu'est-ce que vous attendez ? Jouer au bridge vous intimide et vous fascine; vous voudriez en savoir plus. Laissez-vous tenter, vous ne serez pas la seule novice.

Ces distractions ne s'adressent pas qu'aux adultes. On ne demande qu'à inscrire vos enfants. Si votre fils de six ans veut s'initier au judo, c'est le moment. Les cours ont lieu le mercredi après-midi, le jour où il ne va pas à l'école. Antoinette, huit ans, dessine sans arrêt, mais sans méthode et elle ne veut pas écouter vos conseils. Inscrivez-la au cours de dessin du samedi matin.

On peut aussi s'inscrire ou inscrire ses enfants ou même s'inscrire avec eux pour les visites de musées organisées avec l'aide de la direction des Musées nationaux. Le nombre des places est limité, il ne faut donc pas traîner. Décidez-vous vite pour ne pas risquer d'être mis sur la liste d'attente.

Si les voyages en groupe vous tentent, les municipalités sont, dans certains cas, devenues des agences de voyages auxquelles on peut faire confiance. Vous pouvez passer le week-end à l'Abbaye du Mont Saint-Michel, visiter les châteaux de la Loire ou les vignobles du Bordelais. Vous voudriez faire un peu de ski et vous n'avez pas le temps de faire des recherches sur l'enneigement, les hôtels, les horaires de train, ne vous inquiétez pas, il y a sans aucun doute un voyage organisé par votre mairie, ou par un groupe de votre quartier. Un simple coup de téléphone vous renseignera et il ne restera qu'à vous inscrire. Rome, Athènes, Marrakech, Saint-Pétersbourg sont aussi des destinations qui figurent sur les listes. C'est à vous de choisir, à vous de décider, à vous de vous inscrire !

Comme vous le voyez, les Français n'ont aucune excuse pour ne pas cultiver leurs talents, satisfaire leur curiosité et enrichir leur vie quotidienne quel que soit leur âge. Je dois vous dire que nombreux sont ceux qui profitent de ce qui est mis à leur disposition et qu'ils ont appris où, quand et à quoi s'inscrire.

[1]*une crèche* : garderie pour tout-petits enfants

Questions

1. Pour aller à l'école maternelle, on doit
   (A) subir des épreuves.
   (B) aller à la crèche.
   (C) s'inscrire.
   (D) être inscrit sur une liste électorale.

2. Ceux qui voudront s'inscrire aux cours pour adultes
   (A) auront besoin d'une permission.
   (B) rempliront un formulaire.
   (C) décriront les activités.
   (D) iront en province.

3. Quand vous vous inscrivez, vous avez le choix entre
   (A) le tango argentin et le ping pong.
   (B) la reliure et le judo.
   (C) l'histoire de l'art et l'informatique.
   (D) (A), (B) et (C)

4. La direction des Musées nationaux
   (A) offre des cours de dessin le samedi matin.
   (B) ne veut pas écouter vos conseils.
   (C) organise des visites de musée exclusivement pour les enfants.
   (D offre un nombre de places limité pour les visites des musées.

5. On organise des voyages
    (A) avec les Bordelais.
    (B) chaque week-end.
    (C) pour tous les goûts.
    (D) pendant l'hiver.
6. On nous montre que les Français
    (A) ont des excuses.
    (B) n'ont pas de talent.
    (C) profitent des offres qu'on leur fait.
    (D) ont une vie intellectuelle très riche.

3. LE FRANGLAIS ET... VICE-VERSA

Vous avez certainement entendu parler des efforts quasi-surhumains fournis par le gouvernement français et certaines organisations des plus respectables, dont l'Académie française, pour épurer la langue française de tout terme étranger. On ne veut pas qu'elle soit envahie par les barbares. Quelle gageure ![1]

C'est un thème qui fait régulièrement surface dans la presse. Récemment, on a même décidé que le terme *e-mail* devait être remplacé par le mot *courriel*. Il n'est guère possible d'imposer des sanctions à ceux qui ne suivront pas les directives officielles. Beaucoup se contentent de sourire tout en mangeant un hotdog ou une pizza et en buvant un soda.

Qu'est-ce qui pousse les officiels à prendre de telles décisions ? Ne sait-on pas que des mots français sont intégrés dans la plupart des langues étrangères ? Si on essaie d'en faire une liste, on n'en finira pas ! Au Japon, les jeunes ont un *avec* ou une *avec* au lieu d'un petit ami ou d'une petite amie, on fait une enquête et on a des vacances. En Chine, on parle de salon, on est chauvin et on est ou non de bonne humeur. En Russie, on mange des ananas et les lampes ont des abat-jour; en Allemagne, on met ses marks dans un porte-monnaie et on mange des éclairs. Quel anglophone n'a pas fait usage de coup d'état, coup de grâce, tort, gauche, adroit, matinée, coupé, rouge, débutante, touché, RSVP ? Quel chef n'a pas préparé des hors-d'œuvre, des mousses, des crêpes, des pâtés et des petits fours ? Si vous avez fait de la danse, vous savez ce que c'est qu'un plié, un jeté, une pirouette, une arabesque, un entrechat. Qui n'a pas eu recours à des termes comme crème de la crème, un je ne sais quoi, savoir-faire, joie de vivre, déjà vu ? À quoi bon essayer de présenter une liste qui ne sera jamais complète ?

On se demande donc pourquoi certains s'acharnent à exiger que la langue française rejette les mots « étrangers » au lieu de les accepter et de les associer à son vocabulaire. Il faut qu'une langue vive, qu'elle change, qu'elle bouge, qu'elle se laisse mouler par les événements et par le temps. Il faut accepter les intrus, ils deviendront des membres de la famille, seront bientôt français à part entière et, le jour viendra où on ne pourra plus s'en passer. Qui parle d'invasion ?

Il semble qu'ici la tolérance et le bon sens soient « de rigueur ». Messieurs, Mesdames les puristes, il ne faut pas rêver. Voyagez, promenez-vous, écoutez, et vous verrez que si le français court un danger, ce n'est pas celui de la guerre avec l'anglais, c'est plutôt celui d'un conflit interne. Insistez pour que la langue de la rue ne devienne pas celle de la salle à manger ou du bureau. Battez-vous pour que les instituteurs et les professeurs exigent de leurs élèves rigueur et précision dans leur façon de s'exprimer que ce soit oralement ou par écrit. Les bandes dessinées ont leur place dans la bibliothèque mais qu'elles ne remplacent pas les classiques.

On parle et on apprend des langues vivantes dont l'essence même est d'évoluer. Pourquoi ne pas arrêter les menaces et profiter d'une langue dont la beauté et la richesse n'ont jamais été mises en question ?

[1]*gageure* : projet difficile à réaliser

Questions

1. L'Académie française

    (A) est envahie par les barbares.

    (B) veut que le français reste pur.

    (C) fait des efforts pour les étrangers.

    (D) est une organisation surhumaine.

2. Dans le passage, l'auteur aspire à

    (A) encourager les efforts de l'Académie française.

    (B) faire appel au bon sens.

    (C) apprendre les langues vivantes.

    (D) mettre en question la beauté de la langue française.

3. Courriel est un terme

    (A) que la presse nous impose.

    (B) qui est courant.

    (C) qui fait sourire.

    (D) qui est imposé par des directives officielles.

4. Si vous parlez anglais, vous connaissez le sens de

    (A) cadre.

    (B) abat-jour.

    (C) RSVP.

    (D) porte-monnaie.

5. Savoir-faire est une expression qui signifie

    (A) qu'on sait s'y prendre.

    (B) qu'on est en bonne santé.

    (C) qu'on fait ce qu'on peut.

    (D) qu'on fait savoir ce qui est important.

6. On recommande que les mots étrangers

    (A) acceptent les intrus.

    (B) soient les bienvenus dans la langue.

    (C) envahissent le vocabulaire.

    (D) changent et bougent avec la langue.

7. L'auteur voudrait que les puristes

    (A) voyagent et courent.

    (B) rêvent.

    (C) écoutent et réfléchissent.

    (D) se promènent en rêvant.

8. Le danger que court la langue française c'est de

    (A) se battre avec l'anglais.

    (B) se détériorer.

    (C) remplacer les classiques.

    (D) écrire avec rigueur et précision.

4. PARIS, NEW YORK, PÉKIN

Si l'urbanisme vous intéresse, vous avez la chance de voir son histoire se dérouler sous vos yeux, ou presque. Que vous soyez globe-trotter ou pantouflard[1], l'histoire du développement des grandes villes en villes immenses n'a pas pu vous échapper. Les media – la presse, la télévision et le cinéma – nous proposent chaque jour des reportages et des images sur les changements qui prennent place, dans certains cas, à une vitesse vertigineuse. Nous nous contenterons d'évoquer ici les transformations qui se sont opérées récemment et s'opèrent de nos jours à Paris, à New York et à Pékin.

En fait, c'est à Paris que les grands bouleversements de l'urbanisme commencèrent. C'est à Napoléon III, dont le règne dura de 1851 à 1870, et au préfet de Paris, le baron Haussmann, qu'on doit le tracé actuel des grandes avenues qui donnent à cette capitale son allure moderne pleine de charme et de beauté : « Paris, disait Napoléon III, est le cœur de la France. Mettons tous nos efforts à embellir cette grande cité. Ouvrons de nouvelles rues, assainissons les quartiers populeux qui manquent d'air et de jour, et que la lumière bienfaisante pénètre partout dans nos murs. » Pour construire le Paris que Napoléon III envisageait, Haussmann a dû détruire des centaines d'habitations, de rues et de chemins qui sillonnaient le centre de la ville. La population parisienne ne fut évidemment pas consultée. On l'envoya loger ailleurs. Haussmann mena à bien son plan et fit même aménager les grands espaces verts que nous connaissons aujourd'hui : le bois de Boulogne, le bois de Vincennes, le parc Monceau et les Buttes-Chaumont.

Un siècle plus tard, on a assisté, sous la présidence de François Mitterrand, à des transformations rappelant celles du Baron. Avant même l'époque des Grands Projets du Président de la République, nous devons noter la construction de la tour Montparnasse, un gratte-ciel de 47 étages au cœur de Paris sur la rive gauche. On a beaucoup critiqué cette tour en béton qui a consacré la disparition de la vieille gare du Maine. Mais, pour certains, elle est devenue un but de promenade. Le dimanche, on y monte pour admirer la vue, et on boit un café. Et la gare du Maine est devenue une nouvelle gare, celle des TGV qui desservent l'Ouest et le Sud-Ouest de la France.

On notera aussi la disparition des Halles Centrales qui furent, pendant des siècles, le cœur alimentaire de Paris. On a démonté les magnifiques verrières[2] de Baltard, et on a expédié tout le monde à Rungis qui se trouve au Sud de Paris, pas loin de l'aéroport d'Orly. À la place, on a installé un grand centre commercial, un jardin et des immeubles de sept à huit étages. Un peu à l'est des anciennes halles, le quartier du Marais (marais = *swamp*) a aussi fait peau neuve. Les petits immeubles et les petites rues, parfois insalubres, ont fait place à des boutiques et des galeries d'avant-garde. C'est le Soho de Paris. Certaines rues sont réservées aux piétons et on s'y promène avec plaisir. Mais, essayez d'y aller en semaine, le samedi et le dimanche, on s'y bouscule.

Ce sont là de petits projets si on les compare aux Grands Projets des années 80 tels qu'ils furent conçus et approuvés par le gouvernement Mitterrand: Le Grand Louvre avec la pyramide de verre de l'architecte sino-américain I.M. Pei; le nouveau quartier administratif de la Défense, construit dans la perspective de l'Arc de Triomphe; Bercy, le domaine du ministère des finances sur la rive droite de la Seine dans le XIIème arrondissement; la Grande Bibliothèque, composée de quatre bâtiments tout en verre qui ont la forme d'immenses livres ouverts, dans le XIIIème arrondissement où sa construction a entraîné une transformation radicale et bénéfique du quartier.

Voici donc de grands changements comparables à ceux qui sont visibles à New York depuis les années 80 dans plusieurs quartiers de la ville, mais surtout au sud de la ville. Puisque Manhattan est une île, elle doit se contenter de ce qu'elle a : grandir en hauteur ou restaurer ce qui ne sert plus. Ce n'est pas tout à fait vrai car New York a appris à gagner du terrain sur ses fleuves en repoussant leurs berges. On observe ce phénomène au sud de la ville.

Mais au sud, il y a surtout Soho qui n'a rien à voir avec le Soho de Londres puisqu'il doit son nom à sa situation géographique: Soho se trouve au sud (So uth) de Houston (Ho uston) street, une grande avenue qui traverse Manhattan d'Est en Ouest et marque la frontière sud de Greenwich Village. Soho était, à l'origine, le quartier des grands bâtiments en briques qui abritaient des entrepôts de toutes sortes. Aujourd'hui, c'est un quartier à la mode où on trouve des boutiques, petites et grandes, et de grand luxe, des restaurants où on peut manger toute la nuit des plats italiens, cambodgiens, thaïlandais, portugais, japonais, marocains, chinois du Sichuan ou de Canton, végétariens et français, bien sûr. C'est là qu'est né le *loft*, ce grand espace sans cloison où on installe son chez soi comme bon vous semble. Artistes, architectes, décorateurs, jeunes professionnels ont aménagé des appartements luxueux entre ces vieux murs. Un peu plus au nord, le quartier du Marché à la viande a beaucoup changé; on y trouve des brasseries chics, des galeries d'art, et les couturiers s'y installent. Cette grande ville est toujours en mouvement. Pour mieux profiter du nouveau New York, allez-y en semaine, si vous le pouvez. Pendant le weekend, il y a tellement de monde sur les trottoirs, on se croirait à Pékin !

Certes, il y a du monde à Pékin, près de 15 millions de personnes. Comment cette ville gère-t-elle une telle population ? Et bien, elle grandit, elle grossit, elle explose ! Alors que Paris et New York transforment leurs vieux quartiers, faisant en fait du neuf avec du vieux, Pékin repousse ses frontières, s'étend dans toutes les directions, ajoutant progressivement des autoroutes, et par ce fait des quartiers périphériques. On les appelle des anneaux, on en est au cinquième en dix ans. Et on construit 24 heures sur 24, sept jours sur sept, des immeubles d'habitation, des immeubles de bureaux, des centres commerciaux, des terrains de sports, des lycées, des hôpitaux, un nouvel opéra et, vous vous en doutez, des restaurants. Vous croyez connaître la ville, vous vous absentez six mois; à votre retour, vous êtes perdu. Non seulement la ville n'a plus de limites, mais, comme l'avait fait Haussmann à Paris il y a plus de 200 ans, on détruit des quartiers entiers pour créer de larges avenues, des stations de métro et des tours de plus de 20 étages. Ne vous inquiétez pas, la Cité interdite ne bougera pas.

À l'aube du XXIème siècle, où qu'on se trouve, où qu'on aille, on constate les énormes changements qui font que les grandes villes continuent à prospérer, à nourrir leurs citoyens et à attirer ceux du monde entier.

(1)*pantouflard* : slightly pejorative term for homebody
(2)*verrières* : large surface composed of metal framework and glass

Questions

1. Dans ce passage, l'auteur s'adresse particulièrement
   - (A) aux pantouflards.
   - (B) aux journalistes.
   - (C) à nous tous.
   - (D) à ceux qui changent très vite.

2. Dans le troisième paragraphe, le mot « assainir » signifie :
   (A) nettoyer.
   (B) approprier.
   (C) rendre saint.
   (D) manquer d'air.

3. Le baron Haussman a détruit des vieux quartiers
   (A) pour faire plaisir au peuple de Paris.
   (B) pour permettre le tracé des grandes avenues.
   (C) pour aménager le bois de Vincennes.
   (D) pour devenir Préfet.

4. Les Grands Projets comprennent
   (A) les Halles centrales.
   (B) l'aéroport d'Orly.
   (C) la tour Montparnasse.
   (D) la Grande Bibliothèque.

5. New York construit
   (A) des autoroutes périphériques.
   (B) du neuf avec du vieux.
   (C) des grands bâtiments en briques.
   (D) des couturiers.

6. L'auteur explique que
   (A) Paris et Pékin ont détruit des vieux quartiers.
   (B) New York a grandi de la même façon que Pékin.
   (C) les weekends sont toujours calmes.
   (D) les Japonais, les Marocains, les Portugais, les Cambodgiens habitent Soho.

7. Le loft est
   (A) un entrepôt de toutes sortes.
   (B) un système d'étagères.
   (C) un espace grand ouvert.
   (D) une spécialité du baron Haussman.

8. Ce passage est consacré
   (A) aux appartements dans les grandes villes.
   (B) à l'urbanisme.
   (C) à l'avenir de la Cité interdite.
   (D) aux restaurants étrangers.

9. L'auteur conclut
   (A) qu'on est à l'aube du XXIème siècle.
   (B) que dans le monde entier, on assiste à des changements.
   (C) qu'il est difficile de nourrir les citoyens.
   (D) qu'il aime beaucoup les grandes villes.

5. CANNES

Chaque année, au mois de mai, les media du monde entier se retrouvent autour d'un même sujet, au même endroit; c'est le cinéma à Cannes où se déroule le fameux festival. Nous en sommes aujourd'hui au 57ème festival. Que s'y passe-t-il donc ?

C'est un des grands festivals du cinéma avec celui de Venise et celui de Berlin. On y projette dans l'espace d'une semaine une vingtaine de films de 13 à 15 pays sélectionnés à l'avance par certains spécialistes du cinéma. Le festival se déroule à Cannes, lieu de prédilection de la côte d'Azur, parce qu'il y fait toujours beau au printemps, que chacun peut s'y promener sur la Croisette[1], s'y faire remarquer et remarquer les autres.

Le festival de Cannes attire chaque année les plus grands noms du cinéma, aussi bien les producteurs que les acteurs, les photographes, les starlettes et les investisseurs. Les représentants de la presse écrite et de la télévision sont omniprésents avides de rapporter l'anecdote ou de prendre la photo qui fera du bruit le lendemain. La présidence du festival est très convoitée. On y a vu s'y succéder Olivia de Havilland, Liv Ullman, Clint Eastwood, Luc Besson, David Lynch, Pedro Almodóvar, Quentin Tarantino et bien d'autres.

Les films sont répartis en catégories: longs métrages, courts métrages, documentaires... On y décerne la Palme d'or, le Grand Prix, le prix d'interprétation féminine, le prix d'interprétation masculine, le prix de la meilleure mise en scène, le prix du meilleur scenario et enfin le prix du jury lui-même composé d'artistes, de réalisateurs, de producteurs, d'écrivains, etc.

Pourquoi un tel festival a-t-il lieu en France ?
Et bien voilà, le cinéma pour les Français c'est une vieille histoire qui remonte loin et qui ne sera jamais finie. En 1895, Louis Lumière présentait à Paris ses premières projections animées devant 120 spectateurs émerveillés. En 1897, on inaugure à Montreuil, près de Paris, le premier studio où, sous la direction de Georges Méliès, on faisait des trucages qui sont en fait les ancêtres des effets spéciaux. Bientôt se créent des sociétés telles que Pathé, Gaumont, Éclair qui deviendront les grands noms de la production cinématographique.

Depuis les débuts du cinéma, chaque période a laissé sa marque, les années 20 et 30 avec Abel Gance, Jean Renoir, Marcel Pagnol, René Clair, Jean Vigo, Marcel Carné, les années 40 et 50 avec Jean Cocteau, René Clément, Christian-Jacque, Yves Allégret, Roger Vadim et puis plus près de nous les membres de la « nouvelle vague » qui adoptent une plus grande liberté dans tous les domaines: Jean-Luc Godard, François Truffaut, Louis Malle, Agnès Varda, Alain Resnais, Costa Gavras, Eric Rohmer, Claude Lelouch, J.Rouch, Claude Chabrol pour n'en citer que quelques uns. Vous pouvez voir les films de ces réalisateurs dans bien des salles de cinéma aujourd'hui. On les voit, on les revoit avec plaisir. « La nouvelle vague », qui est pour le cinéma ce que « le nouveau roman » devait être pour la littérature, est une vraie révolution. Mais, que signifient ces termes ?

Ce mouvement explose après la guerre 39–45. On est libre, on s'est libéré. Cette liberté se retrouve ici à tous les niveaux, celui des thèmes, celui du langage et celui de la technique. On regarde maintenant la réalité extérieure avec une grande objectivité. L'atmosphère du film, son style, son ton, ses idées et leur développement sont modernes et sont proches de notre façon de sentir et de penser. On doit se débrouiller avec des budgets modestes et on fait appel à des acteurs inconnus. La technique se raffine et les spectateurs apprennent à l'apprécier. Les ciné-clubs, les revues spécialisées encouragent aussi les Français à rester au courant de ce qui se passe dans le monde du cinéma. Même si la télévision a changé certaines des données, le cinéma reste une des passions des Français.

C'est ce qui explique l'intérêt, la fascination que provoque chaque année le Festival international du cinéma à Cannes. C'est là que la France, où est né le septième art[2], accueille le monde du cinéma. Certes, elle ne peut rivaliser avec les moyens hors du commun auxquels certains pays ont accès, mais elle réussit à maintenir son autonomie, à encourager les jeunes réalisateurs, à célébrer ses pionniers et à présenter d'excellents nouveaux films.

[1]*La Croisette* est une longue avenue qui longe la mer Méditerranée.
[2]Le cinéma est considéré comme *le septième art*, les six autres étant l'architecture, la sculpture, la peinture, la musique, la poésie et la danse.

Questions

1. Les cinéastes se retrouvent chaque année
   (A) à Cannes.
   (B) à Berlin.
   (C) à Venise.
   (D) à A, B et C.

2. Sur la Croisette, on rencontre
   (A) les photographes.
   (B) les starlettes.
   (C) tout le monde.
   (D) ceux qui ont été sélectionnés.

3. Louis Lumière a montré ses films
   (A) animés.
   (B) émerveillés.
   (C) qui remontent loin.
   (D) dans un grand cinéma de Paris.

4. Les effets spéciaux
   (A) sont les ancêtres des trucages.
   (B) sont créés par Pathé, Gaumont et Éclair.
   (C) sont apparus à la fin du XIXème siècle.
   (D) dirigent Georges Méliès.

5. « La nouvelle vague » est un genre
   (A) créé par la télévision.
   (B) qui encourage les ciné-clubs et les revues spécialisées.
   (C) qui a révolutionné le cinéma.
   (D) littéraire très apprécié.

6. À l'avant dernier paragraphe, l'expression « se débrouiller avec » signifie

   (A)   solliciter.

   (B)   rejeter.

   (C)   exiger.

   (D)   faire de son mieux.

7. La Palme d'Or du festival de Cannes représente l'excellence

   (A)   de la mise en scène.

   (B)   A, C et D.

   (C)   de l'interprétation.

   (D)   de la production.

8. Dans le domaine du cinéma, la France

   (A)   rivalise avec les moyens extraordinaires déployés par d'autres.

   (B)   encourage les pionniers.

   (C)   fascine par son festival annuel.

   (D)   s'intéresse à sept arts.

6. LA MODE

En France, la mode, comme la baguette, fait partie de la vie quotidienne. Elle fascine, elle inquiète, on voudrait l'ignorer mais on la suit, tant bien que mal. On ne peut pas faire autrement, on y est exposé en permanence dans des circonstances des plus variées.

Il y a évidemment, deux fois par an, les collections des grands couturiers dont on parle avec force photos et anecdotes avant, pendant et après qu'elles se déroulent ! Peu importe, ce n'est qu'une infime section de la population qui est vraiment touchée. On parle des « couturiers en herbe » qui sont élèves dans les écoles de mode. Il y a aussi ce nouveau concept du « village shopping » où on vous propose les collections des saisons précédentes à des prix très inférieurs à ceux des magasins ordinaires. La mode, c'est aussi les soldes, ce phénomène qui revient deux fois par an et qui déplacent les foules. Il ne faut pas oublier les vitrines qui sont parfois des œuvres d'art et qu'on contemple avec admiration; le lèche-vitrines est pour certains une occupation à plein temps.

Peut-être fait-on semblant de se désintéresser des nouvelles collections, mais on les regarde quand même. Si les jupes raccourcissent, timidement on raccourcit les siennes, si les mannequins ont des carrures de joueur de football américain, on va chercher une petite veste avec des épaulettes, c'est tellement plus élégant ! On les enlèvera l'année prochaine si les mannequins font voir leurs épaules.

On a admiré l'affiche annonçant l'exposition des travaux de fin d'année des élèves modélistes. On y va, et on est séduit par l'imagination, le talent, le goût, la précision reflétés dans les robes du soir, les ensembles, les petites robes toutes simples ou les tailleurs-pantalons pleins de détails auxquels seuls des jeunes pouvaient penser. Pour ces jeunes élèves, c'est presque un concours puisque les exposants espèrent être remarqués par les grands noms de la haute couture ou par quelques célébrités qui choisiront chez eux leur garde robe de la saison prochaine. Quel métier difficile, mais quelle belle profession !

Comment ne pas être attiré par l'idée de ce « village shopping » dont on entend parler dans la presse et sur lequel on fait beaucoup de publicité, si on a la manie des achats et si on suit les excentricités de la mode ? Il y en a plusieurs en France dont un à Servis-Marne-la-Vallée près de Disneyland ! Il y en a plusieurs en Allemagne, en Espagne, en Belgique, au Japon, en Italie et de nombreux aux États-Unis. Leur succès ne fait que grandir et d'autres « village shopping » sont à l'étude. On y trouve généralement les collections prêt-à-porter haut de gamme et de luxe créées par des couturiers de renommée internationale. On trouve aussi des vêtements d'enfants. Les réductions vont parfois jusqu'à 60%. Qui peut résister ? On y va entre amies, on se soutient, on s'encourage, on donne son avis et on essaie d'éviter des désastres en pensant à ce qu'on a acheté la dernière fois.

Et si on parle de la mode, on se doit de parler des soldes. Si on ne les fait pas, on ne sait pas ce dont les autres parlent au début du mois de Janvier et en Juin. Si on n'y va pas, on le regrettera. Êtes-vous prêt(e) à faire la queue, à vous battre, à dépenser une somme raisonnable d'argent pour acheter cette tenue, « objet intense de votre désir ? »

Les Français ne sont pas tous esclaves de la mode. Il y a aussi ceux et celles qu'aucune de ces manifestations ne touche. Pour eux, pour elles rien ne vaut un bon livre, un bon dîner, un bon film, une bonne promenade en forêt ou sur la plage, en blue jeans et en pullover ! La mode, c'est secondaire, c'est pour demain !

Questions

1. En France, la mode est une préoccupation

    (A)   permanente.

    (B)   quotidienne.

    (C)   suivante.

    (D)   ignorée.

2. Les collections des grands couturiers

    (A)   intéressent tout le monde

    (B)   sont présentées deux fois par an.

    (C)   sont dans les vitrines.

    (D)   sont pleines de photos.

3. Le lèche-vitrines est

    (A)   un métier difficile.

    (B)   une distraction amusante.

    (C)   un chef-d'œuvre.

    (D)   impraticable le soir.

4. On enlèvera les épaulettes

    (A)   quand les mannequins feront voir leurs épaules.

    (B)   quand les carrures de joueurs de football seront à la mode.

    (C)   si les jupes raccourcissent.

    (D)   l'année prochaine.

5. les couturiers en herbe

    (A)   sont des innovateurs.

    (B)   dessinent des affiches.

    (C)   portent des petits robes toutes simples.

    (D)   ont un certain âge.

6. Le « village shopping » est un phénomène qui

    (A)   a la manie des achats.

    (B)   emploie des grands couturiers.

    (C)   évite les désatres.

    (D)   se répand.

7. On peut acheter des vêtements d'enfants

    (A)   d'occasion.

    (B)   à 70% de réduction.

    (C)   près de Disneyland.

    (D)   pour résoudre les problèmes.

8. Si on ne fait pas les soldes

   (A)   on est prêt à faire la queue.

   (B)   on n'est pas au courant.

   (C)   on achète une tenue pour une somme raisonnable.

   (D)   on se promène en survêtement.

9. Certains Français

   (A)   aiment aller dîner à la plage.

   (B)   font du cinéma.

   (C)   se promènent en blue jeans et en pullover.

   (D)   sont touchés par ces manifestations.

10. Suivre la mode est une activité

   (A)   qui rend les Français esclaves.

   (B)   qui n'a pas les qualités d'un bon livre.

   (C)   qui vous force à manger.

   (D)   futuristique.

7. COMMENT VOYAGER ?

Même si on n'aime pas beaucoup ça, il est rare qu'on ne soit pas appelé à voyager à un moment ou à un autre, pour une raison ou pour une autre. Vous faites peut-être partie de ceux qui voyagent pour le plaisir, et c'est à vous que je m'adresse.

On peut, c'est évident, voyager à cheval comme le fit Montaigne au XVIème siècle, à pied comme Jean-Jacques Rousseau au XVIIIème siècle; il nous décrit ses longues promenades dans *les Rêveries du promeneur solitaire*, à dos d'âne comme le fit R.L. Stevenson qui nous raconte ses pérégrinations dans *Travels with a donkey in the Cévennes*[1]. Il y a aussi ceux qui accompagnaient les chevaliers lors de leurs pélerinages à Saint-Jacques-de-Compostelle, à Rome et tous ceux qui marchèrent jusqu'aux Lieux saints de Jérusalem au temps des croisades. Si on lit les compte-rendus de ces voyages, on en voit les difficultés immenses, mais aussi les plaisirs incomparables qu'ils vous procurent : les gens qu'on rencontre, aimables et curieux, le monde des animaux qu'on peut observer et mieux comprendre, et la nature dans toute cette splendeur qu'on a le temps de contempler du lever du jour au crépuscule. On ne descendait pas dans des hôtels trois étoiles, ni même des auberges. On était accueilli par les paysans et on était satisfait.

Aujourd'hui, on peut renouveler ces expériences du temps passé. Ceux qui le font ne le regrettent jamais. On le fait en groupes avec ceux et celles qui se passionnent pour les randonnées. C'est l'été, on dort quelquefois à la belle étoile. La voie lactée vous aura bientôt révélé tous ses secrets.

Si la marche à pied vous fait peur, inscrivez-vous dans un club qui organise des « tours » à bicyclette. L'itinéraire est fixé à l'avance. On fait une cinquantaine de kilomètres par jour et on parcourt une région pittoresque, on s'arrête dans des petits restaurants simples et bon marché, et le soir on couche sous la tente ou on passe la nuit dans des gîtes[2] ruraux qui sont souvent très accueillants.

Si ces déplacements quasi-sportifs ne vous attirent pas et puisque vous ne voulez pas voyager en voiture, c'est à la S.N.C.F. avec ses T.G.V. et ses trains régionaux dont la renommée n'est plus à faire que vous pouvez vous adresser. Vous voulez aller à Londres ? Le TGV-Eurostar vous y transportera en douceur, en trois heures en empruntant le tunnel sous la Manche. Vous voulez passer deux jours à Amsterdam pour y voir une exposition Van Gogh, le TGV-PBKA[3] vous y déposera en moins de trois heures. C'est la Provence qui vous tente, sautez dans le TGV-Méditerranée. Vous pourrez admirer la Bourgogne et la vallée du Rhône avant d'arriver à votre destination. Vous pouvez aller à Moscou si vous avez le temps car il vous faudra bien quinze heures pour arriver sur la Place Rouge.

Si le train est pour vous une passion sans bornes, vous pouvez aller jusqu'à Saïgon et pourquoi pas jusqu'à Pékin ? C'est faisable, mais ce ne sera pas simple. L'Orient Express qui, vous le savez tous, a servi de site à plusieurs films vous mènera jusqu'à Istambul si vous vous y prenez bien l'avance.

Vous voulez aller loin, beaucoup plus loin, beaucoup plus vite, seul l'avion peut vous satisfaire. Le Concorde, l'appareil supersonique capable de transporter 92 passagers à la vitesse mach 2 (2.300 kilomètres à l'heure) a effectué son dernier vol le 31 mai 2003. Vous ne pouvez donc pas le prendre. Si vous voulez voir cet avion si élégant de près, allez à New York visiter le porte-avions *Intrepid* ; à côté, vous verrez un Concorde qui ne décollera plus. Pour vos longs voyages, il faudra donc que vous choisissiez un avion plus ordinaire à moins que le bateau ne vous fasse envie.

Le Queen Mary 2, construit en France, à Saint-Nazaire, par les chantiers de l'Atlantique pour la compagnie anglaise Cunard, vous accueillera avec plaisir. C'est le plus grand paquebot du monde. L'énergie qu'il produit suffirait pour éclairer une ville de 300.000 habitants. Il y a deux mille salles de bains et trois mille téléphones pour 2.600 passagers et 1250 membres d'équipage. Vous pouvez traverser l'Atlantique ou faire le tour du monde. À vous de choisir ! À vous de rêver !

Vous ne pouvez pas vous décider, vous n'êtes pas les seuls. Pour le moment, restons chez nous dans un bon fauteuil avec un bon roman ou une pile de journaux intéressants. Après, on verra !

VOCABULARY
[1]*Cévennes* : region située au Sud/Sud-est du Massif Central.
[2]*gîte* : lieu où l'on trouve à se loger, où l'on peut coucher. (*Petit Robert*)
[3]*PBKA* : Paris, Bruxelles, Köhln (Cologne), Amsterdam.

Questions

1. Tout le monde voyage
   (A) tous les jours.
   (B) pour son plaisir.
   (C) pour des raisons variées.
   (D) rarement.

2. Autrefois, on voyageait à pied ou à cheval
   (A) parce qu'on n'avait pas le choix.
   (B) quand on en avait envie.
   (C) pour visiter des auberges.
   (D) pour voir des animaux en liberté.

3. La voie lactée
   (A) est à la belle étoile.
   (B) est invisible en plein jour.
   (C) est un laitage délicieux.
   (D) appartient au temps passé.

4. On fait facilement 50 kilomètres par jour si on voyage
   (A) en train.
   (B) de nuit.
   (C) à bicyclette.
   (D) avec un groupe.

5. En TGV ou en train vous pouvez voyager
   (A) en France et en Europe.
   (B) jusqu'à Pékin.

      (C)   en Turquie.

      (D)   à la vitesse du son.

6.   Le Concorde

      (A)   assure le service entre Paris et New York.

      (B)   a été mis à la retraite.

      (C)   est prêt à décoller.

      (D)   était le plus grand avion de ligne.

7.   Le plus somptueux des paquebots anglais

      (A)   a besoin de beaucoup d'énergie.

      (B)   transporte 3950 personnes.

      (C)   n'est pas accueillant.

      (D)   est en chantier à Saint-Nazaire.

8.   Si on est indécis

      (A)   on ne se contente pas de rester chez soi.

      (B)   on a besoin d'un fauteuil.

      (C)   on écrit des romans.

      (D)   on est le seul.

8. L'Académie française

Savez-vous quel est à Paris le club sélect (il n'a que 40 membres) qui se réunit tous les jeudis pour travailler sur un ouvrage qui concerne tous ceux qui parlent ou veulent parler le français ?

Vous aurez deviné juste si vous répondez qu'il s'agit de l'Académie française et de ses académiciens. De quand date cette vénérable institution et comment peut-on en faire partie ? L'Académie française est elle-même membre de l'Institut de France qui comprend quatre autres académies ; c'est elle qui retiendra notre attention.

Elle fut fondée en 1635 par le cardinal de Richelieu, alors Premier ministre de Louis XIII, avec pour mission de « travailler à épurer et à fixer la langue, à en éclaircir les difficultés et à en maintenir les caractères et les principes ». Quand on entre à l'Académie française, on dit aussi qu'on entre « sous la coupole » faisant ainsi allusion au dôme qui surmonte l'ancienne chapelle de l'Institut de France. Les Académiciens sont aussi appelés les « Immortels » puisqu'ils sont membres à vie de ce célèbre club. Au décès de l'un d'entre eux, les 39 membres actifs élisent son successeur. C'est le nouvel élu qui prononcera l'éloge de son prédécesseur. Nous disons « le nouvel élu », mais dans certaines circonstances, il convient de dire « la nouvelle élue ». C'est le 6 mars 1980 que Marguerite Yourcenar, poète, dramaturge, connue surtout pour ses romans historiques dont *Les mémoires d'Hadrien*★, fut la première femme à faire son entrée sous la coupole. Elle fut admise à l'Académie française après avoir passé, comme tous ses collègues, un véritable concours. Elle y fut élue au fauteuil de Roger Caillois, écrivain, poète et gemmologiste. C'est l'écrivain Jean d'Ormesson qui l'y accueillit. Savez-vous qu'elle vécut longtemps dans le Maine, dans l'île du Mont Désert ? Il y a actuellement trois femmes qui siègent à l'Académie. Assia Djebar, une Algérienne née en 1936, fut élue à l'Académie en 2005, le premier écrivain francophone non français.

Mais ne croyez pas que seuls des écrivains ont accès aux fameux fauteuils (on parle toujours de fauteuils bien que les Académiciens soient aujourd'hui assis sur des chaises). Parmi les membres de l'Académie, on compte des hommes de lettres, des diplomates, des juristes, des savants, des militaires, des hommes d'état, des hommes de science, des médecins, des hommes d'église et des hommes de théâtre. Un élu récent est l'ancien Président de la République Française, Valéry Giscard d'Estaing. Il gagnera, comme ses estimables collègues, 200 euros par an et aura le privilège d'endosser, lors des grandes cérémonies, le fameux habit vert qui est accompagné d'une cape, d'un bicorne et d'une épée. Il n'est pas rare que la confection de cet uniforme soit confiée à un grand couturier.

Que font les Immortels lors de leur rencontre hebdomadaire du jeudi ? C'est bien simple : ils travaillent à la neuvième édition du *Dictionnaire de l'Académie française*. Ils en sont à la lettre R. L'ouvrage doit paraître en 2015. Il faut dire que ces messieurs et ces dames ont la réputation d'avancer fort lentement dans leur travail ! N'oublions pas qu'ils sont les juges tout-puissants du bon usage des mots de la langue française.

Vous aussi pouvez assister à ces réunions du jeudi quand vous serez en France puisqu'il y a des séances publiques. Pour en connaître les dates, renseignez-vous. L'Académie française a un site sur le « Web », ce mot qu'elle n'a pas encore attaqué. Que va-t-il se passer quand on arrivera au W ?

Les mémoires d'Hadrien (1958) : roman historique où Marguerite Yourcenar retrace, en parlant à la première personne, la vie publique et privée de celui qui gouverna Rome de 117 à 138. *Le carnet de notes des Mémoires d'Hadrien* fait suite au roman. L'auteur y explique en détails pourquoi et comment elle a écrit cet ouvrage.

Questions

1. L'Académie française est une institution

    (A) établie par Louis XIII

    (B) qui appartient aux académiciens.

    (C) où se tiennent des réunions hebdomadaires.

    (D) qui accueille tout le monde.

2. Les membres de l'Académie

    (A) se retrouvent à la Coupole.

    (B) surveillent la langue française.

    (C) font l'éloge des membres actifs.

    (D) appartiennent à un club de jeunes très sélect.

3. Marguerite Yourcenar

    (A) a porté un bicorne.

    (B) a été reçue par Roger Caillois.

    (C) était surtout poète.

    (D) a vécu dans le désert.

4. Un gemmologiste est une personne qui s'intéresse

    (A) aux céréales.

    (B) aux arbres généalogiques.

    (C) à certaines catégories de pierres.

    (D) aux recherches sur les jumeaux.

5. Quand on est à l'Académie française,

    (A) on devient riche.

    (B) on se bat avec son épée.

    (C) on est immortel.

    (D) on ne travaille pas vite.

6. Le jeudi

    (A) on se rassemble autour d'un ouvrage sans fin.

    (B) on rend la justice.

    (C) on lit la neuvième édition du dictionnaire de A à Z.

    (D) on reste assis dans son fauteuil.

7. On dit que l'Académie française est un club select parce que

    (A) les droits d'inscription sont très élevés.

    (B) la compétition est intense.

    (C) il faut porter une tenue de soirée.

    (D) Valéry Giscard d' Estaing en fait partie.

9. LA TOUR EIFFEL ET LE VIADUC DE MILLAU

Vous n'avez peut-être pas entendu parler des Grands Projets qui virent le jour à la fin du siècle dernier : la Pyramide du Louvre, l'Opéra Bastille, Bercy, le nouveau quartier du Ministère des Finances sur la rive droite, pas loin de la gare de Lyon; la Cité de la musique à la porte de Pantin dans le parc de la Villette; l'Institut du Monde arabe sur la rive gauche près de la Seine dans le 5ème arrondissement. Dans le prolongement des Champs-Élysées se dresse la Grande Arche qui domine un ensemble de bâtiments administratifs, connu sous le nom de la Défense; et finalement la Grande Bibliothèque dans le 13ème arrondissement, appelée aussi bibliothèque François Mitterrand qui se compose de quatre bâtiments en verre représentant quatre gigantesques livres ouverts à angle droit et se faisant face. Ces grands projets sont tous devenus réalités avec le soutien inconditionnel du Président de la République, François Mitterrand. Vous en visiterez certainement certains quand vous irez à Paris. Mais ce ne sont pas là les seuls grands projets que Paris a conçus.

La Tour Eiffel fut imaginée, conçue et construite par l'ingénieur Gustave Eiffel. Elle est installée depuis 1889, date de l'Exposition Universelle, sur le Champ de Mars. Si vous n'avez pas vu « la Grande dame » en personne, vous l'avez reconnue maintes et maintes fois à la télévision, dans des films et dans des magazines. Elle mesure plus de 300 mètres et est forte de 5.000.000 de kilos de fer. On avait convenu qu'elle serait démontée après l'exposition, mais les Parisiens n'ont pas voulu s'en séparer. On a fêté son centenaire dans l'allégresse et dans la joie il y a quelques années. On l'habille de milliers de lumières pour les grandes occasions, et elle est alors plus élégante que jamais. On ne parle plus de la démonter parce qu'on y tient vraiment et elle est aussi une grosse source de revenus pour la ville de Paris et le gouvernement français.

Va-t-elle donc être détrônée par le viaduc de Millau[1] qui est le plus haut pont du monde puisque les automobilistes y roulent à 245 mètres du sol ? Il a 2,5 kilomètres de long et traverse le Tarn à la pointe sud du Massif Central. Ce pont relie ainsi l'Europe du Nord à l'Europe du Sud par la route. Le viaduc aurait dû être inauguré plus tôt, mais les conditions atmosphériques ne l'ont pas permis : la rigueur de l'hiver 2002 et la vague de chaleur de l'été

2003 ont empêché les 500 ouvriers quotidiennement présents sur le site de travailler comme prévu. C'est le 14 décembre 2004 qu'il a été inauguré en grande pompe par le président Jacques Chirac. Le chef de l'État français a ainsi couronné trois ans de travaux gigantesques. Son créateur, l'architecte britannique Norman Foster, à qui nous devons aussi la *Great Court of the British Museum* et le *London Millenium Bridge*, était présent.

« Pourquoi cette extravagance ? » demandent certains. Les touristes qui vont vers le sud et qui passaient des heures dans les embouteillages pour traverser la petite ville de Millau auraient voulu, eux, pouvoir hâter les travaux. Les Millavois s'inquiètent un peu. Les touristes s'arrêtaient, déjeunaient, faisaient quelques courses, achetaient des gants et quelques petites boîtes de foie gras. C'est grâce aux « vacanciers » qu'on tient le coup le reste de l'année. On essaie de les rassurer en leur disant que le viaduc de Millau va devenir l'attraction de la région. Plus de 100.000 personnes se sont déjà déplacées pour voir cette « nouvelle merveille ».

C'est l'entreprise Eiffage, celle qui construisit la Tour Eiffel, qui a été chargée de la construction. La Tour Eiffel avait coûté 5.600.000 francs-or, le viaduc de Millau coûtera 260.000.000 d'euros. La grande dame a bien remboursé ses investisseurs. Le viaduc de Millau, grâce à ses péages[2], compte rembourser les siens en moins de 75 ans. C'est l'engagement qui a été pris. Quoiqu'il en soit, la Tour Eiffel n'a pas de souci à se faire, personne n'a l'intention de l'abandonner. On a besoin d'elle !

[1]*Millau* est une ville de 21.000 habitants, les Millavois, située sur le Tarn dans le département de l'Aveyron, entre Rodez et Montpellier. On y fabrique des gants et des articles en cuir. On peut visiter « la maison de la Peau et du Gant ». Le foie gras fait partie des spécialités de la région.

[2]*péage* : c'est la contribution exigée des automobilistes quand ils empruntent les autoroutes ou certains ponts (par exemple le pont qui va de La Rochelle à l'île de Ré, ou le pont de Tancarville sur l'estuaire de la Seine, en Normandie).

Questions

1. La Pyramide du Louvre
    (A) a été construite par les Égyptiens.
    (B) fait partie d'un muséee.
    (C) est un des grands projets d'urbanisme du XXème siècle à Paris.
    (D) n'est pas encore finie.

2. La Grande Arche
    (A) contient beaucoup de bureaux.
    (B) est construite en verre.
    (C) date de la fin du XIXème siècle.
    (D) est sur les Champs-Élysées.

3. La Tour Eiffel
    (A) n'a pas été démontée parce qu'elle était trop lourde.
    (B) coûte très cher aux Parisiens.

(C)   ne sera jamais élégante.

(D)   fait partie de la scène parisienne depuis plus d'un siècle.

4. Le viaduc de Millau

(A)   traverse la pointe sud du Massif Central.

(B)   a 245 mètres de long

(C)   ne supporte pas la chaleur.

(D)   rendra service.

5. Depuis qu'il est ouvert, le viaduc

(A)   donne du travail à cinq cents ouvriers.

(B)   est une source d'inquiétude.

(C)   permet aux voyageurs d'arriver plus vite à leur destination.

(D)   crée des embouteillages.

6. À Millau

(A)   on fait des courses avec des gants.

(B)   on peut vivre grâce aux touristes.

(C)   on se déplace difficilement.

(D)   on aime beaucoup les attractions.

7. Le viaduc

(A)   a été construit par Eiffel.

(B)   doit être payé en euros.

(C)   alimentera les Millavois en eau.

(D)   est une des sept merveilles du monde.

8. Les péages servent

(A)   à entretenir les autoroutes et à payer des dettes.

(B)   à traverser les autoroutes.

(C)   à rembourser les investisseurs de la Tour Eiffel.

(D)   à reconstruire le viaduc de Millau.

Voir photo page 304.

10. LE MINITEL

Il y a plus de 20 ans, France Télécom[1] déclencha en France une véritable révolution en équipant les Français d'un Minitel. Tous les abonnés au téléphone ont reçu sans frais un Minitel. Mais, qu'est-ce qu'un minitel ? *Le petit Robert* en donne la définition suivante : » Minitel (1980: nom déposé, de *mini-* et—*tel* « terminal » et « téléphone »). Petit terminal de banques de données vidéotex commercialisé par les P.T.T.[2] Aujourd'hui, 3 millions de ces appareils sont encore en location gratuite, et sont utilisés par quelques 13 millions de Français. Ces appareils sont en fait « sous garantie » et les agences France Télécom ont l'obligation d'assurer la maintenance de ces boîtiers de la première génération.

L'appareil est certes gratuit, mais il n'en est pas de même des services rendus. Un certain nombre d'appareils ont été promptement redonnés aux P. et T. quand les consommateurs ont vu le montant de leurs factures. Les coupables, c'étaient les enfants et leurs invités qui se passionnaient pour ce nouveau gadget. Quels sont donc les utilisateurs « sérieux » du Minitel ? Selon l'institut Médiamétrie, le Minitel est consulté avant tout par une population active, urbaine, et relativement jeune. À quelles fins cette population active et urbaine utilise-t-elle le Minitel ?

20% du chiffre d'affaires[3] est réalisé par des services ludiques[4] que nous connaissons tous, ne serait-ce que "solitaire" qui est un des plus sollicités. On joue, on fait des mots croisés, on se renseigne sur les horaires des spectacles et des trains, sur les résultats sportifs, on organise ses prochaines vacances en consultant des agences de voyages. Mais surtout, on y cherche des numéros de téléphone, c'est plus pratique que de sortir l'annuaire[5] où tout est écrit en si petites lettres ! Si vous subissez un examen, le baccalauréat par exemple, c'est sur le Minitel que vous obtiendrez les résultats. L'accès au minitel est plus simple que l'accès à l'internet sur un ordinateur. Il s'agit tout simplement de taper quelques chiffres sur le clavier et on trouve ce qu'on cherchait. L'Internet rend d'autres services.

Le Minitel est en fait un ordinateur de base, facile à utiliser et à la portée de tous puisqu'on peut l'utiliser dans tous les bureaux de postes. Il lui manque un système de traitement de textes. Ce qui contribue à son succès durable, c'est la nature de sa conception: c'est un réseau parfaitement sécurisé, sur lequel le numéro de carte de crédit ne risque pas d'être volé. Le Minitel est géré de bout en bout, c'est-à-dire de votre terminal au serveur de la banque de données par France Télécom. Par contre l'Internet est un réseau partagé, et donc accessible aux « pirates ».

Les services de recherches de France Télécom produisent toute une gamme d'accessoires qui permettent à leur minitel de ne pas devenir une antiquité et de faire face à la concurrence. Quel est l'avenir du Minitel dans un pays où 50% des habitants disent ne pas voir à quoi peut leur servir Internet dans la vie quotidienne ? Les années à venir nous le diront. Il est probable qu'avec le temps les ordinateurs dotés de mémoires à grande capacité et de moyens de traitements à grande vitesse n'auront plus de rivaux en dehors de leurs compétiteurs directs, car ils sont de plus en plus séduisants arrivant sur le marché dotés de pouvoirs quasi magiques, dans toutes les tailles et de toutes les couleurs !

VOCABULAIRE

[1]*France Télécom* : agence française de télécommunications.

[2]*P et T* : Postes et Téléphones (autrefois, on diait P.T.T. : postes télégraphes et téléphones).

[3]*chiffres d'affaires* : total des opérations réalisées par une compagnie (par jour, par mois ou par an).

[4]*ludique* : qui a rapport au jeu, à l'amusement.

[5]*annuaire* : recueil publié annuellement et qui contient les adresses et numéros de téléphone des abonnés. À Paris, on dit souvent « le Bottin » du nom de la personne qui eut l'idée de publier une telle liste.

Questions

1. Le Minitel
   (A) permet de s'abonner au téléphone.
   (B) peut s'acheter dans les bureaux de postes.
   (C) rapporte beaucoup d'argent grace à sa location.
   (D) est distribué gratuitement.

2. Les utilisateurs sérieux du Minitel
   (A) sont les enfants et les invités.
   (B) sont des gens en pleine activité.
   (C) sont des personnes d'un certain âge.
   (D) sont ceux qui habitent la campagne.

3. Le Minitel sert surtout
   (A) d'annuaire téléphonique.
   (B) de passe-temps.
   (C) à passer des examens.
   (D) à accéder à l'internet.

4. En dépit de son âge, le Minitel
   (A) est un outil sûr.
   (B) offre un système de traitement de textes.
   (C) est tentant pour les pirates.
   (D) n'est pas à la portée de tous.

5. Les Français
   (A) passent tous des heures devant leur ordinateur.
   (B) sont convaincus de l'utilité de l'Internet.
   (C) considèrent le Minitel comme une « antiquité ».
   (D) sont divisés sur la valeur des services rendus par les ordinateurs.

6. Aujourd'hui les ordinateurs
   (A) n'ont plus de rivaux.
   (B) appartiennent au monde haut de gamme.
   (C) ne sont plus de couleurs tristes.
   (D) ne servent pas dans la vie quotidienne.

11. LES REPAS D'HIER ET D'AUJOURD'HUI

La nourriture a toujours joué un grand rôle dans la société quelle que soit la place qu'on y tient. La façon dont on se nourrit a évolué avec le passage du temps. Si on se reporte aux commentaires sur l'appétit et les repas de Louis XIV, on n'est pas tellement loin des descriptions que Rabelais[(1)] nous fait des repas de Gargantua. Les cuisines de Versailles débordaient de cuisiniers et de victuailles[(2)]. Du Roi Soleil, on dit que c'était un vrai gourmet et qu'il avait fort bon appétit : « J'ai souvent vu le roi manger quatre assiettes de soupe, un faisan entier, une perdrix, un plat de salade, du mouton au jus et à l'ail, une assiette de pâtisserie et puis des fruits et des œufs durs », le tout, bien entendu, arrosé des meilleurs vins.

Que mange-t-on aujourd'hui au palais de l'Élysée[(3)] ? On dit que, s'il n'a pas d'invités, le Président mange très simplement. Nous savons aussi que les repas officiels n'ont rien à voir avec les festins de Louis XIV.

En ce début de XXIème siècle, on parle beaucoup de nouvelle cuisine, de cuisine minceur, de régime, de cholestérol, de menus sans beurre ni sucre et chacun fait plus ou moins semblant d'y croire. Même si l'on fait plus attention qu'autrefois, pour les Français toutes les occasions sont bonnes pour bien manger. On allège les sauces, on consomme moins de crème fraîche. Cependant, les fromages, non allégés, figurent toujours au menu et le fromage, ça se mange avec du pain et du vin rouge. La pâtisserie –souvent très fine et toujours sucrée- fait les délices de tous. Les Saint-Honoré, les éclairs, les choux à la crème, les tartes aux fraises, aux framboises, les macarons, comme c'est bon ! Demain, on mangera une salade, c'est promis !

Les repas de famille, un rituel chez certains, durent moins longtemps qu'autrefois. Il faut regarder le match, les nouvelles, le dernier épisode d'un feuilleton[(4)] passionnant. Si on a des invités, on se met rarement à table avant 20 heures 30 et on y reste au moins une heure et demie. Les soirées sont longues chez les Parisiens. On ne pense pas à la pauvre maîtresse de maison qui doit ranger sa cuisine et être au travail à 8 heures le lendemain matin si elle est obligée de recevoir en semaine pour accommoder ses invités.

On mange moins, certes, on mange plus sainement, mais on mange toujours avec plaisir. Un repas, c'est souvent une occasion, une fête, un événement. Il y a les déjeuners ou les dîners du bout de l'an, il y a le déjeuner de la moisson[(5)], celui des vendanges[(6)], les réveillons[(7)] de Noël et du Nouvel an. Si vous êtes invité à un repas de mariage, venez à jeun[(8)] et préparez-vous à passer cinq ou six heures à table et à manger.

Il est indéniable que les choses ont changé et il le fallait, mais les « fast food » n'ont pas encore conquis tout le territoire français. Je ne pense pas que cette nouvelle invention, la voiture qui, lorsque vous y montez, vous dit si vous avez grossi et, si oui, de combien, fasse recette sur le marché français. Quand on a faim, on mange et on essaie de bien manger.

VOCABULAIRE
[(1)]*Rabelais* (1483–1553) : Gargantua est le géant, héros des *Chroniques gargantuines*, une œuvre pleine d'aventures de toutes sortes. Pantagruel est le fils de Gargantua.
[(2)]*victuailles* (*fem.plur*) : provisions, généralement viandes et volailles.
[(3)]*palais de l'Élysée* : résidence officielle du Président de la République.

(4)*feuilleton (masc.sing.)* : histoire d'amour et d'intrigue publiée par épisode dans un journal, ou projetée régulièrement à la télévision.

(5)*moisson (fem.sing.)* : le jour où l'on coupe le blé.

(6)*vendanges (fem.sing ou plur)* : la période de l'année, souvent en septembre, pendant laquelle on cueille le raisin.

(7)*réveillon (masc. sing.)* : repas de fête que l'on sert la nuit de Noël et du Premier Janvier.

(8)*venez à jeun* : venez sans avoir mangé.

Questions

1. La nourriture tient beaucoup de place
   (A) pour quelques uns.
   (B) pour ceux qui sont affamés.
   (C) pour les lecteurs de Rabelais.
   (D) pour tout le monde.

2. Louis XIV mangeait
   (A) comme nous mangeons au XXIème siècle.
   (B) légèrement.
   (C) du gibier et de la viande rouge au même repas.
   (D) sans appétit.

3. Le Président de la République
   (A) mange comme Gargantua.
   (B) a des invités tous les jours.
   (C) fait des repas ordinaires.
   (D) a le même régime que LouisXIV.

4. La cuisine minceur, c'est pour ceux qui
   (A) sont minces.
   (B) n'aiment ni le beurre, ni le sucre.
   (C) ne veulent pas grossir.
   (D) font semblant.

5. En France, on mange
   (A) des fromages allégés.
   (B) des choux aux framboises.
   (C) à la Pâtisserie Saint-Honoré.
   (D) des sauces allégées.

6. Les repas de famille
   (A) commencent très tard.
   (B) sont une corvée.
   (C) on a tendance à les écourter.
   (D) sont un certain rituel.

7. Le déjeuner de la moisson a toujours lieu
   (A) en hiver.
   (B) après les vendanges.
   (C) pendant un réveillon.
   (D) à la campagne.

8. Les Français s'intéressent
   (A) à leur poids.
   (B) à ce qu'ils mangent.
   (C) aux fast food.
   (D) à de nouvelles inventions.

12. AU CINÉMA

...Les films, étant muets, comportaient en effet de nombreuses projections de texte écrit qui visaient à éclairer l'action. Comme la grand-mère ne savait pas lire, le rôle de Jacques consistait à les lui lire. Malgré son âge, la grand-mère n'était nullement sourde. Mais il fallait d'abord dominer le bruit du piano et celui de la salle, dont les réactions étaient généreuses. De plus, malgré l'extrême simplicité de ces textes, beaucoup des mots qu'ils comportaient n'étaient pas familiers à la grand-mère et certains même lui étaient étrangers. Jacques, de son côté, désireux d'une part de ne pas gêner les voisins et soucieux surtout de ne pas annoncer à la salle entière que la grand-mère ne savait pas lire (elle-même parfois, prise de pudeur, lui disait à haute voix au début de la séance : « tu me liras, j'ai oublié mes lunettes »), Jacques donc ne lisait pas les textes aussi fort qu'il eût pu[1] le faire. Le résultat était que la grand-mère ne comprenait qu'à moitié, exigeait qu'il répète le texte et qu'il le répète plus fort, des « chut » le jetaient alors dans une vilaine honte, il bafouillait[2], la grand-mère le grondait et bientôt le texte suivant arrivait, plus obscur encore pour la pauvre grand-mère qui n'avait pas compris le précédent. La confusion augmentait alors jusqu'à ce que Jacques retrouve assez de présence d'esprit pour résumer en deux mots un moment crucial du *Signe de Zorro* par exemple, avec Douglas Fairbanks père. « Le vilain veut lui enlever la jeune fille », articulait Jacques en profitant d'une pause du piano ou de la salle. Tout s'éclairait, le film continuait et l'enfant respirait. En général, les ennuis s'arrêtaient là. Mais certains films du genre *Les deux orphelines* étaient vraiment trop compliqués, et, coincé entre les exigences de la grand-mère et les remontrances de plus en plus irritées de ses voisins, Jacques finissait par rester coi[3].[...]

...Sa mère, elle, ne venait jamais à ces séances. Elle ne savait pas lire non plus, mais de plus elle était à demi sourde. Son vocabulaire enfin était plus restreint encore que celui de sa mère. Aujourd'hui encore, sa vie était sans divertissement. En quarante années, elle était allée deux ou trois fois au cinéma, n'y avait rien compris, et avait seulement dit pour ne pas désobliger les personnes qui l'avaient invitée que les robes étaient belles ou que celui avec moustache avait l'air très méchant. Elle ne pouvait non plus écouter la radio. Et quant aux journaux, elle feuilletait parfois ceux qui étaient illustrés, se faisait expliquer les illustrations par ses fils ou ses petites-filles, décidait que la reine d'Angleterre était triste et refermait le magazine pour regarder de nouveau par la même fenêtre le mouvement de la même rue qu'elle avait contemplée pendant la moitié de sa vie.

Albert Camus, *Le premier homme*, collection folio, © Éditions Gallimard 1994

> VOCABULAIRE
> [1]*il eût pu* : plus-que-parfait du subjonctif du verbe pouvoir = il aurait pu
> [2]*bafouiller* : parler d'une façon embarassée.
> [3]*rester coi* : rester tranquille et silencieux.

Questions

1. Jacques devait lire les projections de texte
    (A) parce que sa grand-mère n'avait pas ses lunettes.
    (B) parce que sa grand mère était sourde.
    (C) parce que sa grand mère n'avait pas appris à lire.
    (D) parce que le piano faisait beaucoup de bruit.

2. La grand-mère se fâchait
   (A) jusqu'à ce que Jacques trouve les mots qui décrivaient le moment important.
   (B) parce qu'elle comprenait la moitié de ce qu'on lui disait.
   (C) parce que « le vilain veut lui enlever la jeune fille ».
   (D) parce que Jacques restait coi.

3. La mère de Jacques
   (A) n'allait que très rarement au cinéma.
   (B) A, C, D.
   (C) était illettrée.
   (D) ne se divertissait pas.

4. Pour se montrer aimable
   (A) elle mettait une belle robe.
   (B) elle allait au cinéma.
   (C) elle disait que l'acteur n'avait pas l'air méchant.
   (D) elle ne disait pas grand chose.

5. Quand elle regardait les journaux
   (A) on lui expliquait que la reine d'Angleterre était triste.
   (B) elle regardait les illustrations.
   (C) elle écoutait la radio.
   (D) elle appréciait les illustrations de ses fils et de ses petites-filles.

6. D'après vous, les personnages de cette histoire ont une vie
   (A) agréable.
   (B) de contemplation.
   (C) difficile.
   (D) de dilettante.

13. LA VIE À COMBOURG

... Le dîner[1] fait, on restait ensemble jusqu'à deux heures. Alors, si[2] l'été, mon père prenait le divertissement de la pêche, visitait ses potagers, se promenait dans l'étendue du vol du chapon[3] ; si l'automne et l'hiver, il partait pour la chasse, ma mère se retirait dans la chapelle, où elle passait quelques heures en prière.[...]

... Mon père parti et ma mère en prière, Lucile s'enfermait dans sa chambre; je regagnais ma cellule[4], ou j'allais courir les champs.

... À huit heures, la cloche annonçait le souper. Après le souper, dans les beaux jours, on s'asseyait sur le perron[5]. Mon père, armé de son fusil, tirait les chouettes qui sortaient des créneaux à l'entrée de la nuit.

Ma mère, Lucile et moi, nous regardions le ciel, les bois, les derniers rayons du soleil, les premières étoiles. À dix heures, on rentrait et l'on se couchait.

Les soirées d'automne et d'hiver étaient d'une autre nature. Le souper fini et les quatre convives revenus de la table à la cheminée, ma mère se jetait, en soupirant, sur un vieux lit de jour de siamoise flambée[6] ; on mettait devant elle un guéridon avec une bougie. Je m'asseyais auprès du feu avec Lucile; les domestiques enlevaient le couvert et se retiraient. Mon père commençait alors une promenade qui ne finissait qu'à l'heure de son coucher. Il était vêtu d'une robe de ratine blanche ou plutôt d'une espèce de manteau que je n'ai vu qu'à lui. Sa tête, demi-chauve[7], était couverte d'un grand bonnet blanc qui se tenait tout droit. Lorsqu'en se promenant il s'éloignait du foyer, la vaste salle était si peu éclairée par une seule bougie qu'on ne le voyait plus ; on l'entendait seulement encore marcher dans les ténèbres ; puis il revenait lentement vers la lumière et émergeait peu à peu de l'obscurité, comme un spectre, avec sa robe blanche, son bonnet blanc, sa figure longue et pâle. Lucile et moi, nous échangions quelques mots à voix basse, quand il était à l'autre bout de la salle ; nous nous taisions quand il se rapprochait de nous. Il nous disait, en passant : « De quoi parliez-vous ? » Saisis de terreur, nous ne répondions rien; il continuait sa marche. Le reste de la soirée l'oreille n'était plus frappée que du bruit mesuré de ses pas, des soupirs de ma mère et du murmure du vent.

...Dix heures sonnaient à l'horloge du château; mon père s'arrêtait. [...] Il tirait sa montre, la montait, prenait un flambeau d'argent ... et s'avançait vers sa chambre à coucher. Lucile et moi, nous nous tenions sur son passage ; nous l'embrassions en lui souhaitant une bonne nuit...

...Le talisman était brisé ; ma mère, ma sœur et moi transformés en statues par la présence de mon père, nous recouvrions les fonctions de la vie. Le premier effet de notre désenchantement se manifestait par un débordement de paroles : si le silence nous avait opprimés, il nous le payait cher.

Chateaubriand, *Mémoires d'Outre-Tombe* (1ère Partie, Livre III, Chapitre 3)

VOCABULAIRE
[1]*le dîner* : le déjeuner
[2]*si* : si c'était
[3]*vol du chapon* : espace assez vaste autout d'un petit château (vieille expression)
[4]*cellule* : petite chambre
[5]*perron* : plate-forme en haut d'un escalier devant l'entrée principale d'une maison
[6]*siamoise flambée* : étoffe de cotton
[7]*demi-chauve* : qui n'a pas beaucoup de cheveux.

Questions

1. Après le déjeuner,
   - (A) on visitait les potagers.
   - (B) on se retirait en prière.
   - (C) chacun allait où bon lui semblait.
   - (D) on courait dans les champs.

2. Après le souper, quand il faisait beau,
   - (A) la mère ne regardait que le ciel.
   - (B) Lucile regardait les chouettes.
   - (C) Le narrateur regardait le ciel, les bois et les derniers rayons du soleil.
   - (D) le père partait à la chasse aux créneaux.

3. L'hiver, le souper fini,
   - (A) la mère se mettait au lit.
   - (B) tous les convives s'installaient près de la cheminée.
   - (C) le père sortait se promener.
   - (D) le salon n'était pas bien éclairé.

4. Le père
   - (A) se tenait tout droit.
   - (B) avait l'air d'un spectre.
   - (C) était très visible.
   - (D) parlait sans arrêt avec ses enfants.

5. Lucile et son frère
   - (A) n'avaient peur de rien.
   - (B) mesuraient les pas.
   - (C) entendaient le vent.
   - (D) étaient frappés.

6. Quand dix heures sonnaient
   - (A) on était transformé en statues.
   - (B) on devenait bavard.
   - (C) on était débordé.
   - (D) on s'embrassait tous.

7. Chateaubriand nous fait une peinture d'une vie
   - (A) pleine de surprises.
   - (B) contemporaine.
   - (C) pour le moins contraignante.
   - (D) trépidante.

14. LES ORDINATEURS

Les ordinateurs font partie de notre vie quotidienne quel que soit notre âge. Même si on n'en a pas ou si on ne veut pas en avoir à la maison, on peut y avoir accès que ce soit au lycée, à la bibliothèque municipale ou dans un « internet café ». En voyage, vous pouvez brancher votre ordinateur portable dans les aéroports et nous savons que, dans quelques années, toutes les compagnies aériennes offriront des connexions qui permettront aux passagers qui le désireront de rester en contact avec leurs bureaux, leurs familles et leurs amis. Cela sera possible grâce à un système de satellites des plus sophistiqués. N'oubliez pas que, si vous êtes en France, n'importe quel bureau de poste vous offre gratuitement les services de son minitel.

Pourquoi l'ordinateur est-il aujourd'hui pratiquement un appareil indispensable ? Certes, il ne joue pas le même rôle pour chacun d'entre nous. C'est pour beaucoup une machine qui satisfait notre besoin, notre désir d'informations. Notre temps de recherche est en fait raccourci. À quoi bon consulter des livres, des documents, des spécialistes si l'ordinateur –quand il marche – peut nous faire gagner du temps ? Cette machine est d'autant plus acceptable qu'elle ne nous pose pas de questions. Elle débite patiemment les chiffres, les dates, les faits qu'on lui a fait emmagasiner et dont nous avons besoin à un moment donné.

On peut même imaginer une machine programmée de telle sorte qu'elle pourrait donner les mêmes renseignements sur un sujet préalablement choisi à des milliers de personnes au même moment. C'est ce qui fait que certains pensent que l'enseignement pourrait être réorganisé de manière à être distribué par des ordinateurs sans contribution humaine directe. Mais alors, qui répondrait aux questions, qui assurerait l'évolution de la pensée, le dialogue, la discussion, la connaissance et la tolérance des autres ? Voici un problème qui n'est pas prêt d'être résolu. On avait imaginé que l'instruction télévisée serait d'un grand secours, elle ne l'a pas été. C'est maintenant le tour des ordinateurs de subir l'examen; y réussiront-ils ?

L'ordinateur est imbattable en tant que source de renseignements; il nous fournit en quelques secondes des faits qu'il nous faudrait des heures, des jours à accumuler et à vérifier. Vous voulez partir en vacances, assister aux festivals qui se déroulent l'été dans telle ou telle région, c'est très simple. Vous faites: www.festivals.com pour la musique, ou bien www.festival.avignon.com pour le théâtre. C'est le rock qui vous passionne : www.eurockéennes.fr vous donnera les détails que vous cherchez. Si vous hésitez un peu, tapez www.tourisme.fr et vous n'aurez qu'à choisir et vous reporter, si besoin est, aux adresses précédentes.

Tout serait trop simple si on pouvait ainsi s'en donner à cœur joie et tout obtenir sans risques ni précaution. Les virus nous guettent à chaque fois que nous mettons notre ordinateur en marche, et ils risquent de mettre bien des obstacles entre notre ordinateur et nous. Ces virus, ces « vers de messagerie » comment sont-ils arrivés dans notre ordinateur et sur notre écran ? Qui imagine, qui crée ce genre d'opérations et dans quels buts ? Souvent, on ne peut faire que des hypothèses. C'est parfois l'œuvre d'un illuminé féru de technologie qui veut se prouver à lui-même qu'il est plus fort que tout le monde et qu'il peut faire dérailler le travail de milliers d'internautes sans être découvert.

On peut aussi imaginer des groupes, des professionnels qui s'acharnent à créer des systèmes destinés à anihiler le travail des autres ou encore à pénétrer dans un autre système pour lui en extirper des renseignements par ailleurs introuvables. De telles manipulations peuvent entraîner des opérations de chantage et même d'espionnage. Les dégâts peuvent alors être considérables allant du vol d'identité de citoyens innocents à celui de secrets financiers, scientifiques, statégiques et à leur dissémination entre les mains ou – devrait-on dire – les machines d'individus qui sauront les faire passer aux intéressés. On peut imaginer le blocage temporaire des comptes d'une banque, d'une entreprise ou encore d'un marché financier provoquant ainsi l'effondrement d'un système vital. Ces virus, qui constituent un nouveau type de criminalité, sont à l'origine des campagnes anti-virus et de la création d'une nouvelle législation où on se spécialise dans la poursuite, le jugement et la punition de ces nouveaux criminels qui sont souvent très jeunes.

Tous à nos ordinateurs, mais attention aux dangers qui nous guettent !

Questions

1. On ne peut pas avoir accès à un ordinateur
   - (A) quand on est malade.
   - (B) si on est jeune.
   - (C) en voyage en Patagonie.
   - (D) quand on a ni piles ni prise de courant.
2. Un ordinateur sert à
   - (A) réfléchir.
   - (B) distribuer efficacement des renseignements.
   - (C) prodiguer un bon enseignement.
   - (D) faire perdre du temps.
3. Quand on part en vacances
   - (A) on fait du rock.
   - (B) on va au théâtre.
   - (C) on se renseigne sur les activités touristiques.
   - (D) on danse sur le pont d'Avignon.
4. Quand on se sert d'un ordinateur,
   - (A) les précautions sont inutiles.
   - (B) on obtient tout sans risques.
   - (C) on voit des vers sur l'écran.
   - (D) la vigilance est de rigueur.
5. Certains criminels
   - (A) ne comprennent rien à la technologie.
   - (B) font des hypothèses.
   - (C) volent n'importe quoi.
   - (D) agissent comme des espions.
6. Les virus arrivent
   - (A) sans prévenir.
   - (B) après le blocage des comptes d'une banque.
   - (C) avant d'être poursuivis.
   - (D) et restent 24 heures.

15. SAVEZ-VOUS CE QUE C'EST QU'UN VIDE-GRENIER ?

Prenez le mot à son sens littéral. C'est l'opération qui consiste à vider son grenier (ou ses placards) et à essayer de se débarasser du contenu accumulé depuis qu'on a emménagé chez soi. Comment s'en débarasse-t-on ? Le vide-grenier est une activité récente qu'on peut comparer aux *garage sales* qui ont lieu aux États-Unis depuis des dizaines d'années, observée surtout dans les villes.

À Paris, les vide-greniers se déroulent par quartier, et généralement en plein air. Leur date est annoncée bien à l'avance. Si cela vous intéresse, vous réservez – pour une somme modique – un emplacement où vous vous installerez avec vos marchandises tôt le samedi ou le dimanche prévu. Une fois dans votre « boutique » vous attendez, espérant que vos « rejets » feront le bonheur des autres. C'est à vous de fixer les prix et d'encourager le marchandage, si bon vous semble. Qu'est-ce qu'on vend ? Qu'est-ce qu'on achète ?

De la vaisselle, des assiettes dépareillées, des tasses qu'on a trop vues, des saladiers fêlés peut-être ou des plats ébréchés qu'on gardait en souvenir de l'un ou de l'autre. Et puis, le temps a passé, on vient d'acheter une douzaine de jolies tasses à thé et il n'y a plus de place sur les étagères. Il faut donc en faire. Vous pouvez vendre de l'argenterie, de la verrerie, des livres, des vieux timbres ou des vieilles cartes postales qu'on relit une dernière fois avant de les abandoner aux fouineurs[1]. Vous en avez assez de ce fauteuil défraîchi, de cette petite table qui ne sert plus à rien. Vous n'êtes limité que par ce que vous pouvez transporter et par la surface qui vous est attribuée.

Si vous avez de la chance, vous rentrerez chez vous les mains vides et avec de l'argent dans votre poche. Les transactions se font en argent liquide[2]. Il est fort possible que vous ayez jeté un coup d'œil sur les trésors de vos voisins et que vous vous soyez laissé tenter par un petit cadre ou une lampe qui est exactement celle dont vous rêviez pour la commode de l'entrée.

Sachez aussi que les vide-greniers ne plaisent pas à tout le monde. Les antiquaires et les brocanteurs les voient d'un mauvais œil et menacent de les faire interdire par les autorités locales. Pourquoi donc ? C'est bien simple ! Ils estiment que c'est là une concurrence malhonnête. Alors que seuls des particuliers devaient à l'origine participer aux vide-greniers une fois par an, on y trouve aujourd'hui des vendeurs/acheteurs professionnels qui les fréquentent régulièrement sans payer aucune charge. Il y aurait plus de 45.000 de ces vendeurs « hors-la-loi ». Le Syndicat professionnel des antiquités et de la brocante (SPAB) est parti en guerre contre ceux qui ne sont pas *fair play* et qui piétinent les règles du jeu.

Qu'adviendra-t-il de ces doléances ? Probablement pas grand chose ! Les Français ne vont pas se laisser priver d'un de leurs sports favoris : pister l'objet ancien pas trop cher, et pour certains le revendre assez cher. Participer à un vide-grenier, c'est plus simple et plus « famille » que d'aller au Marché aux Puces de la porte Clignancourt ou de « faire les antiquaires ». Qu'en pensez-vous ?

VOCABULAIRE
[1]*fouineur, fouineuse* : celui ou celle qui cherche, qui fouille sans discrétion. La fouine est un petit animal au museau allongé.
[2]*argent liquide* : quand on achète quelque chose, on peut payer avec une carte de crédit, par chèque ou argent liquide (l'argent qui est dans votre porte-monnaie).

Questions

1. Le grenier se trouve

    (A) sous le toit.

    (B) à côté des placards.

    (C) au sous-sol.

    (D) près du garage.

2. Selon l'auteur, les vide-greniers

    (A) sont des activités citadines.

    (B) se déroulent dans des garages.

    (C) ne sont pas une activité récente.

    (D) ont toujours lieu en plein air.

3. C'est le consommateur

    (A) qui fixe les prix.

    (B) qui a parfois l'occasion de marchander.

    (C) qui a sa boutique.

    (D) qui vend ce qui l'intéresse.

4. Des assiettes dépareillées

    (A) sont toutes pareilles.

    (B) font partie d'un service de table.

    (C) ne se ressemblent pas.

    (D) se vendent très cher.

5. Si vous participez à un vide-grenier

    (A) vous avez de la chance.

    (B) vous n'êtes pas limité par la place.

    (C) vous avez de l'argent plein les poches.

    (D) vous vendrez peut-être des verres.

6. Les vide-greniers satisfont tout le monde sauf

    (A) les fouineurs.

    (B) les antiquaires.

    (C) les hors-la-loi.

    (D) les particuliers.

7. On présente des doléances

    (A) quand on est content du régime.

    (B) quand on a des réservations sur ce qui se passe.

    (C) quand on ne comprend pas les règles du jeu.

    (D) quand on ne fait pas grand chose.

8. Un des sports favoris des Français

    (A) c'est le jeu de piste.

    (B) c'est d'aller au Marché aux puces.

    (C) c'est de chercher de vieux « trésors ».

    (D) c'est d'être en famille.

16. LASCAUX

Bien que fermée au public depuis 1963, la grotte de Lascaux est une grande malade, menacée par des bactéries et des champignons d'origine inconnue. Lascaux est situé sur la Vézère, près de Montignac, dans le département de la Corrèze, dans le sud-ouest de la France. On y accède facilement par la route. La région vaut la peine d'être visitée. On y est accueillant et on y mange très bien ! La grotte de Lascaux est la plus célèbre des grottes ornées; ses peintures rupestres[1] qui représentent des animaux familiers – rennes, taureaux, mammouths, bisons, chevaux – décorent ses parois depuis plus de 15 000 ans. Elle fut découverte en 1940 par trois jeunes garçons à la recherche de leur chien.

Ouverte au public en 1948, elle recevait des centaines de visiteurs par jour. On y installa donc un système d'aération qui est peut-être le premier fautif puisqu'il introduisit dans la grotte de nombreux micro-organismes qui provoquèrent sans doute l'apparition des algues vertes et d'une « maladie blanche ». À ce moment-là, on fait subir à la grotte un traitement de choc à base de formol auquel elle réagit bien. On la croyait guérie, mais on s'était trompé. Aujourd'hui, rien ne semble réglé définitivement.

Après la fermeture de la grotte au public en 1963, la température de la grotte avait baissé et le taux de gaz carbonique restait constant. Les quatre visiteurs quotidiens, chercheurs, spécialistes de la préhistoire, artistes ou personnalités, devaient passer les semelles de leurs chaussures dans une solution à base de formol avant de pénétrer dans ce lieu sacro-saint. Lascaux était très surveillé, « la grotte la plus surveillée de France », mais il fallait la protéger et moderniser les installations climatiques. Pour installer un système informatisé, les travaux furent menés avec d'extrêmes précautions de 1999 à mars 2001. Dès le mois de juin, on constate l'apparition d'un petit champignon associé à une bactérie qui se nourrit du fongicide[2]. On continue le traitement qu'on renforce d'antibiotiques. Le mal persiste. Les recherches continuent. On espère pouvoir espacer les traitements, mais il n'est pas question de les arrêter.

Il faut se rendre à l'évidence : « à force de traiter et de retraiter la grotte pour la mettre à l'abri de tous les dangers avec des produits puissants, on a gravement déséquilibré l'écosystème de la grotte ... Il faut donc recréer un équilibre biologique dans la grotte. » affirme Isabelle Pallot-Froissard, la directrice d'un laboratoire qui surveille et traite la grotte[3]

Le Ministère de la culture a donc mis en place une commission scientifique internationale pour réfléchir à la question et suivre de très près l'évolution des problèmes de la grotte. Toutes les grottes ornées souffrent de problèmes semblables. Dans celles qui sont encore ouvertes au public, on a diminué de beaucoup le nombre des entrées.

Est-on donc condamné à regarder des reproductions des peintures rupestres dans les livres d'hisoire de l'art ? Mais non ! On a créé une réplique extraordinaire de la grotte. Tout est reproduit au millimètre près grâce aux services de l'Institut Géographique National (IGN). Vous ne serez peut-être pas aussi ému que si vous visitiez l'original ; c'est, malgré tout, une expérience extraordinaire. N'oubliez pas que les vraies spécialités de la région vous attendent et qu'elles ne pourront qu'enrichir cette visite mémorable.

---

[1]*rupestre* : qui est exécuté sur une paroi rocheuse.
[2]*fongicide* : se dit d'une substance propre à détruire les champignons parasites.
[3]cité dans *Le Monde*, 29 mars 2003

Questions

1. Lascaux est une grande malade
   (A) parce que c'est une grotte.
   (B) parce qu'elle est fermée au public.
   (C) parce qu'on y cueille des champignons.
   (D) parce qu'on y trouve des bactéries.

2. À Montignac
   (A) on mange du bison.
   (B) on est sur la Vézère.
   (C) trois jeunes garçons ont perdu leur chien.
   (D) on peint des animaux.

3. « La maladie blanche » est sans doute causée par
   (A) les visiteurs.
   (B) le système d'aération.
   (C) les multiples traitements.
   (D) les algues vertes.

4. Lascaux est très surveillée
   (A) parce qu'on a peur des voleurs.
   (B) parce qu'elle a besoin d'un système climatique informatisé.
   (C) parce qu'on lui donne des antibiotiques.
   (D) parce qu'elle est en danger.

5. Les fongicides tuent les champignons, les insecticides tuent
   (A) les hiboux.
   (B) les glaïeuls.
   (C) les moustiques.
   (D) les recherches qui continuent.

6. Il est impératif qu'on établisse
   (A) un laboratoire pour Isabelle Pallot-Froissard.
   (B) un équilibre biologique
   (C) un abri de tous les dangers.
   (D) une commission scientifique.

7. La commission va mettre en place
   (A) des questions à suivre.
   (B) des groupes qui étudieront l'évolution des problèmes de la grotte.
   (C) l'homme de Cro-Magnon.
   (D) un système qui diminuera le nombre des entrées.

8. On vous invite à examiner
   (A) des livres d'art.
   (B) les services de l'IGN.
   (C) les specialités de la région.
   (D) une copie conforme de Lascaux.

17. MONTRÉAL

Montréal est une grande ville de presque 3 millions d'habitants dont les différents quartiers reflètent la longue histoire. Celui qui attire le plus de monde aujourd'hui, c'est le Vieux-Montréal situé naturellement au bord du Saint-Laurent. Il est en effet en pleine cure de rajeunissement.

Les changements dont on est témoin depuis une dizaine d'années redonnent envie aux promeneurs d'y flâner ; bien des terrains vagues sont devenus des jardins, et des bâtiments condamnés ont repris du service. On a refait les toitures, on a rénové les façades et on a remplacé les fenêtres sans en changer le style et l'allure. Dans ces vieux immeubles dont beaucoup sont d'anciens entrepôts[1] sont venus s'installer les bureaux de grandes et moyennes entreprises, des boutiques « branchées »[2] qui font la joie des jeunes Montréalais qu'ils soient étudiants à l'Université McGill ou qu'ils soient déjà entrés dans le monde du travail. Le quartier du Vieux-Montréal n'est pas qu'un lieu de travail. On y réside aussi, parfois dans des « lofts » qui n'ont rien à envier à ceux de Soho à New York. Leurs résidents, souvent propriétaires, sont de jeunes professionnels ou des Canadiens plus âgés qui ont décidé de revenir pour profiter de la renaissance d'un quartier qu'ils avaient quitté quand il se détériorait.

On construit aussi des immeubles neufs dont la silhouette s'harmonise avec celles de leurs aînés. Les lois de la province du Québec sont là pour protéger le patrimoine, et on les respecte. Vous ne trouverez pas de gratte-ciel dans le Vieux-Montréal. Le succès du premier groupe d'appartements (135 unités en copropriété) a été tel que 1000 autres les ont suivis. La population du quartier a augmenté de 30% en cinq ans. On est en train de terminer une « cité du multimedia » qui devrait fournir du travail à plus de 10.000 personnes.

On travaille dans ce quartier, on y habite et on y mange aussi. On peut manger dans plus de 200 restaurants dont les menus vont d'un extrême à l'autre : petits cafés, bistros où on peut manger debout et en vitesse, boulangeries qui préparent d'excellents sandwichs, salons de thé, restaurants attachés à la cuisine d'autrefois et à ses traditions, et aussi des restaurants grandioses auxquels le guide Michelin[3] n'hésiterait pas à donner deux ou trois étoiles. Vous pouvez acheter vos provisions au marché Lachine ou au marché Saint-Jacques quand vous voulez cuisiner des poissons et des légumes frais pour vos invités. On aime bien manger à Montréal !

Cet influx de population entraîne inévitablement l'installation de commerces qui répondent à tous les besoins : épiceries de luxe, magasins de vêtements et d'objets pour la maison qui joignent l'utile à l'agréable à la grande satisfaction des résidents de ce « vieux quartier neuf ».

Les musées aussi font peau neuve et s'acharnent à proposer de nombreuses expositions temporaires qui ne font que rehausser leurs collections permanentes puisqu'on les visite beaucoup plus qu'autrefois. Il faut mentionner *le centre canadien d'architecture*, un des rares musées consacré exclusivement à l'architecture ouvert en 1989 et très acclamé depuis. Montréal et le Vieux-Montréal en particulier attirent beaucoup de touristes canadiens et étrangers. Que vous soyez artiste, sportif (vive le hockey sur glace !), gourmet ou tout simplement curieux, vous trouverez ce que vous cherchez.

(1)*entrepôt* : bâtiment servant de lieu de dépôt pour les marchandises.

(2)*branché* : mot familier signifiant: au courant, à la mode.

(3)*Michelin* : société française connue pour ses pneus, ses cartes et ses guides dont le Guide rouge qu'elle publie annuellement où ses inspecteurs font la critique de nombreux restaurants leur accordant des étoiles en guise de notes : ★, ★★, ★★★.

Questions

1. Le Vieux-Montréal
   - (A) a près de 3.000.000 d'habitants.
   - (B) fait une cure dans une station thermale.
   - (C) a rajeuni.
   - (D) a différents quartiers.

2. Les changements qu'on remarque ne comprennent pas
   - (A) la réfection des fenêtres.
   - (B) le changement de style.
   - (C) le retour des jeunes.
   - (D) des lofts comme à Soho.

3. La législation au Québec
   - (A) encourage la construction de gratte-ciel.
   - (B) exige qu'on fasse très attention au passé.
   - (C) ne s'inquiète pas de la silhouette des immeubles.
   - (D) construit des appartements à louer.

4. Les habitants du vieux quartier
   - (A) ne déjeunent pas.
   - (B) ne vont jamais au marché.
   - (C) peuvent choisir où déjeuner.
   - (D) sont de gros mangeurs.

5. La population
   - (A) ne diminue pas.
   - (B) porte des vêtements de luxe.
   - (C) ne fait pas de courses.
   - (D) est friande d'épices.

6. À Montréal,
   - (A) il n'y a pas de nouveaux musées.
   - (B) les artistes sont sportifs.
   - (C) dans les musées, le nombre de visiteurs augmente.
   - (D) les musées sont consacrés à l'architecture.

18. LE CONCOURS LÉPINE

Depuis un siècle, plus d'une centaine d'inventeurs sont sélectionnés chaque année par le jury du célèbre concours Lépine. Les Parisiens et les provinciaux découvrent ces inventions surprenantes quand ils se rendent à la Foire de Paris qui a lieu au printemps au parc des Expositions à la porte de Versailles.

Le concours Lépine est une institution créée en 1901 par le préfet[1] de police de Paris Louis Lépine. Pourquoi cette innovation ? C'était afin de permettre aux petits fabricants de jouets et d'articles divers de la capitale de faire face à la concurrence étrangère qui existait déjà ! Au départ, c'était « l'Association des petits fabricants et inventeurs français », aujourd'hui c'est le concours Lépine. C'est un véritable « salon »[2], comme le salon de l'Auto ou celui des Arts ménagers, où les inventeurs indépendants peuvent présenter le produit de leurs recherches à des centaines de milliers de visiteurs. Les quatre ou cinq cents participants viennent du monde entier: la Russie, les États-Unis, la Suisse, le Kazakhstan et la République Populaire de Chine y ont récemment été représentés. Le jury remet chaque année cent cinquante distinctions. Le prix du Président de la République, qui est très convoité, est accompagné d'un vase de la Manufacture Nationale de Porcelaine de Sèvres[3].

Qui sont les participants ? Ce sont en priorité des jeunes qui viennent de terminer leurs études ou des ingénieurs en chômage ; parmi eux il y a 10% de femmes. En 2002, c'est une femme de 51 ans qui a remporté le premier prix avec son « chariot électrique de supermarché, destiné aux handicapés, femmes enceintes et personnes à mobilité réduite ». Elle a vendu son invention à un des grands supermarchés français qui a plusieurs succursales à l'étranger. Bravo Martine Losego !

Qu'est-ce que les génies de l'invention ont en commun ? Aujourd'hui, ils veulent, tous ou presque tous, commercialiser leurs appareils, leurs machines ou leurs gadgets. Mais, tous croient en ce qu'ils font. Ce sont, si l'on peut dire, des « passionnés raisonnables » qui ont décidé de surmonter un obstacle rencontré dans leur vie. Celui qui a conçu un sèche-linge très économique raconte que ses notes d'électricité étaient si exorbitantes que, chez lui, on ne se servait plus du sèche-linge et qu' il y avait du linge mouillé dans toute la maison ! Le vélo anti-mal au dos a été mis au point par quelqu'un qui souffre du dos. Le briquet solaire est la création d'un ex-fumeur qui ne voulait plus acheter d'allumettes. Pour la cuisine et le jardinage, nous devons remercier les inventeurs du concours Lépine pour ces gadgets devenus indispensables et auxquels vous et moi, nous n'aurions jamais pensé.

Avant qu'elles ne puissent figurer parmi les entrées du concours Lépine, ces inventions ont dû être brevetées[4], ce qui est une opération coûteuse mais nécessaire. C'est ce qui explique pourquoi beaucoup de ces « trésors » ne sont jamais présentés au public. Parmi les inventions primées au concours Lépine qui font aujourd'hui partie des objets de tous les jours, nous noterons le stylo à bille, devenu Bic, primé en 1919 ; en 1931 la moulinette presse-purée conçue par le fondateur de la grande compagnie Moulinex, en 1948 les verres de contact, en 1983 l'aspivenin qui permet d'aspirer le venin en cas d'urgence. C'est une maison en forme d'éventail qui a gagné récemment : sa forme originale lui permet de profiter des rayons du soleil en hiver et de s'en protéger en été. Quand la verrons-nous surgir dans nos villages ?

Certains se moquent de cette « grande foire à l'invention » qui attirent les amateurs de bricolage ; ils ont tort. Vous y rencontrerez peut-être l'inventeur d'une machine qui vous sauvera la vie ou, plus prosaïquement, qui vous la simplifiera. L'année prochaine, allez-y, sinon en candidat, du moins en observateur, et vous ne le regretterez pas.

(1)*préfet de police* : représentant du gouvernement responsable de la police.

(2)*Salon* : au XVIIIème siècle, la vie mondaine se concentrait dans les salons. Aujourd'hui, on va au Salon du Livre, au Salon du Cuir … ,etc. qui sont de grandes expositions consacrées aux livres, au Cuir … ,etc.

(3)*Sèvres* : La Manufacture Royale (aujourd'hui nationale) de Porcelaine de Sèvres a été établie en 1756 sous le règne de Louis XV. L'emplacement n'a pas changé, mais les bâtiments actuels datent de 1876.

(4)*Breveter* : opération qui consiste à faire protéger une invention par un brevet qui est, ici, un droit exclusif d'exploitation.

Questions:

1. Le concours Lépine

   (A) fait découvrir les Parisiens aux provinciaux.

   (B) présente à la Foire de Paris des inventions sélectionnées.

   (C) a lieu au parc de Versailles.

   (D) est une invention surprenante.

2. Le salon

   (A) est une innovation.

   (B) remonte au siècle dernier.

   (C) est reservé aux étrangers.

   (D) est convoité par le Président de la République.

3. Qui est Martine Losego ?

   (A) Un jeune ingénieur en chômage.

   (B) Un vendeur de brevets.

   (C) Un fabricant de chariots de supermarché.

   (D) Une gagnante du concours Lépine.

4. Les appareils qu'on admire au concours Lépine sont souvent produits

   (A) par des fumeurs.

   (B) par des inventeurs qui ont mal au dos.

   (C) par des gens soucieux de résoudre un problème.

   (D) en série.

5. Les verres de contact

   (A) sont pratiques pour l'apéritif.

   (B) peuvent remplacer les lunettes.

   (C) sont employés depuis des siècles.

   (D) sont fabriqués par Moulinex.

6. Il est regrettable

   (A) que vous ne soyez pas bricoleur.

   (B) qu'une machine vous sauve la vie.

   (C) qu'on tourne parfois les participants en ridicule.

   (D) qu'on aille au concours Lépine en observateur.

19. LES SECRETS DE LA JOCONDE ET DE SON SOURIRE

La Joconde[1], peinte par Leonardo da Vinci[2] entre 1503 et 1506, est le plus célèbre des tableaux exposés au musée du Louvre à Paris et aussi l'œuvre d'art la plus célèbre du monde. Pourquoi la Joconde est-elle au Louvre ? C'est grâce à da Vinci, son créateur, qui vint en France en 1516 pour travailler à la cour de François 1er, et l'apporta avec lui. La peinture est donc en France depuis près de 500 ans, si ce n'est pour une interruption de 1911 à 1913. Cette absence est due au vol du tableau qu'on retrouva dans un hôtel de Florence après deux années de recherches intenses.

On s'inquiète aujourd'hui de l'état du tableau. On a constitué une commission d'experts qui doit examiner les changements visibles sur le chef-d'œuvre et essayer d'en déterminer les causes.

Est-il susceptible aux changements atmosphériques ? On ne le pensait pas puisque le tableau est littéralement encaissé dans un bloc de verre dans une salle dont la température et le degré d'humidité sont maintenus constants. Il est possible que les millions de visiteurs qui dévisagent chaque année La Joconde provoquent une détérioration extrêmement lente du tableau. On a constaté que la toile gondolait[3] très légèrement par endroits. On a peut-être à faire à un phénomène comparable à celui de la grotte de Lascaux où on a été obligé de fermer la grotte au public pour préserver les fresques préhistoriques. Va-t-on devoir mettre La Joconde en quarantaine sans espoir qu'elle n'en sorte ? C'est le Centre de Recherches et de Restorations des Musées qui offrira un diagnostic dans les mois qui viennent.

Quelle que soit la conclusion de ces spécialistes, on ne nous l'enlèvera pas et on continuera à se poser des questions sur le sourire énigmatique et parfois invisible de la jeune beauté. C'est un fait, le fameux sourire n'apparaît que si on regarde fixement les yeux ou des éléments du visage autres que celui qui esquisse le sourire. Le sourire disparaît quand on le fixe. Ce phénomène s'explique par la façon dont l'œil enregistre les informations visuelles. Nous avons à notre disposition deux sortes de vision, celle qui nous permet de regarder droit devant nous, et la vision périphérique. Plus on regarde fixement devant soi, moins on fait appel à la vision périphérique. Si on fixe une lettre sur une page imprimée, on a du mal à lire les autres lettres même de près. Il en est de même pour le sourire de la Joconde : regardez-la dans les yeux et elle vous sourira.

Sinon, vous ne verrez que l'image d'une jeune femme sérieuse et patiente qui attend celui ou celle qui la fera sourire. C'est ainsi que son créateur l'a conçue.

[1] *La Joconde* : c'est ce nom que les Français donnent à Mona Lisa. Cela vient du nom du mari de la jeune femme, le riche florentin del Giocondo.

[2] *Leonardo da Vinci* : les Français ont « francisé » le nom du peintre italien et l'appellent souvent Léonard de Vinci.

[3] *gondoler* : ce qui est gondolé n'est pas plat, mais courbé anormalement (papier, carton).

Questions

1. La Joconde est en France
   (A) depuis l'époque de la Renaissance.
   (B) au Louvre depuis 1516.
   (C) parce que François 1er l'a exigé.
   (D) parce que Léonard de Vinci aimait beaucoup les Français.

2. La Joconde
   (A) est une œuvre d'art en bon état.
   (B) ne donne aucun souci aux experts du musée du Louvre.
   (C) est une peinture à l'huile qui représente une riche Florentine.
   (D) est un tableau qui n'a pas changé depuis qu'il a été peint.

3. Avec son sourire proverbial, la Joconde
   (A) va être envoyée à Lascaux.
   (B) risque d'être mise en quarantaine.
   (C) attend impatiemment le diagnostic des experts qui l'ont examinée.
   (D) dévisage des millions de visiteurs.

4. Le sourire de la Joconde
   (A) ne sourit qu'aux privilégiés.
   (B) n'échappe à personne.
   (C) est un mythe.
   (D) est visible pour ceux qui savent.

20. PARIS VILLE LUMIÈRE

Les Parisiens se vantent d'habiter la ville lumière par excellence. Certains trouvent même que Paris en fait trop et consomme trop d'électricité pour éclairer ses monuments. Il faut croire qu'ils ne se sont jamais promenés à pied dans Paris un beau soir d'été quand la ville déborde de calme, de luxe et de lumière. Nous avons beaucoup de chance de pouvoir profiter de ces flots de lumière si bien distribués dans la capitale. On ne sait jamais ce qui nous attend car les techniciens, les artistes et les ingénieurs ont plus d'un tour dans leur sac et, selon les saisons et les occasions, ils offrent des spectacles qui nous enchantent.

Avez-vous entendu parler de « la nuit blanche »[1] ? C'est une opération qui se déroule chaque année à Paris et à Rome. Les deux capitales étant jumelées[2], Rome se joint maintenant à Paris pour organiser cet événement sans précédent. C'est une fête de la lumière et de la culture. Pendant cette nuit-là, les musées restent ouverts et on présente des spectacles dans les plus beaux sites des deux villes.

Quand on parle des plus beaux sites de Paris, on pense tout de suite à Notre-Dame et à l'île de la Cité où elle préside depuis le XIIIème siècle. Notre-Dame bénéficie depuis peu d'un nouvel habit de lumière. Vous me direz : « N'en avait-elle pas déjà un ? À quoi bon le remplacer ? » Comme nous tous, les monuments ont besoin de changer de tenue[3], il nous faut des vêtements neufs de temps à autre. Le maire de Paris et le cardinal archevêque de Paris se sont mis d'accord pour offrir à leur cathédrale un nouveau manteau de lumière fait sur mesure[4] qui remplace celui qu'elle portait depuis 1954. Cet éclairage, qui combine projecteurs classiques et fibres optiques, est l'œuvre de Roger Narboni, ancien élève de l'École des Beaux-Arts, ingénieur électronicien et artiste. On a disposé dix-sept projecteurs sur les toitures de l'Hôtel-Dieu[5], tout proche de Notre-Dame ; on a installé pour les statues, les gargouilles et les recoins des tours des petites touches de lumière. Voilà l'arrière-plan lumineux. Des centaines de mètres de fibres optiques de 8mm de diamètre (et par le fait invisibles) ont été déroulées sur la façade, donnant une lumière d'un « blanc chaud qui met en valeur le calcaire de Notre-Dame », a dit Roger Narboni. Le coût, 460.000 euros, a été couvert par la mairie de Paris. La cathédrale est éclairée du soleil couchant à minuit en semaine, et jusqu'à une heure du matin le samedi et le dimanche.

La tour Eiffel semble être plus coquette puisqu'elle change de tenue plusieurs fois par an. Elle peut se vêtir de milliers de petites lumières rouges ou de petites lumières blanches. On peut aussi lui faire porter des messages comme on l'a vu pour son centième anniversaire. Peu importe le manteau qu'elle ne porte que le soir, les Parisiens la vénèrent même s'ils ne l'avouent pas toujours. Que feraient-ils sans « leur » tour Eiffel ?

Vous aussi, vous serez émerveillés. Ces monuments vous attendent dans toute leur splendeur, baignés dans la lumière qui leur va si bien.

[1]*nuit blanche* : on dit « j'ai passé une nuit blanche » quand on a passé une nuit sans dormir.
[2]*jumeler* : attacher ensemble (*jumeaux/jumelles*: enfants nés d'une même mère, en même temps ou presque). On dit que deux villes sont jumelées quand chacune contribue à une meilleure connaissance et appréciation de l'autre en organisant des échanges culturels et artistiques.

(3)*tenue* (f) : manière dont une personne est habillée (*Dictionnaire du français primordial*)

(4)*fait sur mesure* : qui n'est pas fait en confection, qui est fait aux mesures d'une personne donnée.

(5)*l'Hôtel-Dieu* : le plus vieil hôpital de Paris, fondé au VIIème siècle, complètement transformé à plusieurs reprises, se trouve à gauche quand on regarde Notre-Dame.

Questions

1. À Paris, l'illumination des monuments

    (A)   a lieu au printemps.

    (B)   rencontre des critiques.

    (C)   ne coûte pas cher du tout.

    (D)   est unanimement appréciée.

2. « La nuit blanche »

    (A)   est une description de Paris quand il neige.

    (B)   vous permet de passer la nuit au musée.

    (C)   a lieu dans les pays nordiques.

    (D)   existe depuis toujours.

3. Notre-Dame de Paris

    (A)   change souvent de tenue.

    (B)   est dirigée par le maire de Paris.

    (C)   a coûté 460.000 euros.

    (D)   est éclairée de deux façons.

4. Roger Narboni

    (A)   s'occupe de l'Hôtel-Dieu.

    (B)   travaille près de la tour Eiffel.

    (C)   est d'accord avec le Cardinal.

    (D)   éclaire les nuits parisiennes.

5. Les lumières rouges de la tour Eiffel

    (A)   importent peu aux Parisiens.

    (B)   sont plus brillantes que les blanches.

    (C)   célèbrent son 100ème anniversaire.

    (D)   alternent avec les blanches.

See also pages 278 and 338 for more comments on the Eiffel Tower.

21. LA POLLUTION

Dans un article du Journal Français de mars 2003, la journaliste Diane de Sainte Foy examine les origines du mot « pollution » et aussi, bien sûr, la progression dramatique de la pollution – devrait-on dire des pollutions – dans le monde entier.

Le verbe latin « *polluere* » signifie souiller, salir au propre et au figuré, donc aussi profaner et corrompre. Le verbe « polluer » et le nom « pollution » ont aujourd'hui un sens concret où ne figure, semble-t-il, aucune connotation morale ou religieuse. Jusqu'aux années 60, le terme s'appliquait aux eaux (eau douce, eau salée, rivières, fleuves, lacs, océans) et à l'air que nous respirons. Depuis, ce mot est devenu tragiquement à la mode avec la croissance de l'économie et de la recherche scientifique. Il convient, en même temps, de noter l'apparition du mot « écologie » qui est « l'étude des milieux où vivent les êtres vivants, ainsi que des rapports de ces êtres avec le milieu » (*Petit Robert, Dictionnaire de la langue française*).

La pollution, c'est en fait le revers de la médaille, c'est le fléau que l'industrialisation impose à une société que seul le gain de l'instant intéresse. Un exemple : on consomme de plus en plus d'énergie. Il n'y en a pas assez sur place. Il faut importer de grandes quantités de pétrole qu'on doit transporter de la raffinerie au lieu de consommation. On construit, à cet effet, d'énormes pétroliers, et d'immenses camions-citernes pour la distribution domestique. Le moindre accident provoque une catastrophe dont les media nous font vite connaître l'ampleur : Torrey Canion, 1968, Amoco Cadiz 1978, Erika 1999, Prestige 2002. Les dégâts causés par ces catastrophes sont infinis et incurables quelles que soient les mesures mises en œuvre pour y remédier. Quand elles arrivent, le mal est fait. La nature est atteinte et se remettra mal. Si les pétroliers et les camions citernes ont des accidents « de la route » qui touchent l'homme après la nature, les usines de produits chimiques et autres ont parfois des accidents qui touchent l'homme d'abord. L'explosion d'une usine de produits chimiques à Bhopal, Inde, en 1984 fit des milliers de victimes, celle de Chernobyl, Ukraine, en 1986 exigea l'évacuation et la réimplantation de plus de 350.000 personnes. Il y eut, on le sait, des milliers de victimes. Cette explosion eut des répercussions, pas toujours officiellement déclarées dans toute l'Europe de l'Ouest : sols, arbres fruitiers, légumes, bétail contaminés par les retombées atomiques.

Si ces catastrophes ne s'étaient pas produites, le mot « pollution » n'aurait-il aucune raison d'être ? Limitons-nous à notre époque pour répondre à la question. Tous, nous avons entendu parler de l'effet de serre, du réchauffement de la planète, des pluies acides qui entraînent des changements imprévus et imprévisibles dans le milieu dans lequel nous vivons. Ajoutons ici que le déboisement systématique des forêts tropicales dû, lui aussi, à l'appât du gain, provoque des changements de climat irréversibles.

Si nous prenons le temps de réfléchir au problème de la pollution, nous en viendrons à une conclusion affolante : elle touche tous nos sens. La vue : nous avons souvent mal aux yeux quand l'air est trop pollué ; l'odorat : les odeurs chimiques nous dérangent ; le toucher : puisque les fumées et la poussière altèrent les surfaces qui nous entourent ; le goût des produits que nous mangeons est parfois changé par des produits chimiques ; l'ouïe, bien sûr, car nous vivons dans la cacophonie. Si nous sommes en ville, le bruit de la circulation, de la musique toujours diffusée trop bruyamment, celui des voix qui, pour se faire entendre, doivent couvrir les bruits ambiants. Sans bruit, certains sont perdus; si leur portable ne sonne pas, ils s'affolent; le balladeur et ses écouteurs viennent à la rescousse et les voilà isolés du reste du monde, dans leur bruit à eux.

Le monde s'éveille peu à peu devant l'omniprésence de la pollution. On discute, on se réunit, on organise des rencontres aux niveaux local, régional, national, international et on s'engage plus ou moins. Il y a toujours des dissidents. Chacun veut que l'autre prenne les décisions et fasse les sacrifices qui sont indispensables si l'on veut protéger et sauver notre planète.

La France a son Ministère de l'Environnement qui existe depuis 1971 et s'engage de plus en plus fermement à prendre des mesures pour protéger son environnement et à ralentir la dégradation dont nous sommes témoins et victimes depuis des années. C'est à nous tous d'être vigilants et de prendre ensemble des décisions énergiques pour que les pollutions ne continuent pas à nous étouffer. La Commission mondiale de l'environnement a créé la notion de « développement durable », défini comme celui « qui permet la satisfaction des besoins présents, sans compromettre la capacité des générations futures à satisfaire les leurs. »

Questions

1. Le sens courant du verbe polluer est

(A) approprier.

(B) dégrader.

(C) profaner.

(D) un sens religieux.

2. La pollution, c'est un mot

(A) de tous les jours.

(B) synonyme d'écologie.

(C) que nos ancêtres connaissaient bien.

(D) qui vient du grec.

3. Les dégâts à l'environnement sont causés

(A) à la raffinerie.

(B) C et D.

(C) entre la raffinerie et le terminus.

(D) par le développement incontrôlé.

4. Après un accident, la nature

(A) reprend le dessus.

(B) fait le mal.

(C) attend que ça passe.

(D) guérit difficilement.

5. Quand on parle de réimplantation, cela signifie

(A) qu'on veut déménager.

(B) qu'on va avoir un jardin.

(C) qu'on est forcé de partir.

(D) qu'on va s'installer sur une plantation.

6. Parmi les causes de la pollution, l'auteur cite

(A) la pluie.

(B) les changements imprévus.

    (C)   les accidents en mer.

    (D)   les arbres fruitiers.

7. Le réchauffement de la planète vient

    (A)   des forêts tropicales.

    (B)   des changements de climat.

    (C)   d'un problème inconnu.

    (D)   de l'effet de serre.

8. La cacophonie, c'est un bruit

    (A)   discordant.

    (B)   bien orchestré.

    (C)   harmonieux.

    (D)   naturel.

9. On essaie de rémédier à la pollution

    (A)   en voyageant.

    (B)   en faisant des sacrifices.

    (C)   en étant dissident.

    (D)   en se sauvant.

10. L'auteur fait confiance

    (A)   à l'environnement.

    (B)   à la dégradation.

    (C)   à ses concitoyens.

    (D)   aux témoins.

22. ENVIRONNEMENT : LES SACS PLASTIQUE EN VOIE DE DISPARITION

Parfois, ils flottent comme des étendards à la cime des arbres ; parfois ils jonchent[1] le caniveau ; parfois, ils se font passer pour des méduses et effraient, l'espace de quelques secondes, le baigneur ou asphyxient les tortues de haute mer... Les sacs plastique sont partout. Mais ces images pourraient bientôt appartenir au passé. Mieux, au rythme où vont les choses, les jours des sacs plastique sont comptés, du moins dans la grande distribution[2].

C'est en 1999 que l'association Les Amis du vent lance en Corse un appel baptisé « Halte aux sacs plastique ». Avec un argumentaire choc[3] : il faut une seconde pour fabriquer un sac plastique, qui est utilisé en moyenne vingt minutes, et il faut 100 à 400 ans pour qu'il disparaisse s'il est abandonné dans la nature ! « *L'adhésion est allée très vite* », s'étonne encore Serge Orru, son initiateur. À commencer par les patrons de supermarchés qui, une fois convaincus, jouent parfaitement le jeu.

Le 1er août 2003, la distribution des sacs aux caisses des grandes surfaces[2] de l'île de Beauté[4] est supprimée. Sur le continent, les centres Leclerc avaient donné le « la »[5] dès 1996. Mais c'est la Corse qui fait basculer les mentalités et déclenche le processus, de Lille à Marseille.

Fin 2003, la Fédération des entreprises du commerce et de la distribution s'engage sur une diminution de 25% du nombre de sacs distribués. Un an plus tard, la campagne est plus qu'un succès. La baisse enregistrée oscille entre 15 et 20 %. « *Et cela devrait continuer sur un rythme équivalent en 2005* ». assure Jérôme Bédier, le président de la fédération. En 2003, 15 milliards de sacs ont été distribués, soit l'équivalent de 85 000 tonnes de matières plastiques. En 2004, les chiffres sont respectivement de 12 milliards et de 66 000 tonnes. Un succès facilité dans la plupart des hypermarchés par la vente de sacs réutilisables, échangeables à vie lorsqu'ils sont abîmés. Il est vrai que la suppression des sacs plastique a du succès chez les consommateurs, heureux de se débarasser de cette pollution visuelle. La majorité des consommateurs sont favorables à l'élimination des emballages jetables. Dans un sondage effectué [...] récemment, 83% des Français approuvent la décision de certains supermarchés de ne plus donner de sacs jetables « afin de réduire les pollutions ».

Quant à la grande distribution, elle peut s'investir dans une action environnementale visible à l'heure où le développement durable[6] devient une valeur d'entreprise, tout en faisant des économies.

Le groupe Carrefour a diminué de 17% le nombre de sacs distribués entre 2003 et 2004. Auchan s'est lancé en 1999 en proposant d'abord des « casettes » réutilisables, puis des cartons et enfin, des sacs réutilisables. Et là encore, le mouvement est amorcé. « *Depuis début 2005, le nombre de sacs de caisse a diminué de 21,3%* », précise le responsable du développement durable chez Auchan. Et ce, alors que dans la plupart des magasins de la marque, les consommateurs ont le choix entre les caisses dites « vertes » (sans distribution de sacs) et les autres. « *Il faut expliquer tranquillement pourquoi nous voulons diminuer le nombre de sacs, dit-il. Pour nous, c'est un formidable outil pour le développement durable.* » Même Monoprix et ses magasins de centre ville, avec beaucoup de consommateurs qui viennent y faire leurs courses quasi quotidiennement, à pied plutôt qu'en voiture, se sont joints au mouvement.

Finalement, les seuls à bouder l'opération sont les fabricants de sacs plastique. Pour la Haute-Loire, qui représente 40% de la production nationale du sac de caisse, la filière représente quelque 3 000 emplois. Pour tenter une réconciliation, l'ex-ministre de l'Écologie avait mis en place en avril un groupe de travail réunissant les partenaires intéressés de près ou de loin au sujet : asssociations, fabricants, représentants de la grande distribution, élus locaux ... Mais « *il n'est pas certain qu'il en sorte grand-chose, assure l'un des participants, les intérêts sont vraiment trop contradictoires* ».

« *On sait bien que le mouvement est amorcé,* [...], *mais on ne peut pas prendre le virage du jour au lendemain* ». Espérant contrecarrer la tendance, certains industriels de Haute-Loire ont mis au point un sac baptisé Néosac qui se désagrège à la lumière en quelques semaines. Mais il ne présente qu'un intérêt limité car il n'est pas, pour l'heure, estampillé « *biodégradable* » selon les normes européennes.

« COPYRIGHT LE FIGARO / MARIELLE COURT / JUILLET 2005 »

---

(1)*joncher* : recouvrir
(2)*grande distribution / grande surface* : supermarchés et hypermarchés
(3)*un argumentaire choc* : des arguments très convaincants
(4)*l'île de Beauté* : la Corse
(5)*le la* : (litt. *to give an A*) = to show the way
(6)*développement durable* : objectif de la Commission mondiale de l'environnement, voir Lecture # 21

Questions

1. À quoi est-ce que l'auteur compare les sacs plastique ?
   (A) à des assassins.
   (B) à des animaux marins.
   (C) (A) et (B)
   (D) à des baigneurs.
2. Qu'est-ce que la Corse a déclenché ?
   (A) une véritable révolution.
   (B) la fabrication des sacs plastique en une seconde.
   (C) la distribution des sacs aux caisses des grandes surfaces.
   (D) la décision des centres Leclerc.
3. Depuis 2003, la Fédération des entreprises du commerce et de la distribution
   (A) a distribué 90 000 tonnes de matières plastiques.
   (B) mène une campagne efficace.
   (C) a distribué 12 milliards de sacs réutilisables.
   (D) continue sur le même rythme.

4. Qui cette opération dérange-t-elle ?

   (A) ceux qui font leurs courses à pied

   (B) ceux qui font leurs courses quotidiennement

   (C) ceux qui dirigent les usines fabriquant les articles en question

   (D) l'ex-ministre de l'Écologie.

5. Les fabricants d'emballage ont réagi à la crise

   (A) en fermant leurs portes.

   (B) en renvoyant leur personnel.

   (C) en proposant des sacs réutilisables.

   (D) en proposant un produit de remplacement biodégradable.

6. **À vous de réfléchir** : Étant donné que 50% des sacs plastique finissent dans la nature, en mer et dans les cours d'eau, où ils créent beaucoup de problèmes, cette détermination à les supprimer vous paraît-elle une bonne idée ?

Cinquième partie

Advanced Placement Preparation

LISTENING, READING, WRITING, SPEAKING

Listening

Notes on listening—Advice and suggestions

Listening is a skill which requires concentration and attention to details. This section contains recordings of passages by French native speakers. The first are **brief exchanges** which are spoken twice. After listening to the brief exchanges, you will choose the most appropriate answer from the four choices printed in your exam booklet or book. In the second part of this section, you will listen to recorded **dialogues** or short **monologues**. Then you will listen to questions on tape about what you have just heard, and select the answer from the four choices listed in the exam booklet or your book. Each question will be spoken twice.

Be attentive to the topic. **If it is a brief exchange or dialogue**, ask yourself: Who are the protagonists? What are they talking about? What is the purpose of the dialogue? Take notes, write down words that recur even if you are not sure of the meaning, it will come to you as the conversation develops.
If it is a narrative, identify the topic, write down the gender of the subject of the narrative, his/her age, the name and whatever you can figure out about his/her situation in life. The multiple-choice questions which follow will clarify some of your own questions. Write down any number you hear even if you are not sure of what it is associated with. Make a note of any detail you catch, be it a location, a color, a shape, the name of an object or that of an animal. As you listen, note the mood, the intensity of the tone of voice of the speaker(s). The multiple-choice questions which follow will clarify some of your own questions.
Budget your time wisely, and read all the choices in front of you carefully. You have only 18 seconds before you hear the next question.
This is a practice exercise, repeat it as often as necessary. Your comprehension will improve each time.
Be patient, be attentive and learn to listen.

I. BRIEF EXCHANGES

Sample Exchanges (Answers)

Exchange 1

(A)   Demain matin vers huit heures, retour dans la soirée.

(B)   Je veux partir en fin de semaine, prendre un vol de nuit. Je passerai 3 jours à Paris.

(C)   Je voyagerai seule.

(D)   Nous sommes en vacances la semaine prochaine.

Exchange 2

- (A) Tu n'as qu'à la remplacer.
- (B) Je n'ai jamais de monnaie.
- (C) Ma montre avance.
- (D) On vient de changer d'heure.

Exchange 3

- (A) Mon aniversaire est le 23 janvier.
- (B) J'ai le même âge que ma sœur jumelle.
- (C) Peu importe, vous devez me la donner.
- (D) Votre permis de conduire est périmé.

Exchange 4

- (A) J'ai fait mon marché à deux heures.
- (B) Et moi, je n'ai pas de parapluie.
- (C) La marche à pied, c'est trop fatigant.
- (D) Ne vous inquiétez pas, je peux vous en prêter.

Exchange 5

- (A) Je ne peux pas sortir sans mon portable.
- (B) Tu as raison, il y a souvent des erreurs.
- (C) Pourquoi pas ? Il y a des siècles que je n'y suis allée.
- (D) Tu es vraiment près de tes sous.

Exchange 6

- (A) On regardera les nouvelles à la télévision.
- (B) Si on allait passer une journée à la campagne ?
- (C) On invitera des amis à venir dîner.
- (D) J'en profiterai pour passer l'aspirateur.

II. DIALOGUES

Students listen to recorded dialogues or monologues, and then, after each they are asked questions on the tape about what they have just heard. The questions following the dialogues are spoken twice. The multiple choice answers are printed in the book. Before each dialogue you will hear the description of its setting.

Sample Dialogues (Answers)

Dialogue 1

1. (A) de deux jeunes filles.
   - (B) de deux garçons.
   - (C) d'une jeune fille et de sa mère.
   - (D) nous ne pouvons pas savoir.

2. (A) Non, on est très pressé.
   (B) La personne qui fait le cadeau n'a pas beaucoup de temps.
   (C) On prend les décisions très rapidement.
   (D) Il est une heure.

3. (A) des bonbons.
   (B) des livres.
   (C) des vêtements.
   (D) des crayons de couleurs.

4. (A) contente.
   (B) surprise.
   (C) gênée.
   (D) A et C.

Dialogue 2

1. (A) d'un certain âge.
   (B) d'âge scolaire.
   (C) qui ne se connaissent pas.
   (D) qui sont en vacances.

2. (A) Elle est inoffensive.
   (B) Elle est appréciée.
   (C) Elle ne veut rien dire.
   (D) Elle provoque un rapprochement.

3. (A) Elle n'en finit pas.
   (B) Elle n'est pas très aimable.
   (C) Elle est faite calmement.
   (D) Elle est difficile à comprendre.

4. (A) Ils se voient rarement.
   (B) Ils se vouvoient.
   (C) Ils s'expriment au conditionnel.
   (D) Ils se connaissent bien.

Dialogue 3

1. (A) De la cuisine dans le monde.
   (B) Du cinéma chinois.
   (C) De leur emploi du temps.
   (D) Du rôle de la femme.

2. (A) au sujet du menu.
   (B) sur l'adresse du restaurant.
   (C) sur le poisson à la vapeur.
   (D) Ils ne se disputent pas.

3. (A) sont végétariens.
   (B) ne vont jamais au restaurant.
   (C) choisissent ce dont ils ont envie.
   (D) ont déjà commandé.

4. (A) Ils adorent le cinéma.
   (B) Ils ont mangé du canard laqué.
   (C) Ils sont de bonne humeur.
   (D) Ils n'ont pas très faim.

Dialogue 4

1. (A) désagréable
   (B) bien assis.
   (C) très gentil.
   (D) pressé.

2. (A) Parce qu'elle a échoué au bac.
   (B) Parce qu'elle voudrait travailler.
   (C) Parce qu'elle a besoin d'argent.
   (D) Parce qu'elle va commencer ses études.

3. (A) de prendre trop de place.
   (B) d'être bien renseignée.
   (C) d'être impolie.
   (D) de venir tard.

4. (A) Qu'elle est amie d'un membre de la famille.
   (B) Qu'elle est toujours au lycée.
   (C) Qu'elle s'appelle Xavier.
   (D) Qu'elle est amie de Claire.

5. (A) le fils du patron.
   (B) A et C.
   (C) l'ami de Claire.
   (D) le chef de service.

6. (A) Elle part en vacances.
   (B) Elle a besoin d'un stylo.
   (C) Elle sort sans s'arrêter.
   (D) Elle ne dit pas merci.

7. (A) comme à une amie.
   (B) comme à un supérieur.
   (C) Il la met à la porte.
   (D) Il lui dit au revoir.

Dialogue 5

1. (A) Ils prennent leurs vacances à ce moment-là.
   (B) Ils reviennent de vacances pour se distraire.
   (C) Ils rentrent chez eux au mois de Septembre.
   (D) Ils ne s'occupent pas de la saison touristique.

2. (A) les hommes d'affaires.
   (B) les Parisiens.
   (C) les touristes.
   (D) les autres.

3. (A) On reste dans son salon littéraire.
   (B) On achète des meubles de salon en cuir.
   (C) On vit comme au XVIIème siècle.
   (D) On va à la porte de Versailles.

4. (A) de rencontrer des milliers de visiteurs.
   (B) de trouver ce qu'ils cherchent.
   (C) d'être un des participants.
   (D) d'aller au salon de l'Agriculture.

[The salons are large trade shows. Some are exclusively for professionals, but many, like the Auto show, are very well attended by Parisians and others. The Salon de l'Agriculture usually attracts the most visitors. There, you can admire the best samples of French livestock as well as the latest farm equipment.]

Dialogue 6

1. (A) Il a fait la sieste.
   (B) Il a répondu au téléphone.
   (C) Il a joué au football.
   (D) Il a regardé la télévision.

2. (A) était un ami.
   (B) travaillait avec sa mère.
   (C) avait un rendez-vous.
   (D) hésitait à y aller.

3. (A) partait gagnante.
   (B) gagnera la prochaine fois.
   (C) a perdu.
   (D) a marqué deux buts de plus que l'autre.

4. (A) Que les cousins soient là.
   (B) C et D.
   (C) Qu'on joue au foot.
   (D) Qu'il pleuve trop.

III. Narratives

The narratives and the questions are heard only once, therefore it is necessary to listen very carefully and to pay attention to all words without losing your concentration. Identify the topic as soon as possible and the important details that are mentioned. Write down the important words. Try to notice the tone of the passage: is it critical, ironic, amusing, etc.?

Then read all the choices carefully: you have only 18 seconds before the next question is heard. Choose the best answer based on what you heard. Eliminate first those that are obviously wrong and then decide which is the best answer to the question.

Sample Narratives (Answers)

Narrative 1

1. (A) national.
   (B) oriental.
   (C) récent.
   (D) inexplicable.

2. (A) Elles sont en voie de disparition.
   (B) Elles sont constituées d'arbres qui meurent au même moment.
   (C) Elles fleurissent au printemps.
   (D) Elles poussent dans le monde entier.

3. (A) a des fruits rouges.
   (B) est un mystère.
   (C) c'est le bambou.
   (D) n'est ni solide ni souple.

4. (A) comestible.
   (B) tropicale.
   (C) malfaisante.
   (D) omniprésente.

5. (A) avec quoi on fait les poteaux télégraphiques et les parapluies.
   (B) ce qui empêche la survie du bambou.
   (C) comment on prépare les pousses de bambou.
   (D) ce qui cause l'épanouissement des bambous.

6. (A) des lits d'enfant.
   (B) des routes goudronnées.
   (C) le thé vert.
   (D) la glace au gingembre.

Narrative 2

1. (A) On en connaît tous les détails.
   (B) On n'en connaît aucun détail.
   (C) On se persuade de nombreux détails.
   (D) On va vous raconter des détails intéressants.

2. (A) à Domières.
   (B) en Lorraine.
   (C) vers 1450.
   (D) dans l'ouest de la France.

3. (A) Elle avait une belle voix.
   (B) Elle s'occupait de la ferme de ses parents.
   (C) Elle gardait des moutons.
   (D) Elle avait une amie qui s'appelait Catherine.

4. (A) Il vivait toujours à Chinon.
   (B) Il passait ses vacances près de Tours.

    (C) Il cherchait Jeanne.

    (D) Il s'était réfugié à Chinon.

5. (A) parce qu'elle était une sainte.

    (B) parce qu'elle l'a reconnu alors qu'il s'était caché.

    (C) parce qu'elle venait d'Orléans.

    (D) parce qu'elle parlait anglais.

6. (A) qu'elle était condamnée.

    (B) qu'elle n'aimait pas les évêques.

    (C) que c'était une sorcière.

    (D) qu'elle allait s'échapper.

7. (A) depuis 1920.

    (B) depuis sa mort.

    (C) depuis le couronnement de Charles VII.

    (D) depuis la fin de la guerre.

Narrative 3

1. (A) quelque chose dont nous nous servons tous les jours.

    (B) quelque chose qui est très joli.

    (C) quelque chose dont nous ne pouvons pas nous passer le soir.

    (D) ce dont nous nous servons tous les deux jours.

2. (A) parce qu'on a toujours faim.

    (B) parce que les magasins sont fermés le lundi.

    (C) pour faire plaisir à tout le monde.

    (D) parce qu'on a tous horreur de faire des courses.

3. (A) quand on se lève le matin.   **4.** (A) de la machine à laver la vaisselle.

    (B) toute la journée.   (B) du poste de télévision.

    (C) pour savoir ce qui se passe.   (C) de faire la lessive à la main.

    (D) quand elle ne marche pas.   (D) de rien sauf de leur ordinateur.

5. (A) restent assis du matin au soir.

    (B) ont peur de mourir de faim.

    (C) tombent de sommeil si on leur pose une question.

    (D) manquent de temps.

6. (A) l'ordinateur.   **7.** (A) avoir une montre.

    (B) la télévision.   (B) savoir lire l'heure.

    (C) le téléphone portable.   (C) acheter le journal.

    (D) une machine qui donne l'heure. (D) téléphoner à l'avance.

Narrative 4

1. (A) depuis la semaine dernière.   **2.** (A) dans la culture du café.

    (B) depuis quelques années.   (B) sur la terrasse.

    (C) depuis ton départ.   (C) chez nos amis.

    (D) depuis le défilé de mode.   (D) dans notre vie quotidienne.

3. (A) en Europe.
   (B) en vacances à l'étranger.
   (C) dans certains films.
   (D) A, B, C.

5. (A) n'est pas nécessaire.
   (B) est indispensable pour les jus de fruits.
   (C) est ce qu'il y a de plus simple.
   (D) est servi avec le sandwich.

4. (A) on ne peut que boire.
   (B) on mange beaucoup.
   (C) on peut boire et manger.
   (D) on est toujours dehors.

6. (A) la conversation.
   (B) l'animation.
   (C) la langue de Molière.
   (D) le service.

Narrative 5

1. (A) de quelque chose de drôle.
   (B) d'un drame.
   (C) d'un événement bizarre.
   (D) d'une scène violente.

2. (A) sont de Vladivostok.
   (B) hurlent de détresse.
   (C) sont à pied.
   (D) marchent dans un parc de 180 kilomètres.

3. (A) Il ne peut plus sortir.
   (B) Il est terrifié.
   (C) Il a posé un piège.
   (D) Il a tiré un appât.

4. (A) Ils ont fait marche arrière.
   (B) Ils ont prévenu des officiels.
   (C) Ils sont montés dans un hélicoptère.
   (D) Ils ont refermé le mécanisme.

5. (A) à s'assurer qu'il n'est pas déprimé.
   (B) à lui acheter un collier.
   (C) à l'immobiliser.
   (D) à parcourir les environs.

6. (A) en hésitant
   (B) en ouvrant la porte.
   (C) en remerciant.
   (D) en hurlant.

7. (A) On ne sait pas ce qui se serait passé.
   (B) Les braconniers auraient vendu leurs dents.
   (C) On se serait dérangé pour rien.
   (D) On marcherait toujours.

Narrative 6

1. (A)   de la fête du Travail.
   (B)   du printemps.
   (C)   du muguet.
   (D)   du Japon.
2. (A)   du renouveau.
   (B)   des manifestants de la IIème Internationale.
   (C)   du travail, du sommeil et des loisirs.
   (D)   de Charles IX.
3. (A)   des chemins de fer.
   (B)   des systèmes.
   (C)   les trois huit.
   (D)   du travail au noir.
4. (A)   dans les bois.
   (B)   chez le fleuriste.
   (C)   dans son jardin.
   (D)   A, B, C.
5. (A)   une bouteille de champagne.
   (B)   un grand panier.
   (C)   des clochettes blanches.
   (D)   des petits fours.
6. (A)   une fête royale.
   (B)   la fête des fleurs.
   (C)   un jour férié.
   (D)   la fête du Président de la République.
7. (A)   à un grand journal.
   (B)   à une fête champêtre.
   (C)   à une avenue à huit voies.
   (D)   à du cinéma.

Reading

Notes on reading – Advice and suggestions

This part of the examination addresses your reading and comprehension skills. You have several passages in prose (occasionally a poem) followed by multiple-choice questions or incomplete statements. The questions test your understanding of the text, of its vocabulary, with some testing your grammatical knowledge.

The more you have read, the more different types of readings you have been exposed to, the more vocabulary you have accumulated, the more comfortable you will be here. Read the whole passage first, as if you had to give it a title. As you read the passage for the first time, underline, make quick notes. You will then reread the passage carefully as you answer the multiple-choice questions. Select the best response according to the ideas expressed in the passage.

1. LES RETRAITÉS MIGRATEURS

Sable, plage, soleil et prix doux, la Tunisie attire de plus en plus les Européens du troisième âge[1], qui y passent les mois d'hiver, avec, souvent, l'appui financier de leurs caisses de retraite.

Ce sont de drôles d'oiseaux avec des cheveux blancs et des sourires de gosses. Des oiseaux migrateurs. Chaque hiver, Pierre, Vincent, Jeanne et les autres quittent la France et sa grisaille pour se poser sur la côte tunisienne, les pieds dans le sable, dans la lumière des plages de Monastir, au bord de la Méditerranée.

Ils ne viennent pas pour seulement quinze jours — ça c'est bon pour les « actifs ». Eux, ils jettent l'ancre pour deux mois, parfois trois. Pas plus : la durée du visa touristique n'excède pas quatre-vingt-dix jours. Hélas ! « S'il n'y avait pas la question des papiers, on resterait de novembre à avril », assure Pierre D., 70 ans, qui fréquente le village de vacances d'El Shems, en compagnie de son épouse, depuis maintenant dix ans. « S'il n'y avait pas les enfants, je passerais ma retraite ici », renchérit Vincent, 70 ans lui aussi, mais veuf depuis cinq ans. « C'est mon second pays », sourit cet apprenti nomade d'ascendance italienne et qui vit en Vendée[2].

Jeanne P., 82 ans, approuve: « Ici on est comme en famille. Même avec le personnel, on se tutoie[3] ». Venue en Tunisie avec son mari, en 1981, Jeanne a continué seule ensuite, après le décès de son époux. « Tant que je pourrai, je reviendrai ! » promet l'alerte retraitée, qui passe « deux à trois mois » chaque hiver sous les palmiers de Monastir.

Malgré la brise frisquette(4) et le ciel menaçant, Pierre, Vincent et Jeanne sont en polo, chemisette et T-shirt. Le fond de l'air est doux. Sur la terrasse, juste à l'entrée du bar, de jeunes animatrices, le micro à la main, organisent des jeux de société pour les vacanciers de tous âges. Pierre et Jeanne adorent. La femme de Pierre, elle, préfère jouer aux boules. Dans les allées fleuries qui quadrillent le village, il y a peu de monde encore.

Les fêtes de Pâques marquent la fin de l'hiver et le début d'un nouveau flux. À l'approche des beaux jours, les arrivants vont être de plus en plus nombreux et de plus en plus jeunes: majoritairement des « actifs » accompagnés de leurs enfants. Les tarifs aussi augmentent — chassant les pensionnaires les plus modestes (ou les plus malins), qui ont su profiter de la basse saison. D'ici la fin avril, Pierre, Vincent, Jeanne et les autres auront regagné leurs pénates(5) français. Plus tard, l'été venu, le village de vacances d'El Shems ressemblera à toutes les fourmilières touristiques de la côte tunisienne: grouillant de monde, vibrant de chaleur, résonnant des cris des gamins et des musiques jetées à fond la caisse(6) par les haut-parleurs.

COPYRIGHT LE MONDE / CATHERINE SIMON / AVRIL 2004 / BY PERMISSION

Vocabulaire
(1)*le troisième âge* : les personnes qui sont à la retraite
(2)*Vendée* : région de France qui se trouve au sud-ouest de la Loire.
(3)*se tutoyer* : se dire *tu* au lieu de *vous*
(4)*frisquette* : un peu fraîche
(5)*pénates* : habitation, résidence. Les Pénates étaient les Dieux domestiques des Romains.
(6)*à fond la caisse* : terme familier: très (trop) fort.

Questions

1. Dans ce texte, pourquoi les personnes retraitées passent-elles quelques mois d'hiver en Tunisie dans des clubs de vacances ?

   (A) Pour profiter du climat très favorable.

   (B) Pour faire du ski.

   (C) Les clubs sont complets en été.

   (D) Elles sont remboursées par leurs caisses de retraite.

2. Dans cet extrait, quelles sont les personnes qui sont comparées à des oiseaux migrateurs ?

   (A) Les « actifs ».

   (B) Les retraités.

   (C) Les Tunisiens.

   (D) Les gosses.

3. De quelle nationalité sont les personnes décrites dans l'article ?

   (A) italienne.

   (B) espagnole.

   (C) française.

   (D) tunisienne.

4. Le visa touristique tunisien est valable au maximum combien de temps ?

(A)   Un mois.

(B)   Trois mois.

(C)   Quatre-vingts jours.

(D)   Deux mois et demi.

5.   Depuis combien de temps Jeanne P. vient-elle en vacances en Tunisie ?

(A)   Treize ans.

(B)   Vingt ans.

(C)   Plus de vingt ans.

(D)   Depuis qu'elle est veuve.

6.   Les jeux décrits dans cet extrait sont organisés

(A)   pour tous.

(B)   uniquement pour les enfants.

(C)   pour les personnes du troisième âge.

(D)   uniquement pour les retraités.

7.   En basse saison, les tarifs du club de vacances

(A)   augmentent.

(B)   stagnent.

(C)   baissent.

(D)   quadrillent.

8.   En été

(A)   l'ambiance du club est calme et reposante.

(B)   le club est fermé.

(C)   l'ambiance du club est plutôt bruyante et agitée.

(D)   Pierre, Jeanne et Vincent profitent d'El Shems.

2. LA BAGUETTE À L'HONNEUR

Depuis quelques années, la baguette, ce symbole national, avait subi un certain déclin dû à l'apparition sur le marché de toutes sortes de pains : pains aux herbes, pains aux cinq céréales, pains complets, pains de régime, pains aux fruits, aux olives, à la tomate, que sais-je encore ? Ces pains ne ressemblent guère à la baguette puisqu'ils peuvent être ronds, ovals ou carrés. Ils sont coupés en tranches si vous le désirez. Ces pains ne sont pas toujours pétris[1] selon les rites d'autrefois, on les fabrique à la chaîne, on les cuit au micro-ondes.

C'est la Fondation Cartier[2] qui a pris les choses en main en organisant avec le concours du couturier Jean-Paul Gaultier et celui des boulangers une exposition où tout ce qui est exposé est fait avec du pain. Les vêtements que vous voyez ne sont ni en soie, ni en velours, ni en viscose, ils sont en pain. C'est ainsi que les Parisiens peuvent satisfaire leurs deux grandes passions : ce qu'on mange et ce qu'on se met sur le dos. On dit qu'en choisissant ce thème, Jean-Paul Gaultier a satisfait un rêve d'enfant, celui d'être boulanger.
L'exposition qui accueille des milliers de visiteurs contribue donc à un regain d'intérêt chez les Français pour l'art de faire le pain et les méthodes traditionnelles. Les Français ont aussi

leur expert en pain. Ce monsieur, un Américain, a violemment critiqué les baguettes sans goût qui dominent le marché depuis la fin de la guerre. Il essaie d'expliquer aux Français que le pain fait partie de leur patrimoine et qu'on doit en préserver la qualité. Il a visité, devrait-on dire inspecté, des milliers de boulangeries parisiennes où il a goûté les meilleures des baguettes et les plus mauvaises ! Si on lui demande de décrire la baguette parfaite il vous répond : « Elle explose d'arômes, d'odeurs et de parfums. Sa croûte est bien dorée et, si elle est bonne, elle porte en elle la signature de son créateur. La plus mauvaise des baguettes n'a ni goût, ni vie, ni couleurs. Mais, la baguette traditionnelle est pleine de vie et elle vous supplie de la laisser vous régaler. »

Les consommateurs redeviennent exigeants et rejettent aujourd'hui le pain « industriel » de qualité inférieure. On vend 30 millions de baguettes par jour en France, et aujourd'hui, plus d'un cinquième sont faites selon les méthodes artisanales.

C'est Pierre Thilloux, un boulanger parisien de 23 ans, qui a reçu le Prix de la Baguette. Son secret: il laisse la pâte lever pendant plusieurs heures pour que la croûte soit dorée et croustillante. « Le pain est si typiquement français que nous devons faire tout ce que nous pouvons pour maintenir notre image et produire le meilleur pain du monde », dit-il.

VOCABULAIRE

(1)*Pétrir* : mélanger de la farine avec de l'eau, du beurre, du sel et la travailler avec les mains pour en faire de la pâte.

(2)*La Fondation Cartier pour l'art contemporain* : créée en 1984, a pour vocation d'aider la création artistique contemporaine et d'en diffuser la connaissance. Elle est ouverte au public à Paris, 261 Boulevard Raspail dans le XIVème tous les jours, sauf le lundi, de 12h à 20h. Métro : ligne 4 et 6, stations Raspail ou Denfert-Rochereau; Bus : 38, 68

---

1. Habituellement la baguette est de forme
   (A) allongée.
   (B) ronde.
   (C) ovale.
   (D) carrée.

2. Quand il était enfant, Jean–Paul Gaultier rêvait d'être
   (A) chanteur.
   (B) peintre.
   (C) boulanger.
   (D) couturier.

3. Quelle est la particularité majeure de l'exposition décrite dans cet extrait ?
   (A) les vêtements sont en viscose.
   (B) les vêtements sont en laine.
   (C) les vêtements sont en papier.
   (D) les vêtements sont en pain.

4. L'expert en pain décrit dans cet article est de nationalité
   (A) française.

(B) allemande.

(C) américaine.

(D) italienne.

5. Sur 30 millions de baguettes vendues par jour en France, combien sont faites selon les méthodes « industrielles » ?

(A) près de 1/5

(B) près de 2/5

(C) près de 3/5

(D) près de 4/5

6. Quel est le secret du boulanger qui a reçu le Prix de la Baguette ?

(A) Il laisse lever la pâte pendant plusieurs heures.

(B) Il laisse lever la pâte pendant plusieurs jours.

(C) Il utilise de la farine de soja.

(D) Il fait cuire ses baguettes au four à micro-ondes.

7. Pour retrouver des baguettes d'une meilleure qualité, ce boulanger pense qu'il faut

(A) moderniser les outils de production.

(B) revenir à l'utilisation des méthodes d'autrefois.

(C) développer les fabriques industrielles.

(D) trouver de nouvelles recettes.

3. LES CHAMPIONNATS MONDIAUX D'ATHLÉTISME : L'EXPLOIT DE PARIS

Depuis leur création, en 1983, les Mondiaux d'athlétisme sont devenus le troisième rendez-vous sportif de la planète, derrière les Jeux olympiques et la Coupe du monde de football. [....]

Depuis que la Fédération internationale d'athlétisme (IAAF) a choisi Paris en Avril 2000, les organisateurs se sont lancés dans une folle course d'obstacles qui s'achèvera à l'issue du relais 4 × 400 mètres masculin, le 31 août, vers 20 heures. En attendant, les 130 salariés du comité d'organisation déboulent[1] dans la dernière ligne droite. Contraints de travailler avec un budget réduit, récemment révisé à 59 millions d'euros, ils sont épuisés. Billetterie, sécurité, village des athlètes, recrutement des volontaires, transport ... rien n'a été laissé au hasard.

Hébergés à la Cité internationale universitaire dans le XIVème arrondissement, les 2000 athlètes et les 1 000 accompagnateurs profiteront par exemple d'une ligne spéciale du RER[2] B qui les acheminera, sans aucun arrêt, de Cité-Universitaire à la station La Plaine-Voyageurs. Après 17 minutes et 12 kilomètres sur les rails, les athlètes monteront dans un bus pour parcourir 700 mètres jusqu'au Stade de France. Avec la création d'un quai provisoire réservé aux accrédités (athlètes, entraîneurs, officiels) et la mobilisation de 200 agents, ce dispositif privé, le plus important de l'histoire de la RATP[3], « unique au monde », selon Christian Garcia, chef de projet à la Régie, ne devrait pas non plus perturber le traffic habituel — le train des VIP s'intercalant entre deux rames classiques roulant plus vite (60km/h) mais marquant un arrêt à chaque station.

Au village des athlètes, les 211 délégations occuperont deux tiers des 34 hectares[4] du domaine universitaire, construit à la fin de la Première Guerre mondiale pour symboliser le rapprochement entre les nations. Il a donc fallu reloger, dans le tiers non sécurisé de la cité U[5], les étudiants résidant ici à l'année. « Le resto U[5] a été transformé en restaurant pour 900 athlètes, ouvert vingt heures sur vingt-quatre, précise aussi Jean-Paul Pierrat, ancien skieur de fond international, ex-responsable de la logistique du Paris-Dakar et aujourd'hui directeur du village. La capacité est de 3005 lits, en 21 maisons. » Coût de la location: 2 millions d'euros.[...]

De bataille budgétaire en arbitrage politique, trois ans et demi auront été nécessaires pour en arriver là. [...] Pour faire face aux restrictions, on a dû chercher des volontaires, et on en a trouvé. [...] Sans eux, les Mondiaux ne pourraient pas avoir lieu. Du retraité à l'étudiant, toutes les tranches d'âge sont représentées, mais le volontaire est un homme dans 60% des cas, originaire à 75% de la région parisienne. Et un sur deux exerce une activité professionnelle.

COPYRIGHT L'EXPRESS INTERNATIONAL / PAUL MIQUEL / AOÛT 2003 / BY PERMISSION

[1]*débouler* : terme familier; avancer rapidement (en roulant comme une boule)
[2]*RER* : métro du Réseau Express Régional
[3]*la RATP* : Régie Autonome des Transports Parisiens
[4]*hectare* : mesure de superficie équivalant à 100 ares, ou 10.000 mètres carrés ou 2,47 acres
[5]*cité U, resto U* : Cité universitaire, restaurant à la Cité universitaire

Questions

1. L'organisation des Championnats mondiaux d'athlétisme de Paris aura duré
   (A) 1 an.
   (B) 2 ans et 1/2.
   (C) 3 ans et 1/2.
   (D) 4 ans.

2. Pourquoi les salariés du Comité d'organisation sont-ils épuisés ?
   (A) parce qu'ils doivent essayer les épreuves.
   (B) parce qu'ils doivent courir le 4 × 400 mètres.
   (C) parce qu'ils sont forcés de travailler avec un budget réduit.
   (D) parce qu'ils ne sont que 10.

3. Pour les Championnats mondiaux, la cité internationale universitaire sera transformée en
   (A) village des athlètes.
   (B) village de vacances.
   (C) terrain d'entraînement.
   (D) terrain de camping.

4. Pour aller de la cité universitaire à la station La Plaine-Voyageurs, les athlètes et les accompagnateurs utiliseront
   (A) des bus aménagés.

(B) des jets privés.

(C) une ligne spéciale du RER.

(D) des vélos.

5. Le village des athlètes aura une superficie aux alentours de

(A) 2,3 hectares.

(B) 23 hectares.

(C) 230 hectares.

(D) 2300 hectares.

6. Quand le « resto U » est-il ouvert ?

(A) 1 jour sur 2.

(B) pratiquement jour et nuit.

(C) 12 heures par jour.

(D) sans interruption.

7. Dans 75 % des cas, les volontaires sont originaires de la région

(A) parisienne.

(B) lilloise.

(C) marseillaise.

(D) représentée.

4. Un « inconnu » nommé Sembène Ousmane…

De tous les cinéastes africains, Sembène Ousmane est incontestablement le plus important. Bien que réduite en nombre, son œuvre cinématographique témoigne du passé et du présent de l'Afrique avec une force inégalée…

…Les objectifs qu'il assigne au cinéma se traduisent dans sa thématique : « Mieux que les discours ou les écrits des journalistes, les films de Sembène travaillent l'opinion dans le sens d'une prise de conscience sur la réalité africaine », écrit Paulin Vieyra dans *Présence africaine* (Paris, 1972, p.161). Trois thèmes majeurs se dégagent…

Un premier thème est <u>la contestation du système d'organisation de la société qui a succédé à l'ère coloniale</u> : la dénonciation de la nouvelle bourgeoisie, de l'administration, de la bureaucratie (*Borom Sarret, la Noire de…, le Mandat, Taw, Xala*). *Xala* en particulier a traité le thème de la bourgeoisie nationale avec ampleur. Pour la transformation de cette organisation sociopolitique, les modèles traditionnels ne sont pas toujours opérationnels : d'où une dénonciation de l'hypocrisie des chefs coutumiers (*Niaye*), des nobles de la classe dirigeante (*Ceddo*).

<u>La situation de la femme</u> préoccupe aussi beaucoup Sembène : il lui accorde généralement un rôle positif. Elle est traitée avec beaucoup de profondeur psychologique (*Niaye, la Noire de…*). Sa situation sociale est examinée grâce au regard attentif que le cinéaste pose sur son rôle de mère et sur l'institution de la polygamie *(Borom Sarret, le Mandat, Taw, Xala)*. Sa situation politique, elle, domine surtout dans les trois films à thèmes historiques. Ainsi ce sont les femmes qui résistent aux exigences de l'administration coloniale (*Emitaï*). En tuant l'imam, la princesse

Dior devient la libératrice de son peuple (*Ceddo*). Et les deux épouses d'Ibrahima Dieng (*le Mandat*) peuvent espérer un changement dont elles seraient les actrices. L'auteur sénégalais a l'intention – paraît-il – de consacrer un prochain film tout entier à la femme...

Le troisième et dernier thème majeur des films de Sembène est la dénonciation de <u>l'aspect mystificateur de la religion</u>. On le trouve évoqué dans *Borom Sarret, le Mandat, Taw. Emitaï* le traite assez rigoureusement : il tend à montrer que la religion, en l'occurrence l'animisme, servait aux hommes d'un village diola de Casamance à justifier leur démission devant une agression coloniale. Face à cette attitude passéiste des hommes réfugiés dans le commerce avec les dieux, le cinéaste exalte au contraire les femmes qui se battent à partir de considérations purement terrestres. *Xala*, à son tour, s'attaque au maraboutisme. La dénonciation de l'aspect mystificateur de la religion reste le thème central de *Ceddo* où l'on voit, à l'époque de la pénétration de l'islam en Afrique de l'Ouest, un imam usurper le pouvoir civil.

C'est après avoir fait bien des métiers (pêcheur, mécanicien, maçon) que Sembène Ousmane s'est consacré au cinéma. Il a pris conscience de la faible influence de la littérature africaine en Afrique même. Le cinéma lui paraît un instrument beaucoup plus efficace.

L'AFRIQUE LITTÉRAIRE, Nº 76 / REPRODUCED BY PERMISSION

Questions

1. Qui est Sembène Ousmane ?
   (A) un sportif.
   (B) un inconnu.
   (C) un cinéaste africain.
   (D) un journaliste de *Présence Africaine.*

2. Il s'intéresse
   (A) surtout à l'avenir.
   (B) au présent.
   (C) B et D.
   (D) au passé.

3. Dans ses films, il choisit comme un de ses thèmes :
   (A) les discours des journalistes.
   (B) la nouvelle bourgeoisie.
   (C) l'ère coloniale.
   (D) les années 30.

4. Qu'est-ce qui l'inspire aussi ?
   (A) la situation de la femme.
   (B) la télévision.
   (C) les coutumes des chefs.
   (D) les réfugiés du commerce.

5. Dans plusieurs de ses films, Ousmane
   (A) se prononce contre l'aspect mystificateur de la religion.

(B)   encourage la pratique de l'animisme.

(C)   veut conserver le statu quo.

(D)   admire les membres de la classe dirigeante.

6.   Avant de se consacrer au cinéma, Ousmane avait été

(A)   instituteur.

(B)   pêcheur.

(C)   docteur.

(D)   acteur.

7.   À ses yeux, la littérature

(A)   est un instrument très efficace.

(B)   touche tout le monde.

(C)   a une influence plus faible que le cinéma.

(D)   revient trop cher.

5. SAINT-EXUPÉRY

Que savez-vous d'Antoine de Saint-Exupéry si ce n'est qu'il a écrit *Le Petit Prince*, ce conte classique traduit en plus de cent-vingt langues et dialectes ? Savez-vous qu'il était passionné d'aviation, qu'il était lui-même pilote et que c'est à bord de son avion, un lightning P38, qu'il a disparu en Méditerranée le 31 juillet 1944 au cours d'une mission de reconnaissance, à l'âge de 40 ans ?

Cette disparition avait donné lieu à l'élaboration de plusieurs scénarios. L'avion avait-il été touché par un tir ennemi avant de s'écraser en mer ? L'avion avait-il eu un problème mécanique que son pilote n'avait pas pu contrôler ? Le pilote avait-il lui-même décidé de mettre fin à ses jours en laissant son avion disparaître en mer ? On le savait inquiet, tendu à ce moment-là, et certains avaient retenu cette hypothèse. À quoi bon épiloguer sur ce drame puisque plus d'un demi-siècle s'était écoulé sans que les recherches menées par le gouvernement français aient abouti ?

En septembre 1998, un pêcheur marseillais remonte dans ses filets un bracelet ou plutôt une plaque d'identité qui portait le nom de l'aviateur, Saint-Ex, celui de sa femme Consuelo et l'adresse de ses éditeurs américains. À l'époque, la nouvelle n'a pas vraiment été prise au sérieux. On ne pouvait pas imaginer que le lightning P38 soit tombé aussi près des côtes. L'importance de cette découverte est en train d'être réévaluée puisque le 8 avril 2004 l'épave de l'avion du «dernier des vrais combattants de la liberté française » a été identifiée. Elle repose par 80 mètres de fond à l'est de l'île de Riou à l'endroit même où le pêcheur avait jeté ses filets il y a six ans. Plusieurs pièces essentielles de l'appareil ont été remontées à la surface, et vont être scrutinées par des experts. Leurs conclusions nous permettront peut-être de retenir l'un des scénarios envisagés en 1944.

L'intérêt suscité par cette découverte montre combien est vivante la fascination dont on est témoin dès qu'apparaît le nom du pilote, de l'ingénieur, du journaliste, du diplomate, du casse-cou, du philosophe, de l'artiste qui est l'auteur du *Petit Prince*.

Questions

1. Antoine de Saint-Exupéry a disparu
    (A) il y a 40 ans.
    (B) pendant qu'il écrivait *Le Petit Prince*.
    (C) pendant la guerre 1939–1945.
    (D) avec son copilote.

2. Sa famille et ses amis se demandaient
    (A) s'il avait voulu mourir.
    (B) A et C.
    (C) s'il avait eu une panne en vol.
    (D) pourquoi il n'avait pas prévenu.

3. Dans son filet, le pêcheur a remonté
    (A) un document très recherché.
    (B) des poissons et un bijou.
    (C) un carnet d'adresses.
    (D) un morceau du lightning P38.

4. La découverte de l'épave de l'avion a prouvé
    (A) que le pêcheur avait eu raison.
    (B) que les experts sont infaillibles.
    (C) que l'avion s'était écrasé en Corse.
    (D) que Saint-Exupéry n'était pas un bon pilote.

5. Saint-Exupéry
    (A) était un simple pilote.
    (B) avait une grande famille.
    (C) était un oisif.
    (D) avait pratiqué plusieurs métiers.

6. LA FAYETTE

Marie Joseph Paul Yves Robert Gilbert du Môtier, marquis de La Fayette, est né le 6 septembre 1757. Son père mourut lorsqu'il avait 2 ans, sa mère et son grand père 11 ans plus tard. Il s'est donc retrouvé très jeune orphelin et à la tête d'une grosse fortune. Issu d'une famille de militaires, il fit se études à l'École militaire de Versailles dont il sortit capitaine de cavalerie à l'âge de 16 ans. Il se maria la même année avec Marie Adrienne Françoise de Noailles, membre d'une des plus riches familles de France.

C'est un hasard qui devait faire de La Fayette un des Français les plus connus de l'Amérique. En effet, c'est en 1775 au cours d'un dîner que le marquis de La Fayette rencontra le duc de Gloucester. Celui-ci soutenait le conflit qui se déroulait contre la couronne britannique dans les colonies anglaises d'Amérique du Nord. Éventuellement, après l'achat d'un bateau et le recrutement d'un équipage, La Fayette débarqua près de Charleston, en Caroline du Nord en juin 1777. Il se joignit aux révolutionnaires, fut nommé général et détaché à l'état major de George Washington avec lequel il se lia d'amitié. Il se fit remarquer et contribua à plusieurs victoires.

Au cours d'un séjour en France en 1779, il persuada le gouvernement d'accorder son soutien aux Américains. Le respect, l'affection et l'admiration que La Fayette reçut de George Washington, de Benjamin Franklin et de Thomas Jefferson, qui furent ambassadeurs des États-Unis à Paris, compensa un peu les sentiments hostiles que ses idées « avancées » firent naître chez ses compatriotes. Pendant les années précédant la Révolution française, La Fayette avait fait campagne pour l'installation d'une Assemblée Nationale et d'une monarchie constitutionnelle. Il dut même s'exiler en Belgique, fut prisonnier des Autrichiens, puis des Prussiens jusqu'en 1797. C'est Napoléon qui le fit libérer. De retour à Paris il refusa de réintégrer la scène politique et s'installa chez lui à la Grange près de Paris.

En 1825, on l'invita à retourner aux États-Unis. Il accepta et y fit une tournée triomphale. Tous savaient qu'il avait consacré à leur juste cause beaucoup de son temps et de son argent. On le considère aujourd'hui comme un de ceux qui aidèrent à la fondation de la nation. Il demeure un grand ambassadeur de la France aux États-Unis où son nom revient fréquememt; on compte plus de 15 localités, surtout dans le Sud-est du pays, qui portent le nom du jeune marquis qui resta tout au long de sa vie attaché à ses convictions démocratiques.

Questions

1. La Fayette a perdu son grand père en
   - (A) 1770.
   - (B) 1759.
   - (C) 1768.
   - (D) 1755.

2. Il est devenu capitaine de cavalerie
   - (A) parce qu'il aimait les chevaux.
   - (B) parce qu'il fit ses études dans une école militaire.
   - (C) parce que, dans sa famille, on était militaire.
   - (D) parce qu'il habitait Versailles.

3. La Fayette est parti pour l'Amérique
   - (A) parce qu'il aimait l'équipage de son bateau.
   - (B) parce qu'il était attaché à la couronne britannique.
   - (C) parce qu'il se fit remarquer.
   - (D) parce qu'il rencontra, un soir, quelqu'un qui s'y intéressait beaucoup.

4. La Fayette réussit à persuader son gouvernement
   - (A) de recevoir George Washington.
   - (B) d'envoyer de l'aide aux Américains.
   - (C) d'installer une Assemblée Nationale.
   - (D) de partir pour la Belgique.

5. Des idées « avancées » sont
   (A) des idées qui changent beaucoup.
   (B) des idées qu'on a depuis longtemps.
   (C) des idées qui ne sont pas celles de tout le monde.
   (D) des idées perfectionnées.

6. Au début du XIXème siècle, La Fayette est retourné en Amérique pour
   (A) se battre.
   (B) être ambassadeur.
   (C) son plaisir.
   (D) pour visiter le Sud-est du pays.

Section 3

Writing

Notes on writing – Advice and suggestions

On the Writing part of the Advanced Placement Examination, students demonstrate their knowledge of French structure and grammar by filling in omitted single words or verb forms within paragraphs. They are also asked to write a well-organized essay as part of the examination.

First, you have more examples of verbs and function words fill-ins. Every word counts. Do not be fooled by the word order. Make sure you read the entire paragraphs before you fill the blanks. Check the agreements, the spelling and the accents. It is your command of grammar which is tested here. In the Function Word fill-ins, your knowledge of the structure of French is tested.

I. FUNCTION WORD FILL-INS

In the following paragraphs, single words have been omitted and replaced by a number and a line. Complete the paragraphs by writing on the numbered line <u>one single word</u> that is correct both in meaning and form according to the context of the passage. <u>No verb form may be used</u>. Determine the part of speech of the word to fill-in and make all necessary agreements. Hyphenated words are considered single words; but, such expressions as *jusqu'à, ce qui* are not. Words such as *c', qu', d', l',n',* count as one word.

1. (1) _____ temps affreux ! Nous n'avons pas vu le soleil (2) _____ des

   semaines ! Et nous sommes (3) _____ plein été. (4) Que _____ passe-

   t-il ? Nous n'avons pas pu (5) _____ baigner (6) _____ prendre les

   bains de soleil (7) _____ nous rêvons toute l'année. Peut-être fera-t-

   (8) _____ beau cet hiver ? Alors, nous prendrons nos bains de soleil

   (9) _____ la neige. Qu'(10) _____ dis-tu ?

333

2. (1) _____ attendant l'autobus (2) _____ matin vers huit heures, j'ai remarqué qu'il n'y avait pas autant de monde (3) _____ d'habitude à l'arrêt de l'autobus. Je commençais (4) _____ me poser (5) _____ questions quand quelqu'un m'a demandé (6) _____ heure il était. J'ai répondu : « Il est presque 8 heures ». On (7) _____ a répliqué: « Vous devez (8) _____ tromper. Il est beaucoup plus tôt. Vous avez oublié (9) _____ avancer votre montre. Nous avons changé (10) _____ heure (11) _____ minuit. (12) _____ je suis étourdi, j'avais complètement oublié! Et voilà (13) _____ il y avait (14) _____ peu de monde (15) _____ l'arrêt de l'autobus. Tout le monde dormait sauf moi !

3. —Savez-vous (1) _____ cours vous allez suivre (2) _____ la rentrée ?

—Je n'ai encore (3) _____ décidé du tout; je me pose beaucoup (4) _____ questions (5) _____ je ne trouve pas (6) _____ réponses. Il y a un (7) _____ grand choix qu'il est difficile (8) _____ se décider surtout quand (9) _____ vous a prévenu (10) _____ votre décision est irrévocable !

4. Au fur et à mesure que les heures passaient, nous étions de plus (1) _____ plus inquiets. Elle avait déjà 3 heures (2) _____ retard. Le téléphone restait muet et il n'y avait (3) _____ bruit dans la maison. Tout d'un coup quelqu'un suggéra

(4) _____ on allume l'ordinateur. Peut-être avait-(5) _____ envoyé un

message. (6) _____ bonne idée! Il y (7) _____ avait un. Elle nous

prévenait (8) _____ la grève des trains (9) _____ empêcherait

(10) _____ être chez (11) _____ à l'heure prévue. Elle

(12) _____ apprenait aussi que notre téléphone était en dérangement.

5. (1) _____ qui sont obsédés par le temps qu'il fait aujourd'hui,

(2) _____ qu'il fera (3) _____ passent des heures (4) _____

consulter les météorologistes (5) _____ les prévisions les satisfont rarement. On

nous dit (6) _____ il va faire beau, mais on n' (7) _____ est pas

vraiment sûr. (8) _____ on sort (9) _____ un parapluie et

(10) _____ il ne pleut pas, on se sera encombré (11) _____ rien.

(12) _____ dilemme !

6. (1) _____ je vous l'ai promis, je vais faire un effort (2) _____ perdre

quelques kilos. Tout d'abord, je vais (3) _____ passer de ce pain

(4) _____ j'ai si souvent envie même (5) _____ je n'ai pas faim. Je

vais faire semblant (6) _____ (7) _____ pas voir les machines

(8) _____ vendent ces délicieux bonbons (9) _____ personne n'a

vraiment besoin. Et puis, finis les croissants (10) _____ le petit

(11) _____. Bientôt, je vous dirai (12) _____ j'ai perdu trois kilos et

vous n'hésiterez pas (13) _____ me féliciter. De plus, je (14) _____

sentirai très (15) _____.Vive le régime !

7. —Prenez-vous souvent (1) _____ train ?

—Non, mais, quelquefois, j'accompagne (2) _____ amis (3) _____ la

gare (4) _____ ils partent (5) _____ voyage. Ça (6) _____

fait plaisir et à moi aussi.

Il ne faut pas oublier qu'(7) _____ France les trains partent toujours

(8) _____ l'heure, que ce soit (9) _____ TGV (Train à Grande Vitesse),

le TER (Train express régional), ou le RER (Rail Express Régional). Donc, n'arrivez pas

(10) _____ retard. Si vous restez (11) _____ 'au départ du train,

regardez la grande horloge (12) _____ le quai. Le train partira

(13) _____ l'heure dite.

8. Faire « son » marché, voilà une activité bien française. Même aujourd'hui les Parisiens

vont (1) _____ marché malgré la présence (2) _____ supermarchés

(3) _____ on trouve beaucoup des mêmes produits.

Pourquoi et où va-(4) _____ -on au marché? On (5) _____ va

(6) _____ c'est une habitude, une tradition presque ! Là, (7) _____ trouve

tout (8) _____ qu'il faut pour bien manger ! Il n'y a (9) _____ des produits

frais. Au marché, pas (10) _____ surgelés ! Que vous ayez besoin (11) _____

poisson, (12) _____ viande ou (13) _____ fromage, vous avez le meilleur

(14) _____ choix. Vous voulez (15) _____ légumes, regardez

(16) _____ tomates bien mûres, il y a (17) _____ haricots verts très fins,

des pommes de terre, (18) _____ l'ail. Il y a aussi tous les fruits (19) _____

on peut rêver. Le fromager est là avec ses fromages (20) _____ chèvre,

(21) _____fromage blanc frais. Et (22) _____ beurre! Il y (23) _____

a plus de vingt sortes : (24) _____ salé des Charentes, le beurre (25) _____

Normandie, le beurre vendu à la motte et beaucoup (26) _____ 'autres.

(27) _____ apprécier tout cela, il faut (28) _____ aller de bonne heure, un

beau matin (29) _____ printemps. vous verrez, c'est plein (30) _____

couleurs et ça sent si (31) _____.

II. VERB FILL-INS

In the following paragraphs, a verb form has been omitted and replaced by a numbered line.
Complete the paragraphs by writing on each line the correct form of the verb, according to

the context provided by the entire paragraph. The infinitive of the verb to be used is shown under the line next to the number. Make sure you know the subject of the verb, the auxiliary verb if you have a compound tense; make note of the conjunctions (is the verb which follows to be in the indicative, the subjunctive?), the prepositions (to be followed by infinitive, past infinitive, present participle?). Read the entire paragraph before writing your answers. Check the tense to use and the agreements carefully; the spelling and accents must be correct.

1. On parle souvent de la Tour Eiffel. Savez-vous quand, pourquoi et par qui elle

_____ ? C'est en 1887 qu'on _____ à l'ingénieur
      1. (construire)   2. (demander)

Gustave Eiffel de créer un monument original pour l'Exposition Universelle

_____ avoir lieu à Paris. Il ne fallait ni un palais, ni un musée, mais un
      3. (devoir)

monument qui _____ beaucoup de monde et dont on
                4. (attirer)

_____. Aujourd'hui âgée de plus de cent ans, accueillant des millions de
      5. (se souvenir)

visiteurs chaque année, élégante le jour, _____ de milliers de petites
                                  6. (resplendir)

lumières la nuit, la Tour Eiffel incarne Paris, la ville lumière. Il faut tous que

nous _____ monsieur Eiffel, le génie de la tour, que celle-ci nous
               7. (remercier)

_____ ou non.
      8. (plaire)

2. Elle _____ d'être ici à 18 heures et elle n'est pas encore arrivée. Je me de-
        1. (promettre)

mande ce qui _____. J'espère qu'elle _____ d'accident. Le
            2. (se passer)   3. (ne pas avoir)

téléphone sonne, vite _____.
                4. (décrocher)

Excuse-moi, Danielle, je t'appelle de la maison, je _____ un peu en retard. Il a fallu
                                            5. (être)

que je _____ chez moi. Je _____ sur le quai du métro que je
      6. (revenir)   7. (se rendre compte)

_____ sur mon bureau le carnet dans lequel je _____ ta nou-
8. (laisser)   9. (inscrire)

velle adresse. Ne _____ pas dîner sans moi, j'arrive !
10. (aller)

3. Une fois la vaisselle _____ je te _____ pour te raconter mes malheurs.
1. (finir)   2. (appeler)

Et bien voilà, c'est chose faite. Maintenant _____ moi si tu n'es pas d'accord
3. (dire)

avec moi. Je _____ que même avec un lave-vaisselle, la vaisselle c'est une corvée.
4. (convaincre)

Il faut qu'on _____ attention aux verres, qu'on _____ de l'argenterie.
5. (faire)   6. (s'occuper)

On n'a jamais fini. Et si mon diner d'hier soir _____ je l'aurais faite avec plaisir,
7. (réussir)

mais rien n'a marché : le soufflé _____, le gigot _____ trop cuit,
8. (ne pas monter)   9. (être)

la tarte n' _____ aucun goût !
10. (avoir)

Demain, tout le monde _____ des sandwichs; pas de cuisine, pas de vais-
11. (manger)

selle. _____ la liberté!
12. (vivre)

4. En _____ du métro, je n'ai pas fait attention à la distance qu'il y a entre la
1. (sortir)

voiture et le quai, je _____ et je _____. Je _____ mal, mais
2. (trébucher)   3. tomber   4. (ne pas se faire)

je _____ une robe vieux rose et je l' _____. Qu'est-ce qu'il fallait que
5. (étrenner)   6. (déchirer)

je _____ ? Rentrer chez moi ou faire comme si rien ne _____ ? J'ai
7. (faire)   8. (se passer)

choisi la deuxième solution. Croyez-moi, personne n'a remarqué que ma robe était

déchirée. Mais on m'a arrêtée dans le vestibule pour me demander : « Qu'est-ce qui vous

_____ ? Vous avez le genou _____. »
9. (arriver)   10. (écorcher)

On s'est occupé de mon genou, pas de ma robe.

Je vous conseille de faire attention en _____ du métro.

11. (descendre)

5.   Si l'informatique vous intéresse, vous allez devoir apprendre une nouvelle langue et une

nouvelle façon de penser et de vivre ! Votre ordinateur, que ce _____ un

1. (être)

appareil portatif ou fixe, va devenir un outil indispensable, un compagnon de travail (et

de jeux!).

N'imaginez pas qu'il _____ que vous _____ devant votre

2. (suffire)   3. (s'asseoir)

machine pour qu'elle vous _____ tous ses secrets et que vous

4. (révéler)

_____ couramment sa langue. Il est évident qu'il _____

5. (parler)   6. (s'agir)

d'une discipline à maîtriser. Vous devrez faire bien des exercices et _____

7. (commettre)

bien des erreurs avant d'y arriver. Après _____ tous les obstacles, je suis sûre

8. (vaincre)

que vous _____ devant votre machine pour y passer des heures fascinantes.

9. (s'installer)

Et quand vous _____ vos amis, devinez quel sera le grand sujet de con-

10. (voir)

versation.

6.   Aussitôt que tu _____ ta chambre, on pourra se mettre à table.

1. (ranger)

Nous avons tous faim, donc _____. Je tiens à ce que tout

2. (se dépêcher)

_____ en ordre avant l'arrivée de ta cousine. L'année dernière, quand elle

3. (être)

_____, tu n'as fait aucun effort pour qu'elle _____ chez
4. (venir)   5. (se sentir)

elle avec nous. Rien n'était prêt pour l'accueillir. Il _____ que ce
                                                          6. (falloir)

_____ ta sœur qui s'occupe de tout. Et c'est toi qui l' _____.
7. (être)   8. (inviter)

7. Après que leur avion _____ les passagers du groupe ABC
                              1. (atterrir)

_____ autour de leur guide qui les _____ vers la
2. (se retrouver)   3. (diriger)

longue file _____ la queue pour passer au guichet où se règlent les for-
              4. (faire)

malités de police. Dans l'avion, ils _____ leur carte de débarquement
                                       5. (remplir)

avec soin et sont donc passés sans difficulté aucune. Il fallait ensuite que chacun

_____ ses bagages avant de passer à la douane.
6. (récupère)

Avant que les voyageurs _____ le bus qui _____ ses pas-
                          7. (prendre)   8. (attendre)

sagers à la sortie Numéro 7, comme _____ le guide a fait un dernier appel.
                                     9. (prévoir)

Chacun _____ : « Présent ! »
        10. (répondre)

— En route pour la grande aventure, et ne _____ sous aucun prétexte. Il
                                            11. (se séparer)

ne faut pas que je vous _____ de vue.
                          12. (perdre)

8. S'il avait voulu me voir, il _____ me le faire savoir directement.
                                     1. (devoir)

On ne peut pas se fier aux intermédiaires. Ils oublient souvent une partie de la mission

qui leur _____. C'est ce qui vient d'arriver ce matin.
          2. (confier)

Quelqu'un n'a pas fait ce qu'on lui _____ de faire et j'ai bien peur que
3. (demander)

cette négligence _____ des effets catastrophiques.
4. (produire)

J'ai un conseil à vous donner : « _____ » tout seul quand vous le pouvez
5. (se débrouiller)

et vous savez comme moi qu'« on n'est jamais si bien servi que par soi-même. »

III. ESSAYS

We give you a list of essays covering a variety of topics. You will have NO choice the day of the examination!

Your essay is to be well-organized, balanced and complete. It will be checked for appropriateness and range of vocabulary, usage of idioms, and grammatical accuracy.

You will have 40 minutes to write your essay, which does not give you enough time to write a complete draft. You should write a draft of your introduction, your outline and your conclusion before beginning your final version. You are expected to be specific, to give details and examples to illustrate your discussion and to interest your reader. Give your characters names instead of using *il* or *elle*. Use the first person singular *je* when suitable, and make it lively.

Be sure you are familiar with the conjunctions which facilitate transitions and conclusions and use them appropriately. I will just list a few: *Tout d'abord, cependant, ensuite, donc, d'un autre côté, par exemple, surtout, malgré tout, enfin.* Leave time for the conclusion, make sure you go back to the topic and summarize your important points. Do not end abruptly.

Save time for checking and correcting (agreements, verb endings especially). Set aside two minutes to reread.

Keep rereading your previous essays and the corrections your teacher made. The more essays you write during the year, the easier it will become, the better prepared you will be for your examination, and the more progress you will notice in your handling of the written language. Before writing a paper, review the previous ones and the corrections.

For variety, some essays could be written « à la française » : you first give arguments in favor of your thesis, then arguments against it, and in a third part you make a synthesis of your discussion. That's the way most essays are done in French schools from the early grades on.

Sample Essay Questions

1. Nous faisons tous la distinction entre les gens que l'on connaît assez bien et ceux que l'on considère comme de véritables amis.
   Comment cette distinction s'opère-t-elle ?

2. Décrivez l'enfant que vous étiez, et imaginez la personne que vous serez dans dix ans.

3. Racontez un rêve, bon ou mauvais, que vous avez fait récemment et expliquez ce que vous en avez pensé à votre réveil.

4. Si on vous proposait de faire partie de l'équipage d'une des navettes spatiales, accepteriez l'invitation ? Justifiez votre décision.

5. Expliquez ce qui vous pousse à faire du sport ou bien ce qui fait que vous n'en faites pas.

6. En vous basant sur une de vos expériences les plus difficiles, dites en quoi elle a influencé des décisions ultérieures.

7. Si vous pouviez revenir en arrière et revoir une décision malencontreuse, laquelle choisiriez-vous et pourquoi ?

8. Dans notre monde moderne, les traditions demeurent. Quelles sont les traditions qui vous sont les plus chères ? Expliquez pourquoi elles vous tiennent tant à cœur.

9. À une époque où la bonne forme physique est « de rigueur », jugez-vous que vous êtes assez attentif/attentive à la vôtre ?
Si oui, que ferez-vous pour la maintenir ? Si non, avez-vous l'intention de rémédier à cette situation ? Pourquoi et comment ?

10. Vous êtes végétarien(ne), ou certain(e)s de vos ami(e)s le sont.
Expliquez ce qui a influencé votre / leur décision.

11. Pour vous en quoi consiste le succès ? Illustrez votre discussion d'exemples de succès que vous avez déjà remportés, et expliquez ceux que vous aimeriez remporter dans les années à venir.

12. Choisissez parmi les hommes ou femmes célèbres celui ou celle que vous admirez le plus. Expliquez ce qui en fait, à votre avis, un être exceptionnel.

13. « Le premier motif de l'étude, c'est la satisfaction que l'on ressent lorsqu'on voit augmenter l'excellence de son être. »

    Êtes-vous ou non d'accord avec l'auteur de cette citation ?

    Montrez comment vos études secondaires ont amélioré — ou non — votre existence personnelle.

14. Dans un monde qui devient de plus en plus technologique, quelle est, selon vous, l'importance des arts (littérature, cinéma, peinture, danse, architecture, musique) dans votre vie et celle des jeunes de votre âge ?

15. «Peut-être un professeur qui met l'élève en rage est-il préférable à une machine qui le gorge d'informations, mais reste froide comme un serpent. »

    Au moment où les ordinateurs se répandent dans les établissements scolaires, vous direz ce que vous pensez de cette opinion.

16. Vous avez toujours eu recours et fait confiance à la technologie; vous avez à votre disposition la plupart des appareils et des « gadgets » qui sont sur le marché.

    On vous annonce un jour que vous ne pouvez en garder qu'un. Lequel choisirez-vous ? Justifiez votre choix.

17. Vous avez déjà choisi un métier. Expliquez comment vous en êtes arrivé(e) à cette décision. Au contraire, vous hésitez entre plusieurs carrières; lesquelles sont-elles et en quoi vous attirent-elles ?

18. Le terme « mondialisation » est relativement récent. L'Organisation Mondiale du Commerce fait beaucoup parler d'elle. On vous charge de faire un exposé où vous expliquerez à votre auditoire que cela va, plus que jamais, exiger que l'on s'intéresse aux langues et aux culture étrangères. Vous citerez certaines erreurs à éviter et insisterez sur les bénéfices que cette politique devrait apporter à tous.

19. On parle beaucoup de l'environnement et de la nécessité de le protéger. Quelles mesures voudriez-vous voir prendre par votre gouvernement ? Comment comptez-vous, personnellement, contribuer à améliorer la situation qui règne aujourd'hui ?

20. Vous avez 18 ans. Allez-vous voter quand l'occasion se présentera. Pourquoi ? Pourquoi pas ?

21. Aux États-Unis, la peine de mort a été déclarée illégale dans certains états, d'autres ne pensent pas à la révoquer.

    Si vous étiez entièrement libre, cet état de choses influencerait-il le choix de votre lieu de résidence ?

22. Imaginez les réactions d'un(e) de vos ancêtres s'il (si elle) revenait vivre à votre époque. Vous ferez les comparaisons qui s'imposent.

23. Certains voyagent en avion, d'autres préfèrent le train, d'autre ne voyagent qu'en voiture. Il y a aussi ceux qui ne voyagent pas.

    En expliquant brièvement les avantages que chacun trouve dans le choix qu'il fait, dites ce que vous, vous préférez et pourquoi.

24. Une nuit, vous tombez en panne au volant d'une voiture qui n'est pas la vôtre. Vous n'avez pas de téléphone portable.

    Racontez ce qui se passe et ce que vous ressentez après cet arrêt forcé.

25. Vous êtes journaliste. On vous demande d'interviewer une personnalité du monde artistique et on vous donne « carte blanche ». Qui allez-vous choisir parmi les acteurs, écrivains, peintres, musiciens, architectes, danseurs de votre époque ?

26. Vous déménagez et vous décidez de n'emporter que ce qui vous est essentiel parmi les objets qui vous entourent depuis longtemps.

    Qu'est-ce que vous finissez par choisir ?

Section 4
Speaking

Notes on speaking – Advice and suggestions

As you know, the Advanced Placement Examination contains a speaking sequence. It tests your ability to communicate orally with enough fluency and command of grammar, vocabulary and pronunciation for the AP level. You may dread it but you should not. The speaking sequence is short. Your oral work during the year will make it possible for you to approach it with calm and confidence. You will have many chances during the year to enter into discussions and conversations with your classmates and your teacher, so be confident.

Make sure you are comfortable with the tape recorder you are using. Try to familiarize yourself ahead of time with the machines you will be using the day of the examination.

There will be two series of three questions each to be answered after looking at pictures. You will see one picture or a series of two or more pictures which tell a story. You have 90 seconds (one minute and a half) to study them and 60 seconds (1 minute) to answer each of the questions which follow the pictures. The questions are printed in the test booklet and book and heard on the tape. The format varies. Often the first question will be directly related to the story. If the story is not complete, a second question may be asked about a possible ending to the story or it may ask students to express a personal opinion about it. A third question may be more general.

Students are told to begin to speak as soon as they have heard the tone signal on the recording. Take your time and speak clearly and distinctly at a normal pace; try to use a varied and rich vocabulary and different verb tenses, but make sure that the verbal forms are correct and that the adjectives and articles agree with the nouns. If you make a grammatical error, you may quickly correct yourself and then go on; for instance, if you hear yourself saying *La table est blanc,* you may say immediately *blanche.* You may not stop the recorder, so it is important to organize your answers before you start speaking. Keep transitions smooth.

In the beginning you could prepare a list of words that you might use in connection with practice pictures: it will enrich your vocabulary and improve your answers. Make sure you answer the questions asked exactly.

Throughout the school year, you can use any picture and submit yourself to this exercise; you can pick a photograph, an advertisement, a drawing of any kind and record your feelings about it, imagine questions, answer them AND time yourself.

Bande dessinée A

1. Racontez ce qui est arrivé dans cette histoire.
2. Pourquoi est-ce que le père met la voiture dans le garage ?
3. Avez-vous votre permis de conduire ? Est-ce important pour vous ?

Bande dessinée B

1. À quoi rêve ce jeune homme ?
2. Avait-il raison de s'inquiéter ?
3. Que célèbre-t-on à Paris le 14 juillet ?

Bande dessinée C

1. Racontez l'histoire.
2. En quoi cette scène est-elle comique ?
3. Êtes-vous déjà allé(e) à la montagne en hiver ? Si oui, vous êtes-vous senti(e) en danger ? Si non, aimeriez-vous aller à la montagne ?

Bande dessinée D

1. Pourquoi cette jeune femme achète-t-elle de nouvelles chaussures ?
2. Que font les employés du bureau quand ils la voient arriver ?
3. Êtes-vous quelquefois en retard ? Justifiez votre réponse, (quand, pourquoi).
   Que peut-on faire pour éviter d'être en retard ?

Bande dessinée E

1. De quoi rêve ce jeune écrivain ?
2. Quelle est sa réaction quand il voit son cadeau d'anniversaire ?
3. Racontez une de vos grosses déceptions.

Bande dessinée F

1. Imaginez la fin de l'histoire.
2. Qu'est-ce que la jeune maman n'a pas fait ?
3. Pourquoi achète-t-on des billets de loterie alors qu'on gagne si rarement ?

Bande dessinée G

1. Pourquoi le gâteau n'est-il pas réussi ?
2. Imaginez la fin de l'histoire.
3. Dites pourquoi vous aimez ou n'aimez pas faire la cuisine.

Bande dessinée H

1. Racontez ce qui est arrivé du début à la fin de l'histoire.
2. Que pensez-vous de l'attitude du frère ? A-t-il raison quand il dit : « Ce n'est pas juste » ?
3. Quel était votre jouet préféré quand vous étiez petit(e) ?

I. RUBRICS FOR ASSESSMENT

What is the most important part of the Advanced Placement Examination?

Rest assured, each part – listening, reading, writing, and speaking – is equally important and carries the same percentage of points. Section I (Multiple Choice questions /answers) is worth 50% of total grade, 25% for Listening, 25% for Reading Comprehension. Section II (Free-Response) is worth 50% of total grade, 25% for the Writing part (function words and verb forms fill-ins, plus the essay which is itself worth 15%) and 25% of the total number of points for the Speaking part.

Students need to know what is expected of them in terms of performance. The AP goals and guidelines must be explained to them, so they can evaluate and improve their own work. On a scale from 1 to 10, this is generally how you will be graded on your written work and speaking assignments.

10–9   SUPERIOR

The overall quality of the work is superior. It shows a strong command of the language all around. Ideas are clearly outlined AND developed in an idiomatic language, with very few, if any, grammatical errors. The presentation is original and lively. Examples are well chosen.

8–7   GOOD CONTROL

The work shows control of the language, reads with ease. The response to the question is interestingly and logically presented. There are some idiomatic expressions and well chosen vocabulary; there are some grammatical errors.

6–5   FAIR CONTROL

The question is answered with some competence and fairly well organised. Correct use of simple grammatical constructions, attempt at more elaborate language. Minor errors.

4–3   LIMITED CONTROL

Ideas are poorly developed and expressed. The meaning is not always clear, though the student shows awareness of purpose. The spoken or written language shows poor handling, little variety with repetitions likely, errors in grammar, and misuse of certain words.

2–1   POOR CONTROL

Little or no accuracy in either structure or vocabulary. Ideas and purpose are unclear. Simplistic language contains many errors. The topic may not have been understood.

0   UNACCEPTABLE

Blank paper or irrelevant content. The topic has not been understood and the expression is very poor.

II. VERB FORMS

[1] VERBS WITH REGULAR FORMS

a. Simple Tenses

INFINITIVE

| parler | finir | vendre | s'amuser |

PAST PARTICIPLE

| parlé | fini | vendu | amusé |

PRESENT PARTICIPLE

| parlant | finissant | vendant | s'amusant |

PRESENT

parle	finis	vends	m'amuse
parles	finis	vends	t'amuses
parle	finit	vend	s'amuse
parlons	finissons	vendons	**nous** amusons
parlez	finissez	vendez	**vous** amusez
parlent	finissent	vendent	s'amusent

IMPERATIVE

parle	finis	vends	amuse-**toi**
parlons	finissons	vendons	amusons-**nous**
parlez	finissez	vendez	amusez-**vous**

IMPERFECT

parlais	finissais	vendais	m'amusais
parlais	finissais	vendais	t'amusais
parlait	finissait	vendait	s'amusait
parlions	finissions	vendions	**nous** amusions
parliez	finissiez	vendiez	**vous** amusiez
parlaient	finissaient	vendaient	s'amusaient

PASSÉ SIMPLE

parlai	finis	vendis	m'amusai
parlas	finis	vendis	t'amusas
parla	finit	vendit	s'amusa

PASSÉ SIMPLE (*continued*)

parlâmes	finîmes	vendîmes	**nous** amusâmes
parlâtes	finîtes	vendîtes	**vous** amusâtes
parlèrent	finirent	vendirent	s'amusèrent

FUTURE

parlerai	finirai	vendrai	m'amuserai
parleras	finiras	vendras	t'amuseras
parlera	finira	vendra	s'amusera
parlerons	finirons	vendrons	**nous** amuserons
parlerez	finirez	vendrez	**vous** amuserez
parleront	finiront	vendront	s'amuseront

CONDITIONAL

parlerais	finirais	vendrais	m'amuserais
parlerais	finirais	vendrais	t'amusereais
parlerait	finirait	vendrait	s'amuserait
parlerions	finirions	vendrions	**nous** amuserions
parleriez	finiriez	vendriez	**vous** amuseriez
parleraient	finiraient	vendraient	s'amuseraient

PRESENT SUBJUNCTIVE

parle	finisse	vende	m'amuse
parles	finisses	vendes	t'amuses
parle	finisse	vende	s'amuse
parlions	finissions	vendions	**nous** amusions
parliez	finissiez	vendiez	**vous** amusiez
parlent	finissent	vendent	s'amusent

b. Compound Tenses

PERFECT PARTICIPLE

ayant parlé	ayant fini	ayant vendu	s'étant amusé(e)(s)

PASSÉ COMPOSÉ

ai parlé	ai fini	ai vendu	me suis amusé(e)
as parlé	as fini	as vendu	t'es amusé(e)
a parlé	a fini	a vendu	s'est amusé(e)

PASSÉ COMPOSÉ (*continued*)

avons parlé	avons fini	avons vendu	nous sommes amusé(e)s
avez parlé	avez fini	avez vendu	vous êtes amusé(e)(s)
ont parlé	ont fini	ont vendu	se sont amusé(e)s

PLUPERFECT

avais parlé	avais fini	avais vendu	m'étais amusé(e)
avais parlé	avais fini	avais vendu	t'étais amusé(e)
avait parlé	avait fini	avait vendu	s'était amusé(e)
avions parlé	avions fini	avions vendu	nous étions amusé(e)s
aviez parlé	aviez fini	aviez vendu	vous étiez amusé(e)(s)
avaient parlé	avaient fini	avaient vendu	s'étaient amusé(e)s

FUTURE PERFECT

aurai parlé	aurai fini	aurai vendu	me serai amusé(e)
auras parlé	auras fini	auras vendu	te seras amusé(e)
aura parlé	aura fini	aura vendu	se sera amusé(e)
aurons parlé	aurons fini	aurons vendu	nous serons amusé(e)s
aurez parlé	aurez fini	aurez vendu	vous serez amusé(e)(s)
auront parlé	auront fini	auront vendu	se seront amusé(e)s

PAST CONDITIONAL

aurais parlé	aurais fini	aurais vendu	me serais amusé(e)
aurais parlé	aurais fini	aurais vendu	te serais amusé(e)
aurait parlé	aurait fini	aurait vendu	se serait amusé(e)
aurions parlé	aurions fini	aurions vendu	nous serions amusé(e)s
auriez parlé	auriez fini	auriez vendu	vous seriez amusé(e)(s)
auraient parlé	auraient fini	auraient vendu	se seraient amusé(e)s

PAST SUBJUNCTIVE

aie parlé	aie fini	aie vendu	me sois amusé(e)
aies parlé	aies fini	aies vendu	te sois amusé(e)
ait parlé	ait fini	ait vendu	se soit amusé(e)
ayons parlé	ayons fini	ayons vendu	nous soyons amusé(e)s
ayez parlé	ayez fini	ayez vendu	vous soyez amusé(e)(s)
aient parlé	aient fini	aient vendu	se soient amusé(e)s

[2] -er Verbs With Spelling Changes

	-cer VERBS	-ger VERBS	-yer VERBS*	-eler / -eter VERBS		e + CONSONANT + er VERBS	é + CONSONANT(S) + er VERBS
INFINITIVE	placer	manger	employer	appeler	jeter	mener	espérer
PRESENT	place	mange	**emploie**	**appelle**	**jette**	**mène**	**espère**
	places	manges	**emploies**	**appelles**	**jettes**	**mènes**	**espères**
	place	mange	**emploie**	**appelle**	**jette**	**mène**	**espère**
	plaçons	**mangeons**	employons	appelons	jetons	menons	espérons
	placez	mangez	employez	appelez	jetez	menez	espérez
	placent	mangent	**emploient**	**appellent**	**jettent**	**mènent**	**espèrent**
IMPERATIVE	place	mange	**emploie**	**appelle**	**jette**	**mène**	**espère**
	plaçons	**mangeons**	employons	appelons	jetons	menons	espérons
	placez	mangez	employez	appelez	jetez	menez	espérez
IMPERFECT	**plaçais**	**mangeais**					
	plaçais	**mangeais**					
	plaçait	**mangeait**					
	placions	mangions					
	placiez	mangiez					
	plaçaient	**mangeaient**					
PASSÉ SIMPLE	**plaçai**	**mangeai**					
	plaças	**mangeas**					
	plaça	**mangea**					
	plaçâmes	**mangeâmes**					
	plaçâtes	**mangeâtes**					
	placèrent	mangèrent					
FUTURE			emploierai	appellerai	jetterai	mènerai	
			emploieras	appelleras	jetteras	mèneras	
			emploiera	appellera	jettera	mènera	
			emploierons	appellerons	jetterons	mènerons	
			emploierez	appellerez	jetterez	mènerez	
			emploieront	appelleront	jetteront	mèneront	

	-cer VERBS	*-ger* VERBS	*-yer* VERBS*	*-eler* / *-eter* VERBS		e + CONSONANT + *er* VERBS	é + CONSONANT(S) + *er* VERBS
CONDITIONAL			emploierais	appellerais	jetterais	mènerais	
			emploierais	appellerais	jetterais	mènerais	
			emploierait	appellerait	jetterait	mènerait	
			emploierions	appellerions	jetterions	mènerions	
			emploieriez	appelleriez	jetteriez	mèneriez	
			emploieraient	appelleraient	jetteraient	mèneraient	
PRESENT SUBJUNCTIVE			emploie	appelle	jette	mène	espère
			emploies	appelles	jettes	mènes	espères
			emploie	appelle	jette	mène	espère
			employions	appelions	jetions	menions	espérions
			employiez	appeliez	jetiez	meniez	espériez
			emploient	appellent	jettent	mènent	espèrent
PRESENT PARTICIPLE	plaçant	mangeant					

*Verbs ending in **-ayer**, like **payer** and **balayer**, may be conjugated like **employer** or retain the **y** in all conjugations: je **paye** or je **paie**.

[3] Verbs With Irregular Forms

NOTE: **1.** Verbs conjugated with *être* in compound tenses are indicated with an asterisk (*).

2. See p. 378 for irregular verbs with similar conjugations.

INFINITIVE, PARTICIPLES	PRESENT	IMPERATIVE	IMPARFAIT	PASSÉ SIMPLE
aller* *to go*	vais	va	allais	allai
	vas	allons	allais	allas
allant	va	allez	allait	alla
allé	allons		allions	allâmes
	allez		alliez	allâtes
	vont		allaient	allèrent
s'asseoir* *to sit*	m'assieds	assieds-toi	m'asseyais	m'assis
	t'assieds	asseyons-nous	t'asseyais	t'assis
	s'assied	asseyez-vous	s'asseyait	s'assit
s'asseyant	nous asseyons		nous asseyions	nous assîmes
assis	vous asseyez	*or*	vous asseyiez	vous assîtes
	s'asseyent	assois-toi	s'asseyaient	s'assirent
	or	assoyons-nous	*or*	
	m'assois	assoyez-vous	m'assoyais	
	s'assoit		s'assoyait	
	nous assoyons		nous assoyions	
	s'assoient		s'assoyaient	
			nous assoyions	
avoir *to have*	ai	aie	avais	eus
	as	ayons	avais	eus
	a	ayez	avait	eut
ayant	avons		avions	eûmes
eu	avez		aviez	eûtes
	ont		avaient	eurent
battre *to beat*	bats	bats	battais	battis
	bats	battons	battais	battis
	bat	battez	battait	battit
battant	battons		battions	battîmes
battu	battez		battiez	battîtes
	battent		battaient	battirent

FUTURE	CONDITIONAL	SUBJUNCTIVE	COMPOUND TENSES
irai	irais	aille	PASSÉ COMPOSÉ: je suis allé(e)
iras	irais	ailles	PLUPERFECT: j'étais allé(e)
ira	irait	aille	FUTURE PERFECT: je serai allé(e)
irons	irions	allions	PAST CONDITIONAL: je serais allé(e)
irez	iriez	alliez	PAST SUBJUNCTIVE: je sois allé(e)
iront	iraient	aillent	
m'assiérai	m'assiérais	m'asseye	PASSÉ COMPOSÉ: je me suis assis(e)
t'assiéras	t'assiérais	t'asseyes	PLUPERFECT: je m'étais assis(e)
s'assiéra	s'assiérait	s'asseyea	FUTURE PERFECT: je me serai assis(e)
nous assiérons	nous assiérions	nous asseyions	PAST CONDITIONAL: je me serais assis(e)
vous assiérez	vous assiériez	vous asseyiez	PAST SUBJUNCTIVE: je me sois assis(e)
s'assiéront	s'assiéraient	s'asseyent	
or	*or*	*or*	
m'assoirai	m'assoirais	m'assoie	
t'assoiras	t'assoirais	t'assoies	
s'assoira *etc.*			
aurai	aurais	aie	PASSÉ COMPOSÉ: j'ai eu
auras	aurais	aies	PLUPERFECT: j'avais eu
aura	aurait	ait	FUTURE PERFECT: j'aurai eu
aurons	aurions	ayons	PAST CONDITIONAL: j'aurais eu
aurez	auriez	ayez	PAST SUBJUNCTIVE: j'aie eu
auront	auraient	aient	
battrai	battrais	batte	PASSÉ COMPOSÉ: j'ai battu
battras	battrais	battes	PLUPERFECT: j'avais battu
battra	battrait	battes	FUTURE PERFECT: j'aurai battu
battrons	battrions	battions	PAST CONDITIONAL: j'aurais battu
battrez	battriez	battiez	PAST SUBJUNCTIVE: j'aie battu
battront	battraient	battent	

INFINITIVE, PARTICIPLES	PRESENT	IMPERATIVE	IMPARFAIT	PASSÉ SIMPLE
boire *to drink*	bois	bois	buvais	bus
	bois	buvons	buvais	bus
	boit	buvez	buvait	but
buvant	buvons		buvions	bûmes
bu	buvez		buviez	bûtes
	boivent		buvaient	burent
conduire *to drive*	conduis	conduis	conduisais	conduisis
	conduis	conduisons	conduisais	conduisis
	conduit	conduisez	conduisait	conduisit
conduisant	conduisons		conduisions	conduisîmes
conduit	conduisez		conduisiez	conduisîtes
	conduisent		conduisaient	conduisirent
connaître *to know*	connais	connais	connaissais	connus
	connais	connaissons	connaissais	connus
	connaît	connaissez	connaissait	connut
connaissant	connaissons		connaissions	connûmes
connu	connaissez		connaissiez	connûtes
	connaissent		connaissaient	connurent
courir *to run*	cours	cours	courais	courus
	cours	courons	courais	courus
	court	courez	courait	courut
courant	courons		courions	courûmes
couru	courez		couriez	courûtes
	courent		couraient	coururent
craindre *to fear*	crains	crains	craignais	craignis
	crains	craignons	craignais	craignis
	craint	craignez	craignait	craignit
craignant	craignons		craignions	craignîmes
craint	craignez		craigniez	craignîtes
	craignent		craignaient	craignirent

FUTURE	CONDITIONAL	SUBJUNCTIVE	COMPOUND TENSES
boirai	boirais	boive	PASSÉ COMPOSÉ: j'ai bu
boiras	boirais	boives	PLUPERFECT: j'avais bu
boira	boirait	boive	FUTURE PERFECT: j'aurai bu
boirons	boirions	buvions	PAST CONDITIONAL: j'aurais bu
boirez	boiriez	buviez	PAST SUBJUNCTIVE: j'aie bu
boiront	boiraient	boivent	
conduirai	conduirais	conduise	PASSÉ COMPOSÉ: j'ai conduit
conduiras	conduirais	conduises	PLUPERFECT: j'avais conduit
conduira	conduirait	conduise	FUTURE PERFECT: j'aurai conduit
conduirons	conduirions	conduisions	PAST CONDITIONAL: j'aurais conduit
conduirez	conduiriez	conduisiez	
conduiront	conduiraient	conduisent	PAST SUBJUNCTIVE: j'aie conduit
connaîtrai	connaîtrais	connaisse	PASSÉ COMPOSÉ: j'ai connu
connaîtras	connaîtrais	connaisses	PLUPERFECT: j'avais connu
connaîtra	connaîtrait	connaisse	FUTURE PERFECT: j'aurai connu
connaîtrons	connaîtrions	connaissions	PAST CONDITIONAL: j'aurais connu
connaîtrez	connaîtriez	connaissiez	PAST SUBJUNCTIVE: j'aie connu
connaîtront	connaîtraient	connaissent	
courrai	courrais	coure	PASSÉ COMPOSÉ: j'ai couru
courras	courrais	coures	PLUPERFECT: j'avais couru
courra	courrait	coure	FUTURE PERFECT: j'aurai couru
courrons	courrions	courions	PAST CONDITIONAL: j'aurais couru
courrez	courriez	couriez	PAST SUBJUNCTIVE: j'aie couru
courront	courraient	courent	
craindrai	craindrais	craigne	PASSÉ COMPOSÉ: j'ai craint
craindras	craindrais	craignes	PLUPERFECT: j'avais craint
craindra	craindrait	craigne	FUTURE PERFECT: j'aurai craint
craindrons	craindrions	craignions	PAST CONDITIONAL: j'aurais craint
craindrez	craindriez	craigniez	PAST SUBJUNCTIVE: j'aie craint
craindront	craindraient	craignent	

INFINITIVE, PARTICIPLES	PRESENT	IMPERATIVE	IMPARFAIT	PASSÉ SIMPLE
croire *to believe*	crois	crois	croyais	crus
	crois	croyons	croyais	crus
	croit	croyez	croyait	crut
croyant	croyons		croyions	crûmes
cru	croyez		croyiez	crûtes
	croient		croyaient	crurent
cueillir *to pick*	cueille	cueille	cueillais	cueillis
	cueilles	cueillons	cueillais	cueillis
	cueille	cueillez	cueillait	cueillit
cueillant	cueillons		cueillions	cueillîmes
cueilli	cueillez		cueilliez	cueillîtes
	cueillent		cueillaient	cueillirent
devoir *to have to, to owe*	dois	dois	devais	dus
	dois	devons	devais	dus
	doit	devez	devait	dut
devant	devons		devions	dûmes
dû, due, dus, dues	devez		deviez	dûtes
	doivent		devaient	durent
dire *to say, tell*	dis	dis	disais	dis
	dis	disons	disais	dis
	dit	dites	disait	dit
disant	disons		disions	dîmes
dit	dites		disiez	dîtes
	disent		disaient	dirent
dormir *to sleep*	dors	dors	dormais	dormis
	dors	dormons	dormais	dormis
	dort	dormez	dormait	dormit
dormant	dormons		dormions	dormîmes
dormi	dormez		dormiez	dormîtes
	dorment		dormaient	dormirent

FUTURE	CONDITIONAL	SUBJUNCTIVE	COMPOUND TENSES
croirai	croirais	croie	PASSÉ COMPOSÉ: j'ai cru
croiras	croirais	croies	PLUPERFECT: j'avais cru
croira	croirait	croie	FUTURE PERFECT: j'aurai cru
croirons	croirions	croyions	PAST CONDITIONAL: j'aurais cru
croirez	croiriez	croyiez	PAST SUBJUNCTIVE: j'aie cru
croiront	croiraient	croient	
cueillerai	cueillerais	cueille	PASSÉ COMPOSÉ: j'ai cueilli
cueilleras	cueillerais	cueilles	PLUPERFECT: j'avais cueilli
cueillera	cueillerait	cueille	FUTURE PERFECT: j'aurai cueilli
cueillerons	cueillerions	cueillions	PAST CONDITIONAL: j'aurais cueilli
cueillerez	cueilleriez	cueilliez	PAST SUBJUNCTIVE: j'aie cueilli
cueilleront	cueilleraient	cueillent	
devrai	devrais	doive	PASSÉ COMPOSÉ: j'ai dû
devras	devrais	doives	PLUPERFECT: j'avais dû
devra	devrait	doive	FUTURE PERFECT: j'aurai dû
devrons	devrions	devions	PAST CONDITIONAL: j'aurais dû
devrez	devriez	deviez	PAST SUBJUNCTIVE: j'aie dû
devront	devraient	doivent	
dirai	dirais	dise	PASSÉ COMPOSÉ: j'ai dit
diras	dirais	dises	PLUPERFECT: j'avais dit
dira	dirait	dise	FUTURE PERFECT: j'aurai dit
dirons	dirions	disions	PAST CONDITIONAL: j'aurais dit
direz	diriez	disiez	PAST SUBJUNCTIVE: j'aie dit
diront	diraient	disent	
dormirai	dormirais	dorme	PASSÉ COMPOSÉ: j'ai dormi
dormiras	dormirais	dormes	PLUPERFECT: j'avais dormi
dormira	dormirait	dorme	FUTURE PERFECT: j'aurai dormi
dormirons	dormirions	dormions	PAST CONDITIONAL: j'aurais dormi
dormirez	dormiriez	dormiez	PAST SUBJUNCTIVE: j'aie dormi
dormiront	dormiraient	dorment	

INFINITIVE, PARTICIPLES	PRESENT	IMPERATIVE	IMPARFAIT	PASSÉ SIMPLE
écrire *to write*	écris	écris	écrivais	écrivis
	écris	écrivons	écrivais	écrivis
	écrit	écrivez	écrivait	écrivit
écrivant	écrivons		écrivions	écrivîmes
écrit	écrivez		écriviez	écrivîtes
	écrivent		écrivaient	écrivirent
envoyer *to send*	envoie	envoie	envoyais	envoyai
	envoies	envoyons	envoyais	envoyas
	envoie	envoyez	envoyait	envoya
envoyant	envoyons		envoyions	envoyâmes
envoyé	envoyez		envoyiez	envoyâtes
	envoient		envoyaient	envoyèrent
être *to be*	suis	sois	étais	fus
	es	soyons	étais	fus
	est	soyez	était	fut
étant	sommes		étions	fûmes
été	êtes		étiez	fûtes
	sont		étaient	furent
faire *to do, make*	fais	fais	faisais	fis
	fais	faisons	faisais	fis
	fait	faites	faisait	fit
faisant	faisons		faisions	fîmes
fait	faites		faisiez	fîtes
	font		faisaient	firent
falloir *to be necessary* fallu	il faut		il fallait	il fallut

FUTURE	CONDITIONAL	SUBJUNCTIVE	COMPOUND TENSES
écrirai	écrirais	écrive	PASSÉ COMPOSÉ: j'ai écrit
écriras	écrirais	écrives	PLUPERFECT: j'avais écrit
écrira	écrirait	écrive	FUTURE PERFECT: j'aurai écrit
écrirons	écririons	écrivions	PAST CONDITIONAL: j'aurais écrit
écrirez	écririez	écriviez	PAST SUBJUNCTIVE: j'aie écrit
écriront	écriraient	écrivent	
enverrai	enverrais	envoie	PASSÉ COMPOSÉ: j'ai envoyé
enverras	enverrais	envoies	PLUPERFECT: j'avais envoyé
enverra	enverrait	envoie	FUTURE PERFECT: j'aurai envoyé
enverrons	enverrions	envoyions	PAST CONDITIONAL: j'aurais envoyé
enverrez	enverriez	envoyiez	PAST SUBJUNCTIVE: j'aie envoyé
enverront	enverraient	envoyaient	
serai	serais	sois	PASSÉ COMPOSÉ: j'ai été
seras	serais	sois	PLUPERFECT: j'avais été
sera	serait	soit	FUTURE PERFECT: j'aurai été
serons	serions	soyons	PAST CONDITIONAL: j'aurais été
serez	seriez	soyez	PAST SUBJUNCTIVE: j'aie été
seront	seraient	soient	
ferai	ferais	fasse	PASSÉ COMPOSÉ: j'ai fait
feras	ferais	fasses	PLUPERFECT: j'avais fait
fera	ferait	fasse	FUTURE PERFECT: j'aurai fait
ferons	ferions	fassions	PAST CONDITIONAL: j'aurais fait
ferez	feriez	fassiez	PAST SUBJUNCTIVE: j'aie fait
feront	feraient	fassent	
il faudra	il faudrait	qu'il faille	PASSÉ COMPOSÉ: il a fallu PLUPERFECT: il avait fallu FUTURE PERFECT: il aura fallu PAST CONDITIONAL: il aurait fallu PAST SUBJUNCTIVE: il ait fallu

INFINITIVE, PARTICIPLES	PRESENT	IMPERATIVE	IMPARFAIT	PASSÉ SIMPLE
lire *to read* lisant lu	lis lis lit lisons lisez lisent	lis lisons lisez	lisais lisais lisait lisions lisiez lisaient	lus lus lut lûmes lûtes lurent
mettre *to put* mettant mis	mets mets met mettons mettez mettent	mets mettons mettez	mettais mettais mettait mettions mettiez mettaient	mis mis mit mîmes mîtes mirent
mourir★ *to die* mourant mort	meurs meurs meurt mourons mourez meurent	meurs mourons mourez	mourais mourais mourait mourions mouriez mouraient	mourus mourus mourut mourûmes mourûtes moururent
naître★ *to be born* naissant né	nais nais naît naissons naissez naissent	nais naissons naissez	naissais naissais naissait naissions naissiez naissaient	naquis naquis naquit naquîmes naquîtes naquirent
ouvrir *to open* ouvrant ouvert	ouvre ouvres ouvre ouvrons ouvrez ouvrent	ouvre ouvrons ouvrez	ouvrais ouvrais ouvrait ouvrions ouvriez ouvraient	ouvris ouvris ouvrit ouvrîmes ouvrîtes ouvrirent

FUTURE	CONDITIONAL	SUBJUNCTIVE	COMPOUND TENSES
lirai	lirais	lise	PASSÉ COMPOSÉ: j'ai lu
liras	lirais	lises	PLUPERFECT: j'avais lu
lira	lirait	lise	FUTURE PERFECT: j'aurai lu
lirons	lirions	lisions	PAST CONDITIONAL: j'aurais lu
lirez	liriez	lisiez	PAST SUBJUNCTIVE: j'aie lu
liront	liraient	lisent	
mettrai	mettrais	mette	PASSÉ COMPOSÉ: j'ai mis
mettras	mettrais	mettes	PLUPERFECT: j'avais mis
mettra	mettrait	mette	FUTURE PERFECT: j'aurai mis
mettrons	mettrions	mettions	PAST CONDITIONAL: j'aurais mis
mettrez	mettriez	mettiez	PAST SUBJUNCTIVE: j'aie mis
mettront	mettraient	mettent	
mourrai	mourrais	meure	PASSÉ COMPOSÉ: je suis mort(e)
mourras	mourrais	meures	PLUPERFECT: j'étais mort(e)
mourra	mourrait	meure	FUTURE PERFECT: je serai mort(e)
mourrons	mourrions	mourions	PAST CONDITIONAL: je serais mort(e)
mourrez	mourriez	mouriez	PAST SUBJUNCTIVE: je sois mort(e)
mourront	mourraient	meurent	
naîtrai	naîtrais	naisse	PASSÉ COMPOSÉ: je suis né(e)
naîtras	naîtrais	naisses	PLUPERFECT: j'étais né(e)
naîtra	naîtrait	naisse	FUTURE PERFECT: je serai né(e)
naîtrons	naîtrions	naissions	PAST CONDITIONAL: je serais né(e)
naîtrez	naîtriez	naissiez	PAST SUBJUNCTIVE: je sois né(e)
naîtront	naîtraient	naissent	
ouvrirai	ouvrirais	ouvre	PASSÉ COMPOSÉ: j'ai ouvert
ouvriras	ouvrirais	ouvres	PLUPERFECT: j'avais ouvert
ouvrira	ouvrirait	ouvre	FUTURE PERFECT: j'aurai ouvert
ouvrirons	ouvririons	ouvrions	PAST CONDITIONAL: j'aurais ouvert
ouvrirez	ouvririez	ouvriez	PAST SUBJUNCTIVE: j'aie ouvert
ouvriront	ouvriraient	ouvrent	

INFINITIVE, PARTICIPLES	PRESENT	IMPERATIVE	IMPARFAIT	PASSÉ SIMPLE
plaire *to please* plaisant plu	plais plais plaît plaisons plaisez plaisent	plais plaisons plaisez	plaisais plaisais plaisait plaisions plaisiez plaisaient	plus plus plut plûmes plûtes plurent
pleuvoir *to rain* plu	il pleut		il pleuvait	il plut
pouvoir *to be able* pouvant pu	peux (puis) peux peut pouvons pouvez peuvent		pouvais pouvais pouvait pouvions pouviez pouvaient	pus pus put pûmes pûtes purent
prendre *to take* prenant pris	prends prends prend prenons prenez prennent	prends prenons prenez	prenais prenais prenait prenions preniez prenaient	pris pris prit prîmes prîtes prirent
recevoir *to receive* recevant reçu	reçois reçois reçoit recevons recevez reçoivent	reçois recevons recevez	recevais recevais recevait recevions receviez recevaient	reçus reçus reçut reçûmes reçûtes reçurent

FUTURE	CONDITIONAL	SUBJUNCTIVE	COMPOUND TENSES
plairai	plairais	plaise	PASSÉ COMPOSÉ: j'ai plu
plairas	plairais	plaises	PLUPERFECT: j'avais plu
plaira	plairait	plaise	FUTURE PERFECT: j'aurai plu
plairons	plairions	plaisions	PAST CONDITIONAL: j'aurais plu
plairez	plairiez	plaisiez	PAST SUBJUNCTIVE: j'aie plu
plairont	plairaient	plaisent	
il pleuvra	il pleuvrait	qu'il pleuve	PASSÉ COMPOSÉ: il a plu
			PLUPERFECT: il avait plu
			FUTURE PERFECT: il aura plu
			PAST CONDITIONAL: il aurait plu
			PAST SUBJUNCTIVE: il ait plu
pourrai	pourrais	puisse	PASSÉ COMPOSÉ: j'ai pu
pourras	pourrais	puisses	PLUPERFECT: j'avais pu
pourra	pourrait	puisse	FUTURE PERFECT: j'aurai pu
pourrons	pourrions	puissions	PAST CONDITIONAL: j'aurais pu
pourrez	pourriez	puissiez	PAST SUBJUNCTIVE: j'aie pu
pourront	pourraient	puissent	
prendrai	prendrais	prenne	PASSÉ COMPOSÉ: j'ai pris
prendras	prendrais	prennes	PLUPERFECT: j'avais pris
prendra	prendrait	prenne	FUTURE PERFECT: j'aurai pris
prendrons	prendrions	prenions	PAST CONDITIONAL: j'aurais pris
prendrez	prendriez	preniez	PAST SUBJUNCTIVE: j'aie pris
prendront	prendraient	prennent	
recevrai	recevrais	reçoive	PASSÉ COMPOSÉ: j'ai reçu
recevras	recevrais	reçoives	PLUPERFECT: j'avais reçu
recevra	recevrait	reçoive	FUTURE PERFECT: j'aurai reçu
recevrons	recevrions	recevions	PAST CONDITIONAL: j'aurais reçu
recevrez	recevriez	receviez	PAST SUBJUNCTIVE: j'aie reçu
recevront	recevraient	reçoivent	

INFINITIVE, PARTICIPLES	PRESENT	IMPERATIVE	IMPARFAIT	PASSÉ SIMPLE
rire *to laugh*	ris ris rit	ris rions riez	riais riais riait	ris ris rit
riant ri	rions riez rient		riions riiez riaient	rîmes rîtes rirent
savoir *to know,* *know how to*	sais sais sait	sache sachons sachez	savais savais savait	sus sus sut
sachant su	savons savez savent		savions saviez savaient	sûmes sûtes surent
sortir* *to go out*	sors sors sort	sors sortons sortez	sortais sortais sortait	sortis sortis sortit
sortant sorti	sortons sortez sortent		sortions sortiez sortaient	sortîmes sortîtes sortirent
suivre *to follow*	suis suis suit	suis suivons suivez	suivais suivais suivait	suivis suivis suivit
suivant suivi	suivons suivez suivent		suivions suiviez suivaient	suivîmes suivîtes suivirent
tenir *to hold*	tiens tiens tient	tiens tenons tenez	tenais tenais tenait	tins tins tint
tenant tenu	tenons tenez tiennent		tenions teniez tenaient	tînmes tîntes tinrent

FUTURE	CONDITIONAL	SUBJUNCTIVE	COMPOUND TENSES
rirai	rirais	rie	PASSÉ COMPOSÉ: j'ai ri
riras	rirais	ries	PLUPERFECT: j'avais ri
rira	rirait	rie	FUTURE PERFECT: j'aurai ri
rirons	ririons	riions	PAST CONDITIONAL: j'aurais ri
rirez	ririez	riiez	PAST SUBJUNCTIVE: j'aie ri
riront	riraient	rient	
saurai	saurais	sache	PASSÉ COMPOSÉ: j'ai su
sauras	saurais	saches	PLUPERFECT: j'avais su
saura	saurait	sache	FUTURE PERFECT: j'aurai su
saurons	saurions	sachions	PAST CONDITIONAL: j'aurais su
saurez	sauriez	sachiez	PAST SUBJUNCTIVE: j'aie su
sauront	sauraient	sachent	
sortirai	sortirais	sorte	PASSÉ COMPOSÉ: je suis sorti(e)
sortiras	sortirais	sortes	PLUPERFECT: j'étais sorti(e)
sortira	sortirait	sorte	FUTURE PERFECT: je serai sorti(e)
sortirons	sortirions	sortions	PAST CONDITIONAL: je serais sorti(e)
sortirez	sortiriez	sortiez	PAST SUBJUNCTIVE: je sois sorti(e)
sortiront	sortiraient	sortent	
suivrai	suivrais	suive	PASSÉ COMPOSÉ: j'ai suivi
suivras	suivrais	suives	PLUPERFECT: j'avais suivi
suivra	suivrait	suive	FUTURE PERFECT: j'aurai suivi
suivrons	suivrions	suivions	PAST CONDITIONAL: j'aurais suivi
suivrez	suivriez	suiviez	PAST SUBJUNCTIVE: j'aie suivi
suivront	suivraient	suivent	
tiendrai	tiendrais	tienne	PASSÉ COMPOSÉ: j'ai tenu
tiendras	tiendrais	tiennes	PLUPERFECT: j'avais tenu
tiendra	tiendrait	tienne	FUTURE PERFECT: j'aurai tenu
tiendrons	tiendrions	tenions	PAST CONDITIONAL: j'aurais tenu
tiendrez	tiendriez	teniez	PAST SUBJUNCTIVE: j'aie tenu
tiendront	tiendraient	tiennent	

INFINITIVE, PARTICIPLES	PRESENT	IMPERATIVE	IMPARFAIT	PASSÉ SIMPLE
valoir *to be worth*	vaux	vaux	valais	valus
	vaux	valons	valais	valus
	vaut	valez	valait	valut
valant	valons		valions	valûmes
valu	valez		valiez	valûtes
	valent		valaient	valurent
venir★ *to come*	viens	viens	venais	vins
	viens	venons	venais	vins
	vient	venez	venait	vint
venant	venons		venions	vînmes
venu	venez		veniez	vîntes
	viennent		venaient	vinrent
vivre *to live*	vis	vis	vivais	vécus
	vis	vivons	vivais	vécus
	vit	vivez	vivait	vécut
vivant	vivons		vivions	vécûmes
vécu	vivez		viviez	vécûtes
	vivent		vivaient	vécurent
voir *to see*	vois	vois	voyais	vis
	vois	voyons	voyais	vis
	voit	voyez	voyait	vit
voyant	voyons		voyions	vîmes
vu	voyez		voyiez	vîtes
	voient		voyaient	virent
vouloir *to want*	veux	veuille	voulais	voulus
	veux	veuillons	voulais	voulus
	veut	veuillez	voulait	voulut
voulant	voulons		voulions	voulûmes
voulu	voulez		vouliez	voulûtes
	veulent		voulaient	voulurent

FUTURE	CONDITIONAL	SUBJUNCTIVE	COMPOUND TENSES
vaudrai	vaudrais	vaille	PASSÉ COMPOSÉ: j'ai valu
vaudras	vaudrais	vailles	PLUPERFECT: j'avais valu
vaudra	vaudrait	vaille	FUTURE PERFECT: j'aurai valu
vaudrons	vaudrions	valions	PAST CONDITIONAL: j'aurais valu
vaudrez	vaudriez	valiez	PAST SUBJUNCTIVE: j'aie valu
vaudront	vaudraient	vaillent	
viendrai	viendrais	vienne	PASSÉ COMPOSÉ: je suis venu(e)
viendras	viendrais	viennes	PLUPERFECT: j'étais venu(e)
viendra	viendrait	vienne	FUTURE PERFECT: je serai venu(e)
viendrons	viendrions	venions	PAST CONDITIONAL: je serais venu(e)
viendrez	viendriez	veniez	PAST SUBJUNCTIVE: je sois venu(e)
viendront	viendraient	viennent	
vivrai	vivrais	vive	PASSÉ COMPOSÉ: j'ai vécu
vivras	vivrais	vives	PLUPERFECT: j'avais vécu
vivra	vivra	vive	FUTURE PERFECT: j'aurai vécu
vivrons	vivrons	vivions	PAST CONDITIONAL: j'aurais vécu
vivrez	vivrez	viviez	PAST SUBJUNCTIVE: j'aie vécu
vivront	vivraient	vivent	
verrai	verrais	voie	PASSÉ COMPOSÉ: j'ai vu
verras	verrais	voies	PLUPERFECT: j'avais vu
verra	verrait	voie	FUTURE PERFECT: j'aurai vu
verrons	verrions	voyions	PAST CONDITIONAL: j'aurais vu
verrez	verriez	voyiez	PAST SUBJUNCTIVE: j'aie vu
verront	verraient	voient	
voudrai	voudrais	veuille	PASSÉ COMPOSÉ: j'ai voulu
voudras	voudrais	veuilles	PLUPERFECT: j'avais voulu
voudra	voudrait	veuille	FUTURE PERFECT: j'aurai voulu
voudrons	voudrions	voulions	PAST CONDITIONAL: j'aurais voulu
voudrez	voudriez	vouliez	PAST SUBJUNCTIVE: j'aie voulu
voudront	voudraient	veuillent	

[4] OTHER IRREGULAR VERBS

accueillir *to welcome* (like cueillir)

admettre *to admit* (like mettre)

apercevoir *to notice* (like recevoir)

apparaître *to appear* (like connaître)

appartenir *to belong* (like tenir)

apprendre *to learn* (like prendre)

atteindre *to reach* (like peindre)

combattre *to fight* (like battre)

comprendre *to understand* (like prendre)

construire *to build* (like conduire)

contenir *to contain* (like tenir)

couvrir *to cover* (like ouvrir)

décevoir *to disappoint* (like recevoir)

découvrir *to discover* (like ouvrir)

décrire *to describe* (like écrire)

défaire *to undo* (like faire)

détruire *to destroy* (like conduire)

devenir* *to become* (like venir)

disparaître *to disappear* (like connaître)

éteindre *to turn off* (like craindre)

inscrire *to register, enroll* (like écrire)

instruire *to instruct* (like conduire)

interdire *to forbid* (like dire)

joindre *to join* (like craindre)

maintenir *to maintain* (like tenir)

mentir *to lie* (like sentir)

obtenir *to obtain* (like tenir)

offrir *to offer* (like ouvrir)

paraître *to seem, appear* (like connaître)

partir* *to leave* (like sortir)

peindre *to paint* (like craindre)

permettre *to allow* (like mettre)

plaindre *to pity* (like craindre)

poursuivre *to pursue* (like suivre)

prévoir *to foresee* (like voir)

produire *to produce* (like conduire)

promettre *to promise* (like mettre)

reconnaître *to recognize* (like connaître)

redire *to repeat* (like dire)

réduire *to reduce* (like conduire)

relire *to reread* (like lire)

remettre *to put/give back* (like mettre)

ressentir *to feel* (like sortir)

retenir *to hold back* (like tenir)

revenir* *to come back* (like venir)

sentir *to feel* (like sortir)

servir *to serve* (like sortir)

souffrir *to suffer* (like ouvrir)

sourire *to smile* (like rire)

surprendre *to surprise* (like prendre)

(se) taire* *to keep quiet* (like plaire)

traduire *to translate* (like conduire)

III. PUNCTUATION

French punctuation, though similar to English, has the following major differences:

(a) The comma is not used before **et** or **ou** in a series.

Elle a laissé tomber le livre, le stylo et le crayon.   *She dropped the book, the pen, and the pencil.*

(b) In numbers, French uses a comma where English uses a period and a period where English uses a comma.

7.100 (sept mille cent)   *7,100 (seven thousand one hundred)*

7,25 (sept virgule vingt-cinq)   *7.25 (seven point twenty five)*

(c) French final quotation marks, contrary to English, precede the comma or period; however, the quotation mark follows a period if the quotation mark closes a completed statement.

Elle demande: « **Est-ce que tu m'aimes ?** »   *She asks: "Do you love me?"*
— « **Oui** », répond-il.   *— "Yes," he answers.*

(d) A <u>small</u> space usually precedes the colon, semi-colon, quotation mark, question mark, and exclamation mark in printed or typed material.

C'est vrai : que peut-on faire ?   *It's true: what can be done?*

(e) The ellipsis in French is : **Je pense... donc** (3 close dots followed by a space) while in English it is : **I think . . . therefore** (3 dots separated by spaces).

IV. SYLLABICATION

French words are generally divided at the end of a line according to units of sound or syllables. A French syllable generally begins with a consonant and ends with a vowel.

(a) If a single consonant comes between two vowels, the division is made before the consonant.

ba-**l**a-der   pré-**c**is   cou-teau

NOTE: A division cannot be made either before or after **x** or **y** when they come between two vowels: **tuyau**, **exa**ct cannot be divided.

(b) If two consonants are combined between two vowels, the division is made between the two consonants.

es-**p**oir   al-**l**er   chan-ter

NOTE: If the second consonant is **r** or **l**, the division is made before the two consonants.

sa-**bl**e   pro-**pr**e

(c) If three or more consonants are combined between two vowels, the division is made after the second consonant.

obs-tiné   co**mp**-ter   **in**s-truit

(d) Two vowels may not be divided:

oa-sis   thé**â**-tre   es-**pi**on

nor can there be a division immediately after **l'** or **j', t', m'**:

l'avion   **j'en**-voie   etc.

V. WEB SITES : UNE SÉLECTION D'ADRESSES SUR INTERNET

French Search Engines include:

http://www.msn.fr   http://excite.fr/
http://www.google.fr   http://lycos.fr
http://www.yahoo.fr   http://actu.voila.fr
http://www.nomade.fiscali.fr   http://francite.com
http://wanadoo.fr/

French Web sites include:

French online magazines and newspapers:

http://www.lemonde.fr
http://www.lefigaro.fr
http://www.francenet.fr
http://www.liberation.fr
http://www.calvacom.fr

http://www.parismatch.com.fr
http://www.lexpress.fr
http://www.worldnet.fr
http://www.france2.fr (news)
http://www.france3.fr
    (game *Questions pour un champion*)

French learning programs and exercises:

http://francealacarte.org.uk
http://www.institut-francais.org.uk
http://www.francais.com

http://linguanet.org.uk/websites/
    Frenwww.htm
http://www.realfrench.net

French arts, culture, sports, travel, and leisure:

http://pariscope.fr
http://www.paris.org
http://globegate.utm.edu/french/globegate
http://www.culture.fr

http://www.francophonie.fr
http://www.arts-culinaires.com
http://www.baguette.com/ h
http://www.pratique.fr

French tourism

http://www.francetourism.com
http://www.travlang.com
http://www.paris.org/

VI. LIST OF AUTHORS

Adiaffi, Jean-Marie chapter 17
Almeida, Fernando d' chapter 4
Anouilh, Jean chapter 7
Bâ, Mariama chapters 5, 6, 10
Badian, Seydou chapter 10
Balzac, Honoré de chapters 5, 13, 20
Baudelaire, Charles chapters 2, 3, 15
Bazin, Hervé chapter 9
Beti, Mongo chapter 18
Beaumarchais, Pierre Auguste Caron de chapters 8, 17
Beauvoir, Simone de chapters 8, 15
Camus, Albert chapters 5, 6, lecture 12
César, Jules chapter 5
Chanson de Roland chapter 13
Chateaubriand, François-René chapter 6, lecture 13
Claudel, Paul chapter 20
Clavel, Bernard chapter 6
Cocteau, Jean chapter 3
Colette, Gabrielle chapter 14
Corneille, Pierre chapters 2, 3, 5, 10, 13, 14